JN417844

2025년

형 법 총 론

김 재 운

2025년 형법총론

김재운 저

2025년 5월 27일 초판 인쇄
2025년 5월 29일 초판 발행

발행인 박 진 영
발행처 도서출판 진영사
인천광역시 부평구 주부토로 236번지 인천테크노밸리 U1 지식산업센터 B동 1507호
전화 : 032)505-4207
팩스 : 032)505-4206
E-mail : 0183734207@hanmail.net
신고번호 : 제2007-000001호

ISBN 978-89-6541-708-8 93360
값 33,000원

머리말
Preface

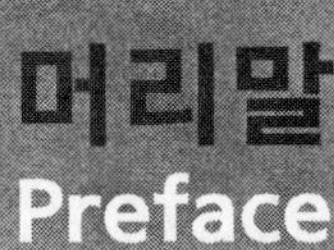

필자가 대학에서 형법이라는 과목을 배우기 시작한 이래 36년이란 긴 시간이 지나갔다. 그동안 형법총론, 형법각론, 형사소송법 등 학부과정의 교과목을 통해 형사법의 대강을 공부했지만, 실제 사법시험, 승진시험 등을 통해 집중적, 심층적으로 형법과목을 공부했다. 25년 동안 경찰관으로 수사부서에 근무하면서 실제 사건사례에 적용해 보면서 책에서 배운 학자들의 생각이 반드시 현실적으로 타당하지는 않다는 것도 알게 되었다.

필자는 박사학위의 전문분야를 사회과학으로 분류되는 경찰학으로 선택하여 학위를 취득하였다. 그런데 막상 교수로 임용되어 대학에서 교육과정을 운영해 보니 학생들은 형사법 수업을 희망하지만 대학에서 원하는 조건으로 형사법 강사를 구하기가 쉽지 않아 직접 형사법 강의를 하기로 마음먹고 무작정 형법총론부터 강의 준비를 하여 형사법 강의를 한 지 6년이 지났다.

형법 강의를 하면서 강의자료를 미리 배부하여 강의를 해왔는데, 교재로 공부하기를 희망하는 학생들이 있어 강의자료를 모아 교재를 집필하기로 마음먹고 이번에 세상에 내놓게 되었다. 형법 교재의 경우 일반 법과대학 또는 로스쿨 교재는 내용이 방대하고 법이론이 심오하기 때문에 경찰 등 공무원 채용시험을 준비하는 학생들에게는 적합하지 않다. 또한 학원 수험서의 경우 영리의 목적으로 개별 학원의 수험공부에만 적합하게 작성되어 대학에서 형법과 형사소송법을 공부하는 학생들에게는 그대로 사용할 수 없다. 본서는 이와 같이 경찰 등 공무원채용시험을 목적으로 대학의 경찰행정학과 등에 다니는 학생들이 형법을 공부하고 나아가 수험공부를 준비할 수 있도록 도움을 주기에 적합한 용도로 제작되었다.

형법은 법과목 중에서도 가장 논리적인 접근을 요구하면서 동시에 실전에서는 매우 까다롭게 작용하는 과목이다. 학생들이 형법을 공부하면서 가장 많이 느끼는 어려움은 방대한 이론과 다양한 학설, 판례 사이에서 '무엇을 중심으로 공부해야 하는가'에 대한 혼란일 것입니다. 단순히 개념을 외우는 것만으로는 문제를 풀 수 없고, 반대로 깊이 있는 학문적 탐구만을 추구하다 보면 실전 감각이 떨어지게 된다.

이런 현실적 고민 속에서 이 책은 수험생의 눈높이에서 형법총론을 보다 명확하고, 체계적이며, 실전적으로 정리하기 위해 집필되었다. 형법이라는 이론의 숲을 거시적으로 조망하면서도, 시험에 자주 출제되는 논점과 판례를 중심으로 핵심을 놓치지 않도록 구성하였다.

공무원의 직렬별로 형법을 과목으로 하는 시험을 살펴보면, 경찰공무원(순경, 경위, 승진 등), 해양경찰공무원(순경, 경위, 승진 등), 검찰직 공무원(9급, 7급, 5급), 마약수사직 공무원(9급), 교정직 공무원(5급), 보호직 공무원(5급), 철도경찰(9급) 등이 있고, 자격증 시험으로는 변호사(선택형, 사례형), 법무사(2차) 등이 있다. 객관식 시험의 경우 직렬이나 직위별로 난이도의 차이가 있을 뿐 형법 기출문제의 내용에는 큰 차이가 없기 때문에 이 책의 경우 경찰공무원 뿐만 아니라 해경, 검찰, 철도경찰 등 공안직 공무원 시험을 준비하는 학생들도 학습에 충분한 효과를 발휘할 수 있을 것이라 생각한다.

이 책을 통해 많은 젊은이들이 자신의 꿈을 현실로 만들어 갈 수 있기를 바라며, 공무원이 된 후에도 직무현장의 실무교재로 활용될 수 있기를 희망한다. 마지막으로 이 책을 출간함에 있어 편집 등으로 많은 수고를 아끼지 않은 도서출판 진영사 여러분들에게도 감사의 말씀을 전합니다.

2025년 봄

저자 씀

목 차
Contents

목 차
Contents

제 1 편

형법의 일반이론

제1절 형법의 개념

Ⅰ. 형법의 의의

1. 실질적 의미의 형법과 형식적 의미의 형법

형법은 범죄의 성립요건과 그에 대한 법적 효과로서의 형벌의 관계를 규정한 법규범의 총체를 의미한다. 형법은 범죄라는 일정한 행위에 대하여 형벌이라는 일정한 법률적 효과를 부여하는 법규, 즉 어떠한 행위를 범죄로 하고 그 행위자에게 어떠한 형벌을 부과하는가를 정한 법규범이다.

형사제재를 규정한 모든 실체적 규정, 즉 법률위반자의 법익 박탈 또는 제한을 규정한 모든 법규범을 총칭하여 실질적 의미의 형법(광의의 형법)이라고 한다. 실질적 의미의 형법에는 형법전뿐만 아니라 형사특별법, 행정형법 등 형사처벌 규정이 있는 모든 법규가 이에 해당한다. 광의의 형법에도 그 법령에 특별한 규정이 없는 한 형법전의 총칙규정이 적용되고, 형법학은 광의의 형법을 그 연구대상으로 한다.

이에 대해서 형식적 의미의 형법(협의의 형법)은 1953년 제정된 형법전만을 의미한다. 형법전에는 친고죄의 고소, 양형의 조건, 형의 집행 등 실질적 의미의 형법에 포함되지 않는 것도 포함되어 있다.

2. 형법전과 형사특별법 및 행정형법

형법이라는 명칭을 지닌 법률, 즉 형식적 의미의 형법은 범죄와 형벌을 규정한 기본법이다.

형법전 이외에도 범죄의 성립과 처벌의 특례를 정해 놓은 수많은 법률들이 있는데 이를 형사특별법이라 한다. 군형법, 폭력행위 등 처벌에 관한 법률, 특정범죄가중처벌 등에 관한 법률, 특정경제범죄가중처벌 등에 관한 법률, 성폭력범죄의 처벌 등에 관한 특례법, 교통사고처리특례법, 국가보안법 등이 그 예이다.

형법전과 형사특별법 이외에 범죄와 형벌에 관한 규정을 담고 있는 법률들로서 소위 행정형법이 있다. 이러한 법률들은 주로 행정법적 내용을 담고 있는 것이지만 그 목적을 달성하기 위해 일정한 행위들을 범죄로 규정하고 그에 대해 형벌을 과하고 있다. 행정형법에는 식품위생법, 공중위생관리법, 도로교통법, 사행행위 등 규제 및 처벌 특례법, 영화 및 비디오물의 진흥에 관한 법률, 게임산업진흥에 관한 법률 등이 있다.

3. 형법전의 구성

형법전은 제1편 총칙(總則)과 제2편 각칙(各則)으로 구성되어 있다. 형법 제1조부터 제86조까지가 총칙이다. 총칙은 제1장 형법의 적용범위, 제2장 죄, 제3장 형, 제4장 기간 등 4개의 장으로 구성되어 있다. 이들 규정들은 모든 범죄와 형벌에 공통적으로 적용되는 일반원리를 규정한 것이다. 형법총론은 형법총칙 규정들의 의의·내용을 분명하게 하는 해석학적 접근을 위주로 한다.

형법 제87조부터 제372조까지가 각칙이다. 각칙은 42개의 장으로 구성되어 있고, 개별 범죄와 그에 대한 형벌을 규정하고 있다. 각칙상의 범죄들은 국가적 법익에 관한 죄, 사회적 법익에 관한 죄, 개인적 법익에 관한 죄로 나눌 수 있다. 형법각론은 형법각칙의 의미 · 내용들을 분명하게 하는 해석학적 접근을 위주로 한다.

Ⅱ. 형사제재의 종류

역사적으로 형사제재에는 형벌만이 존재했지만, 19세기 후반부터 많은 국가에서 보안처분이라는 새로운 형태의 형사제재를 받아들임으로써 형벌과 보안처분이라는 이원적 형사제재 체계가 수립되었다. 형벌은 과거의 범죄에 대한 처벌이지만, 보안처분은 장래의 범죄를 예방하기 위한 수단으로 구별된다.

1. 형벌의 종류

형법 제41조에는 사형, 징역, 금고, 자격상실, 자격정지, 벌금, 구류, 과료, 몰수의 9가지의 형벌이 규정되어 있다. 사형은 범죄인의 생명을 박탈하는 것을 내용으로 하는 형벌이다. 징역은 범죄인을 수용시설에 구금하여 정해진 노역에 복무하게 하는 형벌이다. 징역은 무기징역과 유기징역으로 나뉜다. 금고는 범죄인을 수용시설에 구금하는 형벌로서, 수형자가 정역에 복무할 의무가 없다는 점에서 정역과 다르다. 자격상실이란 일정한 형의 선고가 있는 경우 그 효력으로써 일정한 자격이 상실되도록 하는 형벌이다. 자격정지란 1년 이상 15년 이하의 기간 동안 일정한 자격의 전부 또는 일부를 정지시키는 것을 말한다. 벌금과 과료는 모두 일정한 금액을 납부하도록 하는 형벌로서 그 액수에 따라서 구별된다. 벌금은 원칙적으로 5만 원 이상이고, 과료는 2천 원 이상 5만 원 미만이다. 벌금이나 과료를 납부하지 않는 경우에는 노역장에 유치하거나 강제집행을 한다. 구류는 1일 이상 30일 미만의 기간 동안 수용시설에 구금하는 것을 내용으로 하는 형벌이다. 몰수는 범죄행위와 관련된 물건을 국고에 강제 귀속시키는 형벌을 말한다.

2. 보안처분의 종류

형법상의 보안처분으로는 보호관찰, 사회봉사명령, 수강명령이 있다. 보호관찰이란 죄를 범한 자에 대하여 재범을 방지하기 위하여 지도 및 원호를 하는 제도를 말한다(§59-2). 사회봉사명령과 수강명령은 유죄가 인정된 범죄자에 대해 일정한 시간 동안 무보수로 사회에 유익한 근로를 명하고, 강의나 체험학습을 받도록 명령하는 제도를 말한다(§62-2).

'치료감호 등에 관한 법률'(이하 '치료감호법'으로 약칭한다)상의 치료감호나 보안관찰법상의 보안관찰도 보안처분의 일종이다. 치료감호는 심신장애로 인해 형벌을 받지 않거나 형벌을 감경받았지만 재범의 위험성이 있는 범죄인이나 마약류 등의 중독자들을 치료감호소에 수용하여 치료를 위한 조치를 하는 것을 말한다. 보안관찰은 국가안전에 관한 범죄를 범해 금고 이상의 형의 집행을 받은 후 출소하였으나 재범의 위험성이 있는 자에 대하여 경찰의 감독을 받게 하는 처분을 말한다.

소년법상의 보호처분도 보안처분의 일종이다. 소년법은 소년부 판사가 반사회성이 있는 소년에 대해 그 환경의 조정과 성행의 교정을 위하여 요양소 위탁, 소년원에 송치 등의 보호처분을 결정하여 소년이 건전하게 성장할 수 있도록 하고 있다.

이 밖에도 '특정범죄자에 대한 위치추적 전자장치 부착 등에 관한 법률'에 의한 전자감시제도, '성폭력범죄자의 성충동약물치료에 관한 법률'상의 성충동약물치료명령, '성폭력처벌에 관한 특례법'상의 신상공개명령 등 다양한 형태의 형사제재가 생겨나고 있다.

Ⅲ. 형법의 성격

1. 형법의 지위

형법은 사법(私法)이 아닌 공법(公法)이다. 형법은 형사재판에 적용되는 법이라는 점에서 사법법(司法法)이다. 형법은 재판의 대상인 범죄의 요건과 그에 대한 법률효과를 규정한 법이라는 점에서 절차법이 아니라 실체법(實體法)이다. 형법은 형벌권을 발동하는 절차를 규정한 절차법인 형사소송법과 함께 형사법(刑事法)의 영역에 속한다.

2. 형법의 규범적 성질

가. 가설적 규범

형법은 '사람을 살해한 자는 사형, 무기 또는 5년 이상의 징역에 처한다.'라고 하는 것처럼 일정한 행위를 조건으로 하고 이에 대하여 일정한 법률적 효과를 규정하고 있다. 이를 가설적(假說的) 규범이라 한다. 이 점에서 '사람을 살해하지 말라'는 명령적·단언적인 정언명령(定言命令)을 취하는 도덕규범이나 종교규범과 구별된다.

나. 행위규범과 재판규범

형법은 일반국민에게 일정한 행위를 금지 또는 명령함으로써 행위의 준칙을 제시하는 행위규범일 뿐만 아니라 법관 등 사법관계자들의 사법활동에 대하여 일정한 기준을 제시하는 재판규범이다. 재판규범으로서 형법의 수명자는 일반국민이 아니고 재판관이지만, 행위규범으로서의 성질을 강조할 때 재판관·수사기관·범죄자 기타 일반국민이 모두 형법의 수명자가 된다.

다. 평가규범과 의사결정규범

형법은 일정한 행위를 범죄로 하고 이에 대하여 형벌 또는 보안처분을 과함으로써 일정한 행위를 형법상 무가치하다고 평가하는 평가규범일 뿐만 아니라 일반국민에게 형법이 무가치하다고 평가한 행위를 의사결정해서는 안 된다는 의무를 부과함으로써 의사결정에 있어 하나의 척도로 작용하는 의사결정규범이다.

Ⅳ. 형법의 기능

1. 보호적 기능 - 형법의 적극적 과제

보호적 기능이란 국가공동체 또는 사회질서의 근본적 가치를 보호하는 기능을 말한다. 형법은 일정한 행위를 범죄로 하고 이에 대하여 형벌을 과함으로써 범죄적 침해 또는 위협으로부터 법적으로 보호되는 이익을 보호하는 기능을 한다. 이러한 법적으로 보호되는 이익을 법익(法益)이라고 한다. 요컨대 형법은 범죄로부터 일반 국민들이 평화로운 공동생활을 영위할 수 있도록 법익을 보호해 준다.

2. 보장적 기능 – 형법의 소극적 과제

형법은 국가 형벌권의 한계를 명확히 하여 자의적 형벌권의 행사로부터 국민의 자유와 권리를 보장하는 기능이 있다. 즉 형법은 어떤 국민도 형법이 규정하는 죄를 범하지 않는 한 형벌을 과할 수 없다는 의미에서 국가 형벌권 행사가 제한되어 개인의 자유가 보장된다. 이런 의미에서 형법은 먼저 일반인의 마그나 카르타라고 할 수 있다. 다음으로 범죄를 범한 자라도 미리 그 범죄에 대한 법률적 효과로 규정되어 있는 특정의 형벌 이외의 부당한 형벌을 받지 아니할 자유가 보장된다. 이런 의미에서 형법은 범죄인의 마그나카르타라고 할 수 있다. 죄형법정주의에 입각한 근대 자유주의 형법에 있어서는 형법의 보장적 기능이 더욱 강조된다.

3. 보호적 기능과 보장적 기능의 관계

일반국민의 법익을 보호하기 위해 범죄자를 처벌하는 보호적 기능과 처벌의 한계를 선언하는 보장적 기능은 서로 반비례 관계에 있다. 어느 한 기능을 강조하다보면 다른 기능을 소홀하게 되므로 두 기능을 동시에 충족시키기 위해서는 양 기능의 조화가 필요하다. 범죄인에 대한 형법의 보장적 기능이 필요한 이유는 일반국민도 언제든지 범죄자가 될 수 있는 잠재성을 지니므로 종국적으로는 일반국민의 보호와 관련되기 때문이다.

V. 형법의 보충성원칙

형사제재는 생명, 신체, 자유 등 인간의 기본적 인권을 제한하는 것을 그 내용으로 하므로 재산을 대상으로 하는 민사제재나 행정제재에 비해 훨씬 심각한 제재이다. 여기서 형법의 보충성의 원칙이 등장하게 된다. 형법은 형벌이라는 강력한 제재를 통한 사회통제수단이기 때문에 국가가 법적 제재수단을 동원할 때에는 민사제재나 행정제재 등을 우선적으로 동원하고 이것들만으로는 부족할 때에 최후의 수단으로 형사제재를 동원해야 한다는 것이다.

제2절 죄형법정주의

Ⅰ. 죄형법정주의 의의

죄형법정주의란 '법률이 없으면 범죄도 없고 형벌도 없다'는 근대형법의 기본원칙으로서, 어떤 행위가 범죄가 되고 그 범죄에 대하여 어떤 처벌을 할 것인가는 미리 성문의 법률에 규정되어 있어야 한다는 원칙을 말한다. 이는 관권의 남용으로 인해 개인의 권리·자유가 부당하게 침해되었던 중세에 대한 반성으로 근대 자유주의 인권사상을 바탕으로 하여 발생·확립된 것이다.

우리 형법 제1조 제1항에 '범죄의 성립과 처벌은 행위시의 법률에 따른다'라고 규정하고 있으며, 헌법 제12조 제1항에 '누구든지 법률에 의하지 아니하고는 체포·구속·압수·수색 또는 심문을 받지 아니하며, 법률과 적법한 절차에 의하지 아니하고는 처벌·보안처분 또는 강제노역을 당하지 아니한다'라고 규정하고 있는 점으로 보아 현행형법은 죄형법정주의의 원칙을 당연히 예정하고 있다고 할 수 있다.

죄형법정주의는 헌법적 원칙 내지 기본권으로서의 지위를 가지므로, 이에 위반되는 형벌법규는 위헌이며 무효가 된다. 형법의 보장적 기능도 이러한 죄형법정주의 원칙에 의하여 비로소 그 효과를 발휘할 수 있다.

Ⅱ. 죄형법정주의의 연혁 및 사상적 배경

죄형법정주의의 사상적 기원은 1215년 영국의 대헌장(Magna Charta)에서 발단하였다. 대헌장의 기본적 사상은 왕권의 제한을 통하여 국민의 자유를 확보하려는 것으로, 이 사상은 바다를 건너 1776년 미국 버지니아의 권리 선언과 1787년 미국 헌법, 1789년 프랑스 인권선언에 표현되었다.

죄형법정주의에 관하여 유력한 법이론적 기초를 제공한 것은 포에르바하(Feuerbach)의 심리강제설이다. 심리강제설은 범죄실행의 쾌감과 범죄에 대하여 과하는 형벌의 고통을 모든 사람에게 미리 알림으로써 인간의 합리적인 판단에 의하여 범죄를 심리적으로 억제하게 하려는 주장이다. 이렇게 하기 위하여는 국가는 어떤 행위가 범죄이고 이에 대한 형벌이 무엇인가를 미리 명확하게 형벌법규로써 정하여야 할 것이다. 따라서 심리적 강제론의 필연적 결론으로서 죄형법정주의의 원칙이 요청된다.

Ⅲ. 죄형법정주의의 파생원칙(내용)

1. 법률주의(성문법주의)

가. 의의

범죄와 형벌은 '성문의 법률'로써 규정되어야 한다. 여기서 법률은 국회에서 제정한 형식적 의미의 법률을 말한다. 따라서 법률이 아닌 명령이나 규칙에 의하여 범죄와 형벌을 규정할 수 없다.

나. 관습형법금지의 원칙

성문의 법률이 아닌 관습법을 직접 형벌법규의 법원(法源)으로 하여 처벌할 수 없음은 물론이다. 이를 관습형법금지의 원칙이라고 한다. 근대 자유주의형법은 이슬람권의 명예살인이나 조선시대 이전에 마을이나 양반의 문중에서 행하던 멍석말이와 같은 사형(私刑)을 금지하는 것이다. 따라서 관습법에 의해 새로운 구성요건을 창설하거나 형벌을 가중하는 것은 허용되지 않는다. 그러나 당사자에게 유리한 관습법은 그 적용이 인정된다.

다. 국회제정법주의 : 포괄위임입법금지의 원칙

범죄와 형벌규정은 국회에서 제정되어야 한다. 그러나 사회현상의 복잡다기화와 국회의 전문적·기술적 능력의 한계 및 시간적 적응능력의 한계로 인하여 형사처벌에 관련된 모든 법규를 예외없이 형식적 의미의 법률로 규정하는 것은 사실상 불가능하다. 따라서 범죄와 형벌의 주된 내용은 법률에 규정하되 구성요건의 세부적 사항이나 벌칙의 구체적 범위를 명령 · 규칙 · 조례 등 하위법규에 위임할 필요성이 인정된다. 그러나 위임의 범위를 너무 넓게 인정하면 법률주의의 정신이 훼손될 수 있으므로, 국회가 위임하는 범위를 구체적으로 한정하지 않고 집행부가 구성요건과 처벌의 범위를 무제한적으로 정할 수 있게 하는 일반적·포괄적 위임은 입헌 민주주의 국가에서는 이를 허용하지 않는다.

《헌결 2002.6.27. 99헌마480 (미네르바 사건)》 전기통신사업법 제53조 제2항은 "제1항의 규정에 의한 공공의 안녕질서 또는 미풍양속을 해하는 것으로 인정되는 통신의 대상 등은 대통령령으로 정한다"고 규정하고 있는바 이는 포괄위임입법금지원칙에 위배된다.

《대판 2017.2.16. 2015도16014 (야간당직 없는 요양병원 사건)》 의료법 제41조가 "환자의 진료 등에 필요한 당직의료인을 두어야 한다."라고 규정하고 있을 뿐인데도 의료법 시행령 제18조 제1항은 "법 제41조에 따라 각종 병원에 두어야 하는 당직의료인의 수는 입원환자 200명까지는 의사·치과의사 또는 한의사의 경우에는 1명, 간호사의 경우에는 2명을 두되, 입원환자 200명을 초과하는 200명마다 의사·치과의사 또는 한의사의 경우에는 1명, 간호사의 경우에는 2명을 추가한 인원 수로 한다."라고 규정하고 이를 위반하면 의료법 제90조에 의한 처벌의 대상이 되도록 함으로써 형사처벌의 대상을 신설 또는 확장하였다. 그러므로 시행령 조항은 위임입법의 한계를 벗어난 것으로서 무효이다.

《대판 1999.2.11. 98도2816 全合 (노리쇠뭉치 사건)》 총포·도검·화약류 등 단속법 제2조 제1항은 총포에 관하여 규정하면서 …, 여기서 말하는 총은 비록 모든 부품을 다 갖추지는 않았더라도 적어도 금속성 탄알 등을 발사하는 성능을 가지고 있는 것을 가리키는 것이고, 단순히 총의 부품에 불과하여 금속성 탄알 등을 발사할 성능을 가지지 못한 것까지 총포로 규정하고 있는 것은 아니라고 할 것임에도 불구하고 같은 법 시행령 제3조 제1항은 같은 법 제2조 제1항의 위임에 따라 총포의 범위를 구체적으로 정하면서도 제3호에서 모법의 위임 범위를 벗어나 총의 부품까지 총포에 속하는 것으로 규정함으로써, 같은 법 제12조 제1항 및 제70조 제1항과 결합하여 모법보다 형사처벌의 대상을 확장하고 있으므로, 이는 결국 위임입법의 한계를 벗어나고 죄형법정주의 원칙에 위배된 것으로 무효라고 하지 않을 수 없다.

2. 명확성의 원칙

명확성의 원칙이란 범죄(구성요건)와 형벌의 내용이 법관의 자의적인 해석이나 자유재량 판단을 허용하지 않도록 명확하게 규정되어야 한다는 원칙이다.

가. 구성요건의 명확성

명확성의 원칙은 그 핵심이 구성요건에 금지된 행위를 명확하게 규정하는데 있다. 구성요건은 가능한 한 명백하고 확장할 수 없는 개념을 사용하여야 하며, 국민이 법률에 의하여 금지된 행위가 무엇인가를 알 수 있을 정도로 명확하여야 한다. 불특정하거나 내용이 없는 구성요건은 죄형법정주의와 일치할 수 없다.

명확성의 원칙이 국민들에게 예측가능성과 법적 안정성을 보장하기 위한 것이지만, 법규범의 성격상 형법에 규정된 개념들이 어느 정도 불명확성을 띠는 것은 불가피하다. 시민들의 다양한 생활과 개별사건에 대한 탄력적 적용을 위해 어느 정도 추상적·규범적 개념을 사용하더라도 일반인이 법률로 금지된 행위가 무엇인지를 예견할 수 있으면 명확성의 원칙에 위배되는 것은 아니다.

《헌결 2002.2.28. 99헌가8 (불량만화 사건)》 미성년자에게 음란성 또는 잔인성을 조장할 우려가 있거나 기타 미성년자로 하여금 범죄의 충동을 일으킬 수 있게 하는 만화(불량만화)의 반포 등 행위를 금지하고 이를 위반하는 자를 처벌하는 구 미성년자보호법 조항과 … 아동의 덕성을 심히 해할 우려가 있는 도서, 간행물, 광고물, 기타의 내용물의 제작 등 행위를 금지하고 이를 위반하는 자를 처벌하는 구 아동보호법 조항은 … 법관의 보충적인 해석을 통하여도 그 규범내용이 확정될 수 없는 모호하고 막연한 개념을 사용함으로써 그 적용범위를 법집행기관의 자의적인 판단에 맡기고 있으므로, 죄형법정주의에서 파생된 명확성의 원칙에 위배된다.

《헌결 2016.11.24. 2016헌가3 (아파트 공원 일광욕 사건)》 '여러 사람의 눈에 뜨이는 곳에서 공공연하게 알몸을 지나치게 내놓거나 가려야 할 곳을 내놓아 다른 사람에게 부끄러운 느낌이나 불쾌감을 준 사람'을 처벌하는 경범죄처벌법 제3조 제1항 제33호는 조항은 명확성의 원칙에 위배된다.

《대판 2003.12.26. 2003도5980 (이성혼숙 사건)》 '청소년에 대하여 이성혼숙을 하게 하는 등 풍기를 문란하게 하는 영업행위를 하거나 그를 목적으로 장소를 제공하는 행위'를 하여서는 아니된다고 규정하는 청소년보호법 제26조의2 제8호는 명확성의 원칙에 반하지 아니한다.

《헌결 2011.4.28. 2009헌바56 (청하위생파 사건)》 '폭처법에 규정된 범죄를 목적으로 한 단체 또는 집단을 구성하거나 그러한 단체 또는 집단에 가입하거나 그 구성원으로 활동한 자'를 처벌하는 폭처법 제4조 제1항은 죄형법정주의의 명확성원칙에 위배되지 않는다.

나. 형사제재의 명확성 : 절대적 부정기형의 금지

명확성 원칙은 형사제재의 명확성도 요구한다. 형의 장기와 단기만을 정한 상대적 부정기형은 수형자의 교정효과를 기대하는 것으로 명확성의 원칙에 위반되지 않는다. 예를 들어 피고인이 1년 이상 2년 미만의 징역에 처한다고 하는 상대적 부정기형은 허용될 수 있다. 현행법상 소년의 경우에는 상대적 부정기형을 원칙으로 하고 있다(소년법 §60).

그러나 장기와 단기를 전혀 특정하지 않은 '절대적 부정기형'은 법적 안정성을 해하고 인권보장을 위태롭게 할 위험성이 크기 때문에 금지된다.

《대판 1977.6.28. 77도251 (빨갱이들 쏴버리십시오 사건)》 부정선거관련자처벌법 제5조 제4항에 동법 제5조 제1항의 예비·음모는 이를 처벌한다고만 규정하고 있을 뿐이고 그 형에 관하여 따로 규정하고 있지 아니한 이상 죄형법정주의의 원칙상 위 예비·음모를 처벌할 수 없다.

3. 소급효금지의 원칙

가. 소급효금지원칙의 의의

소급효금지원칙이란 범죄와 그 처벌은 행위 당시의 법률에 의해야 하고 행위 후에 법률을 제정하여 그 법률 제정 이전의 행위를 처벌해서는 안 된다는 원칙을 말한다. 사후 법률에 의해 이전의 행위를 처벌하기 위해서는 사후법률의 소급효를 인정해야 하는데 이를 금지하는 원칙이다. 형법 제1조 제1항은 '범죄의 성립과 처벌은 행위시의 법률에 의한다'고 하여 소급효금지원칙을 규정하고 있다. 이는 법적 안정성과 국민의 예측가능성을 담보하는 법치국가이념에 근거하여, 국민의 신뢰이익을 보호하고, 국민의 자유를 법관의 자의로부터 보호하기 위한 것이다.

나. 소급효금지원칙의 적용범위

1) 형벌을 완화하는 법률과 소급효

피고인에게 유리한 경우에는 소급효가 허용된다. 즉, 형벌을 새로이 규정하거나 강화하는 법률의 소급효는 인정되지 않지만, 형벌을 폐지하거나 감경하는 내용의 법률은 소급효가 인정될 수 있다. 형법 제1조 제2항·제3항은 이를 규정하고 있다.

2) 형사절차법과 소급효금지

소급효금지의 원칙은 실체법인 형법에 대하여만 적용되는 원칙이다. 따라서 절차법인 형사소송법에 대하여는 소급효금지의 원칙이 적용되지 않는다. 예컨대 친고죄를 비친고죄로 개정하는 경우와 공소시효를 연장하는 경우에 있어서 견해의 대립이 있으나 판례는 이러한 경우에도 절차에 관한 규정에 불과하므로 소급효금지의 원칙이 적용되지 않는다고 해석한다.

《헌결 1996.2.16. 96헌가2 (5·18특별법 위헌제청 사건)》 형벌불소급의 원칙은 '행위의 가벌성', 즉 형사소추가 '언제부터 어떠한 조건 하에서' 가능한가의 문제에 관한 것이고, '얼마 동안' 가능한가의 문제에 관한 것은 아니므로, 과거에 이미 행한 범죄에 대하여 공소시효를 정지시키는 법률이라 하더라도 그 사유만으로 헌법 제12조 제1항 및 제13조 제1항에 규정한 죄형법정주의의 파생원칙인 형벌불소급의 원칙에 언제나 위배되는 것으로 단정할 수는 없다.

《헌결 1999.7.22. 97헌바76 (인천공항 원주민 매립지 원주민 사건)》 소급입법은 새로운 입법으로 이미 종료된 사실관계 또는 법률관계에 작용케 하는 진정소급입법과 현재 진행 중인 사실관계 또는 법률관계에 작용케 하는 부진정소급입법으로 나눌 수 있는바, 부진정소급입법은 원칙적으로 허용되지만 … 진정소급입법은 개인의 신뢰보호와 법적 안정성을 내용으로 하는 법치국가원리에 의하여 특단의 사정이 없는 한 헌법적으로 허용되지 아니하는 것이 원칙이고, 다만 … 예외적으로 진정소급입법이 허용된다.

《대판 2009.12.10. 2009도11448 (양형기준표 소급적용 사건)》 법관이 형을 양정함에 있어서 참고할 수 있는 자료에 달리 제한이 있는 것도 아닌 터에 원심이 위 양형기준이 발효하기 전에 법원에 공소가 제기된 이 사건 범죄에 관하여 형을 양정함에 있어서 위 양형기준을 참고자료로 삼았다고 하여, 피고인에게 불리한 법률을 소급하여 적용한 위법이 있다고 할 수 없다.

3) 보안처분과 소급효 금지

형벌에 대하여는 소급효금지의 원칙이 적용되지만, 보안처분에 대하여는 긍정설과 부정설의 대립이 있다. 통설은 보안처분이 형벌 못지않게 국민의 자유를 제한한다는 점을 들어 그 적용을 긍정한다. 그러나 대법원 판례는 형법상의 보호관찰(대판 1997.6.13. 97도703)에 대해서는 소급효금지원칙이 적용되지 않지만, 사회봉사명령(대판 2008.7.24. 2008어4)에 대해서는 소급효금지원칙이 적용된다는 입장을 취하고 있다.

《대판 1997.6.13. 97도703 (보호관찰 소급적용 사건)》 개정 형법 제62조의2 제1항에 의하면 형의 집행을 유예하는 경우에 보호관찰을 받을 것을 명할 수 있고, … 위 조항에서 말하는 보호관찰은 형벌이 아니라 보안처분의 성격을 갖는 것으로서, … 그에 관하여 반드시 행위 이전에 규정되어 있어야 하는 것은 아니며, 재판시의 규정에 의하여 보호관찰을 받을 것을 명할 수 있다고 보아야 할 것이고, 이와 같은 해석이 형벌불소급의 원칙 내지 죄형법정주의에 위배되는 것이라고 볼 수 없다.

《헌결 2016.12.29. 2015헌바196 (신상공개 소급적용 사건)》 신상정보 공개·고지명령은 형벌과는 구분되는 비형벌적 보안처분으로서 어떠한 형벌적 효과나 신체의 자유를 박탈하는 효과를 가져오지 아니하므로 소급처벌금지원칙이 적용되지 아니한다.

4) 판례의 변경과 소급효 금지

행위 당시의 판례에 의하면 처벌받지 않던 행위로 소추된 사람에 대해 법원이 판례를 변경하여 처벌할 수 있는지 문제된다. 다수설과 판례는 소급효금지원칙은 법률에만 적용되고 판례에는 적용되지 않으므로 처벌할 수 있다고 한다.

《대판 1999.9.17. 97도3349 (수입결제대금 국외도피 사건)》 형사처벌의 근거가 되는 것은 법률이지 판례가 아니고, 형법 조항에 관한 판례의 변경은 그 법률조항의 내용을 확인하는 것에 지나지 아니하여 이로써 그 법률조항 자체가 변경된 것이라고 볼 수는 없으므로, 행위 당시의 판례에 의하면 처벌대상이 되지 아니하는 것으로 해석되었던 행위를 판례의 변경에 따라 확인된 내용의 형법 조항에 근거하여 처벌한다고 하여 그것이 헌법상 평등의 원칙과 형벌불소급의 원칙에 반한다고 할 수는 없다.

4. 유추해석금지의 원칙

'유추해석'이란 두 개의 사건이 유사한 경우 한 사건에 적용되는 법규를 다른 사건에도 적용하는 것, 또는 일정한 사항을 직접 규정하고 있는 법규가 없는 경우 그와 가장 유사한 사항을 규정하고 있는 법규를 적용하는 것을 말한다. 법률에 규정이 없는 사항에 대해 법규의 가능한 문언의 한계를 넘어 유사한 사례에 적용하는 것은 법관에 의한 법의 창조를 의미하는 것이므로, **법관에 의한 법창조를 방지**하며 법관의 자의로부터 개인을 보호하기 위해 유추해석은 금지한다. 예컨대 업무상비밀누설죄(§317)의 주체에 변호사가 아닌 변호인도 포함된다고 해석하거나, 자동차등불법사용죄(§331-2)의 객체에 자전거도 포함된다고 해석하는 것은 금지된다.

유추해석금지의 원칙은 피고인에게 불리하게 새로운 형벌을 과하거나 형을 가중하는 유추해석을 금지하는 것이며, **피고인에게 유리한 유추해석은 허용된다.** 소송법의 규정에 대하여도 원칙적으로 유추해석이 허용된다.

《대판 2014.9.24. 2013도4503 (교복입고 야동연출한 사건)》 국가형벌권의 자의적인 행사로부터 개인의 자유와 권리를 보호하기 위하여 형벌법규는 엄격히 해석되어야 하고 명문의 형벌법규의 의미를 피고인에게 불리한 방향으로 지나치게 확장해석하거나 유추해석하는 것은 죄형법정주의 원칙에 어긋나는 것으로 허용되지 않는다.

《대판 2002.12.27. 2002도2539 (너는 살인자야 사건)》 군형법 제64조 제1항의 상관면전모욕죄의 구성요건은 '상관을 그 면전에서 모욕하는' 것인데, 여기에서 '면전에서'라 함은 얼굴을 마주대한 상태를 의미하는 것임이 분명하므로, 전화를 통하여 통화하는 것을 면전에서의 대화라고는 할 수 없다.

《대판 2011.10.13. 2011도6287 (타미플루 수여 사건)》 구 약사법 제2조 제1호가 약사법에서 사용되는 '약사(藥事)'의 개념에 대해 정의하면서 '판매(수여를 포함한다. 이하 같다)'라고 규정함으로써 … '판매'에는 '수여'가 포함됨을 명문으로 밝히고 있는 점, … 등을 종합하면, 결국 국내에 있는 불특정 또는 다수인에게 무상으로 의약품을 양도하는 수여행위도 구 약사법 제44조 제1항의 '판매'에 포함된다고 … 그와 같은 해석이 죄형법정주의에 위배된다고 볼 수 없다.

《대판 1977.9.28. 77도405 (염소도살 사건)》 죄형법정주의 정신에 비추어 형벌법규인 축산물가공처리법 소정의 '수축' 중의 하나인 '양'의 개념 속에 '염소'가 당연히 포함되는 것으로 해석할 수 없다.

《대판 1997.3.20. 96도1167 全合 (공선법상 자수 사건)》 위법성 및 책임의 조각사유나 소추조건 또는 처벌조각사유인 형면제 사유에 관하여 그 범위를 제한적으로 유추적용하게 되면 행위자의 가벌성의 범위는 확대되어 행위자에게 불리하게 되는 바, 이는 가능한 문언의 의미를 넘어 범죄구성요건을 유추적용하는 것과 같은 결과가 초래되므로 죄형법정주의의 파생원칙인 유추해석금지의 원칙에 위반하여 허용될 수 없다. … 공직선거법 제262조의 '자수'를 '범행발각 전에 자수한 경우'로 한정하는 풀이는 … 단순한 목적론적 축소해석에 그치는 것이 아니라, 형면제 사유에 대한 제한적 유추를 통하여 처벌범위를 실정법 이상으로 확대한 것으로서 죄형법정주의의 파생원칙인 유추해석금지의 원칙에 위반된다.

《대판 2009.11.19. 2009도6058 全合 (14세 가출녀 강간 사건)》 처벌을 희망하지 않는다는 의사표시 또는 처벌희망 의사표시의 철회는 이른바 소극적 소송조건에 해당하고, 소송조건에는 죄형법정주의의 파생원칙인 유추해석금지의 원칙이 적용된다고 할 것인데, 명문의 근거 없이 그 의사표시에 법정대리인의 동의가 필요하다고 보는 것은 유추해석에 의하여 소극적 소송조건의 요건을 제한하고 피고인 또는 피의자에 대한 처벌가능성의 범위를 확대하는 결과가 되어 죄형법정주의 내지 거기에서 파생된 유추해석금지의 원칙에도 반한다.

《대판 2017.12.21. 2015도8335 全合 (땅콩회항 사건)》 항로는 공중(空中)의 개념을 내포한 말로 지상의 항공기가 이동할 때 '운항 중'이 된다는 이유만으로 그때 다니는 지상의 길까지 항로로 해석하는 것은 문언의 가능한 의미를 벗어나므로, 피고인이 푸시백(pushback) 중이던 비행기를 탑승구로 돌아가게 한 행위가 항공기의 항로를 변경하게 한 것에 해당하지 않는다.

《대판 2011.8.25. 2011도7725 (면허정지 오토바이운전 사건)》 '운전면허를 받지 아니하고'라는 법률문언의 통상적인 의미에 '운전면허를 받았으나 그 후 운전면허의 효력이 정지된 경우'가 당연히 포함된다고는 해석할 수 없다.

5. 적정성의 원칙 - 실질적 의미의 죄형법정주의

적정성의 원칙이란 실질적 의미의 죄형법정주의에서 강조되는 원칙으로서, 범죄와 형벌을 규정한 법률의 내용도 적정해야 한다는 원칙이다. '적정한 법률이 없으면 범죄 없고, 형벌 없다'는 원칙으로 당해 형벌법규에 의해 처벌할 실질적인 필요성이나 합리성이 있어야 한다는 원칙이다. 적정성의 원칙에 반하는 범죄와 형벌규정은 헌법상 과잉금지원칙(비례원칙)에 반한다.

《헌결 1992.4.28. 90헌바24 (뺑소니 과잉입법 사건)》 특정범죄 가중처벌 등에 관한 법률 제5조의3 제2항 제1호[1]에서 과실로 사람을 치상하게 한 자가 구호행위를 하지 아니하고 도주하거나 고의로 유기함으로써 치사의 결과에 이르게 한 경우에 살인죄와 비교하여 그 법정형을 더 무겁게 한 것은 형벌체계상의 정당성과 균형을 상실한 것으로서 헌법 제10조의 인간으로서의 존엄과 가치를 보장한 국가의 의무와 헌법 제11조의 평등의 원칙 및 헌법 제37조 제2항의 과잉입법금지의 원칙에 반한다.

《헌결 2007.11.29. 2006헌가13 (상관살해죄 사건)》 '상관을 살해한 자는 사형에 처한다'라는 군형법 제53조 제1항은 죄질과 그에 따른 행위자의 책임 사이에 비례관계가 준수되지 않아 인간의 존엄과 가치를 존중하고 보호하려는 실질적 법치국가의 이념에 어긋나고, 형벌체계상 정당성을 상실한 것이다.

---

1) **특정범죄 가중처벌 등에 관한 법률 제5조의3 (도주차량운전자의 가중처벌)** ② 사고운전자가 피해자를 사고장소로부터 옮겨 유기하고 도주한 때에는 다음의 구분에 따라 가중 처벌한다.
  1. 피해자를 치사하고 도주하거나 도주 후에 피해자가 사망한 때에는 사형·무기 또는 10년 이상의 징역에 처한다.
  2. 피해자를 치상한 때에는 3년 이상의 유기징역에 처한다.

 형법 제250조(살인) ① 사람을 살해한 자는 사형, 무기 또는 5년 이상의 징역에 처한다.

제3절 형법의 적용범위

Ⅰ. 시간적 적용범위

제1조(범죄의 성립과 처벌) ① 범죄의 성립과 처벌은 행위시의 법률에 따른다.
② 범죄 후 법률이 변경되어 그 행위가 범죄를 구성하지 아니하게 되거나 형이 구법(舊法)보다 가벼워진 경우에는 신법(新法)에 따른다.
③ 재판이 확정된 후 법률이 변경되어 그 행위가 범죄를 구성하지 아니하게 된 경우에는 형의 집행을 면제한다.

1. 의의

형법은 시행일로부터 폐지일까지 효력을 가진다. 어떤 사람이 죄를 범한 시점과 그 범죄로 재판을 받는 시점 사이에 형벌법규의 변경이 있어 범죄의 성립 여부가 달라지거나 형의 경중에 차이가 있는 경우, 죄를 범한 시점의 법률(행위시법)과 재판을 받는 시점의 법률(재판시법) 중 어느 법을 적용할 것인가가 문제된다. 행위시법주의는 행위시의 법을 적용하는 원칙을 말한다. 이 경우 행위시에만 존재했고 재판시에는 존재하지 않은 법인 행위시법이 재판시에까지 효력을 발휘하는 추급효(追及效)를 갖게 된다. 재판시법주의는 재판시의 법을 적용하는 원칙을 말한다. 이 경우 재판시에는 존재하였지만 행위시에는 존재하지 않던 법인 재판시법이 과거에 행해진 행위에 적용되는 소급효(遡及效)가 인정된다.

2. 원칙 - 행위시법주의(구법주의)

형법 제1조 제1항은 '범죄의 성립과 처벌은 행위시의 법률에 따른다'라고 하여 행위시법주의를 기본원칙으로 규정하고 있다. 여기서 행위시란 '범죄(실행)행위의 종료시'를 의미한다(통설, 판례). 실행행위가 법 개정 전후에 걸쳐 있는 경우에는 개정된 신법을 적용해야 한다.

구법과 개정된 신법간에 형의 경중에 차이가 없는 경우에는 행위시법이 적용된다. 그러나 신법에 의해 형이 신설 또는 가중된 경우에도 소급효금지의 원칙이 적용되어 행위시법이 적용된다.

《대판 1994.5.10. 94도563 손해사정인 합의유도 사건》 범죄의 성립과 처벌은 행위시의 법률에 의한다고 할 때의 '행위시'라 함은 '범죄행위의 종료시'를 의미한다.

《대판 1998.2.24. 97도183》포괄일죄로 되는 개개의 범죄행위가 법 개정의 전후에 걸쳐서 행하여진 경우에는 신·구법의 법정형에 대한 경중을 비교하여 볼 필요도 없이 범죄 실행 종료시의 법이라고 할 수 있는 신법을 적용하여 포괄일죄로 처단하여야 한다.

《대판 2012.9.13. 2012도7760 단순강간상해 · 치상 사건》 범죄행위시와 재판시 사이에 여러 차례 법령이 개정되어 형의 변경이 있는 경우에는 형법 제1조 제2항에 의하여 그 전부의 법령을 비교하여 그중 가장 형이 가벼운 법령을 적용하여야 한다.

3. 예외 - 재판시법주의(신법주의)

신법이 형벌을 배제하거나 완화함으로써 행위자에게 유리한 경우에는 신법을 소급적용해야 한다는 원칙이다. 형법 제1조 제2항은 '범죄 후 법률이 변경되어 그 행위가 범죄를 구성하지 아니하게 되거나 형이 구법보다 가벼워진 경우에는 신법에 따른다'라고 하여 행위자에게 유리한 신법의 소급적용을 인정하고 있다. **신법이 구법보다 경한 때에 행위자에게 유리한 신법을 소급하여 적용하는 것은 죄형법정주의에 반하지 않는다**(통설).

《대판 2022.12.22. 2020도16420 (전동킥보드 음주운전 사건)》 [1] 범죄 후 법률이 변경되어 그 행위가 범죄를 구성하지 아니하게 되거나 형이 구법보다 가벼워진 경우에는 신법에 따라야 하고, 범죄 후의 법령 개폐로 형이 폐지되었을 때는 판결로써 면소의 선고를 하여야 한다. 이러한 형법 제1조 제2항과 형사소송법 제326조 제4호의 규정은 입법자가 법령의 변경 이후에도 종전 법령 위반행위에 대한 형사처벌을 유지한다는 내용의 경과규정을 따로 두지 않는 한 그대로 적용되어야 한다.

[2] 법률 개정 전에는 구 도로교통법 제148조의2 제1항이 적용되어 2년 이상 5년 이하의 징역이나 1천만 원 이상 2천만 원 이하의 벌금으로 처벌되었으나, 법률 개정 후에는 도로교통법 제156조 제11호가 적용되어 20만 원 이하의 벌금이나 구류 또는 과료로 처벌되게 되었고, 이러한 법률 개정은 구성요건을 규정한 형벌법규 자체의 개정에 따라 형이 가벼워진 경우에 해당함이 명백하므로, 종전 법령이 반성적 고려에 따라 변경된 것인지를 따지지 않고 형법 제1조 제2항에 따라 신법인 도로교통법 제156조 제11호, 제44조 제1항으로 처벌한다.

《대판 1992.11.13. 92도2194 (무인가 환전상 사건)》 형의 경중의 비교는 원칙적으로 법정형을 표준으로 할 것이고 처단형이나 선고형에 의할 것일 아니며, 법정형의 경중을 비교함에 있어서 법정형 중 병과형 또는 선택형이 있을 때에는 이 중 가장 중한 형을 기준으로 하여 다른 형과 경중을 정하는 것이 원칙이다.

여기서 '범죄 후'란 범죄행위 종료 후를 의미하며, 결과발생은 포함하지 않는다. 따라서 살인행위가 종료된 후에 살인죄의 형이 경하게 변경되었고, 그 후에 피해자가 사망한 경우에도 경한 신법이 적용되어야 한다. 여기에서의 '법률'에는 명령, 규칙, 조례를 포함하여 가벌성과 관련되는 전체로서의 법률을 의미한다.

범죄 후 수차례 법률이 변경되어 행위시법과 재판시법 사이에 수차 법령이 변경되어 중간시법이 있는 경우에는 법원은 직권으로 모든 법률을 비교하여 그 중에서 형이 가장 가벼운 법률을 적용하여야 한다(판례).

《대판 2012.9.13. 2012도7760》 범죄행위시와 재판시 사이에 여러 차례 법령이 개정되어 형의 변경이 있는 경우에는 이 점에 관한 당사자의 주장이 없더라도 형법 제1조제2항에 의하여 직권으로 그 전부의 법령을 비교하여 그중 가장 형이 가벼운 법령을 적용하여야 한다.

형법 제1조 제2항에 따라 신법을 적용하는 경우 범죄를 구성하지 않는 때에는 면소판결(형사소송법 §326)을 선고하고, 형이 구법보다 가벼운 때에는 신법의 가벼운 형으로 처벌한다.

《대판 1999.12.24. 99도3003》 헌법재판소의 위헌결정으로 인하여 형벌에 관한 법률 또는 법률조항이 소급하여 그 효력을 상실한 경우에는 당해 법조를 적용하여 기소한 피고사건은 범죄로 되지 아니하는 때에 해당하므로, 결국 이 부분 공소사실은 무죄라 할 것이다.

4. 예외 - 형집행시법 적용

재판확정 후 법률의 변경에 의하여 그 행위가 범죄를 구성하지 아니하는 경우에는 재판이 확정된 자와 재판이 확정되지 않은 자 사이에 될 수 있는 한 공평을 기하자는 취지에서 형법 제1조 제3항에 의해 형의 집행만을 면제한다. 형법 제1조 제3항은 '비범죄화'된 경우만을 규정하고 있으므로 재판확정 후 법률의 변경에 의하여 형이 경하게 된 경우에는 신법을 적용할 수 없고, 이미 확정된 종전의 형을 그대로 집행한다.

II. 장소적 적용범위

형법의 '장소적 적용범위'란 어느 장소에서 행해진 범죄에 대해서 우리 형법을 적용할 것인가라는 문제를 말한다.

1. 속지주의 원칙

가. 속지주의

제2조(국내범) 본법은 대한민국 영역내에서 죄를 범한 내국인과 외국인에게 적용한다.

속지주의(屬地主義)란 한 나라의 영역 내에서 발생한 범죄에 대해서는 내국인이든 외국인이든 그 나라의 형법을 적용한다는 원칙이다. 형법 제2조는 '본법은 대한민국 영역 내에서 죄를 범한 내국인과 외국인에게 적용한다'고 하여 속지주의를 규정하고 있다. '대한민국 영역'에는 북한도 포함되며(판례), '죄를 범한'의 의미는 범죄실행행위와 결과 중 어느 하나라도 대한민국의 영역 내에서 발생하면 족하다(통설). 작위범의 경우 그 실행행위지, 부작위범의 경우 작위의무가 이행되어야 했던 장소, 공범의 경우에는 정범의 실행행위지 이외에 교사나 방조의 행위가 행해진 곳이 범죄지에 포함된다.

과거 제국주의시대에는 속지주의의 예외로 치외법권(治外法圈)을 인정한 예가 있지만, 오늘날 국제법이론에서는 치외법권이라는 개념은 인정하지 않는다.

나. 기국주의

제4조(국외에 있는 내국선박 등에서 외국인이 범한 죄) 본법은 대한민국영역외에 있는 대한민국의 선박 또는 항공기내에서 죄를 범한 외국인에게 적용한다.

국외를 운항중인 자국의 선박 또는 항공기내에서 행한 범죄에 대하여 자국형법을 적용한다는 기국주의(旗國主義)도 속지주의의 특수한 원칙에 속한다. '대한민국 영역외'라 함은 외국뿐만 아니라 무국적지(예컨대 공해상)를 포함한다. '죄를 범한'의 의미는 실행행위와 결과 중 어느 하나라도 본조의 선박 또는 항공기에서 발생하면 족하다.

2. 속인주의의 가미

제3조(내국인의 국외범) 본법은 대한민국영역외에서 죄를 범한 내국인에게 적용한다.

속인주의(屬人主義)란 자국민의 범죄행위에 대해서는 그것이 어디에서 행해졌던 자국의 형법을 적용한다는 원칙이다. 형법 제3조는 '본법은 대한민국 영역 외에서 죄를 범한 내국인에게 적용한다'라고 하여 속인주의를 규정하고 있다. 우리 형법은 속지주의를 원칙으로 하고, 속인주의를 가미하여 한국인이 외국에서 행한 범죄에 대해서도 우리 형법을 적용한다. 본조에서 '내국인'이란 '범행 당시'에 대한민국의 국적을 가진 자를 말한다. '북한주민'에 대해서 판례는 내국인의 범주에 속한다고 하였다.

《대판 1986.6.24. 86도403 (을지로 미문화원 점거·농성사건)》 국제협정이나 관행에 의하여 대한민국내에 있는 미국문화원이 치외법권지역이고 그 곳을 미국영토의 연장으로 본다 하더라도 그 곳에서 죄를 범한 대한민국 국민에 대하여 … 우리나라의 재판권은 동인들에게도 당연히 미친다.

《대판 2001.9.25. 99도3337 (필리핀 바카라 사건)》 형법 제3조는 '본법은 대한민국 영역 외에서 죄를 범한 내국인에게 적용한다.'고 하여 형법의 적용 범위에 관한 속인주의를 규정하고 있는바, 필리핀국에서 카지노의 외국인 출입이 허용되어 있다 하여도, 형법 제3조에 따라, 피고인에게 우리나라 형법이 당연히 적용된다.

3. 보호주의

제5조(외국인의 국외범) 본법은 대한민국영역외에서 다음에 기재한 죄를 범한 외국인에게 적용한다.
1. 내란의 죄
2. 외환의 죄
3. 국기에 관한 죄
4. 통화에 관한 죄
5. 유가증권, 우표와 인지에 관한 죄
6. 문서에 관한 죄중 제225조 내지 제230조
7. 인장에 관한 죄중 제238조

제6조(대한민국과 대한민국국민에 대한 국외범) 본법은 대한민국영역외에서 대한민국 또는 대한민국국민에 대하여 전조에 기재한 이외의 죄를 범한 외국인에게 적용한다. 단 행위지의 법률에 의하여 범죄를 구성하지 아니하거나 소추 또는 형의 집행을 면제할 경우에는 예외로 한다.

보호주의(保護主義)란 외국인이 외국에서 죄를 범하였더라도 그것이 자국이나 자국민에 대한 범죄이면 자국의 형법을 적용하는 원칙을 말한다. 우리 형법은 보호주의를 규정하고 있다(제5조, 제6조).

보호주의에 의하면 외국인이 외국에서 저지른 행위가 외국에서는 범죄가 되지 않더라도 우리나라에서는 범죄가 되어 처벌될 수 있다. 이렇게 하면 외국인에게 불합리할 수 있으므로 제6조 단서에 '행위지의 법률에 의하여 범죄를 구성하지 아니하거나 소추 도는 형의 집행을 면제할 경우'에는 우리 형법의 적용을 배제하고 있다.

《대판 1997.7.25. 97도1142 (페스카마호 살인사건)》 선장을 비롯한 일부 선원들을 살해하는 등의 방법으로 선박의 지배권을 장악하여 목적지까지 항해한 후 선박을 매도하거나 침몰시키려고 한 경우에 선박에 대한 불법영득의 의사가 있다고 보아 해상강도살인죄가 인정된다.[2)]

《대판 2011.8.25. 2011도6507 (캐나다 선물투자 사기사건)》 [1] 형법 … 제6조의 …'대한민국 또는 대한민국 국민에 대하여 죄를 범한 때'란 대한민국 또는 대한민국 국민의 법익이 직접적으로 침해되는 결과를 야기하는 죄를 범한 경우를 의미한다.

[2] 캐나다 시민권자인 피고인이 캐나다에서 위조사문서를 행사하였다는 내용으로 기소된 사안에서, 형법 제234조의 위조사문서행사죄는 형법 제5조 제1호 내지 제7호에 열거된 죄에 해당하지 않고, 위조사문서행사를 형법 제6조의 대한민국 또는 대한민국 국민의 법익을 직접적으로 침해하는 행위라고 볼 수도 없으므로 피고인의 행위에 대하여는 우리나라에 재판권이 없다.

《대판 2002.11.26. 2002도4929 (한국 회사 인장위조 사건)》 형법 제239조 제1항의 사인위조죄는 형법 제6조의 대한민국 또는 대한민국국민에 대하여 범한 죄에 해당하지 아니하므로 중국 국적자가 중국에서 대한민국 국적 주식회사의 인장을 위조한 경우에는 외국인의 국외범으로서 그에 대하여 재판권이 없다.

《대판 2008.4.17. 2004도4899 全合 (송두율 교수 사건)》 독일인이 독일 내에서 북한의 지령을 받아 베를린 주재 북한이익대표부를 방문하고 그곳에서 북한공작원을 만났다면 구성요건상 범죄지는 모두 독일이므로 이는 외국인의 국외범에 해당하여, 형법 제5조와 제6조에서 정한 요건에 해당하지 않는다.

4. 세계주의

세계주의란 오늘날의 평화로운 국제사회의 공존질서를 침해하는 범죄(해적, 항공기 납

2) 1996년 8월 남태평양에서 조업중이던 파나마 국적의 참치잡이 원양어선 페스카마(Pesca Mar) 15호에서 중국 교포 6명이 선장의 하선 징계에 불만을 품고 선상반란을 일으켜, 선장을 비롯한 한국인 6명, 인도네시아인 4명, 중국 교포 1명 등 11명을 살해한 사건이다.

치, 국제테러 등)나 다수국가의 공동이익에 반하는 범죄(통화위조, 마약밀매 등) 또는 반인도적 범죄(인종학살, 인신매매 등)에 대해 자국형법을 적용하자는 원칙이다. 현행 우리 형법은 총칙에서 세계주의에 관한 명문의 규정이 없다. 다수설은 외국통용외국통화위·변조죄를 '세계주의'에 입각한 범죄로 보고 있다. 또한 2013년 4월 5일 개정 형법은 인류공통의 범죄인 '약취·유인 및 인신매매죄'에 대한 세계주의 규정을 명문화하였다(§296-2).

《대판 1984.5.22. 84도39 (중국 민항기 불시착 사건)》 항공기운항안전법 제3조, "항공기내에서 범한 범죄 및 기타 행위에 관한 협약"(토오쿄협약) 제1조, 제3조, 제4조 "항공기의 불법납치억제를 위한 협약"(헤이그협약) 제1조, 제3조, 제4조, 제7조의 각 규정들을 종합하여 보면 민간항공기 납치사건에 대하여는 항공기등록지국에 원칙적인 재판관할권이 있는 외에 항공기 착륙국인 우리나라에도 경합적으로 재판관할권이 생기어 우리나라 항공기운항안전법은 외국인의 국외범까지도 적용대상이 된다고 할 것이다.

5. 외국에서 받은 형집행의 효력

제7조(외국에서 집행된 형의 산입) 죄를 지어 외국에서 형의 전부 또는 일부가 집행된 사람에 대해서는 그 집행된 형의 전부 또는 일부를 선고하는 형에 산입한다.

형법 제7조는 '죄를 지어 외국에서 형의 전부 또는 일부가 집행된 사람에 대해서는 그 집행된 형의 전부 또는 일부를 선고하는 형에 산입한다'고 규정하고 있다. 일사부재리의 원칙은 국내법상의 원칙이므로, 외국 형법에 따라 처벌받은 자를 다시 국내형법에 의해 처벌하더라도 위법하지 않다(통설, 판례). 구 형법은 형의 임의적 감면사유로 규정하고 있었으나 헌법재판소의 헌법불합치 결정(헌재 2015.5.28. 2013헌바129)에 따라 '집행된 형의 전부 또는 일부를 선고하는 형에 산입'하도록 개정되었다.

《대판 2017.8.24. 2017도5977 全合 (막탄섬 살인 사건)》 [1] …'외국에서 형의 전부 또는 일부가 집행된 사람'이란 문언과 취지에 비추어 '외국 법원의 유죄판결에 의하여 자유형이나 벌금형 등 형의 전부 또는 일부가 실제로 집행된 사람'을 말한다고 해석하여야 한다. 따라서 형사사건으로 외국 법원에 기소되었다가 무죄판결을 받은 사람은, 설령 그가 무죄판결을 받기까지 상당 기간 미결구금되었더라도 이를 유죄판결에 의하여 형이 실제로 집행된 것으로 볼 수는 없으므로, '외국에서 형의 전부 또는 일부가 집행된 사람'에 해당한다고 볼 수 없고, 그 미결구금 기간은 형법 제7조에 의한 산입의 대상이 될 수 없다.[3)]

[2] 피고인이 필리핀에서 살인죄를 범하였다가 무죄 취지의 재판을 받고 석방된 후 국내에서 다시 기소되어 제1심에서 징역 10년을 선고받은 경우, 피고인이 필리핀에서 미결 상태로 구금된 5년여의 기간에 대하여 '외국에서 집행된 형의 산입' 규정인 형법 제7조가 적용하지 않아도 무방하다.

Ⅲ. 인적 적용범위

이는 형법이 어떤 사람에게 적용되는가의 문제를 말한다. 형법은 원칙적으로 시간적·장소적 적용범위에 있는 모든 사람에게 적용된다. 다만, 국내법상의 예외로 대통령[4] · 국회의원[5]이 있고, 국제법상의 예외로 외교상의 면제 · 특권을 가진 외국원수·외교관, 그 가족 등과 승인받고 주둔하는 외국군대에 대하여는 형법이 적용되지 않는다. 예컨대 한미간의 군대지위협정(Status of Forces Agreement)에 의하여 '공무집행 중'에 있는 미군범죄에 대해서는 예외를 인정하고 있다.

---

3) 이 사건 범행은 도박 빚으로 생활고를 겪던 피고인이 피해자의 권유와 도움으로 필리핀에 가서 관광가이드 일을 하며 피해자의 집에서 같이 거주하여 오던 중 술을 마시고 새벽에 집에 들어와 자고 있던 피해자를 깨워 사소한 말다툼 끝에 피해자를 부엌칼로 찔러 살해한 사안이다. 피고인은 이 사건 범행으로 2005.10.5. 21:30 필리핀 경찰에 체포되어 2010.10.21. 증거불충분으로 검사의 기소를 기각하는 판결을 받기 까지 약 5년 1개월 동안 구금되어 있다가 석방되었다.

4) 헌법 제84조 대통령은 내란 또는 외환의 죄를 범한 경우를 제외하고는 재직중 형사상의 소추를 받지 아니한다.

5) 헌법 제45조 국회의원은 국회에서 직무상 행한 발언과 표결에 관하여 국회외에서 책임을 지지 아니한다.

제 2 편

범죄론

제1장

범죄의 기본개념

제1절 범죄의 의의와 종류

Ⅰ. 범죄의 의의

형법에서 범죄의 개념은 일반적으로 실질적 개념과 형식적 개념의 두 가지로 나누어 살펴볼 수 있다.

1. 실질적 범죄개념

실질적 의미의 범죄개념은 실정형법의 범죄개념과 무관하게 범죄의 '실질성'을 추구하는 범죄개념으로 그 기준이 사회적 유해성과 법익이다. 이에 의하면 범죄는 형벌법규를 떠나서 인간의 행위 중 사회에 해악을 끼치고 법익을 침해하는 반사회적 행위를 의미한다.

범죄는 반사회적 행위이기 때문에 이에 대하여 형벌을 과하는 것이다. 실질적 의미의 범죄개념에서는 정신병자나 형사미성년자와 같이 법률상 책임무능력자로서 처벌되지 아니하는 자라도 반사회성이 인정되는 한, 그 행위는 범죄라고 보는 것이 타당하다고 한다. 특히 범죄를 일종의 사회현상으로 보는 범죄학에서는 실질적 의미의 범죄개념에 의한 범죄를 대상으로 하여 그 예방 대책을 강구한다.

2. 형식적 범죄개념

형식적 의미의 범죄개념은 범죄의 법률적 의의를 말하는데, 실정법인 형벌법규상의 **구성요건에 해당하는 위법하고 유책한 행위**를 범죄로 정의한다. 형식적 범죄개념은 죄형법정주의에 의한 형법의 자유보장적 기능을 달성하게 해 주는 장점이 있다.

Ⅱ. 범죄의 성립요건, 처벌조건, 소추조건

1. 범죄의 성립요건

구성요건해당성, 위법성, 책임을 말한다. 이는 형벌권의 발생을 좌우하는 실체법적 조건이다. 이들 중 하나라도 결여되면 범죄가 성립하지 않으므로 법원은 '무죄판결'을 선고한다.

가. 구성요건해당성

범죄가 성립하기 위해서는 무엇보다도 형법 각조에 있는 구성요건에 해당하여야 한다. 형법에는 일정한 반사회적 행위를 유형화하여 이를 '죄'로 규정하고 있다. 이것이 법률상의 구성요건이다. 죄형법정주의하에서 인간의 행위가 범죄가 되기 위해서는 먼저 형벌법규가 규정하는 구성요건에 해당하는 것이 필요하다. 아무리 반도덕적·반사회적인 행위라 하더라도 구성요건에 해당하지 않는 한 범죄로 되지 아니한다. 구성요건은 행위의 주체, 객체, 행위태양, 행위결과, 인과관계와 같은 객관적 구성요건요소와 고의, 과실, 목적과 같은 주관적 구성요건요소로 구성되어 있다.

나. 위법성

일정한 행위가 구성요건에 해당하더라도 곧바로 범죄로 되지 아니하고 위법한 것이어야 한다. 위법이란 구성요건에 해당하는 '행위에 대한 부정적 가치판단'을 의미하는 것으로 형식적으로는 법규위반을 말하고 실질적으로는 사회상규에 위배되는 것을 말한다. 구성요건은 원래 위법행위를 유형적으로 규정하는 것이므로 이에 해당하는 행위는 일단 위법이라고 추정할 수 있다. 그러나 구체적 행위가 실질적으로 사회상규에 위배되지 아니하는 경우, 즉 정당방위, 긴급피난, 자구행위, 피해자의 승낙, 정당행위에 해당하는 경우에는 위법이 되지 아니하여(위법성 조각[6]) 범죄로 성립하지 않는다.

---

6) 위법성이 조각(阻却)된다고 표현한다. 정당방위, 긴급피난, 자구행위, 피해자의 승낙, 정당행위를 위법성

다. 책임

범죄가 성립하기 위해서는 일정한 행위가 구성요건에 해당하는 위법한 행위 일뿐 아니라, 행위자에게 책임 있는 행위여야 한다. 책임이라 함은 당해 행위를 한 주체인 '행위자에 대한 비난가능성'을 말한다. 즉, 책임능력자의 고의 또는 과실 있는 행위를 말한다. 예컨대 책임능력이 없는 형사미성년자나 심신상실자의 행위는 책임이 조각되어 처벌되지 아니한다.

2. 범죄의 처벌조건

범죄의 성립요건과 구별하여야 할 것은 가벌성의 요건 즉, 처벌조건이다. 처벌조건도 범죄의 구성요건 중에 규정되어 있으나 그것은 범죄의 성립요건이 아니라 일단 성립한 범죄의 가벌성만을 좌우하는 요건이다. 처벌조건에는 객관적 처벌조건과 인적 처벌조각사유의 부존재를 들 수 있다.

처벌조건이 결여되어 벌할 수 없는 경우에도 이에 대한 '정당방위'는 가능하며, '공범성립'에 영향이 없다. 법원은 처벌조건이 결여된 경우에 '형면제'의 실체판결을 선고한다.

가. 객관적 처벌조건

객관적 처벌조건이란 이미 성립한 범죄의 형벌권의 발생을 좌우하는 외부적·객관적 사유를 말한다. 이것이 구비되지 않으면 형벌권이 발생하지 아니하여 처벌할 수 없다. 예컨대 사전수뢰죄[7](§129②)에 있어서의 '공무원 또는 중재인이 된 사실'과 파산죄에 있어서의 '파산선고의 확정'을 들 수 있다.

나. 인적 처벌조각사유(주관적 처벌조건)

일단 성립한 범죄에 대하여 행위자의 특수한 신분관계로 인하여 형벌권이 발생하지 않는 경우를 말한다. 이것은 결국 소극적인 처벌조건이라고 할 수 있다. 예컨대 친족상도례[8]에 있어서 직계혈족, 배우자, 동거친족 등의 신분 또는 면책특권을 가진 국회

조각사유라고 부른다.

7) **형법 제129조(수뢰, 사전수뢰)** ② 공무원 또는 중재인이 될 자가 그 담당할 직무에 관하여 청탁을 받고 뇌물을 수수, 요구 또는 약속한 후 공무원 또는 중재인이 된 때에는 3년 이하의 징역 또는 7년 이하의 자격정지에 처한다.

8) **형법 제328조(친족간의 범행과 고소)** ① 직계혈족, 배우자, 동거친족, 동거가족 또는 그 배우자간의 제323조의 죄는 그 형을 면제한다.
제344조(친족간의 범행) 제328조의 규정은 제329조 내지 제332조의 죄 또는 미수범에 준용한다.

의원이라는 신분[9]이 이에 속한다.

3. 소추조건(소송조건)

소추조건 또는 소송조건이란 범죄가 성립하고 형벌권이 발생한 경우라도 그 범죄에 대한 형사소송을 개시하기 위해서 필요한 소송법상의 조건을 말한다. 소추조건은 실체법인 형법에 규정되어 있는 경우에도 범죄의 성립 및 가벌성과는 관계없고, 단지 공소제기 및 소송추행의 요건에 불과하다. 따라서 소추요건을 결여할 경우에는 공소기각 등의 형식적 재판을 하여야 한다.

가. 친고죄

친고죄(親告罪)란 공소제기를 위하여 피해자 기타 고소권자의 고소가 있을 것을 요하는 범죄이다. 친고죄는 피해자와 범죄자의 신분관계 유무에 따라 절대적 친고죄와 상대적 친고죄로 나뉜다.

절대적 친고죄는 범죄자와 피해자 간의 신분관계와는 관계없이 일정한 범죄사실에 대한 형사소추를 위해서 반드시 피해자 기타 고소권자의 고소를 요하는 범죄유형이다. 사자명예훼손죄, 모욕죄, 비밀침해죄, 업무상비밀누설죄가 이에 해당한다. 일반적으로 친고죄라고 할 경우에는 절대적 친고죄를 말한다.

상대적 친고죄는 범죄자와 피해자 사이에 일정한 신분관계를 필요로 하는 범죄유형이다. 예를 들면 본래는 비친고죄이나 피해자와 범죄행위자 간의 친족관계가 있을 경우에는 피해자의 고소가 있어야만 형사소추를 할 수 있도록 규정되어 있는 범죄를 말한다. 예컨대 범죄자와 피해자간 동거하지 않는 친족관계라는 신분이 있는 절도, 사기, 공갈, 횡령, 배임, 장물, 권리행사방해 등 재산죄[10]가 이에 해당한다.

나. 반의사불벌죄

반의사불벌죄란 피해자의 명시한 의사에 반하여 공소를 제기할 수 없는 범죄를 말한다. 예컨대 폭행죄, 협박죄, 과실치상죄, 명예훼손죄, 출판물에 의한 명예훼손죄, 등이 이에 해당한다. 반의사불벌죄에 있어서 처벌을 희망한다는 의사표시가 없거나 철회된 경우는 공소를 제기할 수 없다. 반의사불벌죄에 있어서 피해자가 처벌을 희망하지

9) 헌법 제45조 국회의원은 국회에서 직무상 행한 발언과 표결에 관하여 국회외에서 책임을 지지 아니한다.
10) 형법 제328조(친족간의 범행과 고소) ② 제1항이외의 친족간에 제323조의 죄를 범한 때에는 고소가 있어야 공소를 제기할 수 있다.
제344조(친족간의 범행) 제328조의 규정은 제329조 내지 제332조의 죄 또는 미수범에 준용한다.

아니하는 의사표시나 처벌을 희망하는 의사표시의 철회를 하였다고 인정하기 위해서는 피해자의 진실한 의사가 명백하고 믿을 수 있는 방법으로 표현되어야 한다.

《대판 2009.11.19. 2009도6058 全合 (14세의 단독합의 사건)》 반의사불벌죄에 있어서 피해자의 피고인 또는 피의자에 대한 처벌을 희망하지 않는다는 의사표시 또는 처벌을 희망하는 의사표시의 철회는, … 의사능력이 있는 피해자가 단독으로 이를 할 수 있고, 거기에 법정대리인의 동의가 있어야 한다거나 법정대리인에 의해 대리되어야만 한다고 볼 것은 아니다. … 청소년의 성보호에 관한 법률 제16조에 규정된 반의사불벌죄라고 하더라도, 피해자인 청소년에게 의사능력이 있는 이상, 단독으로 피고인 또는 피의자의 처벌을 희망하지 않는다는 의사표시 또는 처벌희망 의사표시의 철회를 할 수 있고, 거기에 법정대리인의 동의가 있어야 하는 것으로 볼 것은 아니다.

Ⅲ. 범죄의 구분

1. 거동범과 결과범

범죄는 그 성립상 일정한 행위 이외에 결과의 발생을 필요로 하는 것과 일정한 행위만을 필요로 하고 결과의 발생을 필요로 하지 않는 것이 있다. 전자를 실질범 또는 결과범이라고 말하고, 후자를 형식범 또는 거동범이라고 말한다. 결과범과 거동범을 구별하는 실익은 결과범만이 행위와 구성요건적 결과 사이에 인과관계를 요한다는 점이다. 따라서 결과범의 경우 결과의 발생이 없거나 인과관계가 부정되면 미수가 되지만, 거동범의 경우에는 일정한 행위만 있으면 기수가 되므로 거동범의 미수는 생각할 수 없게 된다(다수설).

가. 거동범(형식범)

결과발생을 요하지 않고 법에 규정된 행위를 함으로써 구성요건이 전부 실현되는 범죄이다. 예컨대 폭행죄, 모욕죄, 명예훼손죄, 주거침입죄, 무고죄, 위증죄 등이 이에 속한다.

나. 결과범(실질범)

구성요건이 행위와 시간적·공간적으로 구별되는 침해나 위험의 결과발생을 필요로 하는 범죄를 말한다. 예컨대 살인죄는 사람의 사망이라는 결과의 발생을, 절도죄는 타인의 재물의 탈취라는 결과의 발생을 각각 요건으로 하는 실질범이다. 상해치사죄, 강도치사 등의 결과적 가중범도 결과범의 특수한 형태에 속한다. 고의범의 경우에는 결과범과 거동범이 모두 있을 수 있지만, 과실범의 경우에는 결과범만이 문제된다.

2. 침해범과 위험범

범죄가 성립하기 위하여 보호법익에 대한 현실적 침해를 요하는 범죄를 침해범이라고 하고, 단지 그 법익침해의 위험의 발생으로도 충족이 되는 범죄를 위험범(또는 위태범)이라고 한다.

결과범과 거동범, 침해범과 위험범은 구별의 기준을 달리하므로 거동범도 침해범이 될 수 있다. 추상적 위험범 중에는 거동범이 많지만, 모든 추상적 위험범이 거동범이라는 것은 아니다. 예컨대 현주건조물방화죄는 추상적 위험범이지만 불을 놓는 행위 이외에 '불태움(소훼, 燒燬)'이라는 결과발생을 필요로 하는 결과범이다.

가. 침해범

침해범은 보호법익에 대한 현실적 침해가 있어야 기수범으로 처벌할 수 있으며, 범죄유형에 따라 예비·음모나 미수를 별도로 처벌하는 규정이 있다. 예컨대 살인죄, 상해죄, 절도죄, 강도죄 등의 대부분의 범죄가 이에 속한다.

나. 위험범(위태범)

위험범은 보호법익에 대한 현실적 침해를 요하지 않고, 침해의 위험만 존재하면 기수범으로 처벌할 수 있다. 예컨대 신용훼손죄, 업무방해죄, 교통방해죄 등이 위험범에 속한다. 위험범은 다시 추상적 위험범과 구체적 위험범으로 구별된다.

1) 추상적 위험범

법익침해에 대한 구체적·현실적 위험이 아닌 일반적·추상적 위험이 있으면 구성요건 충족되는 범죄로, 현주건조물방화죄, 공용건조물방화죄, 타인소유일반건조물방화죄, 통화위조죄, 위증죄, 증거인멸죄, 명예훼손죄, 비밀침해죄, 폭행, 유기, 협박[11] 등이 있다. 추상적 위험범도 범죄유형에 따라 예비·음모나 미수범을 별도로 처벌하는 규정이 있다.

11) 학설은 침해범으로 보고 있다.

2) 구체적 위험범

보호법익에 대한 침해의 위험이 구체적·현실적으로 발생해야 구성요건이 충족되어 기수로 처벌할 수 있는 범죄유형이다. 구체적 위험범은 기수형태만 처벌한다. 예컨대 자기소유일반건조물방화죄[12], 일반물건방화죄, 과실일수죄, 중상해죄[13], 중강요죄, 중유기죄 등이 이에 해당한다.

3. 즉시범과 상태범, 계속범

범죄는 또 법익침해의 결과의 태양에 따라 즉시범, 상태범, 계속범의 3가지로 구분된다.

가. 즉시범

즉시범이란 일정한 법익의 침해 또는 침해의 위험의 결과가 발생함으로써 곧 범죄가 완성(기수)하고 동시에 종료하는 범죄를 말한다. 즉, 즉시범은 기수가 되면 즉시 범죄가 종료한다. 예컨대 살인죄는 범인의 살인행위에 의하여 피해자의 생명이 끊어진 순간에 기수에 달하고 종료되는 즉시범에 속한다. 이 밖에도 상해죄, 방화죄, 모욕죄, 범죄단체조직죄(판례), 도주죄(판례) 기타 대부분의 범죄가 이에 속한다.

나. 상태범

상태범은 기수가 되면 즉시 범죄가 종료하는 점에서 즉시범의 일종이지만, 기수가 된 이후에도 범죄로 인하여 성립된 위법인 상태가 계속되는 범죄를 말하고, 그 이후의 상태는 독립한 범죄로 되지 아니한다. 예컨대 절도죄에 있어서 절도범인이 탈취한 재물을 사후에 처분하는 행위는 별도로 아무런 범죄(예컨대 횡령죄, 손괴죄, 장물죄 등)를 구성하지 아니한다. 이를 이른바 불가벌적 사후행위라고 한다. 절도죄, 횡령죄, 내란죄(판례) 등이 이에 속한다.

---

12) **형법 제166조(일반건조물 등에의 방화)** ① 불을 놓아 전2조에 기재한 이외의 건조물, 기차, 전차, 자동차, 선박, 항공기 또는 광갱을 소훼한 자는 2년 이상의 유기징역에 처한다.
② 자기소유에 속하는 제1항의 물건을 소훼하여 공공의 위험을 발생하게 한 자는 7년 이하의 징역 또는 1천만 원 이하의 벌금에 처한다.

13) **형법 제258조(중상해, 존속중상해)** ① 사람의 신체를 상해하여 생명에 대한 위험을 발생하게 한 자는 1년 이상 10년 이하의 징역에 처한다.

다. 계속범

계속범은 침해사실이 다소 시간적 계속을 필요로 하는 범죄를 말한다. 계속범에 있어서는 법익침해의 상태가 계속되는 동안 범죄사실은 계속되고 종료되지 아니한다. 즉, 계속범에 있어서는 기수가 되더라도 범죄가 종료되지 않고 계속되는 점에서 즉시범이나 상태범과 차이가 있다. 계속범은 행위의 계속과 위법상태의 계속이 일치한다. 예컨대 체포·감금죄에 있어서는 피해자의 신체·행동의 자유가 침해되고 있는 상태가 계속되고 있는 한 범죄도 계속되고 피해자가 풀려날 때에 종료된다. 따라서 공소시효도 이때부터 시작된다. 주거침입죄, 체포·감금죄, 약취·유인죄, 다중불해산죄, 범인은닉 · 도피죄 등이 이에 해당한다.

구분	즉시범	상태범	계속범
기수시기	실행행위 종료시	실행행위 종료시	일정한 시간적 계속 필요
기수시기와 종료시기	일치	일치	불일치
기수 이후 위법상태	종료	계속	계속
공소시효의 기산점	기수시	기수시	종료시
공범의 성립시기	기수시까지	기수시까지	종료시까지
정당방위 가능시기	기수시까지	기수시까지	종료시까지

4. 일반범, 신분범, 자수범

가. 일반범

일반범이란 신분범을 제외한 모든 범죄로서 누구나 행위자(정범)가 될 수 있는 범죄이다.

나. 신분범

구성요건적 행위의 주체에 일정한 신분을 요하는 범죄이다. 신분이라 함은 남녀의 성별, 국적의 유무, 친족간의 관계, 공무원인 자격 등의 관계뿐만 아니라, 널리 일정한 범죄행위에 관한 범인의 인적 관계인 특수한 지위 또는 상태를 말한다. 신분범에는 일정한 신분이 있는 자에 의하여만 성립하는 진정신분범과 신분이 없어도 범죄는 성립하지만 신분이 있는 자가 죄를 범한 때에는 형이 가중 또는 감경되는 부진정신분범이 있다.

1) 진정신분범

법률상 일정한 신분이 있는 자만이 범죄의 주체가 될 수 있는 범죄를 진정신분범이라 한다. 예컨대 뇌물수수죄에서 '공무원 또는 중재인', 횡령죄에서 '타인의 재물을 보관하는 자', 배임죄에서 '타인의 사무를 처리하는 자', 도주죄에서 '법률에 의하여 체포 또는 구금된 자', 허위진단서작성죄에서 '의사, 한의사, 치과의사 또는 조산사', 업무상비밀누설죄에서 '의사, 한의사, 치과의사, 약제사, 약종상, 조산사, 변호사, 변리사, 공인회계사, 공증인, 대서업자나 그 직무상 보조자 또는 차등의 직에 있던 자', 업무상과실장물죄에서 업무상 신분을 가진 자 등이 이에 해당한다.

2) 부진정신분범

부진정신분범이란 신분이 없어도 범죄의 주체가 될 수 있지만, 신분자가 죄를 범한 경우 형벌이 가중 또는 감경되는 범죄이다. 예컨대 존속살해죄에서 '직계비속', 영아살해죄에서 '직계존속', 불법체포·감금죄에서 '재판, 검찰, 경찰 기타 인신구속에 관한 직무를 행하는 자 또는 이를 보조하는 자', 간수자도주원조죄에서 '법률에 의하여 구금된 자를 간수 또는 호송하는 자', 상습도박죄에서 상습의 신분을 가진 자, 업무상과실치사죄·업무상횡령죄에서 업무상의 신분을 가진 자 등이 이에 해당한다.

다. 자수범(自手犯)

행위자 자신이 직접 구성요건적 실행행위를 해야 그 범죄의 정범이 될 수 있는 범죄이다. 자수범에 있어서 직접 구성요건적 실행행위를 하지 않은 자는 간접정범이 성립될 수 없고, 다만 협의의 공범은 성립될 수 있다. 위증죄와 부정수표단속법상의 허위신고죄[14]가 이에 해당한다.

5. 목적범, 경향범, 표현범

가. 목적범

구성요건상 주관적 요소로서 고의 이외에 일정한 행위의 목적을 필요로 하는 범죄를 목적범이라 한다. 목적을 초과주관적 구성요건요소라고 한다. 예컨대 '행사할 목적'이 있어야 범죄가 성립하는 통화위조죄(§207①)나 유가증권위조죄(§214) 등이 이에 해당

14) 발행인 아닌 자는 부정수표단속법 제4조가 정한 허위신고죄의 주체가 될 수 없고, 허위신고의 고의없는 발행인을 이용하여 간접정범의 형태로 허위신고죄를 범할 수도 없다(대판 1992.11.10. 92도1342).

한다. 목적은 확정적 인식임을 요하지 아니하며, 미필적 인식으로 족하다(대판 2003.4.8. 2002도7281). 목적범은 다시 진정목적범과 부진정목적범으로 구별된다.

1) 진정목적범

목적의 존재 자체가 범죄의 성립요건이 되는 범죄유형을 진정목적범이라 한다. 예컨대 통화위조죄, 유가증권위조죄, 공문서위조죄, 내란죄, 무고죄, 범죄단체조직죄 등이 이에 해당한다.

2) 부진정목적범

목적이 없어도 범죄가 성립하지만, 목적이 있는 경우 형의 가중 또는 감경의 사유가 되는 경우를 부진정목적범이라 한다. 예컨대 내란목적살인죄, 모해위증죄, 출판물에 의한 명예훼손죄, 준강도죄, 영리목적미성년자약취·유인죄 등이 이에 해당한다.

나. 경향범

경향범이란 행위자의 강화된 내적 경향이 구성요건요소로 되어 있는 범죄를 말한다. 예컨대 학대죄(학대경향), 가혹행위죄(가혹행위 경향), 공연음란죄(음란경향) 등이 이에 해당한다.

다. 표현범

표현범이란 행위자의 내면에 존재하는 지식상태와 모순되는 표현으로서 행위가 행해졌을 때 성립하는 범죄를 말한다. 예컨대 위증죄, 무고죄 등이 이에 해당한다.

제2절 행위론

Ⅰ. 행위의 의의

형법상 범죄는 구성요건에 해당하는 위법 및 책임이 있는 '행위'이므로, '범죄는 행위이다'라는 정의에서 출발하여 구성요건, 위법성, 책임을 논의하게 되는 것이다. 이 때문에 범죄를 이해하는 첫걸음은 행위의 개념을 이해하는 것이라는 사고가 생겨났다. 이에 따라 독일에서 여러 가지 행위론이 주장되었고 이것들이 우리나라에도 받아들여졌다.

Ⅱ. 행위론

범죄개념의 제1요소는 행위라고 하고, 이 행위를 전(前) 구성요건적 실체개념으로 파악하는 입장을 '행위론'이라고 한다. 구성요건해당성 또는 위법성, 책임성 등의 형법적 평가에 선행하여 범죄를 우선 행위로서 고찰하고, 이를 기초로 형법적 평가의 대상을 행위에 한정하는 점에 그 특색이 있다. 행위의 개념에 대해서는 종래부터 인과적 행위론, 목적적 행위론, 사회적 행위론 등의 대립이 있어 왔다.

인과적 행위론(因果的 行爲論)은 행위를 인과적으로 파악하여 행위는 인간의 내심상태가 원인이 되고 그것이 외부적 신체동작이라는 결과로 나타난 것이라고 하고, 행위를 행위자의 유의적(有意的) 신체동작(또는 신체거동)이라고 정의한다. 인과적 행위론에 의하면 행위는 유의성과 거동성의 두 요소로 구성되어 있다. 종래 범죄론에 있어서의 전통적인 행위론이다. 다른 학설에 비해 인과적 행위론은 과실범의 설명에 가장 적합하나 거동성이 없는 부작위를 행위개념에서 제외할 수밖에 없는 문제가 있다.

목적적 행위론(目的的 行爲論)은 인간이 어떤 행위를 하는 이유는 일정한 목적을 달성하기 위해서라고 한다. 즉 행위는 목적달성을 위한 수단(목적활동의 수행)이라는 것이다. 목적적 행위론에 의하면 어떤 행위가 어떤 범죄의 구성요건에 해당하는 행위인가를 알기 위해서는 의사의 존재만이 아니라 의사의 내용까지 고려해야 한다. 목적적 행위론은 목적적 행위로 보기 어려운 과실행위도 목적적 행위에 포함시켜 통일된 행위개념을 얻을 수 없다는 점에 가장 큰 난점이 있고, 부작위의 구조를 설명하는데도 적합하지 못하다.

사회적 행위론(**社會的 行爲論, 다수설**)은 행위를 '사회적으로 중요한 인간의 행동'이라고 파악한다. 사회적 행위론은 대체로 목적적 행위론의 범죄체계를 따르되 인과적 행위론의 범죄체계도 받아들인다. 이에 따라 고의·과실은 구성요건요소임과 동시에 책임요소라고 하는 이중적 기능의 역할을 수행하게 된다.

Ⅲ. 형법상의 행위

사회적 행위론에 의할 때 행위란 '인간의 의사에 의하여 지배되거나 지배가능한 사회적으로 중요한 행동'이라고 할 수 있다.

1. 인간의 행위

형법상 행위는 인간의 행위여야 한다. 따라서 자연현상이나 동물의 행동은 형법상 행위가 될 수 없다.

2. 외부적 · 신체적 행위

형법상 행위는 인간의 외부적 · 신체적 행위여야 한다. 따라서 아직 외부적으로 표현되지 아니한 인간 내면의 생각이나 의도, 목적 등은 형법상 행위가 될 수 없다. '어느 누구도 생각하는 것만으로는 처벌되지 아니한다'라든가 '사상만으로는 처벌되지 아니한다'라는 법언은 이를 잘 표현해 주고 있다.

3. 의사에 의해 지배되거나 지배가능한 행위

형법상 행위는 인간의 자유의사에 의해 지배되거나 지배가능한 행위여야 한다. 따라서 인간의 의사에 의하지 아니한 마취·수면·기절상태 등의 무의식적인 동작이나, 생리적 반사운동, 절대적 폭력하의 강제적 동작 등은 형법상 행위가 아니다. 이에 비하여 기계적·습관적 동작, 자동화된 동작, 충동적·격정적 동작에서 의사가 결여되어 있다기보다는 언제든지 의사가 작동할 수 있다는, 즉 의사지배가 가능하다는 점에서 형법상 행위개념에 포함시킬 수 있다.

4. 사회적 중요성

사회적 행위론에 따를 때 위의 요건에 합치되더라도 모두 형법상 행위로 되는 것이 아니라 다시 사회적 중요성이라는 척도에 의해 제한된다. 즉, 시대사상, 도덕관, 정치체계, 경제체제 등이 바뀜에 따라 인간의 행태에 대한 사회적 의미도 바뀌게 되고, 형법상의 행위개념도 여기에 종속하는 것이다.

행위는 적극적으로 일정한 동작을 하는 것, 즉 작위(作爲)로 하는 것이 보통이겠으나 규범적으로 기대되는 일정한 동작을 하지 않는 태도, 즉 부작위(不作爲)로써도 할 수 있다.

제2장

구성요건해당성론

제1절 구성요건이론

Ⅰ. 구성요건의 의의

1. 구성요건의 개념

범죄는 구성요건에 해당하는 위법하고 책임이 있는 행위이다. 따라서 비록 위법하고 책임성이 충족된 행위라 할지라도, 형법 등의 형벌법규에 규정된 범죄의 구성요건에 해당하지 않으면 범죄로 되지 아니한다.

구성요건(Tatbestand)은 형벌법규 중 금지 또는 요구되는 행위가 무엇인지를 일반적·추상적으로 기술해 놓은 것을 말한다. 즉 구성요건은 위법인 행위 중에서 특히 범죄로서 처벌할 가치가 있다고 인정되는 것을 추출·유형화(형법 각본조)하여 개념적으로 규정한 것을 말한다. 요약하면 '성문형법에 규정되어 있는 범죄의 유형'을 구성요건이라고 할 수 있다. 예컨대 살인죄의 경우 '사람을 살해한 자 …', 절도죄의 경우 '타인의 재물을 절취한 자 …', 강도죄의 경우 '폭행 또는 협박으로 타인의 재물을 강취하거나 재산상의 이익을 취득한 자 …'가 이에 해당한다.

2. 구성요건해당성과 구성요건의 충족

이에 대해 어떤 구체적인 행위(범죄사실)가 법적으로 규정된 범죄구성요건에 일치하는 것을 구성요건해당성이라고 하고, 구체적인 개개의 행위가 구성요건에 내포하고 있는 모든 요소를 충족하여 기수가 되는 것을 구성요건의 충족이라고 한다. 어떠한 구체적 사실이 구성요건에 해당하더라도 그 사실이 구성요건을 완전히 충족하지 않는 경우에는 미수가 성립한다.

예컨대 甲이 코피를 낼 것을 의도하고 주먹으로 乙의 코를 강타하였는데 乙이 피한 경우 甲의 행위는 살인의 고의가 없어 살인미수죄의 구성요건에 해당하지 않지만 상해죄의 구성요건에는 해당한다. 그러나 乙이 피하여 상해죄를 충족하지는 못하고 다만 상해미수의 책임을 질 수 있을 뿐이다.

Ⅱ. 불법구성요건의 요소

1. 객관적 구성요건요소와 주관적 구성요건요소

객관적 구성요건요소란 외부세계에 나타난 현상을 기술한 것으로서 주관적 요소와 독립하여 외부적으로 그 존재를 인식(관찰)할 수 있는 요소(예컨대 행위, 결과, 인과관계, 행위의 주체, 행위의 객체, 행위상황 등)를 말하고, 주관적 구성요건요소란 행위를 할 당시 행위자의 내심에 속하는 심리적 · 정신적 현상을 기술한 요소(예컨대 고의, 과실, 목적)를 말한다.

예를 들어 상해치사죄(§259)의 경우 '사람', '신체', '상해', '사망'과 같이 객관적으로 관찰할 수 있는 것이 객관적 구성요건요소이다. 이에 비해 '상해의 고의'와 '사망에 대한 과실'은 주관적 구성요건요소에 해당한다. 행위자에게 사망에 대한 고의가 있는 경우에는 살인죄가 성립하고 상해치사죄가 성립하지 않는다.

상해치사죄에서는 원수를 갚는다는 동기나 목적이 없어도 구성요건에 해당하지만, 특정한 경우 동기나 목적이 있어야 구성요건해당성이 인정되는 경우가 있다. 예를 들어 영아살해죄의 경우에는 '치욕은폐' 등의 동기가 필요하고, 추행목적 약취 · 유인죄의 경우에는 '추행'의 목적이 있어야 구성요건해당성이 인정된다.

어떤 범죄이든 고의 또는 과실 중 어느 하나는 반드시 있어야 범죄가 성립하므로(과실책임의 원칙), 고의·과실을 주관적 구성요건요소라고 한다. 이에 비해 일정한 범죄에서는 고의 이외의 목적, 동기, 불법영득의사 등이 있어야 구성요건해당성이 인정될 수 있다. 따라서 목적, 동기, 불법영득의사 등을 초과 주관적 구성요건요소라고 한다.

2. 기술적 구성요건요소와 규범적 구성요건요소

죄형법정주의의 원칙에 비추어 구성요건은 될 수 있는 대로 명확한 표현으로 규정되어 법관의 주관적 가치판단이 작용하지 않도록 사실적·기술적 요소의 확립이 요청된다. 그러나 모든 경우에 이러한 요구를 관철하기는 불가능하고 때로는 형법이외의 다른 법규범에 의한 보충적 평가를 기다려서 비로소 그 의미·내용을 명확히 확정할 수 있기 때문에, 규범적 · 가치적 개념이 구성요건에 사용되는 것을 피할 수 없다.

이와 같이 구성요건의 기술 그 자체만으로는 내용을 확정하기 어렵고 규범의 논리적 판단과 가치판단에 의해서만 그 의미내용을 확정할 수 있는 구성요건요소를 규범적 구성요건요소라고 한다. 이에 비해 물적·대상적으로 기술(記述)되어 있어 개별적인 경우에 사실확정에 의하여 그 의미를 인식할 수 있는 구성요건요소(예컨대 사람, 신체, 건조물, 선박, 재물, 살해, 주거 등)를 기술적 구성요건요소라고 한다.

규범적 구성요건요소는 다시 ① 형법 이외의 법률적 평가를 받는 규범적 구성요건요소(예컨대 존속살해죄의 '직계존속' 또는 '배우자', 절도죄의 '타인의 재물', 유가증권위조죄의 '유가증권', 수뢰죄의 '공무원 또는 중재인' 등)와 사회적·경제적 평가를 받는 규범적 구성요건요소(예컨대 강제추행죄의 '추행', 공연음란죄의 '음란', 명예훼손죄의 '명예', 신용훼손죄의 '신용', 업무상해죄의 '업무', 모욕죄의 '모욕', 특수폭행죄의 '위험한 물건' 등)로 나뉜다.

3. 봉쇄적 구성요건요소와 개방적 구성요건요소

봉쇄적 구성요건이란 살인죄·상해죄처럼 구성요건에 금지의 실질이 남김없이 규정된 경우로서 이러한 범죄들은 구성요건 자체에서 위법성이 징표된다. 반면, 개방적 구성요건이란 구성요건요소의 일부만이 규정되고 나머지는 법관의 보충 내지 충전을 요하는 경우로서, 이러한 개방적 구성요건은 위법성을 징표하지 못하므로 구성요건에 해당하고 위법성조각사유가 없다는 것만으로 바로 위법성이 인정되는 것이 아니라 구성요건 밖에 존재하는 별도의 적극적인 위법성요소에 의해 위법성이 인정된다. Welzel은 그 예로 부작위범(보증인적 지위 유무의 판단), 과실범(주의의무위반의 판단)을 들었다.

그러나 구성요건을 불법유형으로 이해하는 이상 모든 구성요건은 봉쇄적이어야 하며, 구성요건이 개방적일 때는 불법유형으로서 죄형법정주의가 요구하는 정형성의 원칙이 결여되는 문제가 있다. 따라서 오늘날 개방적 구성요건의 개념은 전적으로 거부되고 있다.

제2절 법인의 형사처벌

Ⅰ. 행위의 주체

행위의 주체15)는 원칙적으로 자연인에 한한다. 자연인인 이상 연령, 책임능력의 유무는 묻지 않으므로 형사미성년자나 정신병자도 행위의 주체가 될 수 있다. 다만 특별한 경우에 그 주체에 일정한 신분을 필요로 하는 경우가 있다.

문제는 법인의 활동으로 인한 사회적 피해가 급증하는 오늘날의 현실에서 법인도 범죄의 주체가 될 수 있는가, 즉 법인의 범죄능력을 인정할 수 있겠는가에 있다. 만약 법인의 범죄능력을 부정한다면 법인을 처벌하는 법률과 관련하여 법인을 처벌할 수 있겠는가, 즉 법인의 형벌능력의 인정여부가 문제되고, 법인처벌의 이론적 근거가 무엇인지 문제된다.

Ⅱ. 법인의 범죄능력

1. 법인의 본질과의 관계

법인도 범죄의 주체가 될 수 있는가? 즉 법인의 범죄능력을 인정할 것인가에 대하여는 대륙법계와 영미법계의 태도에 차이가 있다. 범죄의 주체를 논리적 인격자로 파악하는 대륙법계(법인실재설)에서는 법인의 범죄능력을 부인함에 반하여, 실용주의적 형법관에 바탕을 두고 있는 영미법계(법인의제설)에서는 법인 단속의 사회적 필요성을 중시하여 법인의 범죄능력을 긍정하고 있다. 따라서 법인의 범죄능력 인정 여부는 법인의 본질에 관한 사법상의 이론과 논리필연적 관계는 없고, 이론적·형사정책적 고려의 결과에 지나지 않는다.

2. 법인의 범죄능력 인정여부

가. 학설

1) 범죄능력 부정설

우리나라와 독일 및 일본에 있어서 통설은 부정설을 취하고 있다. 법인에게는 육체

15) 형법상 범죄는 곧 행위이므로 행위의 주체를 범죄의 주체라고도 말한다.

와 의사가 없으므로 의사활동이나 범죄행위를 할 수 없고, 법인은 그 기관인 자연인을 통하여 행위를 하므로 그 자연인에게 형사책임을 인정하면 족하고, 실제로 행위를 한 법인의 기관인 자연인 외에 법인 자체에 형사책임을 인정한다면, 범죄와 무관한 제3자까지 처벌하게 되어 자기책임의 원칙에 반하게 되므로 법인은 범죄의 주체로 인정할 수 없다고 한다. 법인에게는 자유의사가 없으므로 법인에 대한 윤리도덕적 비난이 의미가 없고, 법인에게 생명형이나 자유형을 집행하는 것은 불가능하다는 점에서도 법인의 범죄능력을 인정할 수 없다고 한다.

2) 범죄능력 긍정설

소수설의 입장인 긍정설은 주로 법인활동의 증대에 따른 법익침해의 증가와 관련하여 법인의 독자적 행위를 인정하고, 이에 형사재제를 가할 필요가 있다는 형사정책적 고려에서 범죄능력을 인정해야 한다고 주장한다. 이에 의하면 법인도 기관을 통해서 의사를 형성하고 행위할 수 있고, 신체가 없어 작위는 불가능하지만 부작위는 얼마든지 가능하고, 법인의 해산·영업정지는 생명형과 자유형에 해당하며, 재산형과 몰수, 추징은 법인에게도 효과적인 형사제재가 된다는 점에서 법인의 범죄능력을 긍정해야 한다고 한다.

3) 절충설(=부분적 긍정설)

절충설은 형사범(자연범)에 대해서는 범죄능력이 부정되나, 행정범(법정범)에 대해서는 범죄능력을 긍정하는 견해이다. 행정범은 윤리적 생체가 약한 반면, 합목적적·기술적 색채가 강하다는 특수성이 있으므로 행정범에 한해 범죄능력을 인정할 수 있다고 한다.

나. 판례

판례는 주식회사의 대표이사가 상가를 이중분양한 사건에서 '형법 제355조 제2항의 배임죄에 있어서 타인의 사무를 처리할 의무의 주체가 법인이 되는 경우라도 법인은 다만 사법상의 의무 주체가 될 뿐 범죄능력이 없는 것이다'라고 하여 부정설의 입장을 취하고 있다. 이 사건에서 판례는 법인이 배임죄의 주체가 될 수 없고, 그 법인을 대표하여 사무를 처리하는 자연인인 대표기관이 바로 배임죄의 주체가 된다고 판시하였다.

《대판 1984.10.10. 82도2595 全合 (대우건설 이중분양 사건)》 형법 제355조 제2항의 배임죄에 있어서 타인의 사무를 처리할 의무의 주체가 법인이 되는 경우라도 법인은 다만 사법상의 의무주체가 될 뿐 범죄능력이 없는 것이며 … 법인이 처리할 의무를 지는 타인의 사무에 관하여는 법인이 배임죄의 주체가 될 수 없고 그 법인을 대표하여 사무를 처리하는 자연인인 대표기관이 바로 타인의 사무를 처리하는 자 즉 배임죄의 주체가 된다.

Ⅱ. 법인의 처벌과 그 근거

1. 양벌규정과 법인의 형벌능력

각종 행정형법에서 자연인 외에 법인도 처벌한다는 양벌규정(兩罰規定)을 둔 경우가 많다. 예컨대 소방기본법에는 화재 · 재난상황 발생시 소방대 도착하기까지 인명구조 또는 소방활동을 하지 않은 관계인을 처벌하는 동시에 그 법인에 대해서도 처벌하는 규정을 두고 있다.16) 이와 같이 법인을 처벌하는 규정을 둔 경우 법인에게 형벌능력을 인정할 수 있는지 문제된다. 이 경우 ① 법인의 범죄능력 긍정설의 입장에서는 법인의 형벌능력 역시 당연히 인정된다. ② 한편, 법인의 범죄능력 부정설의 입장에서도, 행정형법은 행정목적을 달성하기 위한 기술적·합목적적 요소가 강조되는 것이므로 행정단속 기타 행정적 필요에 따라 법인을 처벌할 필요성이 있어 법인에게 범죄능력은 없지만 형벌능력은 인정된다고 한다.

2. 양벌규정에 의한 법인처벌의 근거

법인의 범죄능력을 부정할 경우 양벌규정에 의해 법인을 처벌하는 근거가 무엇인지에 대해 학설이 대립하고 있다.

가. 학설

1) 무과실책임설

법인을 처벌하는 양벌규정은 범죄주체와 형벌주체와의 일치를 요구하는 형법의 책임주의의 예외로서, 타인인 종업원의 행위에 의한 책임을 행정정책적인 고려의 결과 법인(사업주)에게 전가(轉嫁)시키는 것이라는 견해이다(전가책임 또는 '대위책임') 이에 의하면 법인은 종업원의 위반행위에 관하여 고의 또는 과실이 없었다는 것을 입증하여도 처벌을 면치 못하게 된다.

16) 소방기본법 제20조(관계인의 소방활동), 제54조(벌칙), 제55조(양벌규정)

2) 과실책임설

법인을 처벌하는 양벌규정은 법인의 종업원에 대한 선임·감독책임을 다하지 못한 '자기책임'이라는 견해이다(다수설). 과실책임설에 의하면 종업원의 위반행위가 있더라도 법인(사용자)이 전혀 과실이 없고 불가항력으로 인한 것이라는 점이 인정될 경우에는 책임을 부담하게 할 수 없다고 한다. 그 논거로서는 아무리 행정법규라 할지라도 그것이 형사책임으로서 형벌인 이상, 고의·과실이 없는 자를 처벌하는 것은 부당하다는 것이다.

나. 판례

종래 판례는 양벌규정이 있는 경우 법인의 종업원이 범죄행위를 한 경우 행정정책적인 이유로 인해 법인의 선임·감독상의 과실과 관계없이 형사처벌이 가능하다는 입장이었다.

헌법재판소는 법인의 대표이사를 제외한 종업원 등의 위반행위에 대해 법인의 면책규정을 두지 않은 형태의 양벌규정(즉, 법인의 과실유무와 관계없이 법인을 처벌하는 형태의 양벌규정)에 대해서는 책임주의 위반을 이유로 위헌결정을 하는 등 과실책임설을 취하고 있다. 헌법재판소에서 과실책임설에 따른 결정을 한 이후에는 대법원도 법인의 선임·감독상의 과실이 있어야 형사처벌할 수 있다고 하며 과실책임설의 입장을 따르고 있다.

《헌결 2000.6.1. 99헌바73 (과적운전자 헌법소원 사건)》 행정형벌법규에서 양벌규정으로 사업주인 법인 또는 개인을 처벌하는 것은 위반행위를 한 피용자에 대한 선임·감독의 책임을 물음으로써 행정규제의 목적을 달성하려는 것이므로 형벌체계상 합리적인 근거가 있다고 할 것이나, <u>과적차량의 운행을 지시·요구하지도 않고 과적차량을 운행한 자에 대한 선임감독의 책임도 없는 화주 등을 과적차량을 운행한 자와 양벌규정으로 처벌하는 것은 형법상 책임주의의 원칙에 반한다.</u>

《대판 2010.2.25. 2009도5824 (높이초과 정지요구 불응 사건)》 형벌의 자기책임원칙에 비추어 보면 위반행위가 발생한 그 업무와 관련하여 법인이 상당한 주의 또는 관리·감독 의무를 게을리한 때에 한하여 위 양벌조항이 적용된다고 봄이 상당하다.

《대판 2007.8.23. 2005도4471 (감사보고서 적정의견 기재 사건)》 회사합병이 있는 경우 … 양벌규정에 의한 법인의 처벌은 어디까지나 형벌의 일종으로서 … 형사책임이 승계되지 않음 … <u>합병으로 인하여 소멸한 법인이 그 종업원 등의 위법행위에 대해 양벌규정에 따라 부담하던 형사책임은 그 성질상 이전을 허용하지 않는 것으로서 합병으로 인하여 존속하는 법인에 승계되지 않는다.</u>

제3절 인과관계

제17조(인과관계) 어떤 행위라도 죄의 요소되는 위험발생에 연결되지 아니한 때에는 그 결과로 인하여 벌하지 아니한다.

Ⅰ. 인과관계의 의의

인과관계란 결과범에 있어서 발생한 결과를 행위자의 행위에 의한 것으로 귀속시키는데 필요한 행위와 결과 사이의 일정한 연관관계를 말한다. 인과관계는 결과의 발생을 필요로 하는 결과범에서만 문제되고 거동범 내지 형식범에 있어서는 문제되지 않는다. 결과범은 구성요건적 행위가 존재할 뿐만 아니라 결과가 발생해야 하고, 행위와 결과 사이에 인과관계까지 있어야 범죄가 성립한다.

예를 들어 甲이 살인의 고의로 乙의 심장을 찔렀지만 乙이 경상만을 입고 구급차에 실려 병원으로 가던 중 교통사고로 사망한 경우, 甲의 살인행위도 있고 乙의 사망이라는 결과도 있었지만, 甲에게 살인기수죄를 인정할 수 있는가가 문제된다. 이 경우 甲이 칼로 찌른 행위로 인하여 乙이 사망하였다면, 甲의 행위와 乙의 사망 사이에 인과관계가 있다는 의미가 된다. 반면 교통사고로 인하여 乙이 사망하였다면, 甲의 행위와 乙의 사망 사이에 인과관계가 없다는 의미가 된다. 甲은 인과관계가 인정되는 경우 살인기수죄, 인정되지 않는 경우 살인미수죄의 책임을 지게 된다.

전술한 바와 같이 인과관계는 고의의 결과범, 과실범, 결과적 가중범과 같은 결과범에서만 문제된다. 고의의 결과범에서 인과관계는 위의 사례와 같이 범죄의 기수 또는 미수를 결정짓는 기능을 한다. 과실범은 모두 결과범이므로 주의의무위반과 결과발생이 있고 양자 사이에 인과관계가 있는 경우에는 과실범이 성립하지만, 인과관계가 없는 경우에는 과실범의 미수가 되는데 과실범의 미수는 처벌하지 않으므로 무죄가 된다. 기본범죄가 있고 그에 대한 중한 결과가 발생한 경우 양자 사이에 인과관계가 있다면 결과적 가중범이 성립할 수 있으나, 인과관계가 없다면 기본범죄만이 성립한다.

Ⅱ. 인과관계에 관한 학설

1. 조건설

조건설(條件說)은 인과관계를 순전히 논리적으로 이해하여 행위와 결과 사이에 논리적인 조건관계만 있으면 인과관계가 있다고 하는 견해이다.17) 즉, 일정한 행위와 일정한 결과 사이에, 만약 그러한 행위가 없었더라면 그러한 결과가 발생하지 않았을 것이라는 조건관계가 있는 한 그 행위는 결과에 대한 원인이라고 이해하는 설이다. 이 설은 결과에 대한 모든 조건을 그 결과에 대한 원인이라 하고, 모든 조건을 동등한 가치가 있다고 보는 점에서 등가설(等價說)이라고도 한다.

조건설은 조건들 사이에 질적 구별을 하지 않으므로 직접 아무 관계가 없는 조건, 예컨대 살인자를 출산한 행위까지도 결과에 대한 원인으로 간주하게 되어 **인과관계를 인정하는 범위가 지나치게 확대된다.** 특히 비유형적 인과관계18)에 있어서도 행위와 중한 결과 사이에 인과관계를 인정하므로 결과적 가중범의 성립범위를 지나치게 확장하고 있다. 또한 조건설에 의하면 누적적 인과관계19)의 경우 인과관계가 인정되는 반면, 가설적 인과관계, 추월적 인과관계20), 단절적 인과관계, 이중적 인과관계, 경합적 인과관계 등의 경우에 대하여 인과관계를 부정하는 결과가 된다.

2. 원인설

원인설은 조건설에 의하여 확장된 인과관계의 내부에서 결과의 발생에 대하여 중요한 영향을 준 조건과 단순한 조건을 구별하여 전자를 원인(原因)이라 하고, 원인이 될 조건에 대하여만 결과에 대한 인과관계를 인정하려는 이론이다. 모든 조건을 개별적으

17) 조건설은 행위와 결과 사이에 절대적 제약공식(c.s.q.n.; conditio sine qua non)에 따른 형식논리적 조건관계만으로 인과관계를 인정하는 견해이다. 조건설에 의하면 '~행위가 없었다면, ~결과가 발생하지 않았을 것'이라고 인정되는 경우 행위와 결과 사이의 인과관계를 인정하며, '~행위가 없었더라도 ~결과가 발생했을 것'라고 인정되는 경우에는 인과관계를 부정한다. 조건설은 가설적 사고과정의 제거절차에 따라 인과관계를 판단한다.

18) 일정한 행위가 구성요건적 결과에 대해 원인이 되지만, 그 결과발생에 다른 원인이 개입되었거나 피해자의 잘못 또는 특이체질 등이 결합한 경우이다. 예를 들어 甲이 乙을 살해하려고 권총을 쏘아 乙이 가벼운 상처만 입었으나 혈우병 환자였기 때문에 사망한 경우, 또는 피해자를 병원으로 호송하던 구급차가 충돌사고를 당하거나 병원에서 의사의 치료 잘못으로 사망하게 된 경우이다.

19) 각기 독자적으로 동일한 결과에 이를 수 없는 여러 조건들이 공동으로 작용하여 일정한 결과에 이른 경우이다. 예를 들어 치사량이 10g인 독약을 甲이 2g, 乙 5g, 丙이 3g을 각각 丁에게 먹인 바 전체량이 치사량에 달해 丁이 사망한 경우, 조건설에 의하면 甲·乙·丙 모두에게 인과관계가 인정된다.

20) 후의 조건이 기존의 조건을 추월하는 결과를 야기한 경우에서의 현실적 인과과정, 예를 들어 甲이 丙에게 치사량의 독약을 먹였으나 약효가 나타나기 전에 乙이 丙을 사살한 경우, 조건설에 의하면 乙의 행위와 丙의 사망 간의 인과관계는 인정되지 않는다.

로 관찰하여 원인과 조건을 구별한다는 점에서 개별화설이라고도 한다.

원인설에는 어떤 기준에서 원인과 조건을 구별하느냐에 따라 여러 가지 조건 가운데 결과에 대하여 ① 필연적인 것만이 원인이라는 필연조건설, ② 최후에 영향을 준 것만이 원인이라는 최종조건설, ③ 가장 유력한 작용을 한 것만이 원인이라는 최유력조건설, ④ 원동력을 준 조건만을 원인이라고 하는 동적 조건설, ⑤ 결정적 원동력을 준 조건만을 원인이라고 하는 결정적 조건설 등으로 나눠진다.

원인설은 이론상 원인과 조건을 구별할 수 없을 뿐 아니라 인과관계의 범위가 지나치게 축소된다는 비판을 받아 상당인과관계설의 등장과 함께 현재는 그 자취를 감추었다.

3. 상당인과관계설(판례)

상당인과관계설은 사회생활상 경험에 비추어 행위가 결과를 발생시키는 것이 상당하다고 인정될 때 인과관계를 인정하는 견해로, 우리나라 판례가 취하고 있는 태도이다. 여기서 '상당성'이란 **고도의 가능성**, 즉 개연성을 의미한다. 상당인과관계설은 조건설에 의한 무제한한 인과관계의 범위를 구성요건 단계에서 제한하고자 하는 이론으로 인과관계의 문제 속에 '상당성'이라는 규범적 척도를 포함시켜 사실상 객관적 귀속문제까지 동시에 심사하고 있으므로, 합법칙적 조건설과 같이 객관적 귀속에 대한 별도의 평가가 필요 없다.

상당인과관계설은 다시 무엇을 기준으로 하여 결과발생의 상당성을 판단하겠는가, 말하자면 상당성의 유무를 판단하는 기초로서 어떠한 사정을 문제로 하겠는가에 따라 다시 다음과 같이 세 학설로 나뉘어진다. ① 주관적 상당인과관계설은 '행위자가 행위 당시에 인식하였던 사정 및 인식할 수 있었던 사정'을 기초로 상당성을 판단한다. ② 이에 대하여 객관적 상당인과관계설은 행위자의 주관적 인식과는 관계없이 제3자인 법관의 입장에서 '행위 당시에 존재한 모든 객관적 사정과 행위 후의 사정이라도 행위당시에 일반적으로 예측할 수 있는 사정'을 기초로 하여 결과발생의 상당성을 판단하여야 한다는 견해이다. ③ 절충적 상당인과관계설(판례)은 '행위당시에 일반인(통찰력이 있는 사람)이 인식할 수 있었던 사정과 행위자가 특별히 인식하고 있었던 사정'을 기초로 결과발생의 상당성을 판단하는 견해이다.

상당인과관계설은 조건설에 의한 인과관계의 부당한 확대를 방지하고 일종의 사회심리적인 경험적 표준에 의하여 인과관계의 범위를 한정하려는 장점이 있으나, 일상적인 생활경험에 비추어 상당하다라는 판단은 지나치게 모호하여 법적 안정성을 해칠 우려가 있다. 또한 구성요건단계에서 귀책의 범위를 제한하려고 하였으나 이는 인과관계의 문제와 객관적 귀속을 혼동하고 있으며, 상당성·개연성 자체가 결과귀속의 척도를 충분히 제시하는 것도 아니다.

4. 합법칙적 조건설(다수설)

합법칙적 조건설은 인과관계를 조건설이 따르고 있는 c.s.q.n.공식이 아니라 행위와 결과 사이에 합법칙적 관련성의 문제로 이해하고, '행위가 시간적으로 뒤따르는 외부세계의 변화에 연결되고 합법칙적으로 결합되어 구성요건적 결과로 실현되었을 때' 인과관계를 인정하는 견해이다.

합법칙적 조건설에서 말하는 '합법칙성'은 조건설이 주장하는 논리적 조건이나 상당인과관계설의 생활경험이 아니라 당대 최고의 과학적 지식수준에서 알려져 있는 법칙적 관계를 의미한다.

5. 소결

생각건대 사실판단으로서의 인과관계의 존부 문제와 규범적 결과 귀속 판단으로서의 객관적 귀속 문제는 엄격히 분리되는 것이므로 인과관계의 확저은 합법칙적 조건설의 입장에 따라 판단하고, 규범적 결과귀속을 판단함에 있어서는 객관적 귀속이론에 의하여 해결하는 합법칙적 조건설이 타당하다.

Ⅲ. 인과관계에 관한 판례

대법원은 일찍부터 상당인과관계설을 따른다고 표방하였고(대판 1967.2.28. 67도45), 이러한 태도를 지금까지 유지해 오고 있다. 판례에 의하면 고교 교사가 제자의 잘못을 징계코자 왼쪽 뺨을 때려 뒤로 넘어지면서 사망에 이르게 하였더라도 피해자는 두께 0.5mm밖에 안되는 비정상적인 얇은 두개골이었고 또 뇌수종을 가진 심신허약자로서 좌측뺨을 때리자 급성뇌성압상승으로 넘어지게 된 경우(대판 1978.11.28. 78도1961), 강간을 당한 피해자가 집에 돌아가 강간을 당함으로 인하여 생긴 수치심과 장래에 대한 절망감에서 음독자살한 경우(대판 1982.12.23. 82도1446) 등에서는 교사의 행위 또는 강간행위와 피해자의 사망 사이에 상당인과관계가 인정되지 않는다.

《대판 1994.3.22. 93도3612 (김밥 콜라 사건)》 살인의 실행행위가 피해자의 사망이라는 결과를 발생하게 한 유일한 원인이거나 직접적인 원인이어야만 되는 것은 아니므로, 살인의 실행행위와 피해자의 사망과의 사이에 다른 사실이 개재되어 그 사실이 치사의 직접적인 원인이 되었다고 하더라도 그와 같은 사실이 통상 예견할 수 있는 것에 지나지 않는다면 살인의 실행행위와 피해자의 사망과의 사이에 인과관계가 있는 것으로 보아야 한다.

《대판 2009.4.23. 2008도11921 (태안 앞바다 기름유출 사건)》 형법 제17조는 "어떤 행위라도 죄의 요소되는 위험 발생에 연결되지 아니한 때에는 그 결과로 인하여 벌하지 아니한다."고 정하고 있는바, 자신의 행위로 초래된 위험이 그대로 또는 그 일부가 범죄 결과로 현실화된 경우라면 비록 그 결과 발생에 제3자의 행위가 일부 기여하였다 할지라도 그 결과에 대한 죄책을 면할 수 없는 것이다.

《대판 2014.7.24. 2014도6206 (고속도로 급제동 사건)》 형법 제188조에 규정된 교통방해에 의한 치사상죄는 결과적 가중범이므로, 위 죄가 성립하려면 교통방해 행위와 사상(死傷)의 결과 사이에 상당인과관계가 있어야 하고 행위시에 결과의 발생을 예견할 수 있어야 한다. 그리고 교통방해 행위가 피해자의 사상이라는 결과를 발생하게 한 유일하거나 직접적인 원인이 된 경우만이 아니라, 그 행위와 결과 사이에 피해자나 제3자의 과실 등 다른 사실이 개재된 때에도 그와 같은 사실이 통상 예견될 수 있는 것이라면 상당인과관계를 인정할 수 있다.

비교판례

인과관계가 인정되는 경우	인과관계가 인정되지 않는 경우
① 피해자는 외상으로 인하여 급성신부전증이 발생하였고 또 소변량도 심하게 감소된 상태였으므로 음식과 수분의 섭취를 더욱 철저히 억제하여야 하는데, … 콜라와 김밥 등을 함부로 먹은 탓으로 체내에 수분저류가 발생하여 위와 같은 합병증(패혈증)이 유발됨으로써 사망하게 된 사실 … 비록 그 직접사인의 유발에 위 피해자 자신의 과실이 개재되었다고 하더라도 이와 같은 사실은 통상 예견할 수 있는 것으로 인정되므로, 위 피고인들의 이 사건 범행과 위 피해자의 사망과의 사이에는 인과관계가 있다(대판 1994.3.22. 93도3612 김밥 콜라 사건). ② 피고인이 주먹으로 피해자의 복부를 1회 강타하여 장파열로 인한 복막염으로 사망케 하였다면, 비록 의사의 수술지연 등 과실이 피해자의 사망의 공동원인이 되었다 하더라도 피고인의 행위가 사망의 결과에 대한 유력한 원인이 된 이상 그 폭력행위와 치사의 결과간에는 인과관계가 있다 할 것이어서 피고인은 피해자의 사망의 결과에 대해 폭행치사의 죄책을 면할 수 없다(대판 1984.6.26. 84도831 의사의 수술지연 사건).	① 강간을 당한 피해자가 집에 돌아가 음독자살하기에 이른 원인이 강간을 당함으로 인하여 생긴 수치심과 장래에 대한 절망감 등에 있었다 하더라도 그 자살행위가 바로 강간행위로 인하여 생긴 당연의 결과라고 볼 수는 없으므로 강간행위와 피해자의 자살행위 사이에 인과관계를 인정할 수는 없다(대판 1982.11.23. 82도1446 강간수치심 자살한 사건). ② 甲은 평소 앙심을 품고 있던 파출소에 야간에 방화하였는데, 당시 숙직하고 있던 수사계장 乙은 유치장 쪽 벽에 붙어 연소하고 있는 인쇄물을 철거하고 불붙은 의자를 밖으로 들어내는 등 적극적으로 진화작업에 열중한 나머지 안면부 경부 및 손등에 전치 5주일간의 가료를 요하는 2도 화상을 입게 된 경우 현주건조물방화죄만 성립한다(대판 1966.6.28. 66도1 파출소 방화사건).

인과관계가 인정되는 경우	인과관계가 인정되지 않는 경우
③ 피고인의 강타로 인하여 임신 7개월의 피해자가 지상에 전도되어 낙태하고 위 낙태로 유발된 심근경색증으로 죽음에 이르게 된 경우 피고인의 구타행위(상해)와 피해자의 사망간에는 인과관계가 있다(대판 1972.3.28. 72도296 임산부 강타 사건). ④ 피고인이 자신이 경영하는 속셈학원의 강사로 피해자를 채용하고 학습교재를 설명하겠다는 구실로 유인하여 호텔 객실에 감금한 후 강간하려 하자, 피해자가 완강히 반항하던 중 피고인이 대실시간 연장을 위해 전화하는 사이에 객실 창문을 통해 탈출하려다가 지상에 추락하여 사망한 사안에서, 피고인의 강간미수행위와 피해자의 사망과의 사이에 상당인과관계가 있다(대판 1995.5.12. 95도425 속셈학원 원장 사건). ⑤ 피고인이 고속도로 2차로를 따라 자동차를 운전하다가 1차로를 진행하던 甲의 차량 앞에 급하게 끼어든 후 곧바로 정차하여, 甲의 차량 및 이를 뒤따르던 차량 두 대는 연이어 급제동하여 정차하였으나, 그 뒤를 따라오던 乙의 차량이 앞의 차량들을 연쇄적으로 추돌케 하여 乙을 사망에 이르게 하고 나머지 차량 운전자 등 피해자들에게 상해를 입힌 사안에서, … 피고인의 정차 행위와 사상의 결과 발생 사이에 상당인과관계가 있고, 사상의 결과 발생에 대한 예견가능성도 인정된다는 이유로, 피고인에게 일반교통방해치사상죄를 인정한 원심판단이 정당하다(대판 2014.7.24. 2014도6206 고속도로 급제동 사건). ⑥ 건설기술자를 현장에 배치할 의무를 위반하여 건설기술자조차 현장에 배치하지 아니한 과실은 공사현장 인접 소방도로의 지반침하 방지를 위한 그라우팅공사 과정에서 발생한 가스폭발사고와 상당한 인과관계가 있다(대판 1997.1.24. 96도776 상인역 가스폭발사고).	③ 고등학교 교사가 제자의 잘못을 징계코자 왼쪽 뺨을 때려 뒤로 넘어지면서 사망에 이르게 한 경우 위 피해자는 두께0.5㎜(일반인 3~5㎜)밖에 안되는 비정상적인 얇은 두개골이었고 또 뇌수송을 가진 심신허약자로서 좌측뺨을 때리자 급성뇌성압상승으로 넘어지게 된 것이라면 위 소위와 피해자의 사망간에는 이른바 인과관계가 없는 경우에 해당한다(대판 1978.11.18. 78도1961 뇌수종 사건). ④ 탄광덕대인 피고인 甲이 화약류취급책임자 면허가 없는 乙에게 화약고 열쇠를 맡기었던 바 乙이 경찰관의 화약고 검열에 대비하여 임의로 화약고에서 뇌관, 폭약 등을 꺼내어 이를 노무자 숙소 아궁이에 감추었고, 이 사실을 모르는 자가 위 아궁이에 불을 때다 위 폭발물에 인화되어 폭발 위력으로 사람을 사상에 이르게 한 경우에는 甲으로서는 위와 같은 사고를 예견할 수 있었다고 보기 어려울 뿐 아니라 甲이 乙에게 위 열쇠를 보관시키고 화약류를 취급하도록 한 행위와 위 사고발생 간에는 인과관계가 있다고 할 수 없다(대판 1981.9.8. 81도53 탄광덕대 사건). ⑤ 운전사가 발동을 끄고 시동열쇠는 꽂아 둔 채로 하차한 동안에 조수가 이를 운전하다가 사고를 낸 경우에 시동열쇠를 그대로 꽂아 둔 행위와 상해의 결과발생 사이에는 특별한 규정이 없는 한 인과관계가 없다(대판 1971.9.28. 71도1082 성인 조수 시동열쇠 돌린 사건). ⑥ 한의사인 피고인이 피해자에게 문진하여 과거 봉침을 맞고도 별다른 이상반응이 없었다는 답변을 듣고 알레르기 반응검사(skin test)를 생략한 채 환부인 목 부위에 봉침시술을 하였는데, 피해자가 위 시술 직후 아나필락시 쇼크반응을 나타내는 등 상해를 입은 사안에서, 피고인에게 과거 알레르기 반응검사 및 약 12일 전 봉침시술에서도 이상반응이 없었던 피해자를 상대로 다시 알레르기 반응검사를 실시할 의무가 있다고 보기는 어렵고, … 알레르기 반응검사를 하지 않은 과실과 피해자의 상해 사이에 상당인과관계를 인정하기 어렵다(대판 2011.4.14. 2010도10104 한의사 봉침 사건).

인과관계가 인정되는 경우	인과관계가 인정되지 않는 경우
⑦ 운전자가 차를 세워 시동을 끄고 1단 기어가 들어가 있는 상태에서 시동열쇠를 끼워놓은 채 11세 남짓한 어린이를 조수석에 남겨두고 차에서 내려온 동안 동인이 시동열쇠를 돌리며 악셀러레이터 페달을 밟아 차량이 진행하여 사고가 발생한 경우, … 과실은 사고결과와 법률상의 인과관계가 있다(대판 1986.7.8. 86도1048 11세 어린이 시동열쇠 돌린 사건). ⑧ 임차인이 자신의 비용으로 설치·사용하던 가스설비의 휴즈콕크를 아무런 조치 없이 제거하고 이사를 간 후 가스공급을 개별적으로 차단할 수 있는 주밸브가 열려져 가스가 유입되어 폭발사고가 발생한 경우, … 그 휴즈콕크를 제거하면서 그 제거부분에 아무런 조치를 하지 않고 방치하면 주밸브가 열리는 경우 유입되는 가스를 막을 아무런 안전장치가 없어 가스 유출로 인한 대형사고의 가능성이 있다는 것은 평균인의 관점에서 객관적으로 볼 때 충분히 예견할 수 있다는 이유로 임차인의 과실과 가스폭발사고 사이에 상당인과관계가 인정된다(대판 2001.6.1. 99도5086 휴즈콕크 사건). ⑨ 자동차의 운전자가 그 운전상의 주의의무를 게을리하여 열차건널목을 그대로 건너는 바람에 그 자동차가 열차좌측 모서리와 충돌하여 20여미터쯤 열차 진행방향으로 끌려가면서 튕겨나갔고 피해자는 타고가던 자전거에서 내려 위 자동차 왼쪽에서 열차가 지나가기를 기다리고 있다가 위 충돌사고로 놀라 넘어져 상처를 입었다면 비록 위 자동차와 피해자가 직접 충돌하지는 아니하였더라도 자동차 운전자의 위 과실과 피해자가 입은 상처 사이에는 상당한 인과관계가 있다(대판 1989.9.12. 89도866 서천읍 철길건널목 사고).	⑦ 피고인이 선단의 책임선인 제1봉림호의 선장으로 조업중이었다 하더라도 종선의 선장에게 조업상의 지시만 할 수 있을 뿐 선박의 안전관리는 각 선박의 선장이 책임지도록 되어 있었다면 그 같은 상황하에서 풍랑 중에 종선에 조업지시를 하였다는 것만으로는 종선의 풍랑으로 인한 매몰사고와의 사이에 인과관계가 성립할 수 없다(대판 1989.9.12. 89도1084 봉림호 사건). ⑧ 완전한 제동장치를 아니하고 화물(3톤)을 적재한 채 단지 양쪽 뒷바퀴에 받침돌만 괴어 경사진 포장도로상에 세워 둔 삼륜차의 한쪽 뒷바퀴를 구두발로 찬 행위와 그 삼륜차의 후진으로 인한 사고발생간에는 특별한 사정이 없는 한 인과관계를 인정할 수 없다(대판 1970.9.22. 70도1526 삼륜차 뒷바퀴 발로 찬 사건). ⑨ 피고인이 트럭을 도로의 중앙선 위에 왼쪽 바깥바퀴가 걸친 상태로 운행하던 중 피해자가 승용차를 운전하여 피고인이 진행하던 차선으로 달려오다가 급히 자기 차선으로 들어가면서 피고인이 운전하던 트럭과 교행할 무렵 다시 피고인의 차선으로 들어와 그 차량의 왼쪽 앞 부분으로 트럭의 왼쪽 뒷바퀴 부분을 스치듯이 충돌하고 이어서 트럭을 바짝 뒤따라 가던 차량을 들이받았다면, 설사 피고인이 중앙선 위를 달리지 아니하고 정상 차선으로 달렸다 하더라도 사고는 피할 수 없다 할 것이므로 피고인 트럭의 왼쪽 바퀴를 중앙선 위에 올려놓은 상태에서 운전한 것만으로는 위 사고의 직접적인 원인이 되었다고 할 수 없다(대판 1991.2.26. 90도2856 경주 광명고 앞지르기 위반사고).

인과관계가 인정되는 경우	인과관계가 인정되지 않는 경우
⑩ 피고인은 차량을 운전하고 편도 2차선 도로 중 2차로를 시속 약 60km의 속도로 선행 차량과 약 30m가량의 간격을 유지한 채 진행하다가 선행차량에 역과된 채 진행 도로상에 누워있는 피해자를 뒤늦게 발견하고 급제동을 할 겨를도 없이 이를 그대로 역과하여 피해자가 사망한 경우, 피고인 차량의 역과와 피해자의 사망 사이에 인과관계가 있다(대판 2001.12.11. 2001도5005 후행차량 역과사건). ⑪ 피고인이 야간에 오토바이를 운전하다가 도로를 무단횡단하던 피해자를 충격하여 피해자로 하여금 위 도로상에 전도케 하고, 그로부터 약 40초 내지 60초 후에 다른 사람이 운전하던 타이탄 트럭이 도로 위에 전도되어 있던 피해자를 역과하여 사망케 한 경우, … 피고인의 과실행위는 피해자의 사망에 대한 직접적 원인을 이루는 것이어서 양자간에는 상당인과관계가 있다(대판 1990.5.22. 90도580 선행차량 충격전도 사건). ⑫ 피고인의 수술 후 복막염에 대한 진단과 처치 지연 등의 과실로 피해자가 제때 필요한 조치를 받지 못하였다면 피해자의 사망과 피고인의 과실 사이에는 인과관계가 인정된다. 비록 피해자가 피고인의 지시를 일부 따르지 않거나 퇴원한 적이 있더라도, 그러한 사정만으로는 피고인의 과실과 피해자의 사망 사이에 인과관계가 단절된다고 볼 수 없다(대판 2018.5.11. 2018도2844 신해철 집도의 사건).	⑩ 신호등에 의하여 교통정리가 행하여지고 있는 ㅏ자형 삼거리의 교차로를 녹색등화에 따라 직진하는 차량의 운전자는 특별한 사정이 없는 한 다른 차량들도 교통법규를 준수하고 충돌을 피하기 위하여 적절한 조치를 취할 것으로 믿고 운전하면 족하고, 대향차선 위의 다른 차량이 신호를 위반하고 직진하는 자기 차량의 앞을 가로질러 좌회전할 경우까지 예상하여 그에 따른 사고발생을 미리 방지하기 위한 특별한 조치까지 강구하여야 할 업무상의 주의의무는 없고, 위 직진차량 운전자가 사고지점을 통과할 무렵 제한속도를 위반하여 과속운전한 잘못이 있었다 하더라도 그러한 잘못과 교통사고의 발생과의 사이에 상당인과관계가 있다고 볼 수 없다(대판 1993.1.15. 92도2579 ㅏ자형 삼거리 사건). ⑪ 피해자와 그 일행 한 사람은 함께 우측 도로변에 서 있다가 피고인이 1차로에서 2차로로 진로를 변경하여 고속버스를 추월한 직후에 피고인 운전의 자동차 30 내지 40m 전방에서 고속도로를 무단횡단하기 위하여 2차로로 갑자기 뛰어들어 피해자 등을 충격하게 된 경우, 피고인에게 야간에 고속버스와의 안전거리를 확보하지 아니한 채 진행하다가 고속버스의 우측으로 제한최고속도를 시속 20km 초과하여 고속버스를 추월한 잘못이 있더라도, 피고인의 과실과 사고결과와의 사이에 상당인과관계가 있다고 할 수 없다(대판 2000.9.5. 2000도2671 고속도로 무단횡단자 충격 사건). ⑫ 피고인이 좌회전 금지구역에서 좌회전한 것은 잘못이나 이러한 경우에도 피고인으로서는 50여 미터 후방에서 따라오던 후행차량이 중앙선을 넘어 피고인 운전차량의 좌측으로 돌진하는 등 극히 비정상적인 방법으로 진행할 것까지를 예상하여 사고발생 방지조치를 취하여야 할 업무상 주의의무가 있다고 할 수는 없고, 따라서 좌회전 금지구역에서 좌회전한 행위와 사고발생 사이에 상당인과관계가 인정되지 아니한다(대판 1996.5.28. 95도1200 좌회전 도중 좌측으로 돌진한 사건).

인과관계가 인정되는 경우	인과관계가 인정되지 않는 경우
⑬ 피고인이 제왕절개수술 후 대량출혈이 있었던 피해자를 전원(轉院) 조치하였으나 전원받는 병원 의료진의 조치가 다소 미흡하여 도착 후 약 1시간 20분이 지나 수혈이 시작된 사안에서, 피고인의 전원지체 등의 과실로 신속한 수혈 등의 조치가 지연된 이상 피해자의 사망과 피고인의 과실 사이에 인과관계가 인정된다(대판 2010.4.29. 2009도7070 전원지체 사건). ⑭ 자기집 안방에서 취침하다가 일산화탄소(연탄가스) 중독으로 병원 응급실에 후송되어 온 환자를 진단하여 일산화탄소 중독으로 판명하고 치료한 담당의사에게 회복된 환자가 이튿날 퇴원할 당시 자신의 병명을 문의하였는데도 의사가 아무런 요양방법을 지도하여 주지 아니하여, 환자가 일산화탄소에 중독되였던 사실을 모르고 퇴원 즉시 사고난 자기 집 안방에서 다시 취침하다 전신피부파열 등 일산화탄소 중독을 입은 경우, … 의사의 업무상과실과 재차의 일산화탄소 중독과의 사이에 인과관계가 있다고 보아야 한다(대판 1991.2.12. 90도2547 재차 연탄가스 중독 사건).	⑬ 지하철 공사구간 현장안전업무 담당자인 피고인이 공사현장에 인접한 기존의 횡단보도 표시선 안쪽으로 돌출된 강철빔 주위에 라바콘 3개를 설치하고 신호수 1명을 배치하였는데, 피해자가 위 횡단보도를 건너면서 강철빔에 부딪혀 상해를 입은 경우, 피고인이 안전조치를 취하여야 할 업무상 주의의무를 위반하였다고 보기 어렵고, 피고인의 잘못과 발생한 사고 사이에 상당인과관계에 있다고 보기 어렵다(대판 2014.4.10. 2012도11361 만화책 보다 강철빔 부딪힌 사건). ⑭ 초지조성공사를 도급받은 수급인이 불경운작업(산불작업)을 하도급을 준 이후에 계속하여 그 작업을 감독하지 아니한 잘못이 있다 하더라도 이는 도급자에 대한 도급계약상의 책임이지 위 하수급인의 과실로 인하여 발생한 산림실화에 상당인과관계가 있는 과실이라고는 할 수 없다(대판 1987.4.28. 87도297 불경운작업 사건).

Ⅳ. 독립행위의 경합

인과관계와 관련하여 문제가 되는 것은 수개의 독립한 행위가 동시 또는 이시(異時)에 경합하여 동일한 결과에 대하여 조건을 부여하였을 때, 어느 행위로 인하여 결과가 발생되었는지 분명하지 아니할 경우에는 각 행위의 형사책임을 어떻게 정하겠는가이다. 예를 들어 甲과 乙이 서로 의사의 연락이 없이 동시 또는 이시에 丙에 대하여 살해행위를 한 결과 丙이 사망하였을 경우에는 단독범의 병립관계이므로 형사책임의 개별화의 원칙에 의하여 각 행위는 개별로 결과에 대한 인과관계를 논하여야 할 것이다. 그러나 이 경우에 결과발생의 원인된 행위가 판명되지 아니한 때, 즉 丙의 사망이라는 결과가 甲과 乙의 어느 행위로 인하여 발생하였는지 판명되지 않는 때에 甲· 乙의 형사책임을 어떻게 정할 것인가가 문제이다. 이 경우에 결과발생의 원인된 행위가 분명하지 아니함에도 불구하고 양자의 행위를 다같이 결과에 대한 원인으로 인정하는 것은 부당하다고 하겠다. 왜냐하면 어떤 행위라도 죄의 요소되는 위험발생에 연결되어야만 그 결과로 인하여 처벌할 수 있기 때문이다. 또 이 경우는 공범관계가 아니므로 甲 · 乙의 행위를 포괄하여 인과관계를 논할 수도 없다(공범관계이면 당연히 甲·乙은 살인기수의 책임을 진다).

현행 형법(§19)은 이런 문제를 해결하기 위하여 1개의 결과와 독립된 수개의 행위가 판명되지 아니한 때에는 '각 행위를 미수범으로 처벌한다'라고 규정하여 입법적으로 해결하고 있다. 따라서 위의 사례에서 甲·乙은 다 같이 살인미수범으로 처벌될 것이다. 그러나 상해죄에 있어서 독립행위가 경합하여 원인된 행위가 판명되지 않은 경우에는 모두를 공동정범의 예에 의하여 처벌한다(§263).

제4절 구성요건적 고의

제13조(고의) 죄의 성립요소인 사실을 인식하지 못한 행위는 벌하지 아니한다. 다만, 법률에 특별한 규정이 있는 경우에는 예외로 한다.

Ⅰ. 고의의 의의

1. 구성요건적 고의의 개념

구성요건적 고의란 객관적 행위상황을 인식하고 구성요건을 실현하는 의사를 의미한다(구성요건 실현의 인식과 의사). 따라서 구성요건적 고의에는 객관적 구성요건요소에 해당하는 사실의 인식(지적 요소)과 구성요건을 실현한다는 의사(의지적 요소)로 구성된다.

형법은 원칙적으로 고의행위만을 처벌하고(§13 본문), 고의 없는 과실행위는 예외적으로 법률에 특별히 규정한 경우에만 처벌한다(§13 단서). 고의는 구성요건을 실현할 때, 즉 '행위시'에 존재해야 한다. 따라서 사전고의, 사후고의는 형법상 아무런 의미를 갖지 못한다.

《대판 1986.7.22. 85도108 (부산대아호텔 화재 사건)》 행정상의 단속을 주안으로 하는 법규라 하더라도 명문규정이 있거나 해석상 과실범도 벌할 뜻이 명확한 경우를 제외하고는 형법의 원칙에 따라 고의가 있어야 벌할 수 있다.

2. 구별개념

가. 불법고의와 책임고의

1) 불법고의

행위자가 적극적으로 객관적 구성요건실현에 대한 인식·의사를 가지고 있을 뿐만 아니라, 소극적으로 자신의 행위가 어느 하나의 위법성조각사유에도 해당하지 않음을 알고 있는 넓은 의미의 고의를 (총체적) 불법고의라고 한다. 이는 소극적 구성요건표지 이론이나 총체적 불법구성요건 이론에서 말하는 고의개념이다.

2) 책임고의

불법고의의 심정반가치성을 책임고의라고 한다. 따라서 사실적인 측면에서 구성요건 실현에 대한 인식 · 의사를 가지고 내심적으로도 법질서 전체에 대한 사회적 반항태도를 보여준 때 책임고의는 성립한다.

나. 사전고의와 사후고의

1) 사전고의

사전고의(事前故意)란 행위 이전에는 구성요건을 실현할 인식·의사가 있었지만, 정작 행위시에는 그것이 없는 경우를 말한다. 예를 들어 甲이 평소 乙을 살해할 고의를 가지고 기회를 엿보던 중, 어느 날 차를 몰고 가다 행인 한 명을 치어 사망케 하였는데 알고 보니 그 행인이 乙이었던 경우를 들 수 있다. 이 경우 甲이 차로 乙을 치는 순간에는 살인고의를 가지고 있지 않았으므로 甲을 살인죄로 처벌할 수 없다.

2) 사후고의

사전고의와는 반대로 행위 당시에는 구성요건 실현에 대한 아무런 인식·의사가 없었으나 나중에 그것이 생긴 경우를 말한다. 그러나 사후고의 역시 행위 당시에 고의가 없었으므로 형법상 고의에 속하지 않는다. 예를 들어 甲이 자동차를 몰고 가다가 행인을 치어 사망케 한 후 그 사람이 평소 미워하던 乙이었던 것을 알게 되어 잘 죽었다고 생각한 경우를 들 수 있다. 사후고의는 고의가 아니므로 이 경우에도 甲을 살인죄로 처벌할 수는 없다. 다만 과실치사죄가 성립할 수는 있다.

3. 고의의 체계상의 지위

인과적 행위론에서는 고의를 구성요건요소가 아닌 책임요소로 파악하였다. 그러나 목적적 행위론에서는 고의를 책임요소가 아닌 주관적 구성요건요소로 파악하였다. 사회적 행위론(절충적 범죄체계론)에서 고의는 주관적 구성요건요소임과 동시에 책임요소라고 하는 고의의 이중적 기능을 인정한다. 사회적 행위론에 의하면 고의는 구성요건단계에서는 행위의 의미를 결정하는 기능(구성요건적 고의), 책임단계에서는 행위자의 비난가능성의 유무나 정도를 결정하는 기능(책임고의)을 한다는 것이다.

Ⅱ. 고의의 본질

1. 인식설(표상설)

구성요건의 내용에 대한 인식(認識) 또는 표상(表象)만 있으면 고의가 성립한다는 학설로서, 고의의 본질이 지적 요소에 있다고 보고, 의지적 요소는 불필요하다는 입장이다. 인식설은 고의의 지적 요소를 강조하여 객관적 구성요건요소에 대한 인식만 있으면(예컨대 '~할 수 있겠다'고 인식) 고의가 성립된다고 한다.

인식설은 미필적 고의뿐만 아니라 인식 있는 과실도 모두 고의로 취급하여, 미필적 고의와 인식 있는 과실을 구별하지 못하고, 고의의 범위가 지나치게 확대된다는 비판을 면할 수 없다.

2. 의사설(희망설)

고의가 성립하기 위해서는 행위자가 결과발생의 가능성을 인식한 것만으로는 부족하고 더 나아가 결과발생을 적극적으로 '의욕'(희망, 의도)하여야 한다는 학설이다. 의사설은 고의의 지적 요소뿐만 아니라 의지적 요소도 있어야(예컨대 '~할 수 있겠다'고 인식하고 '~해야겠다'고 의욕) 고의가 성립된다고 한다.

의사설(意思說)에 의하면 인식 있는 과실뿐만 아니라 미필적 고의에 있어서도 행위자가 결과발생을 적극적으로 의욕하지 않은 것이므로 고의의 성립을 부정하여, 미필적 고의와 인식 있는 과실을 구별하지 못하고, 고의의 범위가 지나치게 축소된다는 비판을 면할 수 없다.

3. 인용설(용인설)

인용설(認容說)은 고의가 성립하기 위해서는 객관적 구성요건요소에 대한 인식이 필요하지만 구성요건 실현을 의욕할 필요까지는 없고 이를 '인용(認容)'하면 족하다고 한다. 인용설은 고의의 성립에 의지적 요소는 반드시 필요한 것은 아니지만, 구성요건 실현을 인용하면(예컨대 '~해도 어쩔수 없다'고 인용) 충분하다고 한다. 우리나라의 통설과 판례가 취하고 있는 입장이다.

내심 상태	인식	용인	의사	구분	학설
있는 줄 몰랐다.	×	×	×	인식없는 과실	
죽일 수 있겠다.(~죽일 리 없다.)	○	×	×	인식있는 과실	인식설
죽일 수 있겠다.(~죽여도 좋다.)	○	○	×	미필적 고의	용인설
죽여야겠다.	○	○	○	확정적 고의	의사설

《대판 1985.6.25. 85도6608 (편상식 고압고무호스 수입통관 사건)》 미필적 고의라 함은 결과의 발생이 불확실한 경우 즉 행위자에 있어서 그 결과발생에 대한 확실한 예견은 없으나 그 가능성은 인정하는 것으로 미필적 고의가 있었다고 하려면 결과발생에 대한 인식이 있음은 물론 나아가 이러한 결과발생을 용인하는 내심의 의사가 있음을 요한다.

Ⅲ. 고의의 내용

인용설에 의할 경우 고의가 성립하기 위해서는 지적 요소로서 객관적 구성요건요소에 대한 인식 및 의지적 요소로서 그에 대한 인용 또는 의욕이 필요하다.

1. 고의의 지적요소

고의가 성립하기 위해서는 행위자가 객관적 구성요건요소에 해당하는 모든 사실을 인식하여야만 한다. 다만 객관적 구성요건요소는 기술적 요소와 규범적 요소로 구분되므로 고의의 지적 요소도 '사실의 인식'과 '의미의 인식'을 구별하여 고찰해야 한다.

가. 사실의 인식

고의의 지적 요소는 '죄의 성립요소인 사실' 즉, 객관적 구성요건요소와 그 의미를 인식하는 것이다. 객관적 구성요건요소에는 행위의 주체, 객체, 방법, 행위상황, 결과, 인과관계 등이 있는데 이들 요소들의 사실적 측면을 인식해야 한다. 예를 들어 수뢰죄에서 행위자가 '공무원'이라는 인식, 존속살해죄에서 행위의 객체가 '자기 또는 배우자의 직계존속'이라는 인식, 살인죄에서 '살해'하여 '사망'시킨다는 인식 등이 필요하다. 구체적 위험범에서 위험의 발생, 가중적·감경적 구성요건요소에 해당하는 사실 등도 고의의 인식 대상에 속한다. 다만 결과적 가중범의 중한 결과에 대한 인식은 필요없고, 예견가능성만 있으면 된다(§15②).

고의의 인식대상은 객관적 구성요건요소이어야 하므로 주관적 구성요건요소인 '고의'

나 '목적', 영아살해죄에서의 치욕은폐 등의 '동기', 추상적 위험범에서 '위험의 발생' 등은 고의의 인식대상이 아니다. 구성요건요소가 아닌 행위의 '위법성'이나 '책임능력', '기대가능성', '처벌조건' 또는 '소추조건'에 대한 인식은 고의의 내용이 아니다. 행위자 관련적 책임표지에 해당하는 상습범에서의 '상습성'도 고의의 인식대상이 아니다.

《대판 1995.1.24. 94도1949 (신경질적 좌회전 사건)》 공무집행방해죄에 있어서의 범의는 상대방이 직무를 집행하는 공무원이라는 사실, 그리고 이에 대하여 폭행 또는 협박을 한다는 사실을 인식하는 것을 그 내용으로 하고, 그 인식은 불확정적인 것이라도 소위 미필적 고의가 있다고 보아야 하며, 그 직무집행을 방해할 의사를 필요로 하지 아니한다.

나. 의미의 인식

형법이 사용하는 모든 개념은 원칙적으로 일정한 규범성을 전제로 하므로 기술적(사실적) 구성요건요소에서도 의미의 인식이 필요하다. 다만, 의미의 인식이 특히 문제되는 것은 규범적 구성요건요소의 경우이다. 규범적 구성요건요소에 있어서 고의는 사실을 인식하는 것으로 족하지 아니하고 규범적 구성요건요소에 포섭되어 있는 사실의 본질적 의미 내용을 인식할 것을 요한다. 예를 들어 유가증권위조죄에 있어서의 '유가증권', 공연음란죄에 있어서의 '음란', 위증죄에 있어서의 '허위', 절도죄에 있어서의 '재물의 타인성' 등의 의미가 여기에 해당한다.

규범적 구성요건요소에서의 의미의 인식은 정확한 법적 평가를 요구하는 것이 아니라 일반인 내지 보통사람들 수준에서의 인식(보통 이를 '문외한(門外漢)으로서의 소박한 인식'이라고 표현한다)이면 족하다. 정확한 법적 평가를 필요로 한다면, 오직 법률가들만이 범죄를 저지를 수 있는 결과가 되기 때문이다.

《대판 1983.9.13. 83도1762 (평원닭집 고양이 사건)》 절도죄에 있어서 재물의 타인성을 오신하여 그 재물이 자기에게 취득(빌린 것)할 것이 허용된 동일한 물건으로 오인하고 가져온 경우에는 범죄사실에 대한 인식이 있다고 할 수 없으므로 범의가 조각되어 절도죄가 성립하지 아니한다.[21]

《대판 1989.1.17. 88도971 (대성수퍼 앞 두부상자 사건)》 절도의 범의는 타인의 점유하에 있는 타인소유물을 그 의사에 반하여 자기 또는 제3자의 점유하에 이전하는 데에 대한 인식을 말하므로, 타인이 그 소유권을 포기하고 버린 물건으로 오인하여 이를 취득하였다면 이와 같이 오인하는

21) 甲은 1982.8.3.23:45경 전북 진안읍 군장리 322 소재 乙경영의 평원닭집앞 노상에서 그곳 평상 위에 있던 乙소유의 고양이(싯가 7,000원 상당)를 쓰다듬다가 '잃어버린 고양이와 외형상 유사하여' 자신이 잃어버린 고양이로 잘못 알고 런닝샤쓰 안(품속)에 집어넣어 가져오다가 뒤따라온 고양이 주인이 자기 것이라고 하여 돌려주었는데, 이를 절취하였다며 공소가 제기된 것이었다.

데에 정당한 이유가 인정되는 한 절도의 범의를 인정할 수 없다.[22]

2. 고의의 의지적 요소

고의가 성립하기 위해서는 행위자가 인식한 내용을 실현하려는 의사, 즉 구성요건 실현의사, 즉 객관적 구성요건요소에 대한 의욕 또는 인용이 있어야 한다. 인용이란 '그러한 결과가 발생해도 할 수 없다'는 내심상태를 말한다.

예를 들어, 타인의 재물인지 자신의 재물인지 잘 모르는 상태에서 '내 것인지 남의 것인지 잘 모르겠지만, 남의 것이어도 할 수 없다'고 생각하고 가져온 경우에는 타인의 재물절취에 대한 인식뿐만 아니라 인용이 있어서 절도의 미필적 고의가 인정된다. 그러나 '내 것인지 남의 것인지 모르겠지만, 내 것이겠지'라고 생각한 경우에는 타인의 재물절취에 대한 인식은 있지만 인용이 없어 인식 있는 과실절도가 될 뿐이다.

Ⅳ. 고의의 종류

1. 확정적 고의

확정적 고의란 행위 당시 구성요건적 결과의 실현을 확실히 인식하고 나아가 적극적으로 의욕하는 행위자의 내심상태를 말한다. 구성요건사실에 대한 미필적·불확정적 인식이나 구성요건적 사실을 인용하는 것에 불과한 미필적 고의와 구별된다.

2. 불확정적 고의

불확정적 고의란 행위자가 행위시에 구성요건 실현에 대해 확실하게 결정하지 않은 상태에서 구성요건실현을 인용하거나 불특정 대상에 대해 구성요건실현을 의욕·인용하는 경우를 말한다.

가. 미필적 고의

미필적 고의(未必的 故意)란 행위자가 행위 당시 구성요건요소를 인식하기는 했지만 구성요건 실현을 의욕하지 않고 인용(認容)하는 내심상태(결과가 발생해도 할 수 없다는 내심상

22) 고물행상인 甲이 1987.5.8.02:30경 丙경영의 대성슈퍼 앞 노상에서 쓰레기통 옆에 놓여있는 헌 신문지로 덮여 있어 '누가 버린 쓰레기인 것으로 알고' 乙소유의 두부상자(시가 1,200원 상당)를 甲의 리어카에 싣고 왔는데, 사실은 乙이 丙경영의 대성슈퍼에 두부를 담아 납품하고 난 빈상자로서 丙이 회수해 가도록 신문지를 덮어 새벽에 점포 밖에 내놓아 둔 것이었다.

태)를 말한다. 구성요건실현을 의욕하지 않았다는 점에서 확정적 고의와 구별되고, 구성요건실현을 인식하고 나아가 인용까지 하였다는 점에서 '인식있는 과실'과 구별된다. 미필적 고의도 확정적 고의와 형법적 효과는 같다. 다만, 법관의 양형에는 영향을 미칠 수 있다.

《대판 2010.2.11. 2009도9807 (불가마찜질방 후문 사건)》 행정상의 단속을 주안으로 하는 법규라 하더라도 '명문규정이 있거나 해석상 과실범도 벌할 뜻이 명확한 경우'를 제외하고는 형법의 원칙에 따라 '고의'가 있어야 벌할 수 있다.

《대판 2004.5.14. 2004도74 (대구지하철 방화 사건)》 미필적 고의가 있었다고 하려면 범죄사실의 발생 가능성에 대한 인식이 있음은 물론 나아가 범죄사실이 발생할 위험을 용인하는 내심의 의사가 있어야 하며, 그 행위자가 범죄사실이 발생할 가능성을 용인하고 있었는지의 여부는 행위자의 진술에 의존하지 아니하고 외부에 나타난 행위의 형태와 행위의 상황 등 구체적인 사정을 기초로 하여 일반인이라면 당해 범죄사실이 발생할 가능성을 어떻게 평가할 것인가를 고려하면서 행위자의 입장에서 그 심리상태를 추인하여야 한다.[23]

《대판 2006.4.14. 2006도734 (중감금치사 사건)》 살인죄에서 살인의 범의는 반드시 살해의 목적이나 계획적인 살해의 의도가 있어야 인정되는 것은 아니고, 자기의 행위로 인하여 타인의 사망이라는 결과를 발생시킬 만한 가능성 또는 위험이 있음을 인식하거나 예견하면 족한 것이며 그 인식이나 예견은 확정적인 것은 물론 불확정적인 것이라도 이른바 미필적 고의로 인정된다.

23) 대구지하철 방화사건은 2003년 2월 18일 대구지하철 1호선 중앙로역 구내에 진입한 전동차 안에서 방화로 인한 화재가 발생해 사망자 192명, 부상자 148명 등 340명의 사상자가 발생한 대형 참사사건이다.

비교판례

인과관계가 인정되는 경우	인과관계가 인정되지 않는 경우
① 강도가 베개로 피해자의 머리부분을 약 3분간 누르던 중 피해자가 저항을 멈추고 사지가 늘어졌음에도 계속하여 누른 행위에 살해의 고의가 인정된다(대판 2002.2.8. 2001도6425 손상헌 중위사건). ② 피고인 甲이 제시하는 성년인 乙명의의 건강진단결과서만을 확인한 채 고용대상자인 甲 및 소개인들의 거짓말에 터잡아 그녀가 성인이라고 가볍게 믿고 당일로 甲과 고용계약을 체결한 후 일을 시킨 경우, 피고인에게는 甲이 청소년임에도 그녀를 고용한다는 점에 관하여 적어도 미필적 고의가 있었다고 볼 것이다(대판 2002.6.28. 2002도2425 건강진단결과서만 확인한 사건). ③ 신분증을 소지하지 않았다는 말을 듣고 단지 구두로만 연령을 확인하여 이성혼숙을 허용하였다면, 적어도 청소년 이성혼숙에 관한 미필적 고의가 있다고 보아도 좋을 것이다(대판 2001.8.21. 2001도3295 구두로만 연령확인한 사건). ④ 운전면허증 소지자가 운전면허증만 꺼내 보아도 쉽게 알 수 있는 정도의 노력조차 기울이지 않는 것은 적성검사기간 내에 적성검사를 받지 못하게 되는 결과에 대한 방임이나 용인의 의사가 존재한다고 봄이 타당하다(대판 2014.4.10. 2012도8374 면허증 적검기간도 확인 안한 사건). ⑥ 의무경찰이 학생들의 가두캠페인 행사관계로 직진하여 오는 택시의 운전자에게 좌회전 지시를 하였음에도 택시의 운전자가 계속 직진하여 와서 택시를 세우고는 항의하므로 그 의무경찰이 택시 약 30㎝ 전방에 서서 이유를 설명하고 있는데 그 운전자가 신경질적으로 갑자기 좌회전하는 바람에 택시 우측 앞 범퍼부분으로 의무경찰의 무릎을 들이받은 경우, … 의무경찰을 충격하리라는 사실을 쉽게 알고도 이러한 결과발생을 용인하는 내심의 의사, 즉 미필적 고의가 있다(대판 1995.1.24. 94도1949 신경질적 좌회전 사건).	① 공무원이 여러 차례의 출장반복의 번거로움을 회피하고 민원사무를 신속히 처리한다는 방침에 따라 사전에 출장조사한 다음 출장조사내용이 변동없다는 확신하에 출장복명서를 작성하고 다만 그 출장일자를 작성일자로 기재한 것이라면 허위공문서작성의 범의가 있었다고 볼 수 없다(대판 2001.1.5. 99도4101 출장일자만 허위기재한 사건). ② 피고인이 소지하고 있던 운전면허증 앞면에 적성검사기간이 '2002.6.5. ~ 2002.9.4.'로 기재되어 있고, 뒷면 하단에는 '적성검사 또는 면허증 갱신기간 내에 적성검사 또는 면허증을 갱신하지 아니하면 범칙금이 부과되며 1년이 지나면 운전면허가 취소됩니다.'라는 경고 문구가 있다는 점만으로는 피고인이 정기적성검사 미필로 면허가 취소된 사실을 미필적으로나마 인식하였다고 추단하기 어렵다(대판 2004.12.10. 2004도6480 면허 취소통지 받지 못한 사건). ③ 관할 경찰당국이 운전면허취소통지에 갈음하여 적법한 공고를 거쳤다고 하더라도 공고만으로 운전면허가 취소된 사실을 알게 되었다고 볼 수 없다 할 것이므로 피고인에게 무면허운전이라는 점에 대한 고의가 있었다고 할 수 없다(대판 1993.3.23. 92도3045 면허취소 공고만 한 사건). ④ 대구지하철 화재 사고 현장을 수습하기 위한 청소 작업이 한참 진행되고 있는 시간 중에 실종자 유족들로부터 이의제기가 있었음에도 대구지하철공사 A이 즉각 청소 작업을 중단하도록 지시하지 아니하였고 수사기관과 협의하거나 확인하지 아니하였다고 하여 위 A에게 그러한 청소 작업으로 인하여 증거인멸의 결과가 발생할 가능성을 용인하는 내심의 의사까지 있었다고 단정하기는 어렵다(대판 2004.5.14. 2004도74 대구지하철방화사건). ⑤ 항해 중이던 선박의 선장 甲, 1등 항해사 乙, 2등 항해사 丙이 배가 기울어져 멈춘 후 침몰하고 있는 상황에서 피해자인 승객 등이 안내방송 등을 믿고 대피하지 않은 채 선내에 대기하고 있음에도 아무런 구조조치를 취하지 않고 퇴선함으로써, 배에 남아있던 피해자들을 익사하게 한 경우, 乙, 丙의 부작위를 작위에 의한 살인의 실행행위와 동일하게 평가하기 어렵고, 살인의 미필적 고의로 甲의 부작위에 의한 살인행위에 공모 가담하였다고 단정하기도 어렵다(대판 2015.11.12. 2015도6809 全合 세월호 사건).

인과관계가 인정되는 경우	인과관계가 인정되지 않는 경우
⑦ 피해자를 아파트에 유인하여 … 감금한 후 수차 아파트를 출입하다가 마지막 들어갔을 때 피해자가 이미 탈진 상태에 이르러 박카스를 마시지 못하고 그냥 흘려버릴 정도였고 피고인이 피해자의 얼굴에 모포를 덮어씌워 놓고 그냥 나오면서 피해자를 그대로 두면 죽을 것 같다는 생각이 들었다면, 결과발생의 가능성을 인정하고 있으면서도 피해자를 병원에 옮기지 않고 사경에 이른 피해자를 그대로 방치한 소위는 피해자가 사망하는 결과에 이르더라도 용인할 수 밖에 없다는 내심의 의사 즉 살인의 미필적 고의가 있다(대판 1982.11.23. 82도2024 이윤상군 유괴살인 사건).	

나. 택일적 고의

택일적 고의(擇一的 故意)란 구성요건 실현 자체는 의욕·인용하였으나 결과가 발생할 대상이 확실하게 정해지지 않은 경우의 고의를 말한다. 행위자가 두 가지 이상의 구성요건 또는 객체 중에서 어느 하나만 실현하길 원하지만 그 중 어느 것에서 결과가 발생해도 무방하다고 생각하고 행위하는 경우이다. 택일적 고의의 경우에는 택일관계에 있는 객체 모두에 대해서 고의가 인정된다. 예를 들어 A와 B 중 아무나 맞아도 좋다고 생각하고 총을 발사하여 A가 맞아 사망한 경우 A에 대한 살인기수와 B에 대한 살인미수의 상상적 경합이 된다.

다. 개괄적 고의

형법에서 개괄적 고의(概括的 故意)는 두 가지 의미로 사용되고 있다. 첫 번째로는 행위에 대한 결과가 발생하는 것 자체는 확정적이나 구체적인 행위 객체가 불확정적인 경우에 있어서의 고의를 말한다. 예를 들어, 모여 있는 군중에 대하여 그들 중 정확히 누가 맞을지는 모르지만 누군가에게는 맞을 것이란 것을 인식하고 돌을 던지는 경우의 고의를 지칭하는 것이다. 두 번째로는 행위자가 자신이 의욕한 결과가 제1행위에 의해 달성된 것으로 믿었으나, 실제로는 그 행위를 은폐하기 위한 제2행위에 의해 결과가 발생한 경우를 지칭하는데 사용된다. 이에 대해서는 인과관계의 착오에서 상세히 설명하겠다.

제5절 사실의 착오

제15조(사실의 착오) ① 특별히 무거운 죄가 되는 사실을 인식하지 못한 행위는 무거운 죄로 벌하지 아니한다.

Ⅰ. 사실의 착오의 의의

1. 사실의 착오의 개념

사실의 착오란 행위자가 주관적으로 인식·인용한 사실과 객관적(현실적)으로 발생한 범죄사실이 일치하지 않은 경우를 말한다. 즉 인식사실과 발생사실의 불일치를 의미하며 구성요건적 착오라고도 한다.

사실의 착오는 행위자가 A라는 범죄결과를 발생시키려고 하였으나 실제로는 B라는 범죄결과가 발생한 경우이다. 예를 들어 甲을 살해하려고 총을 발사하였으나 총알이 빗나가 옆에 있던 乙이 맞아 사망한 경우를 들 수 있다.

인식사실과 발생사실이 일치하지 않는 경우 언제나 고의가 조각된다고 본다면 고의를 인정하는 경우란 있을 수 없다는 점에서 인식사실과 발생사실이 어느 정도 부합하여야 발생사실에 대한 고의기수 책임을 부담시킬 수 있느냐가 문제된다. 따라서 사실의 착오가 있으면 원칙적으로 고의가 조각되지만, 일정한 범위 내에서 인식사실과 발생사실의 부합(符合)을 인정하여 발생사실에 대한 고의기수를 인정하려는 이론이 사실의 착오 이론이다. 즉 발생된 결과에 대해 행위시의 고의를 인정하여 발생사실에 대한 고의기수죄를 인정할 것인지 아니면 의도했던 범죄의 미수범과 발생된 결과의 과실범의 상상적 경합범을 인정할 것인지 문제된다. 고의의 인정범위의 문제라고도 할 수 있다.

2. 사실의 착오의 대상

사실의 고의의 인식대상이 되는 모든 객관적 구성요건요소가 사실의 착오의 대상이 된다. 따라서 고의의 인식대상이 아닌 사실(예컨대 목적, 처벌조건, 소추조건, 책임능력, 범행동기, 상습성 등)에 관한 착오는 사실의 착오가 아니며, 고의의 성립과 관계가 없다.

3. 사실의 착오와 법률의 착오

우리 형법은 착오를 사실의 착오(§15)와 법률의 착오(§16)로 구별하고 있다. 형법상의 사실의 착오와 법률의 착오는 독일 형법상의 구성요건의 착오와 금지의 착오와 같다. 따라서 사실의 착오는 구성요건에 해당하는 객관적 사실에 대한 착오로서 고의를 조각하는 반면, 법률의 착오는 행위의 위법성에 대한 착오로 행위가 법적으로 금지되어 있느냐에 대한 착오를 의미한다. 법률의 착오(금지착오)는 착오에 정당한 이유가 있는 경우 책임이 조각될 뿐이다.

4. 적용영역

사실의 착오는 인식한 사실과 발생한 사실이 모두 구성요건에 해당할 수 있는 사실인 경우에만 가능하며, 다음과 같은 유형은 사실의 착오에 해당하지 않는다.

가. 인식한 사실은 범죄사실이나 발생한 사실은 범죄사실이 아닌 경우

예를 들어 사람으로 생각하고 총을 발사했으나 사실은 나무였던 경우이다. 이 경우는 범죄사실에 대한 인식이 있으므로 고의범이 성립한다. 다만, 결과가 발생하지 않았으므로 위험성이 있으면 불능미수범이 되고 위험성이 없으면 불능범의 문제로 처리된다.

나. 인식한 사실은 범죄사실이 아니나 발생한 사실은 범죄사실인 경우

예를 들어 사냥꾼이 멧돼지로 알고 발포하였는데 실은 동료 사냥꾼이 맞은 경우이다. 이 경우 범죄실행의사가 없으므로 발생한 사실에 대한 과실이 있으면 과실범의 문제가 된다.

Ⅱ. 사실의 착오의 유형

1. 구체적 사실의 착오와 추상적 사실의 착오

'구체적 사실의 착오'란 행위자가 인식한 사실과 실제 발생한 사실이 동일한 구성요건 혹은 동종의 구성요건에 속한 경우를 말한다. '추상적 사실의 착오'란 양자가 동일한 구성요건이나 동종의 구성요건에 속하지 않은 경우를 말한다. 예를 들어 A를 살해하려다 B를 살해한 경우는 구체적 사실의 착오이고, A를 살해하려다 A의 개(犬)을 살해한 경우는 추상적 사실의 착오이다.

구체적 사실의 착오와 추상적 사실의 착오를 구분하는 주된 실익은 후술하는 바와 같이 사실의 착오에 관한 학설에 따라 구체적 사실의 착오와 추상적 사실의 착오의 형법적 효과를 달라짐에 있다.

2. 객체의 착오와 방법의 착오

'객체(客體)의 착오'란 행위자가 행위객체의 정체성에 대한 착오를 일으킴으로써 의도한 결과와 다른 결과를 발생시킨 경우이다. 목적(目的)의 착오, 대상의 착오, 동일성의 착오라고도 한다. 예를 들어 甲이 앞에 서 있는 사람이 乙이라고 생각하고 총을 쏘았으나 다가가보니 그 사람이 乙이 아니고 丙이 맞아 사망한 경우, 甲은 자신이 총을 쏘는 대상, 즉 객체의 정체성에 대해 착오를 일으켜 丙을 乙로 착오한 것이다.

'방법(方法)의 착오'란 행위자가 행위객체의 정체성(동일성)은 정확하게 파악하였지만 범죄행위의 방법(행위객체에 대한 타격)을 잘못함으로써 자신이 의도하였던 결과와 다른 결과를 발생시킨 경우이다. '타격(打擊)의 착오'라고도 한다. 예를 들어 甲이 乙과 丙이 누구인지 정확히 알고 乙을 향해 돌을 던졌지만 그 돌이 빗나가 丙에게 명중한 경우를 들 수 있다.

방법의 착오와 객체의 착오를 구분하는 실익은 후술하는 것과 같이 구체적 부합설에서 구체적 사실의 착오 중 객체의 착오와 방법의 착오의 형법적 효과를 달리 인정하기 때문이다.

3. 종합

객체의 착오와 방법의 착오, 구체적 사실의 착오와 추상적 사실의 착오를 조합하면 다음의 4가지 유형이 있다.

객체의 착오	구체적 사실의 착오	甲인 줄 알고 총을 쏘았으나 실은 乙을 살해한 경우
	추상적 사실의 착오	甲인 줄 알고 살해하였으나 甲의 개를 살해한 경우
방법의 착오	구체적 사실의 착오	甲을 살해하려고 총을 쏘았으나 빗나가 옆에 있던 乙이 맞아 사망한 경우
	추상적 사실의 착오	甲을 살해하려고 총을 쏘았으나 빗나가 옆에 있던 甲의 개를 죽인 경우

Ⅲ. 사실의 착오에 대한 형법의 규정

1. 기본적 구성요건에 대한 착오

행위자가 행위시에 기본적 구성요건에 해당하는 요소를 인식하지 못한 때에는 그를 고의범으로 처벌할 수 없다. 예를 들어 다른 사람의 신발을 자기 것으로 착각하고 신고 간 경우를 들 수 있다. 이 경우 제13조에 의해 고의가 조각된다. 다만 그 착오가 회피할 수 있었고 이에 대한 과실범의 구성요건이 있는 때에는 과실범으로 처벌할 수 있을 뿐이다.

2. 가중적 구성요건요소에 대한 착오

가중적 구성요건에 있어서 형을 가중하는 사유를 인식하지 못한 때에는 가중적 구성요건에 의하여 벌할 수 없고 기본적 구성요건에 의한 처벌이 가능할 뿐이다. 형법 제15조 제1항이 '특별히 무거운 죄가 되는 사실을 인식하지 못한 행위는 무거운 죄로 벌하지 아니한다'고 규정하고 있는 것은 이를 의미한다. 따라서 보통살인(§250①)의 고의로 존속살해죄(§250②)를 범한 때에는 보통살인죄가 성립한 뿐이다.

《대판 1960.10.31. 4293형상494 (장모를 처로 오인한 사건)》 직계존속임을 인식치 못하고 살인을 한 경우는 형법 제15조 소정의 특히 중한 죄가 되는 사실을 인식하지 못한 행위에 해당한다.

3. 감경적 구성요건에 대한 착오

감경적 구성요건에 있어서 행위자가 형을 감경하는 사유가 있는 것으로 오인한 때에도 감경적 구성요건에 의하여 벌할 수 있을 뿐이다. 따라서 촉탁살인(§252)의 고의로 보통살인죄를 범한 때에는 촉탁살인죄의 죄책을 지게 된다.

Ⅳ. 사실의 착오의 한계사례

1. 문제의 소재

예컨대 甲을 살해하려다 乙을 살해한 경우와 같이 구성요건적 착오가 기본적 구성요건이나 가중적·감경적 구성요건의 관계가 아닌 경우 어떻게 벌해야 하는지에 대해 형법상의 규정이 없다. 따라서 이러한 문제의 해결은 학설에 의하여 해결할 수밖에 없다. 사실의 착오에 관한 학설들은 발생사실에 대한 고의기수범을 인정하기 위해서는 행위자가 의도한 사실과 발생한 사실이 어느 정도로 일치하여야 하는가에 대해 견해를 달리한다. 다만, 발생사실에 대한 고의기수범이 인정되지 않으면 인식사실의 미수범과 발생사실의 과실범의 상상적 경합범을 인정한다는 점에서는 같다.

2. 구체적 부합설

구체적 부합설(具體的 符合說)은 행위자의 인식과 발생한 사실이 구체적으로 일치(符合)하는 경우에 한하여 행위시의 고의를 발생한 사실에도 인정하여 고의기수범의 죄책을 인정하고 그렇지 않은 경우에는 인식한 사실의 (고의)미수범과 발생사실의 과실범의 상상적 경합으로 처리한다. 구체적 부합설에 의하면 구체적 사실의 착오에 있어서 객체의 착오에 관하여만 고의기수범을 인정하게 되어 고의기수를 인정하는 범위가 지나치게 협소하다는 비판을 받고 있다.

3. 법정적 부합설

법정적 부합설(法定的 符合說)은 행위자가 인식한 사실과 발생한 사실이 법률에 규정되어 있는 만큼 (법정적으로) 일치(부합)하는 경우에는 발생사실의 고의기수죄를 인정할 수 있다고 한다. 이에 의하면 구체적 사실의 착오는 인식한 사실과 발생사실이 법률에 규정되어 있는 만큼 일치하므로, 즉 법정적으로 부합하는 경우이기 때문에 객체의 착오이든 방법의 착오이든 발생사실의 고의기수죄를 인정할 수 있다고 한다. 그러나 추상적 사실의 착오는 법정적으로 부합하지 않아 인식한 사실의 미수와 발생한 사실의 과실범의 상상적 경합이 된다고 한다.

《대판 1984.1.24. 83도2813 (형수죽이려다 조카 죽인 사건)》 소위 타격의 착오가 있는 경우라 할지라도 행위자의 살인의 범의 성립에 방해가 되지 아니한다.

법정적 부합설에는 구성요건부합설과 죄질(법익)부합설이 있다. 구성요건부합설은 행위자가 인식한 사실과 발생한 사실이 같은 구성요건에 속하는 경우에만 발생한 사실에 대한 고의를 인정함에 대하여, 죄질부합설(통설 · 판례)은 양자 사이에 구성요건이 같은 경우는 물론 죄질이 동일한 경우에도 고의의 성립을 인정하고 있다.

예컨대 직계존속을 살해하려다 보통살인죄를 범한 경우와 같이 인식한 사실과 발생한 사실이 가중적 혹은 감경적 구성요건 내지는 동일한 성격의 구성요건에 속하는 경우 구성요건부합설은 구성요건 자체가 다르므로 추상적 사실의 착오로 보고, 죄질부합설은 구성요건은 다르나 죄질이 같으므로 구체적 사실의 착오로 본다.

4. 추상적 부합설

추상적 부합설(抽象的 符合說)은 행위자에게 범죄를 범할 의사가 있고 그 의사에 기하여 범죄가 발생한 이상 인식과 사실이 추상적으로 일치(부합)하는 한도에서 고의범의 기수로 처벌해야 하고, 다만 형법 제15조 제1항에 의하여 인식한 사실이 발생한 사실보다 경한 때에는 중한 죄의 고의범의 기수로 논할 수 없다고 한다. 이 설은 구체적 사실의 착오에 관하여는 법정적 부합설과 같이 발생사실의 고의기수죄를 인정한다. 그러나 추상적 사실의 착오에 있어서는 인식한 사실과 발생한 사실 중 경한 사실에 대한 범죄의 고의기수를 인정하고, 중한 사실에 대한 범죄의 미수범 또는 과실범을 인정한다.

예를 들어 사람을 살해하려다가 개(犬)를 살해하거나 개(犬)를 살해하려다가 사람을 살해한 경우 경한 사실인 개를 살해한 사실에 대해 손괴기수죄를 인정하고, 중한 사실인 사람을 살해한 사실에 대해서는 살인미수죄나 과실치사죄를 인정한다.

<table>
<tr><th colspan="2">구분</th><th>구체적 부합설</th><th>법정적 부합설</th><th>추상적 부합설</th></tr>
<tr><td rowspan="2">구체적 사실의 착오</td><td>객체의 착오</td><td colspan="3">발생사실에 대한 고의기수</td></tr>
<tr><td>방법의 착오</td><td></td><td colspan="2"></td></tr>
<tr><td rowspan="2">추상적 사실의 착오</td><td>객체의 착오</td><td colspan="2" rowspan="2">인식사실의 미수와
발생사실의 과실범의
상상적 경합</td><td rowspan="2">·경죄 고의로 중죄 발생한 경우
→경죄기수와 중죄과실의 상상적 경합
·중죄 고의로 경죄 발생한 경우
→중죄미수와 경죄기수의 상상적 경합</td></tr>
<tr><td>방법의 착오</td></tr>
</table>

《대판 1968.8.23. 68도884 (숭늉그릇에 농약 넣은 사건)》 甲이 乙과 乙의 처를 살해할 의사로서 농약1포를 숭늉그릇에 투입하여 乙의 가(家)의 식당에 놓아둠으로써 그 정을 알지 못한 乙의 장녀 丙이 이를 마시게 되어 丙을 사망케 하였다면 甲이 丙을 살해할 의사는 없었다 하더라도 甲은 사람을 살해할 의사로 이와 같은 행위를 하였고 그 행위에 의하여 살해라는 결과가 발생한 이상 甲의 행위와 살해하는 결과와의 사이에는 인과관계가 있다 할 것이므로 丙에 대한 살인죄가 성립한다.

《대판 1975.4.22. 75도727 (하사 죽이려다 병장 죽인 사건)》 甲이 하사 乙을 살해할 목적으로 발사한 총탄이 이를 제지하려고 甲 앞으로 뛰어들던 병장 丙에게 명중되어 丙이 사망한 본건의 경우에 있어서 丙에 대한 살인죄가 성립한다.

《대판 1987.10.26. 87도1745 (말리다가 칼 맞은 사건)》 甲이 乙 등 3명과 싸우다가 힘이 달리자 식칼을 가지고 이들 3명을 상대로 휘두르다가 이를 말리면서 식칼을 뺏으려던 피해자 丙에게 상해를 입혔다면 甲에게 상해의 범의가 인정되며 상해를 입은 사람이 목적한 사람이 아닌 다른 사람이라 하여 과실치상죄에 해당한다고 할 수 없다.

《대판 1984.1.24. 83도2813 (형수 죽이려다 조카 죽인 사건)》 甲이 먼저 乙을 향하여 살의를 갖고 소나무 몽둥이(길이 85Cm 직경 9Cm)를 양손에 집어 들고 힘껏 후려친 가격으로 피를 흘리며 마당에 고꾸라진 乙과 乙의 등에 업힌 丙(남, 1세)의 머리 부분을 위 몽둥이로 내리쳐 丙을 현장에서 두개골절 및 뇌좌상으로 사망케 한 소위를 살인죄로 의율한 원심조처는 정당하며 소위 타격의 착오가 있는 경우라 할지라도 행위자의 살인의 범의성립에 방해가 되지 아니한다.

V. 인과관계의 착오

1. 의의

행위자가 인식·예견한 범죄사실과 발생한 범죄사실이 법적으로 일치하지만, 그 결과에 이르는 인과과정이 행위자의 인식과 달리 진행한 경우를 말한다. 인과관계도 객관적 구성요건요소이므로 이에 대한 착오도 구성요건적 착오에 해당한다.

2. 인과관계 착오의 종류

가. 본질적 착오

본질적으로 다른 인과과정에 의하여 결과가 발생한 경우이다. 예를 들어 甲이 乙을 살해하려고 총을 쏘았으나 乙이 상처를 입고 병원으로 후송되던 중 교통사고로 사망한 경우 이에 해당한다.

나. 비본질적 착오

인과과정에 착오가 있지만 본질적인 차이가 아닌 과정에 의하여 결과가 발생한 경우이다. 예를 들어 甲이 乙을 익사시키려고 강물에 던졌는데 사실은 다리의 교각에 머리를 부딪혀 뇌진탕으로 사망한 경우 또는 사람을 죽이려고 총을 발사하였으나 빗나간 총알이 땅속에 묻혀 있는 폭발물에 명중하여 그 폭발로 사망한 경우 등이 이에 해당한다.

3. 인과관계 착오의 효과

행위자에게 정확한 인과법칙을 인식하거나 인과의 진행에 대한 법적 판단을 기대할 수는 없다. 따라서 인과관계의 착오에 있어서는 현실로 진행된 인과관계가 예견된 인과의 진행과 본질적인 차이가 있는 경우에는 고의기수가 인정되지 않지만, 비본질적 착오의 경우에는 고의기수가 인정된다(다수설). 본질적 또는 비본질적 착오 여부의 판단은 일반적인 생활경험상 예견가능한지를 기준으로 한다.

4. 개괄적 고의

가. 의의

행위자가 제1의 고의행위에 의하여 이미 결과가 발생했다고 믿었으나, 실제로는 연속된 제2의 고의행위에서 결과가 발생한 경우를 말한다. 예를 들어 甲이 乙의 목을 눌러 사망한 것으로 오인하여 땅에 묻었으나, 사실은 목을 눌린 때가 아니라 땅에 묻힌 후 비로소 질식사한 경우가 이에 해당한다. 이를 소위 베버(Weber)의 개괄적 고의라고도 한다. 이에 대한 법적 효과에 대해서는 학설이 대립되고 있다.

나. 법적 효과

1) 개괄적 고의설

제1행위와 제2행위를 포괄하는 하나의 개괄적 고의를 인정하여 살인죄로 처벌하자는 견해이다(판례). 예를 들어, 甲이 乙을 살해하기 위해 몽둥이로 머리를 가격하여 乙이 정신을 잃고 쓰러지자 사망한 것으로 오인하고 그의 사체를 은닉하기 위해 모래웅덩이에 파묻었으나 乙이 몽둥이에 맞아 사망한 것이 아니라 모래 웅덩이에서 질식사한 경우에서 몽둥이로 머리를 때릴 때 존재했던 살인의 고의가 乙의 사망을 초래한 모래웅덩이에 파묻는 행위에도 효력을 미치므로 甲에게 개괄적인 고의가 인정되어 살인기수죄를 인정한다.

2) 인과관계의 착오설

이는 본래 의도했던 인과과정이 다르게 진행된 것에 불과하므로 인과관계의 착오의 한 유형에 해당한다, 따라서 예견된 인과의 진행과 본질적인 차이가 없으므로 살인죄로 처벌하자는 견해이다(다수설).

3) 미수 · 과실의 경합범설

제1행위와 제2행위를 각각 독립된 것으로 보아 제2행위시에 살인의 고의가 없어 살인기수죄를 인정할 수 없고 제1행위에 의한 살인미수죄와 제2행위에 의한 과실치사죄의 실체적 경합범으로 처벌하자는 견해이다.

《대판 1988.6.28. 88도650 (웅덩이 질식사 사건)》 피해자가 피고인들의 살해를 의도로 행한 구타행위에 의하여 직접 사망한 것이 아니라 죄적을 인멸할 목적으로 행한 매장행위에 의하여 사망하게 되었다 하더라도 전 과정을 개괄적으로 보면 피해자의 살해라는 처음에 예견된 사실이 결국은 실현된 것으로서 피고인들은 살인죄의 죄책을 면할 수 없다.[24)]

5. 개괄적 과실

가. 의의

결과적 가중범에 있어 제1행위에 의하여 중한 결과가 발생한 것이 아니라 별도의 제2행위에 의해서 중한 결과가 발생한 경우이다. 예를 들어, 甲이 상해의 고의로 乙을 강타하였고 乙이 실신하자 사망한 것으로 알고 창문 밖으로 던졌으나 사실은 乙이 그로 인하여 추락사한 경우를 들 수 있다.

나. 법적 효과

1) 개괄적 과실 부정설

개괄적 과실 부정설(결과적 가중범 부정설)은 사망이라는 중한 결과는 고의의 기본범죄인 제1항위가 아니라 행위자의 추가적인 제2행위에 의해 발생한 것으로 제1행위와 사망이라는 중한 결과 사이에 직접성을 인정할 수 없어 결과적 가중범인 상해치사죄가 아니라 '상해죄와 과실치사죄'의 경합범으로 처벌하자는 견해이다.

2) 개괄적 과실 긍정설

개괄적 과실 긍정설(결과적 가중범 긍정설)은 제2행위에 의하여 중한 결과가 발생한 경

24) 甲은 평소 乙이 약간 저능아인 甲의 처에게 젖을 달라는 등의 희롱을 하는 데 심한 불만을 품어 오던 중 1987.8.8, 23:30 마을구판장에서 乙과 술을 마시다가 위 구판장 주인으로부터 그날 낮에도 乙이 甲의 처에게 젖을 달라고 희롱하였다는 말을 듣고 乙의 뺨을 때리는 등 구타를 한 후 만취된 乙이 손가락으로 눈을 뺄 것 같은 시늉을 하면서 '이 새끼 까불면 죽인다'는 등 욕설을 하자 순간적으로 분노가 폭발하여 乙을 살해하기로 마음먹고 乙의 배 위에 올라타 돌멩이(가로 20Cm, 세로 10Cm)로 乙의 가슴을 2회 내려치고 乙이 뇌진탕 등으로 인하여 정신을 잃고 축 늘어지자 그가 죽은 것으로 오인하고 그 시체를 몰래 파묻어 증거를 인멸할 목적으로 乙을 개울가로 끌고 가 삽으로 웅덩이를 파고 乙을 매장하여 질식사에 이르게 한 사건이다.

우에도 결과적 가중범에서 요구되는 인과관계 및 객관적 귀속을 인정할 수 있어 결과적 가중범인 '상해치사죄'로 처벌하자는 견해이다(판례).

《대판 1994.11.4. 94도2361 (낙산비치호텔 추락 사망 사건)》 피고인이 피해자에게 우측 흉골골절 및 늑골골절상과 이로 인한 우측 심장벽좌상과 심낭내출혈 등의 상해를 가함으로써, 피해자가 바닥에 쓰러진 채 정신을 잃고 빈사상태에 빠지자, 피해자가 사망한 것으로 오인하고, 피고인의 행위를 은폐하고 피해자가 자살한 것처럼 가장하기 위하여 피해자를 베란다로 옮긴 후 베란다 밑 약 13m 아래의 바닥으로 떨어뜨려 피해자로 하여금 현장에서 좌측 측두부 분쇄함몰골절에 의한 뇌손상 및 뇌출혈 등으로 사망에 이르게 하였다면, 피고인의 행위는 포괄하여 단일의 상해치사죄에 해당한다.

제6절 과실법

제14조(과실) 정상적으로 기울여야 할 주의(注意)를 게을리하여 죄의 성립요소인 사실을 인식하지 못한 행위는 법률에 특별한 규정이 있는 경우에만 처벌한다.

Ⅰ. 과실의 의의

1. 과실의 개념

가. 과실과 과실범

사람은 다른 사람과 더불어 살아가야 하므로 항상 자신의 행위로 인해 다른 사람이 피해를 받지 않도록 주의해야 할 의무가 있다. 이를 '주의의무'라고 하며, 주의의무를 어긴(위반한) 행위자의 내심상태를 '과실(過失)'이라고 한다. 형법은 과실을 '정상적으로 기울여야 할 주의(注意)를 게을리하여 죄의 성립요소인 사실을 인식하지 못한 행위'로 표현하고 있다(§14). 이와 같이 주의의무를 위반하여 타인의 법익을 침해하는 결과를 발생시키고 그로 인해 형사처벌되는 행위를 과실범이라 한다.

형법은 원칙적으로 고의범을 처벌하고 과실범은 법률에 특별한 규정이 있는 예외적인 경우에만 처벌한다(§13, §14). 예컨대 과실로 절도, 낙태, 주거침입을 하더라도 과실범을 처벌하는 규정이 없어 처벌되지 않는다. 그러나 과실로 사람을 사망에 이르게 한 경우에는 처벌이 가능하다(§267). 이와 같이 형법에서 과실범을 처벌하는 특별규정을 둔 경우는 과실치사상죄(§266~§268), 업무상과실장물취득죄(§364), 실화죄(§170), 과실폭발성물건파열죄(§173-2), 과실일수죄(§181), 과실교통방해죄(§189), 과실가스 · 전기등방류죄(§173-2), 과실가스 · 전기등공급방해죄(§173-2) 등이다.

나. 과실범과 고의범

과실은 주의의무위반[25], 즉 구성요건적 결과를 예견하고 그에 따라서 결과발생을 회피할 수 있었는데 그렇게 하지 않았다는 법적 평가에 그 본질이 있다(예견가능성과 회피가능성). 따라서 과실은 고의의 감경된 형태가 아니라 고의와는 전혀 그 성질을 달리

25) 주의의무는 결과예견의무와 결과회피의무로 구성되어 있다.

한다. 과실범은 고의범에 비해 그 불법과 책임이 가벼우므로 특별한 규정이 있는 경우에 예외적으로 처벌하며, 처벌하는 경우에도 고의범에 비해 매우 가벼운 형으로 처벌된다. 또한 과실범은 과실행위(주의의무위반)와 결과발생이 있는 기수만 벌하고 과실행위만이 있는 미수는 벌하지 않는 결과범이다.

고의범의 경우 미수범 처벌규정이 있으면 미수범으로 처벌하지만, 과실범의 경우 미수를 인정하지 않아 결과발생이 없거나 과실과 결과와의 인과관계가 인정되지 않으면 미수범으로도 처벌하지 않는다.

2. 과실의 종류

가. 인식 없는 과실과 인식 있는 과실

'인식 없는 과실'이란 행위자가 그에게 요구되는 주의의무를 위반하여 법적 구성요건의 실현가능성을 인식하지 못한 경우를 말하고, '인식 있는 과실'이란 행위자가 법적 구성요건의 실현가능성을 인식했으나 그에게 요구되는 주의의무를 위반하여 자신의 경우에는 구성요건이 실현되지 않을 것으로 신뢰한 경우[26]를 말한다.

예를 들어, 옆에 휘발유가 있다는 사실을 전혀 모르고 담배를 피우다가 휘발유에 불이 붙어 화재가 발생한 경우는 화재발생에 대한 인식조차 없어 인식 없는 과실에 의한 실화이고, 옆에 휘발유가 있어서 불이 붙을지도 모르지만 어느 정도 거리가 있으니 괜찮을 것이라고 생각하고 담배를 피우다가 화재를 발생시킨 경우 화재발생에 대한 인식은 있지만 인용은 없어서 인식 있는 과실에 의한 실화가 된다.

인식 있는 과실과 인식 없는 과실은 형법상 같은 과실로 평가된다. 다만, 인식 있는 과실과 미필적 고의와의 한계를 명백히 할 수 있을 뿐이다.

나. 보통의 과실과 업무상 과실

'보통의 과실'이란 형법상의 일반적인 과실을 말하고, '업무상 과실'이란 일정한 업무에 종사하는 자가 그 업무의 성질상 또는 업무상의 지위 때문에 특별히 요구되는 주의의무를 태만히 한 경우를 말한다.

업무상 과실은 보통과실에 비하여 주의의무는 동일하지만, 업무자는 생명·신체에 대한 위험성이 큰 업무에 종사하므로 일반인보다 결과에 대한 예견가능성(예견의무)이 크기 때문에 보통 과실에 비해 형이 가중된다.

26) ~할 수도 있다. 괜찮겠지.

《대판 2009.5.28. 2009도1040 (서예학원 화재 사건)》 업무상과실치상죄에 있어서의 '업무'란 사람의 사회생활면에서 하나의 지위로서 계속적으로 종사하는 사무를 말하고, 여기에는 수행하는 직무 자체가 위험성을 갖기 때문에 안전배려를 의무의 내용으로 하는 경우는 물론 사람의 생명·신체의 위험을 방지하는 것을 의무내용으로 하는 업무도 포함되는데, 안전배려 내지 안전관리 사무에 계속적으로 종사하여 위와 같은 지위로서의 계속성을 가지지 아니한 채 단지 건물의 소유자로서 건물을 비정기적으로 수리하거나 건물의 일부분을 임대하였다는 사정만으로는 업무상과실치상죄에 있어서의 '업무'로 보기 어렵다.

다. 경과실과 중과실

'경과실(輕過失)'은 주의의무위반의 정도가 중과실의 경우처럼 크지 않은 것을 말한다. 보통의 과실이라고 하면 경과실을 의미한다. '중과실(重過失)'은 주의의무위반의 정도가 큰 것, 즉 행위자가 극히 근소한 주의만 하였더라면 결과발생을 예견할 수 있었음에도 불구하고 부주의로 이를 예견하지 못한 경우를 말한다. 중과실과 경과실의 구별은 구체적 경우에 '사회통념'을 고려하여 판단한다(대판 1980.10.14. 79도305).

중과실은 경과실에 비하여 가중 처벌되며, 보통 업무상과실과 같은 형으로 처벌된다. 한편, 업무자의 중과실로 인한 행위는 업무상 과실로 인한 죄와 중과실로 인한 죄의 상상적 경합이 아니라 업무상 과실의 일죄가 된다(법조경합). 업무상 '과실'에는 보통의 과실과 중과실이 모두 포함되기 때문이다.

비교판례

중대한 과실이 인정되는 경우	중대한 과실이 인정되지 않는 경우
① 피고인이 성냥불로 담배를 붙인 다음 그 성냥불이 꺼진 것을 확인하지 아니한 채 휴지가 들어 있는 플라스틱 휴지통에 던진 것을 중대한 과실이 있는 경우에 해당한다(대판 1993.7.27. 93도135 성냥불 휴지통 사건). ② 농약을 평소에 신문지에 포장하여 판매하여온 중조(탄산수소나트륨)와 같은 모양으로 포장하여 점포선반에 방치하고 가족에게도 알리지 아니하여 사고가 발생하였다면, 중과실치사의 죄책을 면할 수 없다(대판 1961.11.16. 4294형상312 중조모양 포장방치 사건). ③ 피고인이 84세 여자 노인과 11세의 여자 아이를 상대로 안수기도를 함에 있어서 그들을 바닥에 반드시 눕혀 놓고 기도를 한 후 "마귀야 물러가라", "왜 안 나가느냐"는 등 큰 소리를 치면서 한 손 또는 두 손으로 그들의 배와 가슴 부분을 세게 때리고 누르는 등의 행위를 여자 노인에게는 약 20분간, 여자아이에게는 약 30분간 반복하여 그들이 사망한 경우, … 중대한 과실이 있다고 보아, 피고인에 대하여 중과실치사죄로 처단한다(대판 1997.4.22. 97도538 84세, 11세 안수기도 사건). ④ 피고인이 관리하던 주차장 출입구 문주의 하단 부분에 금이 가 있어 도괴될 위험성이 있었다면 피고인으로서는 소유자에게 그 보수를 요청하는 외에 그 보수가 있을 때까지 임시적으로라도 받침대를 세우는 등 도괴를 방지하거나 그 근처에 사람이나 자동차 등의 근접을 막는 등 도괴로 인한 인명의 피해를 막도록 조치를 하여야 할 주의의무가 있다 할 것이며 동 주차장에는 사람이나 자동차의 출입이 빈번하고 근처 거주의 어린아이들이 문주 근방에서 놀이를 하는 사례가 많은데도 불구하고 소유자에게 그 보수를 요구하는데 그쳤다면 그 주의의무를 심히 게을리한 중대한 과실이 있다고 할 것이다(대판 1982.11.23. 82도2346 문주 도괴 사건).	① 경찰관인 丙과 丁은 동료 경찰관인 甲 및 피해자 乙과 함께 술을 많이 마셔 취하여 있던 중 갑자기 위 甲이 총을 꺼내 乙과 같이 총을 번갈아 자기의 머리에 대고 쏘는 소위 "러시안 룰렛" 게임을 하다가 乙이 자신이 쏜 총에 맞아 사망한 경우 … 보통사람의 상식으로서는 함께 수차에 걸쳐서 흥겹게 술을 마시고 놀았던 일행이 갑자기 자살행위와 다름없는 위 게임을 하리라고는 쉽게 예상할 수 없는 것이고(신뢰의 원칙), … 중과실치사죄의 형사상 책임을 지울 만한 위법한 주의의무위반이 있었다고 평가할 수 없다(대판 1992.3.10. 91도3172 러시안 룰렛 사건). ② 피고인은 평상시에도 화재가 발생한 날의 경우와 마찬가지로 연탄아궁이에 불을 피워놓은 채 80Cm 떨어진 곳에 비닐로 포장한 스폰지요, 솜 등을 끈으로 묶지 않은 채 쌓아두고 귀가한 것으로 보이는 바, 이와 같은 점포의 관리상황과 피고인이 점포를 떠난지 4시간 이상이 지난 뒤에 화재가 발생한 점 등에 비추어 보면, 화재의 발생에 관하여 피고인에게 과실이 있었다고 하더라도 이를 중대한 과실로 평가하기는 어렵다(대판 1989.1.17. 88도643 수예점 스폰지요 발화 사건). ③ 호텔오락실의 경영자가 그 오락실 천정에 형광등을 설치하는 공사를 하면서 그 호텔의 전기보안 담당자에게 아무런 통고를 하지 아니한 채 무자격 전기기술자로 하여금 전기공사를 하게 하였더라도, 전기에 관한 전문지식이 없는 오락실경영자로서는, … 과실이 있었더라도 사회통념상 이를 화재발생에 관한 중대한 과실이라고 평가하기는 어렵다(대판 1989.10.13. 89도204 부산 제1호텔 화재사건). ④ 임차인이 사용하던 방문에 약간의 틈이 있다거나 연통 등 까스배출시설에 결함이 있는 정도의 하자는 임대차 목적물인 위 방을 사용할 수 없을 정도의 파손상태라고 볼 수 없고 이는 임차인의 통상의 수선 및 관리의무에 속하는 것이므로 임차인이 그 방에서 연탄까스에 중독되어 사망하였더라도 위 사고는 임차인이 그 의무를 게을리 함으로써 발생한 것으로서 임대인에게 중과실치사의 죄책을 물을 수 없다(대판 1986.6.24. 85도2070 약간의 틈 사건).

Ⅱ. 과실의 체계적 지위

과실의 체계적 지위에 관하여 인과적 행위론(고전적·신고전적 범죄체계)은 구성요건요소가 아니고 책임요소라고 하였으나, 목적적 행위론(목적적 범죄체계)은 과실을 책임요소가 아닌 주관적 구성요건요소로 보았다.

사회적 행위론(합일태적 범죄체계)은 과실을 주관적 구성요건요소임과 동시에 책임요소라고 하는 과실의 이중적 기능을 인정한다(다수설). 즉, 과실도 구성요건 단계에서는 행위의 의미를 결정하는 기능을, 책임단계에서는 행위자의 비난가능성의 유무나 정도를 결정하는 기능을 한다는 것이다.

Ⅲ. 과실범의 성립요건

고의범과 마찬가지로 범죄의 성립요건인 구성요건해당성, 위법성, 책임이 있어야 과실범이 성립한다. 과실범의 구성요건은 객관적 주의의무위반, 결과발생 및 결과에 대한 인과관계를 요한다.

1. 주의의무위반

가. 주의의무의 내용

과실범의 성립에는 행위자가 정상의 주의를 태만히 한 것에 기인하여 범죄사실의 결과가 발생하여야 하는데, 이러한 주의의무위반이 곧 과실의 본질이다. 주의의무는 구체적인 행위로부터 발생할 수 있는 보호법익에 대한 위험을 인식(예견)하고, 구성요건적 결과의 발생을 회피하기 위하여 특별한 조치(방어조치)를 취하는 것, 즉 결과예견의무와 결과회피의무를 그 내용으로 한다. 결과예견의무와 결과회피의무는 각각 예견가능성과 회피가능성을 전제로 한다.

나. 주의의무의 판단기준

주의의무위반을 어떤 표준에 의하여 판단할 것이냐에 대해 견해가 대립되고 있다. 문제는 주의의무위반을 객관적 표준에 의하여 판단할 것이냐 아니면 행위자의 개인적 능력에 따라 결정할 것이냐에 있다.

주의의무의 판단기준에 대해서는 ① 행위자의 주관적 주의능력을 기준으로 판단해야 한다는 주관설(행위자표준설), ② 사회일반인·평균인의 주의능력을 기준으로 판단해야 한다는는 객관설(평균인표준설), ③ 주의의무의 정도는 일반인을 기준으로 객관적으로 판단하고, 주의능력은 행위자의 주의능력을 기준으로 판단하는 절충설(이중표준설) 등이 있다.

주의의무위반이 도로교통법과 같은 특별법령이나 의술의 일반원칙 또는 일반적으로 인정된 기술과 같은 경험칙에 의하여 판단되고, 형법이 '정상적으로 기울여야 할 주의를 게을리 하여'라고 규정하고 있는 점으로 보아 사회일반인·평균인의 주의능력을 기준으로 과실을 판단하는 것이 타당하다고 생각된다(통설, 판례). 다만, 객관설을 따르더라도 일반인을 초과하는 행위자의 특수능력은 고려하지 않지만, '특수지식(전문지식)이나 경험'은 고려한다. 예컨대 어느 교차로가 특히 위험하고 어떤 건물에서 일시에 많은 학생이 뛰어나온다는 것을 알고 있었던 때가 여기에 해당한다.

《대판 2011.4.14. 2010도10104 (한의사 봉침 사건)》 의료사고에서 의사의 과실을 인정하기 위해서는 의사가 결과발생을 예견할 수 있었음에도 이를 예견하지 못하였고 결과발생을 회피할 수 있었음에도 이를 회피하지 못한 과실이 검토되어야 하고, 과실의 유무를 판단할 때에는 같은 업무와 직무에 종사하는 보통인의 주의정도를 표준으로 하여야 하며, 여기에는 사고 당시의 일반적인 의학의 수준과 의료환경 및 조건, 의료행위의 특수성 등이 고려되어야 하고, 이러한 법리는 한의사의 경우에도 마찬가지이다.

《대판 2016.3.24. 2015도8621 (맨홀 밑 도시가스 누출질식 사건)》 도급계약의 경우 원칙적으로 도급인에게는 수급인의 업무와 관련하여 사고방지에 필요한 안전조치를 취할 주의의무가 없으나, 법령에 의하여 도급인에게 수급인의 업무에 관하여 구체적인 관리·감독의무 등이 부여되어 있거나 도급인이 공사의 시공이나 개별 작업에 관하여 구체적으로 지시 · 감독하였다는 등의 특별한 사정이 있는 경우에는 도급인에게도 수급인의 업무와 관련하여 사고방지에 필요한 안전조치를 취할 주의의무가 있다

다. 주의의무의 발생근거

객관적 주의의무는 1차적으로 법령, 규칙, 조례 등 법규가 발생의 근거가 된다(도로교통법, 약사법, 건축법, 식품위생법 등). 그러나 입법기술상의 불가능성으로 인하여 모든 주의의무를 법규에 명시할 수 없다. 따라서 2차적으로 행위 당시의 구체적 사정에 비추어 조리와 경험칙, 그리고 판례에 의하여 발생하는 구체적인 주의의무까지도 고려해야 한다. 따라서 단지 행위자가 법규를 준수했다는 것만으로는 과실책임을 면할 수 없다.

《대판 1990.12.26. 89도2589 (짙은 안개, 결빙 상태 사건)》 사고지점 노면이 결빙된 데다가 짙은 안개로 시계가 20m 정도 이내였다면 고속도로의 제한시속에 관계없이 장애물 발견 즉시 제동·정지할 수 있을 정도로 속도를 줄이는 등의 조치를 취하였어야 할 것이므로 단순히 제한속도를 준수하였다는 사실만으로는 주의의무를 다하였다 할 수 없다.

라. 객관적 주의의무의 제한

1) 허용된 위험

과실범에 있어서 객관적 주의의무의 제한원리로서 논의되고 있는 것이 허용된 위험의 이론이다. 허용된 위험이란 자동차 교통, 원자력 발전, 건설공사 등 현대사회에서 최상의 안전조치를 취한다 하더라도 완전히 차단할 수 없는 위험으로서, 사회생활상 필요하기 때문에 일정 수준의 안전조치를 전제로(따라서 위험을 최소한도로 줄이도록 요구) 허용되는 위험을 의미한다. 이와 같이 비록 법익침해의 위험성을 수반하는 행위라도 그로 인한 사회적 이익이 그 위험성에 비해 현저히 큰 경우에는 일정한 조건하에서 그 행위를 허용해야 할 필요가 있다. 허용된 위험은 객관적 주의의무를 제한하는 원리로서 과실범의 구성요건해당성 배제사유에 해당한다.

2) 신뢰의 원칙

허용된 위험의 이론이 적용된 특수한 경우가 독일의 판례에 의해 확립되어 일본과 우리나라의 판례에 영향을 미치고 있는 신뢰의 원칙이다. 신뢰의 원칙에 대해서는 후술한다.

2. 구성요건적 결과발생

과실범은 결과범이고 그 미수를 처벌하지 않으므로 구성요건적 결과가 발생해야만 한다. 결과의 발생은 침해범뿐만 아니라 위험범(과실일수죄, 실화죄)에서도 필요하고, 작위·부작위에 의해서도 결과의 발생이 가능하다.

3. 인과관계

과실범에 있어서도 고의범과 마찬가지로 행위자의 과실과 구성요건적 결과발생 사이에 인과관계가 있어야 한다. 즉 행위가 결과에 대한 합법칙적 조건적 인과관계가 인정되며, 그 결과를 행위자에게 귀속시킬 수 있는 것이어야 한다(다수설). 다만 판례는 행위와 결과 사이에 상당인과관계가 인정되어야 하며, 객관적 귀속은 필요치 않다는 입장이다.

4. 과실범의 위법성

과실범에 있어서도 고의범과 같이 구성요건해당성은 위법성을 징표한다. 그러나 구성요건에 해당하는 과실행위 역시 정당방위, 긴급피난 및 피해자의 승낙 등에 의해 위법성이 조각될 수 있다.

예컨대 ① 경찰관이 강도범에게 경고사격을 가하였는데 잘못하여 범인에게 맞아서 상해가 발생한 경우에는 과실범의 정당방위에 해당하고, ② 119구조대원이 중환자의 생명을 구하기 위해 과속으로 자동차를 운전하다가 과실로 교통사고를 낸 경우에는 과실범의 긴급피난에 해당하며, ③ 운동경기를 하다가 과실로 상대방에게 상해를 입히거나 술에 취한 운전자인 줄 알면서 동승을 자처한 자가 운전자의 과실로 상해를 입은 경우는 피해자의 승낙으로 위법성이 조각된다.

5. 과실범의 책임

과실범의 책임도 구성요건에 해당하는 위법한 행위의 비난가능성이라는 점에서 고의범과 같다. 따라서 과실범의 책임도 책임능력과 위법성의 인식을 전제로 한다. 또한 적법행위의 기대가능성이 없으면 책임이 조각된다.

과실범의 특유한 책임요소로 '주관적 주의의무위반'이 있어야 한다. 이는 행위자가 개인적 능력에 의해 객관적 주의의무를 인식하고 행할 수 있었음에도 하지 않은 것을 말한다. 주관적 주의의무위반 여부는 행위자의 개인적인 능력, 경험과 지식 등 주관적 기준에 의하여 결정된다.

비교판례

과실이 인정되는 경우	과실이 인정되지 않는 경우
① 야간 당직간호사가 담당 환자의 심근경색 증상을 당직의사에게 제대로 보고하지 않음으로써 당직의사가 필요한 조치를 취하지 못한 채 환자가 사망한 경우, 병원의 야간당직 운영체계상 당직간호사에게 환자의 사망을 예견하거나 회피하지 못한 업무상 과실이 있고, 당직의사에게는 업무상 과실을 인정하기 어렵다(대판 2007.9.20. 2006도294 급성장염 및 심근경색 중환자 사건).	① 술을 마시고 찜질방에 들어온 甲이 찜질방 직원 몰래 후문으로 나가 술을 더 마신 다음 후문으로 다시 들어와 발한실(發汗室)에서 잠을 자다가 사망한 사안에서, 甲이 처음 찜질방에 들어갈 당시 술에 만취하여 목욕장의 정상적 이용이 곤란한 상태였다고 단정하기 어렵고, 찜질방 직원 및 영업주에게 손님이 몰래 후문으로 나가 술을 더 마시고 들어올 경우까지 예상하여 직원을 추가로 배치하거나 후문으로 출입하는 모든 자를 통제·관리하여야 할 업무상 주의의무가 있다고 보기 어렵다(대판 2010.2.11. 2009도9807 불가마찜질방 후문 사건).

과실이 인정되는 경우	과실이 인정되지 않는 경우
② 병원 내과 인턴인 甲이 간호사 乙로 하여금 단독으로 환자 丙에 대한 수혈을 하도록 내버려 두었고, 간호사가 혈액봉지의 라벨을 확인하지 아니하여 丁에게 수혈할 혈액봉지를 丙에 대한 혈액봉지로 오인하고서, 혈액형이 B형인 丁에 대하여 A형 농축적혈구를 수혈함으로써 丙이 수혈부작용 등으로 사망한 경우, 甲은 과실책임을 면할 수 없다(대판 1998.2.27. 97도2812 B형 환자 A형 수혈 사건). ③ 고속도로상을 운행하는 자동차운전자는 통상의 경우 보행인이 그 도로의 중앙방면으로 갑자기 뛰어드는 일이 없으리라는 신뢰하에서 운행하는 것이지만 위 도로를 횡단하려는 피해자를 그 차의 제동거리 밖에서 발견하였다면 피해자가 반대 차선의 교행차량 때문에 도로를 완전히 횡단하지 못하고 그 진행차선쪽에서 멈추거나 다시 되돌아 나가는 경우를 예견해야 하는 것이다(대판 1981.3.24. 80도3305 제동거리 밖에서 발견한 사건) ④ 70Km의 사고지점을 80Km의 과속으로 차량을 운전타가 50m 전방 우측도로변에 앉아 있는 피해자를 발견하였다면 비록 그 지점이 사람의 횡단보행을 금지한 자동차 전용도로였다 하더라도 그 피해자의 옆으로 동 차량을 운전하고 지나가야만 할 운전자로서는 피해자를 발견하는 즉시 그의 동태를 주시하면서 감속 서행하는 등 피해자가 도로에 들어올 경우에 대비하는 조치를 취할 업무상의 주의의무가 있다(대판 1986.10.14. 86도1676 우측노변 앉아있는 피해자 사건). ⑤ 침범금지의 황색중앙선이 설치된 도로에서 자기차선을 따라 운행하는 자동차운전수는 … 반대방향에서 오는 차량이 이미 중앙선을 침범하여 비정상적인 운행을 하고 있음을 목격한 경우에는 자기의 진행전방에 돌입할 가능성을 예견하여 그 차량의 동태를 주의깊게 살피면서 속도를 줄여 피행하는 등 적절한 조치를 취함으로써 사고발생을 미연에 방지할 업무상 주의의무가 있다(대판 1986.2.25. 85도2651 비정상적 운행 목격 사건).	② 병원 인턴인 피고인이, 응급실로 이송되어 온 익수(溺水)환자 甲을 담당의사 乙의 지시에 따라 구급차에 태워 다른 병원으로 이송하던 중 산소통의 산소잔량을 체크하지 않은 과실로 산소 공급이 중단된 결과 甲을 폐부종 등으로 사망에 이른 경우, 乙에게서 이송 도중 甲에 대한 앰부 배깅(ambu bagging)과 진정제 투여 업무만을 지시받은 피고인에게 일반적으로 구급차 탑승 전 또는 이송 도중 구급차에 비치되어 있는 산소통의 산소잔량을 확인할 주의의무가 있다고 보기 어렵다(대판 2011.9.8. 2009도13959 산소통 산소잔량 미확인 사건). ③ 간호사가 의사의 처방에 의한 정맥주사(Side Injection 방식)를 의사의 입회 없이 간호실습생(간호학과 대학생)에게 실시하도록 하여 발생한 의료사고에 있어 의사의 과실책임은 인정되지 않는다(대판 2003.8.19. 2001도3667 간호실습생 정맥주사 사건). ④ 내과의사가 신경과 전문의에 대한 협의진료 결과 피해자의 증세와 관련하여 신경과 영역에서 이상이 없다는 회신을 받았고, 그 회신 전후의 진료경과에 비추어 그 회신 내용에 의문을 품을 만한 사정이 있다고 보이지 않자 그 회신을 신뢰하여 뇌혈관계통 질환의 가능성을 염두에 두지 않고 내과 영역의 진료 행위를 계속하다가 피해자의 증세가 호전되기에 이르자 퇴원하도록 조치한 경우, 피해자의 지주막하출혈을 발견하지 못한 데 대한 내과의사의 업무상과실은 없다(대판 2003.1.10. 2001도3292 협진 사건). ⑤ 녹색등화에 따라 왕복 8차선의 간선도로를 직진하는 차량의 운전자는 특별한 사정이 없는 한 왕복 2차선의 접속도로에서 … 진행하여 오던 차량이 아예 허용되지 아니하는 좌회전을 감행하여 직진하는 자기 차량의 앞을 가로질러 진행하여 올 경우까지 예상하여 그에 따른 사고발생을 미리 방지하기 위하여 특별한 조치까지 강구할 주의의무는 없다(대판 1998.9.22. 98도1854 접속도로 차량 급좌회전 사건).

과실이 인정되는 경우	과실이 인정되지 않는 경우
⑥ 버스운전사에게 전날밤에 주차해둔 버스를 그 다음날 아침에 출발하기에 앞서 차체 밑에 장애물이 있는지 여부를 확인하여야 할 주의의무가 있다(대판 1988.9.27. 88도833 버스 앞바퀴 밑 주취자 사건) ⑦ 택시 운전자인 피고인이 심야에 밀집된 주택 사이의 좁은 골목길이자 직각으로 구부러져 가파른 비탈길의 내리막에 누워 있던 피해자의 몸통 부위를 택시 바퀴로 역과하여 그 자리에서 사망에 이르게 하고 도주한 경우, 사고 당시 피고인에게는 이러한 업무상 주의의무를 위반한 잘못이 있다(대판 2011.5.26. 2010도17506 직각으로 구부러진 비탈길 내리막 사건). ⑧ 피고인 甲이 자동차를 운전하다 횡단보도를 걷던 보행자 乙을 들이받아 그 충격으로 횡단보도 밖에서 乙과 동행하던 丙이 밀려 넘어져 상해를 입은 경우, 위 사고는 甲이 횡단보도 보행자 乙에 대하여 구 도로교통법 제27조 제1항(횡단보도 보행자 보호의무 위반)에 따른 주의의무를 위반하여 운전한 업무상 과실로 야기된 것이다(대판 2011.4.28. 2009도12671 횡단보도 밖의 동행자 치상사건). ⑨ 화물차를 주차하고 적재함에 적재된 토마토 상자를 운반하던 중 적재된 상자 일부가 떨어지면서 지나가던 피해자에게 상해를 입힌 경우, 교통사고처리 특례법에 정한 '교통사고'에 해당하지 않아 업무상과실치상죄가 성립한다(대판 2009.7.9. 2009도2390 토마토상자 사건). ⑩ 골프경기를 하던 중 골프공을 쳐서 아무도 예상하지 못한 자신의 등 뒤편으로 보내어 등 뒤에 있던 경기보조원(캐디)에게 상해를 입힌 경우에는 주의의무를 현저히 위반하여 사회적 상당성의 범위를 벗어난 행위로서 과실치상죄가 성립한다(대판 2008.10.23. 2008도6940 등뒤 캐디 치상 사건).	⑥ 고속도로를 운행하는 자동차의 운전자로서는 일반적인 경우에 고속도로를 횡단하는 보행자가 있을 것까지 예견하여 보행자와의 충돌사고를 예방하기 위하여 급정차 등의 조치를 취할 수 있도록 대비하면서 운전할 주의의무가 없다(대판 2000.9.5. 2000도2671 30m전방 갑자기 뛰어든 사건). ⑦ 신호등에 의하여 교통정리가 행하여지고 있는 교차로를 녹색등화에 따라 직진하는 차량의 운전자는 특별한 사정이 없는 이상, 다른 차량들도 교통법규를 준수하고 충돌을 피하기 위하여 적절한 조치를 취할 것으로 믿고 운전하면 족하고, 다른 차량이 신호를 위반하고 직진하는 차량의 앞을 가로 질러 좌회전할 경우까지를 예상하여 그에 따른 사고발생을 미연에 방지할 특별한 조치까지 강구할 업무상의 주의의무는 없다(대판 1985.1.22. 84도1493 신호위반 시내버스 사건). ⑧ 차량의 운전자로서는 횡단보도의 신호가 적색인 상태에서 반대차선상에 정지하여 있는 차량의 뒤로 보행자가 건너오지 않을 것이라고 신뢰하는 것이 당연하고 그렇지 아니할 사태까지 예상하여 그에 대한 주의의무를 다하여야 한다고는 할 수 없다(대판 1993.2.23. 92도2077 정지차량 뒤 보행자 사건). ⑨ 각종 차량의 내왕이 번잡하고 보행자의 횡단이 금지되어 있는 육교 밑 차도를 주행하는 자동차 운전자가 전방 보도 위에 서있는 피해자를 발견했다 하더라도 육교를 눈앞에 둔 동인이 특히 차도로 뛰어들 거동이나 기색을 보이지 않는 한 일반적으로 동인이 차도로 뛰어들어 오리라고 예견하기 어렵다(대판 1985.9.10. 84도1572 육교 밑 무단횡단자 사건). ⑩ 고속국도에서는 보행으로 통행, 횡단하거나 출입하는 것이 금지되어 있으므로 고속국도를 주행하는 차량의 운전자는 도로양측에 휴게소가 있는 경우에도 동 도로상에 보행자가 있음을 예상하여 감속 등 조치를 할 주의의무가 있다 할 수 없다(대판 1977.6.28. 77도403 고속도로 휴게소 무단횡단자 사건).

과실이 인정되는 경우	과실이 인정되지 않는 경우
⑪ 함께 술을 마신 후 만취된 피해자를 촛불이 켜져 있는 방안에 혼자 눕혀 놓고 촛불을 끄지 않고 나오는 바람에 화재가 발생하여 피해자가 사망한 경우 과실책임이 인정된다(대판 1994.8.26. 94도1291 자취방 촛불 사건).[27]	⑪ 보행자 또는 자동차 외의 차마는 자동차 전용도로로 통행하거나 횡단 할 수 없도록 되어 있으므로 자동차 전용도로를 운행하는 자동차의 운전자로서는 특별한 사정이 없는 한 무단횡단하는 보행자가 나타날 경우를 미리 예상하여 급정거할 수 있도록 운전해야 할 주의의무는 없다(대판 1989.3.28. 88도1484 자동차 전용도로 무단횡단 사건).[28] ⑫ 피고인이 좌회전 금지구역에서 좌회전한 것은 잘못이나 이러한 경우에도 피고인으로서는 50여 미터 후방에서 따라오던 후행차량이 중앙선을 넘어 피고인 운전차량의 좌측으로 돌진하는 등 극히 비정상적인 방법으로 진행할 것까지를 예상하여 사고발생 방지조치를 취하여야 할 업무상 주의의무는 없다(대판 1996.5.28. 95도1200 비정상적 좌측 돌진 사건). ⑬ 피고인 甲이 봉고트럭을 운전하고 도로 2차선 상으로, 피고인 乙이 버스를 운전하고 도로 3차선 상으로 거의 병행운행하고 있을 즈음 도로 3차선에서 乙의 버스 뒤를 따라 운행하여 오던 피해자 운전의 오토바이가 버스를 앞지르기 위해 도로 2차선으로 진입하여 무모하게 위 트럭과 버스 사이에 끼어들어 이 사이를 빠져나가려 한 경우에 있어서는 선행차량이 속도를 낮추어 앞지르려는 피해자의 오토바이를 선행하도록 하여 줄 업무상 주의의무가 있다고 할 수 없다(대판 1984.5.29. 84도483 무모한 앞지르기 사건).

27) 甲, 丙이 자신들과 함께 술을 마시고 만취되어 의식이 없는 乙을 부축하여 학교선배인 丁의 자취집에 함께 가서 촛불을 가져 오라고 하여 丁이 가져온 촛불이 켜져 있는 방안에 이불을 덮고 자고 있는 乙을 혼자 두고 나옴에 있어 그 촛불이 乙의 발로부터 불과 약 70 내지 80cm 밖에 떨어져 있지 않은 곳에 마분지로 된 양초갑 위에 놓여져 있음을 잘 알고 있었던 甲과 丙으로서는 당시 촛불을 켜놓아야 할 별다른 사정이 엿보이지 아니하고 더욱이 甲, 丙 외에는 달리 乙을 돌보아 줄 사람도 없었던 터이므로 술에 취한 乙이 정신없이 몸부림을 치다가 발이나 이불자락으로 촛불을 건드리는 경우 그것이 넘어져 불이 이불이나 비닐장판 또는 벽지 등에 옮겨 붙어 화재가 발생할 가능성이 있고, 또한 화재가 발생하는 경우 화재에 대처할 능력이 없는 乙이 사망할 가능성이 있음을 예견할 수 있으므로 이러한 경우 乙을 혼자 방에 두고 나오는 甲과 丙은 촛불을 끄거나 양초가 쉽게 넘어지지 않도록 적절하고 안전한 조치를 취하여야 할 주의의무가 있다 할 것인바, 비록 甲과 丙이 직접 촛불을 켜지 않았다 할지라도 위와 같은 주의의무를 다하지 않은 이상 甲과 丙으로서는 이 사건 화재발생과 그로 인한 乙의 사망에 대하여 과실책임이 있다(실화죄와 과실치사죄의 상상적 경합을 인정함).

28) 8톤 화물차 운전사인 甲이 1987.2.16.19:00경 위 차량을 운전하여 서울 성동구 성수2가 소재 강변도로를 영동대교 방면에서 성수대교 방면으로 시속 약 50Km(제한시속 60Km)로 운행하고 있었다. 그런데 갑자기 차도 좌측에서 우측으로 횡단하던 乙을 뒤늦게 발견하고 급정거 조치를 취했으나 미치지 못하여 甲의 차 우측 앞범바 부분으로 乙의 몸통을 충돌하여 땅에 넘어지게 함으로써 결국 뇌좌상 등으로 사망하게 하였다. 그런데 위 사고가 발생한 강변도로는 도로교통법상 자동차전용도로는 자동차만이 다닐 수 있도록 설치된 도로로서 보행자 또는 자동차 외의 차마는 자동차전용도로로 통행하거나 횡단할 수 없도록 되어 있고(도로교통법 제2조 제2호 및 제58조), 강변 반대쪽 노변에 철망이 설치되어 사실상으로도 보행자의 차도횡단을 막고 있어 차도 횡단자가 있으리라고 예상하기 어려운 곳이다.

과실이 인정되는 경우	과실이 인정되지 않는 경우
	⑭ 중앙선이 표시되어 있지 아니한 비포장도로라고 하더라도 승용차가 넉넉히 서로 마주보고 진행할 수 있는 정도의 너비가 되는 도로를 정상적으로 진행하고 있는 자동차의 운전자로서는, 특별한 사정이 없는 한 마주 오는 차도 교통법규를 지켜 도로의 중앙으로부터 우측부분을 통행할 것으로 신뢰하는 것이 보통이므로, 마주 오는 차가 도로의 중앙이나 좌측부분으로 진행하여 올 것까지 예상하여 특별한 조치를 강구하여야 할 업무상 주의의무는 없는 것이 원칙이다(대판 1992.7.28. 92도1137 중앙선 없는 비포장도로 사건). ⑮ 건설회사가 건설공사 중 타워크레인의 설치작업을 전문업자에게 도급주어 타워크레인 설치작업을 하던 중 발생한 사고에 대하여 건설회사의 현장대리인에게 업무상과실치사상의 죄책을 물을 수 없다(대판 2005.9.9. 2005도3108 타워크레인 설치 사건). ⑯ 회사의 업무에 전혀 관여하지 않고 있던 소위 회장에게는 위 회사의 직원들에 대한 일반적, 추상적 지휘감독의 책임은 있을지언정 동 호텔 종업원의 부주의와 호텔구조상의 결함으로 발생, 확대된 화재에 대한 구체적이고도 직접적인 주의의무는 없다고 할 수 밖에 없다(대판 1986.7.22. 85도108 대아관광호텔 화재사건). ⑰ 교사가 징계의 목적으로 회초리로 학생들의 손바닥을 때리기 위해 회초리를 들어 올리는 순간 이를 구경하기 위해 옆으로 고개를 돌려 일어나는 다른 학생의 눈을 찔러 그로 하여금 우안실명의 상해를 입게 한 경우, … 교사의 행위를 업무상 과실치상죄에 문의할 수는 없다(대판 1985.7.9. 84도822 회초리 실명 사건).

Ⅳ. 신뢰의 원칙

1. 서설

가. 의의

신뢰의 원칙이란 자신의 주의의무를 다하는 사람은 다른 사람도 역시 주의의무를 다하리라고 믿어도(상대방의 적법행위를 신뢰해도) 좋다는 원칙이다. 다시 말하면 위험을 수반하나 사회생활상 필요한 일에 있어서 행위자가 스스로 지켜야 할 규칙을 준수하면서 타인의 규칙준수를 신뢰하고 행위한 때에는 법익침해적 결과가 발생하더라도 특별한 사정이 없는 한 이를 허용하는 원칙으로서, 허용된 위험의 법리가 구체화된 것이다.

나. 신뢰의 원칙의 연혁

원래 도로교통에 있어서 과실범의 주의의무의 범위를 제한하기 위해 1935년 독일의 제국법원 판결에 의하여 채택된 이론이다. 우리나라에서도 판례에 의해 객관적 주의의무의 제한원리로 인정되고 있다. 다만 교통사고와 관련하여 확립된 이 원칙은 도로교통의 범위를 초월하여 다수인의 업무분담이 요구되는 모든 과실범의 경우에 주의의무의 한계를 확정하는 원칙으로 발전하게 되었다.

2. 법적 성격

과실에 있어 주의의무는 결과예견의무와 결과회피의무를 내용으로 할 뿐만 아니라, 신뢰의 원칙은 다른 관여자의 비이성적 행위까지 예견하고 방어조치를 취할 필요가 없다는 이론으로, 신뢰의 원칙은 객관적 주의의무 자체, 즉 결과예견의무와 결과회피의무 양자 모두를 제한하는 것이라고 보아야 한다(다수설).

3. 적용범위

가. 도로교통과 신뢰의 원칙

도로교통에 있어서 신뢰의 원칙은 스스로 교통규칙을 준수한 자는 다른 사람의 교통규칙 준수를 신뢰하고 행위를 한 경우, 법익침해의 결과가 발생하더라도 과실범의 성립을 부정하는 것을 말한다. 따라서 교통사고에 있어서 신뢰의 원칙이 적용되면, 과실범으로 처벌할 수 없고, 신뢰의 원칙을 적용하지 않으면 과실범으로 처벌된다.

1) 자동차와 자동차간, 자동차와 자전거간

판례는 자동차와 자동차 또는 자동차와 자전거의 충돌사고에 관하여는 **신뢰의 원칙을 광범위하게 인정**하고 있다. 즉 ① 자동차의 운전자는 상대방이 차로를 침범하거나 도로의 좌측 부분으로 운행하는 것까지 예상하여 이에 대비할 주의의무는 없고(대판 1984.2.14. 83도3086), ② 우선권을 가진 차량의 운전자는 상대방의 차가 대기할 것을 기대하면 족하고(대판 1977.3.8.77도409), ③ 진행신호에 따라 진행하는 차는 신호를 무시하고 진행하는 차가 있음을 예상하여 사고의 발생을 방지해야 할 주의의무가 없고

(대판 1983.2.22. 82도3071), 무모하게 앞지르려는 차를 위하여 서행해야 할 주의의무는 없다(대판 1984.5.29. 84도483)고 판시하고 있다. 자전거에 대한 관계에서도 자동차운전자는 ① 자동차전용도로에 자전거를 탄 사람이 나타날 것을 예견할 수 없고(대판 1980.8.12. 80도1446), ② 자전거를 타고 오던 자가 도로를 횡단하려다가 넘어지거나(대판 1983.2.8. 82도2617), 야간에 무등화(無燈火)인 채 차도를 횡단하리라고 예상할 주의의무는 없다(대판 1984.9.25. 84도1695)고 하고 있다.

2) 자동차와 보행자간

판례는 자동차와 자동차의 충돌사고에 비해 보행자에 대한 사고에 관해서는 **신뢰의 원칙을 제한적으로 적용**하고 있다. 예컨대 횡단보도 아닌 곳에서 횡단하는 보행자를 다치게 한 운전자에 대하여도 과실을 인정하고 있기 때문이다(대판 1980.5.27. 80도842).

다만 ① **고속도로**에서 일어난 보행자충돌사고에 관하여는 대법원이 일찍이 신뢰의 원칙을 적용하였고(대판 1971.5.21. 71도623), ② **육교 밑**을 횡단하는 보행자를 충격한 운전자의 과실을 부정하고(대판 1985.9.10. 84도1572), ③ **횡단보도의 신호가 적색인** 때에는 보행자가 횡단보도를 건너오지 않을 것이라고 신뢰하여도 좋다고 판시(대판 1987.9.8. 87도1332)하고 있을 뿐만 아니라, ④ **자동차전용도로**에서 보행자를 충격한 운전자의 과실을 부정(대판 1985.7.9. 85도833)함으로써 신뢰의 원칙 적용범위를 확대하고 있다.

나. 적용범위의 확대

최근 신뢰의 원칙은 교통사고의 경우뿐만 아니라 기업활동이나 의료수술과 같이 다수인의 공동에 의하여 실행되는 모든 형태의 과실범에 대하여 그 적용범위가 확대되고 있다. 따라서 종합병원에서 공동으로 외과수술을 하는 의사는 다른 의사가 주의의무를 다하였다는 것을 신뢰하면 족하며, 다른 의사가 적절하게 행위 하는가 또는 검사결과가 정당한가에 대하여 조사 확인할 주의의무는 없다고 할 수 있다.

다만, 공동작업에 의한 위험한 업무에 신뢰의 원칙을 확대 적용하기 위해서는 신뢰를 기초 지울 수 있는 분업관계가 확립되어 있어야 한다. 그러나 이 때의 분업관계는 '수평적 분업관계'를 전제로 한다. 예컨대 협진(協診)에 의해 환자를 치료하는 경우 각 전문의 사이의 서로의 진료행위(수평적 분업관계)가 정당하다고 신뢰하면 주의의무를 다하였다고 볼 것이므로 신뢰의 원칙을 적용하여 처벌하지 않는다.

그러나 의사와 보조자(간호사)의 관계에서와 같이 지휘 · 감독관계(수직적 분업관계)에 있는 공동작업자의 경우에는 감독자가 주의의무를 지므로 신뢰의 원칙이 적용되지 않는다. 한편, 의사 사이에서도 '주치의는 야간당직의사에 대하여' 수직적 관계에서 우위에 있는 자이므로 주치의에게는 신뢰의 원칙이 적용될 수 없다(판례). 또한 '의사와 환자' 사이에도 분업관계를 인정할 수 없어 신뢰의 원칙이 적용되지 않는다. 따라서 의사가 의료행위시에 환자가 적절한 협조가 이루어지지 않음으로 인하여 발생된 결과에 대해서는 의사에게 과실이 인정된다.

4. 적용한계

신뢰의 원칙은 다른 교통관여자가 교통규칙을 준수할 것을 신뢰할 수 있는 정상적인 관계를 전제로 한다. 따라서 이러한 신뢰관계를 기대할 수 없는 특별한 사정이 있는 때에는 신뢰의 원칙이 적용될 수 없다.

가. 상대방의 규칙위반을 이미 인식한 경우

행위자가 다른 관여자의 규칙위반을 이미 알고 있거나 알 수 있는 경우(기대할 수 있는 경우)에는 신뢰의 원칙이 적용되지 않는다. 예컨대 다른 운전자가 음주운전하는 것을 알고 있었거나, 무모한 보행자임이 명백한 경우에는 상대방의 적법행위만을 신뢰할 수 없다.

나. 상대방의 규칙준수를 기대할 수 없는 경우

상대방이 교통규칙을 알 수 없거나 따를 가능성이 없는 경우에도 신뢰의 원칙은 적용될 수 없다. 예컨대 **어린이, 노인, 장애인, 정신이상자** 등 상대방이 규칙을 알지 못하거나 규칙을 준수한다는 것을 기대하는 것이 불확실한 자에 대하여도 신뢰의 원칙은 적용되지 않는다. 또한 교통규칙의 위반이 빈번히 일어나는 장소에서도 신뢰의 원칙은 적용되지 않는다. 예컨대 **버스정류장, 초등학교 정문 앞, 시장 입구** 등과 같은 특수한 장소를 지날 때에는 운전자는 서행하여야 한다.

다. 행위자 자신이 스스로 교통규칙을 위반한 경우

스스로 교통규칙을 위반한 운전자는 타인에 대하여 적법한 행위를 기대할 수 없으므로 신뢰의 원칙을 주장할 수 없다. 예컨대 과속으로 진행하면서 제동조치를 취하지 못한 운전자는 상대방의 중앙선침범 또는 앞지르기 방법위반의 잘못을 들어 신뢰의 원칙을 주장할 수 없다.

운전자에게 규칙위반이 있다고 하여 언제나 신뢰의 원칙이 적용되지 않는 것은 아니고, 규칙위반이 사고발생에 영향을 미친 경우에 한하여 예외를 인정할 뿐이다. 따라서 면허증미소지와 같이 사고와 직접적인 관련이 없는 단속상의 위반이나, 행위자의 **규칙위반이 사고발생의 결정적인 원인이 아닌 경우에는 신뢰의 원칙이 적용될 수 있다.**

V. 관련 문제

1. 과실범의 미수

이론상 주의의무위반(과실)은 있으나 구성요건적 결과가 발생하지 않은 경우 과실범의 미수가 성립할 수 있다. 그러나 미수는 고의범을 전제로 하므로 **과실범의 미수는 있을 수 없으며**, 현행법상 과실범의 미수를 인정하는 규정도 없다.

2. 과실범의 공범

과실에 의한 교사·방조는 불가능하다. 과실범에 대한 교사·방조는 간접정범으로 처벌할 수 있다(§34①). 과실범의 공동정범 인정 여부에 대해서는 견해의 대립이 있으나, **판례는 과실범의 공동정범을 인정**한다(대판 1997.11.28. 97도1740).

3. 과실의 부작위범

과실에 의한 진정부작위범의 경우 과실범의 처벌규정이 없으므로 의미가 없다. 그러나 과실에 의한 부진정부작위범, 즉 망각범(忘却犯)은 과실범으로 처벌할 수 있다. 예컨대 열차 신호수(信號手)가 음주 후 잠에 들어 그로 인해 신호를 하지 못하여 기차를 전복시킨 경우 등이 이에 해당된다.

제7절 결과적 가중범

제15조(사실의 착오) ② 결과 때문에 형이 무거워지는 죄의 경우에 그 결과의 발생을 예견할 수 없었을 때에는 무거운 죄로 벌하지 아니한다.

Ⅰ. 결과적 가중범의 의의

1. 결과적 가중범의 개념

결과적 가중범이란 고의에 의한 기본범죄로 인하여 행위자가 예견하지 못한 중한 결과가 발생한 경우, 그 중한 결과를 이유로 형이 가중되는 범죄를 말한다. 즉 행위자가 의도한 결과보다 중대한 결과가 발생함으로 인해 행위자가 의도했던 범죄보다 더 중한 범죄로 처벌하는 형태의 범죄유형을 말한다.

예를 들어, 甲이 상해(§257①)의 고의로 乙의 어깨를 칼로 찔렀는데, 乙이 피하다가 심장에 칼이 찔려 사망하게 된 경우, 甲은 상해죄만을 의도하였지만 사망이라는 더 중한 결과가 발생하였고, 이로 인해 상해치사죄(§259①)가 성립할 수 있다. 이 경우 기본범죄는 상해죄, 중한 결과는 사망이며, 상해치사죄라는 결과적 가중범이 성립하게 된다.[29] 형법상 결과적 가중범의 기본범죄는 모두 고의범이다.

2. 결과적 가중범과 책임주의

결과적 가중범은 해당 범죄의 고의의 기본범죄와 중한 결과에 대한 과실범을 상상적 경합한 것보다 법정형이 높게 규정되어 있다(가중처벌). 그러나 어떤 행위를 가중처벌할 때에는 가중처벌의 합리적 근거가 있어야 하고 가중의 정도도 합리적인 범위 내에서 이루어져야 한다. 이러한 합리성을 갖추지 못한 형벌가중은 책임주의원칙에 반하게 된다.

우리 형법은 제15조 제2항에서 '고의와 과실(중한 결과에 대한 예견가능성)의 결합형태'

29) 만약 상해치사죄가 형법에 규정되어 있지 않았다면 甲은 상해기수죄와 과실치사죄(§267)의 상상적 경합범의 죄책을 지게 되어 '7년 이하의 징역, 10년 이하의 자격정지 또는 1천만원 이하의 벌금'에 처해진다. 그런데 상해치사죄의 규정이 있음으로 인해 甲을 자격정지나 벌금형으로 처벌할 수 없고 '3년 이상 30년 이하의 징역'으로 가중처벌하게 된다.

가 결과적 가중범이라는 것을 입법적으로 해결함으로써 책임주의와의 조화를 꾀하고 있다.[30] 또한 결과적 가중범에 있어서는 직접성의 원칙(객관적 귀속의 척도)을 엄격히 적용하여야 하므로, 중한 결과는 중간 원인을 거치지 않고 기본범죄로부터 직접 야기된 것이어야 한다. 따라서 절도치사상죄나 사기치사상죄 등을 신설한다면 직접성의 원칙에 반할 수 있다.

Ⅱ. 결과적 가중범의 종류

1. 진정결과적 가중범

진정결과적 가중범이란 고의에 의한 기본범죄로 인하여 중한 결과가 과실로 발생한 경우로서 결과적 가중범의 전형적인 형태이다. 상해치사죄, 폭행치사상죄, 강도치사상죄, 인질치사상죄, 연소죄 등 형법상 대부분의 결과적 가중범이 이에 속한다. 진정결과적 가중범에서는 행위자가 중한 결과에 대해 고의를 가진 경우에는 결과적 가중범이 성립하지 않는다. 예를 들어 상해치사죄는 행위자에게 상해의 고의와 사망에 대한 과실이 있을 때에만 성립할 수 있고, 행위자가 사망에 대해 고의를 가진 경우에는 상해치사죄가 아니라 살인죄가 성립한다. 강도가 사망에 대해 고의가 있는 경우에는 강도치사죄가 아닌 강도살인죄가 성립한다.

2. 부진정결과적 가중범

가. 부진정결과적 가중범의 개념

부진정결과적 가중범이란 고의에 의한 기본범죄에 기하여 중한 결과의 발생을 과실로 야기한 경우뿐만 아니라, 고의(특히 미필적 고의)에 의해 중한 결과를 발생하게 한 경우에도 결과적 가중범이 성립하는 경우를 말한다. 현주건조물방화치사상죄(§164②), 현주건조물일수치상죄(§177②), 특수공무집행방해치상죄(§144①), 교통방해치상죄(§188), 중상해죄(§258), 중강요죄(§326), 중손괴죄(§368①), 중유기죄(§271③) 등이 이에 속한다.[31]

30) 결과적 가중범은 기본범죄에 대한 고의와 중한 결과에 대한 과실이 있어야 성립하는 고의와 과실의 결합형식이다.
31) 형법상 중체포·감금죄를 제외한 모든 '중~죄'는 부진정결과적 가중범에 해당한다.

나. 부진정결과적 가중범을 인정하는 이유

결과적 가중범은 중한 결과에 과실 있는 경우이므로, 중한 결과에 대하여 고의가 있는 경우에는 고의에 의한 기본범죄와 중한 결과에 대한 고의범의 상상적 경합이 되는 것이 원칙이지만, 이 경우 과실로 중한 결과를 발생시킨 경우보다 고의로 중한 결과를 발생시킨 경우 형량이 더 낮아지는 **처벌의 불균형이 발생**한다. 예를 들어, 현주건조물방화치사죄(§164②)를 진정 결과적 가중범으로 해석하게 되면 사람을 살해할 고의로 현주건조물에 방화를 한 자에 대해서는 현주건조물방화치사죄를 적용할 수 없고, 살인죄와 현주건조물방화죄의 상상적 경합이 성립되어 중한 죄인 살인죄의 형벌을 과하게 된다. 그런데 살인죄의 형벌이 현주건조물방화치사죄의 형벌보다 가볍게 처벌할 수밖에 없어 현주건조물에 방화하여 고의로 사람을 죽인 사람을 과실로 사망케 한 사람보다 가볍게 처벌하는 것이 되어 불합리하다. 그런데 현주건조물방화치사죄를 부진정결과적 가중범으로 해석하면, 과실로 사망의 결과를 발생시킨 사람뿐만 아니라 고의로 사망의 결과를 발생시킨 사람도 현주건조물방화치사죄로 처벌할 수 있게 된다. 이러한 처벌의 불균형을 시정하기 위하여 중한 결과에 대한 고의가 있는 경우에도 결과적 가중범의 규정을 적용할 목적으로 부진정결과적 가중범의 개념을 인정한다(통설, 판례).

《대판 1996.4.26. 96도485 (두루마리 화장지 사건)》 형법 제164조 후단이 규정하는 현주건조물방화치사상죄는 그 전단이 규정하는 죄에 대한 일종의 가중처벌 규정으로서 과실이 있는 경우뿐만 아니라, 고의가 있는 경우에도 포함된다고 볼 것이다.

《대판 1995.1.20. 94도2842》 특수공무집행방해치상죄는 원래 결과적가중범이기는 하지만, 이는 중한 결과에 대하여 예견가능성이 있었음에 불구하고 예견하지 못한 경우에 벌하는 진정결과적가중범이 아니라 그 결과에 대한 예견가능성이 있었음에도 불구하고 예견하지 못한 경우뿐만 아니라 고의가 있는 경우까지도 포함하는 부진정결과적가중범이다.

라. 부진정결과적 가중범의 죄수

부진정결과적 가중범의 죄수에 관해서 판례는 부진정 결과적 가중범은 기본범죄와 중한 결과에 대한 고의범을 포함하는 개념이므로 결과적 가중범이 고의범에 대하여 특별관계에 있으므로 결과적 가중범만 성립하고 이와 법조경합 관계에 있는 고의범은 별도의 죄를 구성하지 않는다는 입장이다. 하지만 고의로 중한 결과를 발생하게 한 행위가 별도의 구성요건에 해당하고 그 고의범에 대하여 결과적가중범에 정한 형보다 더 무겁게 처벌하는 규정이 있는 경우에는 그 고의범과 결과적가중범을 상상적 경합관계로 본다(대판 2008.11.27. 2008도7311).

《대판 1983.1.18. 82도2341 (은봉암 방화살인 사건)》 현주건조물내에 있는 사람을 강타하여 실신케 한 후 동건조물에 방화하여 소사케 한 피고인을 현주건조물에의 방화죄와 살인죄의 상상적 경합으로 의율할 것은 아니다.[32]

《대판 1998.12.8. 98도3416 (강취 후 방화살인 사건)》 피고인들이 피해자들의 재물을 강취한 후 그들을 살해할 목적으로 현주건조물에 방화하여 사망에 이르게 한 경우, 피고인들의 행위는 강도살인죄와 현주건조물방화치사죄에 모두 해당하고 그 두 죄는 상상적 경합범관계에 있다.

《대판 1996.4.26. 96도485 (두루마리 화장지 사건)》 사람을 살해할 목적으로 현주건조물에 방화하여 사망에 이르게 한 경우에는 현주건조물방화치사죄로 의율하여야 하고 이와 더불어 살인죄와의 상상적경합범으로 의율할 것은 아니며, 다만 존속살인죄와 현주건조물방화치사죄는 상상적 경합범 관계에 있으므로, 법정형이 중한 존속살인죄로 의율함이 타당하다.

《대판 2008.11.27. 2008도7311 (음주단속 경찰관 들이받은 사건)》 직무를 집행하는 공무원에 대하여 위험한 물건을 휴대하여 고의로 상해를 가한 경우에는 특수공무집행방해치상죄만 성립할 뿐, 이와는 별도로 폭력행위 등 처벌에 관한 법률 위반(집단·흉기 등 상해)죄를 구성하지 않는다.[33]

Ⅲ. 결과적 가중범의 성립요건

결과적 가중범이 성립하기 위해서는 ① 고의의 기본범죄가 있어야 하고, ② 중한 결과가 발생해야 하고, ③ 중한 결과에 대한 예견가능성이 있어야 한다. 또한 결과적 가중범은 결과범이므로 ④ 기본범죄행위와 중한 결과 사이에 인과관계가 인정되어야 한다.

---

32) 甲은 그의 부 A가 안정사의 주지인 乙 때문에 甲과 A 등 가족이 거주하여 오던 암자에서 쫓겨난데 대하여 원한을 품고 동인을 살해하기로 결의하고, 1982.3.31 소속대로부터 외박허가를 얻고 외출하여 동년 4.1. 00:30 경 안면에 마스크를 하고 위 乙의 집에 침입하여 그 집 부엌의 석유곤로 석유를 플라스틱 바가지에 딸아 마루에 놓아두고 큰 방에 들어가자 乙은 없고 乙의 처 丙과 딸 丁(19), 戊(11), 己(8) 등이 깨어 丁이 甲을 알아보기 때문에 마당에 있던 절구방망이를 가져와 乙과 丁의 머리를 각 2회씩 강타하여 실신시킨 후 이불로 뒤집어 씌우고 위 바가지의 석유를 뿌리고 성냥불을 켜 대어 乙 및 그의 가족들이 현존하는 집을 전소케 하고 불이 붙은 동가(同家)에서 빠져 나오려는 위 戊와 己가 탈출하지 못하도록 방문 앞에 버티어 서서 지킨 결과 실신하였던 丙과 탈출하지 못한 戊와 己를 현장에서 소사케 하고, 탈출한 丁은 3도 화상을 입고 입원가료중 동년 4.10 사망에 이르게 하여 동인들을 살해하고, 위 범행 후 자살을 기도하다가 귀대일시인 동년 4.1. 17:00에 귀대치 아니하고 이튿날인 4.2.03:00경 검거됨으로써 10시간 동안 부대를 이탈하였다.

33) 재판당시 특수공무방해치상죄는 3년 이상의 유기징역, 폭처법 제3조 제1항 흉기상해죄도 3년 이상의 유기징역형으로 처벌하도록 규정되어 있었는데, 대법원은 '더 무겁게 처벌하는 규정이 없는 경우'에 해당하는 것으로 보아 상상적 경합이 성립하지 않는다고 보았다. 폭처법 제3조 제1항 집단·흉기상해죄는 위헌결정(헌결 2025.9.24. 2014헌바154)을 받아 2016년 폐지되고, 형법 제258조의2 특수상해죄가 신설되어 1년 이상 10년 이하의 유기징역에 10년 이하의 자격정지를 병과할 수 있도록 개정되었다.

1. 구성요건해당성

가. 고의의 기본범죄

결과적 가중범의 기본범죄는 고의범이어야 하고, 기수인지 미수인지는 불문한다. 따라서 기본범죄가 미수에 그친 경우라도 그로 인하여 중한 결과가 발생하였다면 결과적 가중범의 기수가 성립한다(통설, 판례). 그러나 기본범죄가 예비단계에 그친 경우에는 중한 결과가 발생하더라도 결과적 가중범이 성립하지 않는다. 한편, 고의의 기본범죄는 작위범에 제한되지 않고 부작위도 포함한다.

나. 중한 결과의 발생

결과적 가중범이 성립하기 위해서는 행위자가 인식한 것보다 중한 결과가 발생해야 한다. 여기에서의 중한 결과는 상해·사망 등과 같이 생명·신체 등의 법익을 침해하는 결과인 경우가 대부분이지만, 중상해죄, 중강요(중권리행사방해)죄, 중손괴죄 등에서와 같이 생명에 대한 위험발생, 즉 법익침해에 대한 구체적 위험 발생인 경우도 있다.

다. 인과관계

결과적 가중범이 성립하기 위해서는 기본범죄와 중한 결과 사이에 인과관계가 인정되어야 한다. 판례는 상당인과관계설에 따라 기본범죄와 중한 결과 사이에 인과관계 존재여부를 판단한다.

다수설에 따르면 기본범죄와 중한 결과 사이에 합법칙적 조건관계가 인정되어야 하고, 또한 중한 결과를 기본범죄에 객관적으로 귀속할 수 있어야 한다(합법칙적 조건설). 결과적 가중범의 경우는 객관적 귀속의 특유한 척도로써 '직접성의 원칙'을 필요로 한다. 즉, 결과적 가중범에 있어서 중한 결과는 중간원인을 거치지 않고 기본범죄로부터 직접 야기된 것이어야 한다. 따라서 절도치사상죄나 사기치사죄 등을 신설한다면 이른바 직접성의 원칙에 반할 수 있다.

《대판 2000.2.11. 99도5286 (하차요구 무시 추락사 사건)》 승용차로 피해자를 가로막아 승차하게 한 후 피해자의 하차 요구를 무시한 채 당초 목적지가 아닌 다른 장소를 향하여 시속 약 60km 내지 70km의 속도로 진행하여 피해자를 차량에서 내리지 못하게 한 행위는 감금죄에 해당하고, 피해자가 그와 같은 감금상태를 벗어날 목적으로 차량을 빠져 나오려다가 길바닥에 떨어져 상해를 입고 그 결과 사망에 이르렀다면 감금행위와 피해자의 사망 사이에는 상당인과관계가 있다고 할 것이므로 감금치사죄에 해당한다.

《대판 1990.10.16. 90도1786 (당구장 화장실 실족사 사건)》 甲과 乙이 공동하여 丙을 폭행하여 당구장 3층에 있는 화장실에 숨어 있던 丙을 다시 폭행하려고 甲은 화장실을 지키고, 乙은 당구치는 기구로 문을 내려쳐 부수자 위협을 느낀 丙이 화장실 창문 밖으로 숨으려다가 실족하여 떨어짐으로써 사망한 경우에는 甲과 乙의 위 폭행행위와 丙의 사망 사이에는 인과관계가 있다고 할 것이므로 폭행치사죄의 공동정범이 성립된다.

라. 중한 결과발생에 대한 예견가능성

중한 결과가 발생하였더라도 그에 대해 예견이 가능해야 한다(예견가능성). 즉, 행위자가 중한 결과를 의도할 필요는 없고 중한 결과의 발생을 예견할 수 있으면 족하다(판례). 여기서 예견가능성은 과실과 동일한 의미로서, 예견가능성(과실)의 판단시점은 기본범죄를 실행한 때를 기준으로 판단한다. 따라서 기본범죄를 하고 난 뒤에 행한 고의·과실범죄는 별도 범죄를 구성하고 결과적 가중범이 되지 않는다. 부진정 결과적 가중범에서는 중한 결과에 대한 과실 또는 고의를 요한다.

《대판 1988.4.12.88도178 (술집작부 추락사 사건)》 형법 제15조 제2항이 규정하고 있는 이른바 결과적 가중범은 행위자가 행위시에 그 결과의 발생을 예견할 수 없을 때에는 비록 그 행위와 결과 사이에 인과관계가 있다 하더라도 중한 죄로 벌할 수 없다.

《대판 1990.9.25. 90도1596 (삿대질 사건)》 피고인이 피해자에게 상당한 힘을 가하여 넘어뜨린 것이 아니라 단지 공장에서 동료 사이에 말다툼을 하던 중 피고인이 삿대질하는 것을 피하고자 피해자 자신이 두어걸음 뒷걸음치다가 회전 중이던 십자형 스빙기계 철받침대에 걸려 넘어진 정도라면, 당시 바닥에 위와 같은 장애물이 있어서 뒷걸음치면 장애물에 걸려 넘어질 수 있다는 것까지는 예견할 수 있었다고 하더라도 그 정도로 넘어지면서 머리를 바닥에 부딪쳐 두개골절로 사망한다는 것은 이례적인 일이어서 통상적으로 일반인이 예견하기 어려운 결과라고 하지 않을 수 없으므로 피고인에게 폭행치사죄의 책임을 물을 수 없다.

《대판 1985.1.15. 84도2397 (과도에 급우회전한 사건)》 강도치상죄에 있어서의 상해는 강도의 기회에 범인의 행위로 인하여 발생한 것이면 족한 것이므로, 피고인이 택시를 타고 가다가 요금지급을 면할 목적으로 소지한 과도로 운전수를 협박하자 이에 놀란 운전수가 택시를 급우회전하면서 그 충격으로 피고인이 겨누고 있던 과도에 어깨부분이 찔려 상처를 입었다면, 피고인의 위 행위를 강도치상죄에 의율함은 정당하다.

2. 위법성, 책임

결과적 가중범이 위법성이 인정되기 위해서는 기본범죄의 위법성과 중한 결과에 대한 과실범의 위법성이라는 두 개의 위법성이 동시에 존재해야 한다. 따라서 기본범죄에 위법성 조각사유가 있으면 과실범의 성립만 문제되고, 중한 결과의 위법성이 조각되면 기본범죄의 고의범만 성립한다.

한편, 책임이 인정되기 위해서도 일반범죄와 동일한 책임표지가 기본범죄와 중한 결과 모두에 존재해야 한다.

Ⅳ. 관련 문제

1. 진정결과적 가중범의 미수

진정결과적 가중범의 경우 기본범죄를 범하였으나 중한 결과가 발생하지 않은 경우에는 결과적 가중범 자체가 성립할 수 없으므로, 여기서 문제되는 것은 기본범죄가 미수에 그치고 중한 결과가 발생한 경우이다.

종래에는 형법전에 진정결과적 가중범의 미수를 처벌하는 규정이 없었으나 1995년 개정형법은 인질치사상(§324-5), 강도치사상·해상강도치사상(§342)의 미수범 처벌규정을 두어 진정결과적 가중범의 미수인정 여부에 대해 논란이 되고 있다.

예를 들어 강도미수범이 과실로 사망의 결과를 발생시킨 경우와 같이 기본범죄가 미수에 그치고 중한 결과가 발생한 경우, 진정결과적 가중범의 미수를 인정하여 강도치사죄의 미수라고 할 것인지 아니면 진정결과적 가중범의 미수를 인정하지 않고 강도치사죄라고 할 것인지 견해가 대립하고 있다.

다수설은 과실범과 동일하게 진정결과적 가중범의 미수를 인정하지 않고, 기본범죄가 미수여도 일단 중한 결과가 발생하면 결과적 가중범의 기수가 된다고 한다(판례). 위의 경우 강도치사죄의 기수를 인정한다. 이에 의하면 형법 제324조의5, 제342조의 미수규정은 인질상해, 인질살인, 강도상해, 강도살인, 해상강도상해, 해상강도살인죄의 미수만을 규정한 것이고 인질치사, 강도치사 등의 미수를 규정한 것은 아니라고 해석한다.

2. 결과적 가중범과 공범

가. 결과적 가중범의 공동정범

공동정범자 사이에서 일부의 자가 실행한 범죄가 공모한 기본범죄의 결과적 가중범에 해당하는 경우, 나머지 일부의 자에게 기본범죄 이외에 중한 결과에 대한 결과적 가중범의 공동정범이 성립할 것인가가 문제된다. 예를 들어 甲과 乙이 공동으로 강도를 하다가 乙이 고의 또는 과실로 피해자를 살해한 경우 甲에게 강도치사죄의 책임을 지울 수 있을 것인지가 문제된다. 다수설은 乙이 피해자를 살해하는 것을 甲이 **'예견**

할 수 있었다고 인정되는 경우' 甲에게 강도치사죄의 책임을 인정한다. 즉, 중한 결과에 대한 공동정범 각자의 과실 여부를 검토하여 과실 있는 자에게 개별적으로 결과적 가중범의 성립을 인정한다.

《대판 2000.5.12. 2000도745 (여동생 강간범 보복 사건)》 결과적 가중범인 상해치사죄의 공동정범은 폭행 기타의 신체침해 행위를 공동으로 할 의사가 있으면 성립되고 결과를 공동으로 할 의사는 필요 없으며, 여러 사람이 상해의 범의로 범행 중 한 사람이 중한 상해를 가하여 피해자가 사망에 이르게 된 경우 나머지 사람들은 사망의 결과를 예견할 수 없는 때가 아닌 한 상해치사의 죄책을 면할 수 없다.

《대판 1984.2.14. 83도3120 (구역질이나 중단한 사건)》 공모한 후 공범자중의 1인이 설사 범죄실행에 직접 가담하지 아니하였다 하더라도 다른 공모자가 분담실행한 공모자가 실행한 행위에 대하여 공동정범의 책임이 있다 할 것이며, 공범자중 수인이 강간의 기회에 상해의 결과를 야기하였다면 다른 공범자가 그 결과의 인식이 없었더라도 강간치상죄의 책임이 없다고 할 수 없다.

《대판 1978.1.17. 77도2193 (패싸움 중 칼로 찌른 사건)》 패싸움 중 한사람이 칼로 찔러 상대방을 죽게 한 경우에 다른 공범자가 그 결과 인식이 없다 하여 상해치사죄의 책임이 없다고 할 수 없다.

나. 결과적 가중범에 대한 교사·방조

예컨대 피교사자에게 상해를 교사하였으나 피교사자가 살인 내지 상해치사죄를 범한 경우, 교사자에게 상해치사죄의 교사범의 죄책을 물을 수 있을지가 문제된다. 이에 대해 통설·판례는 피교사자가 교사행위를 초과하여 중한 결과를 발생시켰을 경우 교사자가 중한 결과에 대한 '과실'이 있다면 결과적 가중범의 교사범이 성립한다고 한다. 중한 결과에 대한 과실이 없는 경우에는 기본범죄에 대한 공범이 성립할 뿐이다. 방조의 경우에도 마찬가지다.

《대판 1997.6.24. 97도1075 (정신차릴 정도로 때려주라 사건)》 교사자가 피교사자에 대하여 상해를 교사하였는데 피교사자가 이를 넘어 살인을 실행한 경우, 일반적으로 교사자는 상해죄에 대한 교사범이 되는 것이고, 다만 이 경우 교사자에게 피해자의 사망이라는 결과에 대하여 과실 내지 예견가능성이 있는 때에는 상해치사죄의 교사범으로서의 죄책을 지울 수 있다.

제8절 부작위범

제18조(부작위범) 위험의 발생을 방지할 의무가 있거나 자기의 행위로 인하여 위험발생의 원인을 야기한 자가 그 위험발생을 방지하지 아니한 때에는 그 발생된 결과에 의하여 처벌한다.

Ⅰ. 부작위범의 의의

1. 작위와 부작위

사회적 행위론을 따를 때 행위는 '사회적으로 중요한 인간의 행동'으로 파악된다. 그런데 사회적으로 중요한 인간의 행위에는 예를 들어 권총으로 사람을 살해하는 경우와 같이 적극적으로 외부적 행동으로 나오는 경우와 엄마가 유아에게 젖을 주지 않아 굶어서 죽는 경우와 같이 소극적으로 일정한 행동을 하지 않는 경우가 있다. 전자를 '작위(作爲)', 후자를 '부작위(不作爲)'라 한다.

이와 같이 작위는 '무엇인가를 행하는 것'이다. 즉 형법규범에 살인, 방화 등을 금지하고 있음에도 불구하고 그것을 실현하는 행위가 있었을 경우, 즉 금지규범에 위반하는 행위가 있었을 경우에 이러한 행위는 작위가 된다. 그런데 부작위는 아무것도 행하지 않는 것, 다시 말하면 무(無)를 행하는 것이 아니라 '무엇인가를 행하지 않는 것'이다. 즉, 형법규범에 일정한 행위를 요구하고 있음에도 불구하고 그러한 요구규범(또는 명령규범)에 위반하는 행위가 있었을 경우에 그러한 행위가 부작위가 된다. 이와 같이 개개의 형법적 부작위의 배후에는 요구되는 행위가 있는 것이다. 위의 사례에서 엄마가 유아를 아사(餓死)시켰을 경우에 처벌을 받는 이유는 그녀가 무(無)를 행하였기 때문이 아니고 기대되는 즉 요구되는 양육을 하지 않았기 때문이다.

작위범(作爲犯)의 경우 금지규범(형법 구성요건상 '~한 자'로 규정)을 위반한 것이므로 신체행동이 수반되어야 한다. 이에 비해 부작위범(不作爲犯)의 경우 명령규범(형법 구성요건상 '~아니한 자'로 규정)을 위반한 것이므로 신체행동 없이 작위의무를 가진 자가 규범적으로 기대되는 특정한 행위를 하지 않은 것 자체가 범죄가 된다. 부작위범에서는 작위의무 있는 사람만이 범죄의 주체가 될 수 있다는 점에서 누구나 주체가 될 수 있는 작위범과 구별된다.

인과적 행위론이나 목적적 행위론에 의하면 부작위의 행위성이 부정되지만, 사회적 행위론을 취하면 규범적으로 기대되는 특정한 행위를 하지 않는 부작위는 사회적 중요성을 가진 인간의 행태로서 그 행위성을 인정할 수 있다.

2. 작위와 부작위의 구별

작위와 부작위는 대부분의 경우에 쉽게 구별할 수 있다. 그러나 하나의 행위에 작위와 부작위의 요소가 모두 포함되어 있어 어느 것을 형법적 판단의 기준으로 삼아야 할 것인가가 문제될 수 있다. 특히 과실범에 있어서 필요한 방어조치를 취하지 않고 행위한 점에 주의의무위반이 있을 때에는 작위와 부작위의 요소가 함께 포함되어 있다.

이러한 경우에는 부작위보다는 우선 작위만을 형법적 평가의 대상으로 삼고, 그렇지 않은 경우에 한하여 부작위를 문제삼아야 한다. 이러한 의미에서 부작위는 작위에 대해 보충관계에 있다(대판 1996.5.10. 96도51).

《대판 2004.6.24. 2002도995 (보라매병원 사건)》 어떠한 범죄가 적극적 작위에 의하여 이루어질 수 있음은 물론 결과의 발생을 방지하지 아니하는 소극적 부작위에 의하여도 실현될 수 있는 경우에, 행위자가 자신의 신체적 활동이나 물리적·화학적 작용을 통하여 적극적으로 타인의 법익 상황을 악화시킴으로써 결국 그 타인의 법익을 침해하기에 이르렀다면, 이는 작위에 의한 범죄로 봄이 원칙이고, 작위에 의하여 악화된 법익 상황을 다시 되돌이키지 아니한 점에 주목하여 이를 부작위범으로 볼 것은 아니다.

Ⅱ. 부작위범의 분류

1. 작위범과 부작위범

형법상의 범죄는 작위로 할 수 있음은 물론이나 부작위로써도 할 수 있다. 형법규정의 형식상 작위를 내용으로 하는 범죄, 즉 구성요건의 내용으로서 작위로써 행할 것을 규정하고 있는 범죄를 작위범이라고 하고, 이에 대하여 형법규정의 형식상 부작위를 내용으로 하는 범죄, 즉 구성요건의 내용으로서 부작위로써 범할 것을 규정하고 있는 범죄를 부작위범이라고 한다.

예를 들어 살인죄, 절도죄, 방화죄 등의 대부분의 범죄는 작위범이고, 다중불해산죄, 퇴거불응죄 등의 범죄는 부작위범이다. 형법상의 범죄는 일반적으로 작위범으로 규정되어 있고, 부작위범으로 규정되어 있는 것은 예외적이다.

2. 부작위범의 분류

그러나 작위범이라 할지라도 반드시 작위로써만 성립하는 것은 아니고 부작위에 의하여 실현하는 것도 가능하다. 예를 들어 엄마가 살해할 의사도 영아에게 젖을 주지 아니함으로써 아사하게 하는 영아살해, 이미 발생한 화재에 대해 소화에 최선을 다하지 아니하여 부작위에 의하여 작위범인 살인죄 또는 방화죄를 범하는 것이다.

이와 같이 형법상 작위범의 형태로 규정된 구성요건을 부작위에 의해 범하는 경우를 부진정 부작위범이라고 하고, 형법규범에 부작위로써 범할 것을 내용으로 규정된 범죄를 진정부작위범이라고 한다. **부진정부작위범은 부작위에 의한 작위범, 진정부작위범은 부작위에 의한 부작위범**으로 표현하기도 한다.

진정부작위범	부진정부작위범
신분범이 아니다.	신분범(보증인지위)이다.
거동범	결과범
명령규범위반	금지규범위반
부작위에 의한 부작위범	부작위에 의한 작위범

가. 진정부작위범

진정부작위범은 구성요건 자체가 부작위의 형식으로 규정되어 있는 범죄를 말한다. 예를 들어 퇴거불응죄(§319②), 다중불해산죄(§116), 전시군수계약불이행죄(§103), 전시공수계약불이행죄(§117), 집합명령위반죄(§145②)가 있다. 이러한 구성요건에는 모두 불응, 불해산, 불이행 등 부작위가 규정되어 있다.

《대판 1994.4.26. 93도1731 (경력미달 관리소장 교체명령 사건)》 일정한 기간 내에 잘못된 상태를 바로잡으라는 행정청의 지시를 이행하지 않았다는 것을 구성요건으로 하는 범죄는 이른바 진정부작위범으로서 그 의무이행기간의 경과에 의하여 범행이 기수에 이름과 동시에 작위의무를 발생시킨 행정청의 지시 역시 그 기능을 다한 것으로 보아야 한다.

나. 부진정부작위범

일반적으로 부작위범이라고 하면 부진정부작위범을 가리킨다. 부진정부작위범이란 구성요건 자체는 작위범의 형태로 되어 있는 범죄에 대해 그 구성요건을 부작위에 의해 실현하는 범죄이다. 예컨대 응급환자를 소생시켜 줘야 할 의사가 고의 또는 과실로 환자를 소생시키지 않아 사망케 하거나, 아기를 돌봐줘야 할 부모나 유모가 고의·과실로 돌봐주지 않아 아기가 다친 것과 같은 경우이다.

Ⅲ. (부진정) 부작위범의 성립요건

작위범과 마찬가지로 부작위범이 성립하기 위해서는 구성요건해당성, 위법성, 책임이 모두 갖추어져야 한다. 그런데 부작위범에는 작위범과 다른 특성이 있다. 작위범의 경우에는 사람이 일정시점에서 할 수 있는 작위가 제한되어 있고, 작위가 있는 경우 행위자가 바로 특정되므로, 작위가 있었다는 것만으로도 행위자에 대한 평가가 가능하다.

이에 비해 부작위범에서는 어느 한 사람이 할 수 있는 부작위가 무한하므로, 부작위가 있어도 외견상 행위자가 특정되어 있지 않다. 예를 들어 일을 하고 있는 사람은 독서, 데이트, 영화감상을 하고 있지 않는 등 무한한 부작위를 하고 있기 때문에, 강물에 빠진 사람을 구조하지 않아 그 사람이 사망한 경우 부작위한 사람은 세상 모든 사람이다.

따라서 인간이 동시에 할 수 있는 수많은 부작위 중에서 형법적으로 의미 있는 부작위를 추출해내고 작위범에 없는 부작위만의 특성을 고려하여 형법적 평가를 하는 것이 중요하다. 통설·판례는 (부진정) 부작위범이 성립하기 위해서는 ① 작위의무자가, ② 결과발생을 방지할 수 있는 가능성이 있고, ③ 자신에 의해서만 결과발생이 방지될 수 있는 상황에서, ④ 부작위를 하고, ⑤ 그 부작위가 작위에 의한 범죄실행과 동가치성이 있을 때 (부진정) 부작위범이 성립한다고 한다.

1. 객관적 구성요건요소

가. 행위상황

1) 작위의 가능성(행위가능성)

부작위범에 있어서는 행위자가 법이 요구하는 적극적인 보증의무를 실현할 수 있는 행위의 가능성이 있어야 한다. 만일 보증의무를 실현할 수 있는 일반적·객관적 가능성이 없으면 형법상 행위로서의 부작위를 인정할 수 없다. 예를 들어 낙동강에 빠진 자식을 서울에 있는 아버지가 구조할 작위가능성은 없으므로 부작위 행위 자체가 부정되어 부작위의 구성요건해당성은 거론될 여지가 없다. 또한 행위자가 규범이 요구하는 작위의무를 이행할 수 있는 개인적인 사실상의 가능성(개별적인 가능성)이 없으면 부작위범의 구성요건해당성이 부정된다. 예를 들어 반신불수 또는 전혀 수영을 할 줄 모르는 아버지가 아들의 익사현장에서 아무런 구조행위를 하지 않은 경우에는 처벌할 수 없다.

2) 위험발생방지의 상황

위험발생방지의 상황이란 법익이 침해될 위험에 처한 상황으로서 일정한 동작, 작위가 요구되는 객관적 상황 내지 사태를 말하며, 부작위범이 성립하려면 위험발생방지의 상황 또는 구성요건적 상황이 존재해야 한다.

나. 행위태양

1) (보증인 지위에서의) 부작위

행위자가 구체적인 상황하에서 구성요건 실현을 회피하도록 명령된 행위를 하지 않은 때 구성요건적 부작위가 성립한다. 부진정부작위범에서 구성요건실현의 방지를 위한 행위자의 특별한 지위를 보증인지위라고 한다. 보증인 지위가 인정된 자의 부작위만이 부작위범에서 논할 가치가 있다. 상세한 내용은 뒤에 다시 설명한다.

2) 작위와의 동가치성

부진정부작위범은 작위의 형식으로 규정된 구성요건을 부작위에 의하여 실현하는 것이므로, 부작위에 의한 구성요건실현이 작위에 의한 구성요건실현과 동등한 것으로 평가되어야 한다. 이른 부작위의 동가치성이라고 한다. 부진정부작위범이 작위범과 동가치성이 인정되기 위해서는 보증인의 부작위가 작위에 의한 구성요건의 실현과 동등한 것으로 평가될 수 있어야 한다. 형법규정에는 동가치성을 규정하고 있지만 통설과 판례는 부진정부작위범의 경우에 동가치성을 요구하고 있다.

《대판 1992.2.11. 91도2951 (조카 저수지 익사사건)》 형법이 금지하고 있는 법익침해의 결과발생을 방지할 법적인 작위의무를 지고 있는 자가, 그 의무를 이행함으로써 결과발생을 쉽게 방지할 수 있었음에도 불구하고 그 결과의 발생을 용인하고 이를 방관한 채 그 의무를 이행하지 아니한 경우에, 그 부작위가 작위에 의한 법익침해와 동등한 형법적 가치가 있은 것이어서 그 범죄의 실행행위로 평가될 만한 것이라면, 작위에 의한 실행행위와 동일하게 부작위범으로 처벌할 수 있다고 할 것이다.[34]

34) 숙부인 甲이 조카 乙(10세)과 丙(8세)을 살해할 것을 마음먹고, 乙과 丙을 불러내어 미리 물색하여 둔 저수지로 데리고 가서 인적이 드물고 경사가 급하여 미끄러지기 쉬운 제방쪽으로 유인하여 함께 걷다가, 乙이 가파른 물가에서 스스로 미끄러져 수심이 약 2미터나 되는 저수지 물속으로 빠졌음에도, 그

《대판 1996.9.6. 95도2551 (법원공무원 횡령방조 사건)》 형법상 부작위범이 인정되기 위해서는 ① 형법이 금지하고 있는 법익침해의 결과 발생을 방지할 법적인 작위의무를 지고 있는 자가 ② 그 의무를 이행함으로써 결과 발생을 쉽게 방지할 수 있었음에도 불구하고 ③ 그 결과의 발생을 용인하고 이를 방관한 채 그 의무를 이행하지 아니한 경우에, ④ 그 부작위가 작위에 의한 법익침해와 동등한 형법적 가치가 있는 것이어서 그 범죄의 실행행위로 평가될 만한 것이라면, 작위에 의한 실행행위와 동일하게 부작위범으로 처벌할 수 있다.

다. 구성요건적 결과의 발생

구성요건적 결과에 관한 한 작위범과 부작위범 사이에 차이가 없다. ① 부진정부작위범의 경우 구성요건적 결과의 발생은 객관적 구성요건에 속하므로 작위의무에 위반하더라도 결과가 발생하지 않으면 부진정부작위의 기수범으로 처벌할 수 없다. ② 다만, 진정부작위범의 경우 단순 거동범에 해당하므로 구성요건적 결과의 발생을 요하지 않는다.

라. 인과관계

진정부작위범의 경우 구성요건의 내용으로 되어 있는 일정한 부작위만 있으면 결과의 발생을 필요로 하지 아니하고 곧 범죄의 기수로 되므로(형식범 또는 거동범) 인과관계의 문제는 생길 여지가 없다.

부작위의 인과관계는 주로 부진정부작위범에 있어서만이 문제가 될 수 있고, 작위범에 있어서와 마찬가지로 부작위범의 인과관계도 결과범에 있어서만 문제된다. 따라서 결과범에 해당하는 부진정부작위범의 경우 사회적으로 기대되는 작위의무를 다하였으면 결과가 발생하지 않았을 것이라는 관계가 인정되거나, 어떠한 부작위가 있는 경우 그러한 결과가 발생하는 것이 사회경험칙상 상당하다고 판단되는 경우에는 인과관계가 인정된다.

2. 주관적 구성요건요소

가. 고의

부작위범에 있어서도 객관적 구성요건요소에 대한 고의가 있어야 한다. 즉 구성요건적 상황의 존재, 요구(명령)된 행위의 부작위, 개별적 행위가능성에 대한 인식 등이 요구된다. 또한 결과방지의 가능성에 대한 인식도 고의의 내용이 된다. 다만 이에 대한

를 구호하지 아니한 채 앞에 걸어가고 있던 丙의 소매를 잡아당겨 저수지에 빠뜨려 乙, 丙 모두 사망한 사건이다.

인식은 막연하게 알고 있으면 족하다.

부진정부작위범에 있어서는 보증인적 지위와 행위의 동가치성에 대한 인식도 있어야 한다. 그러나 보증인 지위의 근거가 되는 보증인의무는 고의의 대상이 아니다. 보증인지위는 부진정부작위범의 객관적 구성요건에 속하지만, 그 지위에서 나오는 보증인의무는 위법성의 요소에 지나지 않기 때문이다(이분설). 따라서 보증인의무에 대한 착오는 사실의 착오가 아니라 법률의 착오에 지나지 않는다.

나. 과실

통상의 과실범처럼 주의의무위반이 있어야 한다. 다만, 현행법상 진정부작위범의 과실범은 처벌되지 않으므로 과실범의 문제는 부진정부작위범과 관련해서만 논의될 수 있다.

3. 보증인적 지위

가. 보증인 지위의 의의

보증인지위란 일정한 법익과 특수하고도 밀접한 관계를 맺고 있어서 그 법익이 침해되지 않도록 방지해야 할 법적 지위를 말한다. 이를 형법 제18조는 '위험발생을 방지할 (법적) 의무가 있는 자'라고 표현하고 있다.

보증인지위는 부진정부작위범의 기술되지 않은 구성요건요소이자 객관적 행위자지표가 되어, 부진정부작위범은 진정신분범의 성격을 갖게 된다. 이에 반하여 진정부작위범의 경우에는 모든 사람이 법적 의무를 부담하므로 행위주체의 자격에 제한이 없다.

《대판 2015.11.12. 2015도6809 全合 (세월호 사건)》 살인죄와 같이 일반적으로 작위를 내용으로 하는 범죄를 부작위에 의하여 범하는 이른바 부진정 부작위범의 경우에는 보호법익의 주체가 법익에 대한 침해위협에 대처할 보호능력이 없고, 부작위 행위자에게 침해위협으로부터 법익을 보호해 주어야 할 법적 작위의무가 있을 뿐 아니라, 부작위 행위자가 그러한 보호적 지위에서 법익침해를 일으키는 사태를 지배하고 있어 작위의무의 이행으로 결과발생을 쉽게 방지할 수 있어야 부작위로 인한 법익침해가 작위에 의한 법익침해와 동등한 형법적 가치가 있는 것으로서 범죄의 실행행위로 평가될 수 있다. 다만 여기서의 작위의무는 법령, 법률행위, 선행행위로 인한 경우는 물론, 신의성실의 원칙이나 사회상규 혹은 조리상 작위의무가 기대되는 경우에도 인정된다.

나. 보증인 지위와 보증인의무의 체계적 지위

보증인 지위 또는 그 근거가 되는 작위의무의 체계적 지위에 관하여는 견해가 대립되고 있다.

1) 위법성요소설

부진정부작위범이 성립하기 위해서는 작위의무위반이 있어야 하므로 작위의무는 위법성의 요소가 된다는 견해이다. 그러나 위법성요소설은 작위의무 없는 자의 부작위도 부진정부작위범의 구성요건에 해당한다고 보아 구성요건해당성을 부당하게 확대하고, 또한 구성요건은 위법성에 대한 징표기능을 가지는 것임에도 부진정부작위범에 대하여만 작위의무를 위법성요소로 파악하여 구성요건의 징표기능을 부정하는 것은 타당하지 못하다.

2) 구성요건요소설

보증인지위와 그것의 기초가 되는 보증인의무를 부진정부작위범의 구성요건요소로 파악하는 견해이다(Nagler, Gallas). 이렇게 되면 부진정부작위범은 보증인지위가 있는 사람만이 범할 수 있는 진정신분범의 성격을 갖는다. 그러나 구성요건요소설(보증인설)은 작위범에서는 법적 의무가 구성요건요소가 아닌데 부작위범에서만 작위의무를 구성요건요소라 하는 것은 부당하다.

3) 이분설(二分說)

이분설은 보증인지위와 그 기초가 되는 작위의무(보증인의무)를 구별하여, **보증인지위는** 부진정부작위범의 **구성요건요소**이나 **작위의무는 위법성요소**가 된다고 보는 견해이다(통설). 양 학설의 문제점을 시정 내지 극복할 수 있는 이분설이 타당하다. 이분설에 의하면 보증인지위에 대한 착오는 구성요건적 착오, 보증인의무(작위의무)에 대한 착오는 위법성의 착오(금지착오)가 된다.

다. 보증인지위의 발생근거와 내용

1) 보증인지위 여부의 판단기준

가) 형식설(법원설)

부진정부작위범에 있어서 보증인지위 및 작위의무를 결정하는 가치기준을 법적 의무의 형식적 발생근거에 중점을 두고, 법령·계약·조리 또는 선행행위에 의하여 작위의무의 근거가 인정되면 족한 것으로 보고 있다. 이를 형식설 또는 법원설(法源說)이라고 한다. 형식설에 의하여 보증인지위(작위의무)를 결정하면, 그 형식적 기준에 구속되어 보증인 지위의 인정범위가 지나치게 좁아진다.

나) 실질설(기능설)

이에 대해 보증인의무를 실질적 관점에서 판단할 것을 주장하고 이를 법익의 보호기능에 의한 보증인의무인 보호의무(保護義務)와 위험에 대한 감시의무에 따른 지배 또는 안전의무(安全義務)로 분류하였다. 실질설에 의하면 형식적인 작위의무의 발생근거를 고려하지 않고 실질적인 관점에서만 보증인적 지위를 근거 지우게 되어 그 인정범위가 지나치게 확대될 우려가 있다.

다) 결합설(통설)

형식설과 실질설을 결합하여 작위의무와 보증인지위를 파악하는 입장이다.

2) 보증인지위의 발생근거(형식설)

가) 법령에 의한 작위의무

작위의무는 법령에 의해 발생할 수 있다. 법령에는 형벌법령뿐만 아니라 사법 또는 공법상의 법령도 포함된다. 예를 들어 민법상 부부간의 부양의무(민법 §826), 친권자의 보호의무(민법 §913), 친족간의 부양의무(민법 §974), 교통사고운전자의 피해자 구호의무(도로교통법 §54①), 경찰관의 요보호자에 대한 보호조치의무(경찰관직무집행법 §4), 의사의 진료와 응급조치의무(의료법 §15) 등이 있다.

《대판 2015.11.12. 2015도6809 全合 (세월호 사건)》 선장이나 승무원은 수난구호법 제18조 제1항 단서에 의하여 조난된 사람에 대한 구조조치의무를 부담하고, 선박의 해상여객운송사업자와 승객 사이의 여객운송계약에 따라 승객의 안전에 대하여 계약상 보호의무를 부담하므로, 모든 승무원은 선박 위험시 서로 협력하여 조난된 승객이나 다른 승무원을 적극적으로 구조할 의무가 있다.[35)]

35) **《세월호 침몰 사고》** 세월호 침몰 사고는 2014년 4월 16일 오전 8시 50분경 대한민국 전라남도 진도군 조도면 부근 해상에서 여객선 세월호가 전복되어 침몰한 사고이다. 세월호는 안산시의 단원고등학교 학생이 주요 구성원을 이루는 탑승인원 476명을 수용한 청해진해운 소속의 인천발 제주행 연안여객선으로 4월 16일 오전 8시 58분에 병풍도 북쪽 20km 인근에서 조난 신호를 보냈다. 2014년 4월 18일 세월호는 완전히 침몰하였으며, 이 사고로 시신 미수습자 9명을 포함한 304명이 사망하였다. 침몰 사고 생존자 172명 중 절반 이상은 해양경찰보다 약 40분 늦게 도착한 어선 등 민간 선박에 의해 구조되었다. 3년 동안 인양을 미뤄오다가 2017년 3월 10일 제18대 대통령 박근혜가 파면되고 12일 후인 2017년 3월 22일부터 인양을 시작했다. 총 476명의 승선 인원 중 172명만이 구조되어 36.1%라는 저조한 생존율을 기록했다.

나) 계약에 의한 작위의무

작위의무는 민법상 계약과 같은 법률행위에 의해 발생할 수 있다. 계약에 의해 보호의무를 인수한 경우로 민법상 계약의 유효 · 무효는 불문한다. 고용계약에 의한 보호의무, 간호사의 환자간호의무, 신호수(信號手)의 직무상 의무, 어린이집 보육교사의 아동보호의무 등을 들 수 있다.

판례에 의하면 백화점에서 바이어를 보조하여 특정매장에 관한 상품관리 및 고객들의 불만사항 확인 등의 업무를 담당하는 직원은 자신이 관리하는 특정매장의 점포에 가짜 상표가 새겨진 상품이 진열·판매되고 있는 사실을 발견하였다면 즉시 그 시정을 요구하고 상사에게 보고하여 이를 시정하도록 할 근로계약·조리상의 의무가 있다고 한다(대판 1997.3.14. 96도1639).

다) 조리에 의한 작위의무

법령이나 계약 이외에도 사회상규 또는 조리에 의하여 작위의무가 발생할 수 있다. 예를 들어 동거하는 고용인에 대한 사용자의 보호의무, 목적물하자에 대한 신의칙상 고지의무 등을 들 수 있다. 다만, 작위의무가 부당하게 확대될 우려가 있으므로 극히 제한된 범위에서 인정해야 할 것이다.

판례에 의하면, 인터넷 포털 사이트 내 오락채널 총괄팀장과 오락채널 내 만화사업의 운영 직원은 콘텐츠제공업체들이 게재하는 음란만화의 삭제를 요구할 조리상의 의무가 있다고 한다(대판 2006.4.28. 2003도4128).

《대판 1996.9.6. 95도2551 (법원공무원 횡령방조 사건)》 작위의무는 법적인 의무이어야 하므로 단순한 도덕상 또는 종교상의 의무는 포함되지 않으나 작위의무가 법적인 의무인 한 성문법이건 불문법이건 상관이 없고 또 공법이건 사법이건 불문하므로, 법령, 법률행위, 선행행위로 인한 경우는 물론이고 기타 신의성실의 원칙이나 사회상규 혹은 조리상 작위의무가 기대되는 경우에도 법적인 작위의무는 있다.

라) 선행행위에 의한 작위의무

자기의 행위로 인하여 위험발생의 원인을 야기한 자는 위험발생을 방지할 작위의무가 있다(§18조). 이것이 선행행위(先行行爲)에 의한 작위의무이다. 여기서 선행행위는 자기의 행위에 국한되며, 작위·부작위를 불문한다.

3) 보증인지위의 내용(실질설)

보증인의무는 그 내용에 따라 보호의무와 안전의무로 나눌 수 있다.

가) 보호의무에 의한 보증인적 지위

(1) 가족적 보호관계

보증인의무가 발생하는 가장 강력하고 명백한 근거는 가족과 같은 자연적 결합관계이다. 따라서 가족 사이에는 서로 생명과 신체의 위험을 방지할 의무가 있다. 그러므로 부모는 아이의 생명이나 신체를 보호할 의무가 있고, 아들도 또한 아버지의 생명에 대한 보증인이 된다. 부부도 서로 상대방의 위험에 대한 보증인이 된다.

따라서 아버지를 독살하려는 것을 알고도 방치한 때에는 살인방조죄의 죄책을 면할 수 없고, 남편이 자살을 기도하여 의식을 잃고 있는 것을 방치한 경우에는 자살방조죄의 책임을 지지 않을 수 없다. 그러나 부부 사이의 보호의무는 상호간의 신뢰관계가 현실적으로 존재하는 때에만 인정된다. 따라서 별거하고 있는 부부 사이에까지 이러한 의무를 인정할 수는 없다.

(2) 긴밀한 공동관계

등반대, 항해단, 탐험대 등과 같이 자의로 조직되어 위험한 모험을 함께하는 사람들 상호간에 신뢰관계가 존재하는 한 보증인지위가 인정된다. 따라서 등반대의 책임자는 건강상의 이유로 더 이상 등산을 계속할 수 없는 대원을 보호해야할 보증인지위에 있게 된다.

(3) 보호기능의 인수

피해자를 사실상 인수하여 피해자와 인수인 사이에 보호관계가 발생한 때에도 보증인지위가 인정된다. 보호기능의 인수는 보통 계약에 의해 이루어진다. 예를 들어 수영교사는 수영을 배우는 학생에 대하여, 위험한 관광의 안내원은 그 여행자에 대하여, 의사는 환자에 대하여 보증인이 된다.

나) 안전의무로 인한 보증인적 지위

(1) 선행행위

선행행위자는 선행행위로 인한 위험이 구성요건적 결과로 발전하지 않도록 할 보증인이 된다. 그러나 선행행위로 인하여 단순한 위험을 야기하였다고 하여 언제나 결과

방지의 의무를 인정하는 것은 보증인지위를 지나치게 확대하는 결과를 초래한다. 따라서 선행행위로 인한 보증인지위를 인정하기 위하여는 ① 선행행위가 결과발생에 대한 직접적이고 상당한 위험을 야기할 수 있는 것이어야 하고, ② 선행행위는 객관적으로 의무에 위반했거나 위법한 것임을 요하며, ③ 의무를 위반한 선행행위는 그 법익을 보호하기 위한 규범을 침해한 것이어야 한다.

(2) 위험원에 대한 감독책임

위험한 물건, 시설, 기계 또는 동물의 소유자와 점유자는 이로 인하여 발생한 위험이 타인의 법익을 침해하지 않도록 방지해야 할 의무가 있다.

예를 들어 건물의 소유자는 위험한 계단에 조명을 할 의무가 있고, 건축공사를 하거나 감독하는 자는 그가 사실상 맡고 있는 지위에 따라 안전조치를 취할 의무가 있다. 위험한 동물(예를 들어 맹견)의 소유자는 그 동물에 의하여 타인에게 피해가 발생하는 것을 방지할 보증인의무가 있다.

(3) 타인의 행위에 대한 감독책임

정신병자의 감호자, 미성년자에 대한 부모, 학생에 대한 교사, 부하에 대한 상급자, 재소자를 감독하는 교도관 등의 관계처럼 일정한 자를 돌봐야 할 책임 있는 자에게 위험의 발생을 방지해야 할 의무가 인정될 수 있다. 대법원은 부하직원의 배임행위를 방치한 은행지점장에게도 보증인 지위를 인정하고 있다(대판 1984.11.27. 84도1906).

4. 부작위범의 위법성·책임

부작위범의 위법성과 책임 문제는 작위범과 동일하다. 따라서 부작위범의 구성요건에 해당하는 행위도 정당행위, 정당방위, 긴급피난 등의 행위로 위법성이 조각될 수 있다. 또한 부작위범에서도 부작위자의 책임이 인정되기 위해서는 책임능력, 위법성의 인식, 기대가능성 등의 요건을 갖추어야 한다.

Ⅳ. 처벌

진정부작위범은 형법 각칙에 규정에 따라 처벌된다. 그러나 현행 형법은 부진정부작위범의 처벌에 관하여 별도의 명문규정이 없다. 따라서 부진정부작위범은 작위범과 동일하게 처벌된다.

V. 관련문제

1. 부작위범의 미수

진정부작위범은 결과의 발생을 필요로 하지 않는 거동범의 성격을 가지므로 **미수를 인정할 수 없다**(다수설). 그런데 우리 형법은 진정부작위범인 퇴거불응죄(§319②)와 집합명령위반죄(§145②)의 미수범을 처벌하는 규정(§322, §149)을 두고 있다. 그러나 실질적으로 이들 미수규정은 적용될 여지가 없다(다수설). **부진정부작위범은 결과범의 성격을 가지므로 미수가 인정된다.**

2. 부작위범과 공범

가. 부작위범에 대한 공범

정범인 부작위범에게 보증인지위가 있는 한, 이에 대한 공범은 보증인지위가 없어도 교사·방조, 간접정범, 공동정범 모두 성립할 수 있다. 예를 들어 작위의무자를 협박 또는 기망하여 의무이행을 불가능하게 함으로써 작위의무를 방치시킨 경우 의사지배가 인정되면 부작위범을 도구로 하는 간접정범이 성립될 수 있다.

나. 부작위에 의한 공범

1) 부작위에 의한 공동정범

2인 이상의 공동의 작위의무를 가진 자가 공동으로 부작위에 의하여 의무를 이행하지 않으면 부작위에 의한 공동정범이 성립한다(통설).

《대판 2008.3.27. 2008도89 (맛사지숍 사건)》 [1] 부작위범 사이의 공동정범은 다수의 부작위범에게 공통된 의무가 부여되어 있고 그 의무를 공통으로 이행할 수 있을 때에만 성립한다.
[2] 공중위생영업의 신고의무는 '공중위생영업을 하고자 하는 자'에게 부여되어 있고, 여기서'영업을 하는 자'란 영업으로 인한 권리의무의 귀속주체가 되는 자를 의미하므로, 영업자의 직원이나 보조자의 경우에는 영업을 하는 자에 포함되지 않는다.36)

36) 케어코리아라는 회사의 압구정점 실장, 신촌점 실장, 소공점 실장, 삼성점 실장, 부산점 실장이 케어코리아 한국지사장과 공동으로 공중위생관리법상의 신고를 하지 않았다고 공소제기된 사건인데, 대법원은 각 지점의 실장직에 있었던 피고인들은 위 회사의 근로소득자에 불과하고 영업상의 권리의무의 귀속주체가 아니라는 이유로 위 규정에 의한 신고의무를 부담하는 자에 해당하지 않는다고 판단하고, 나아가 피고인들에게 공통된 신고의무가 부여되어 있지 않은 이상 부작위범인 신고의무 위반으로 인한 공중위생관리법위반죄의 공동정범도 성립할 수 없다고 판단하였다.

2) 부작위에 의한 간접정범

부작위에 의한 간접정범은 인정되지 않는다(다수설). 도구로 이용되는 피이용자의 행위를 저지할 작위의무에 위반한 그 자체는 피이용자에 대한 의사지배를 인정하기 곤란하기 때문이다.

3) 부작위에 의한 교사범

부작위에 의한 교사는 법률상 불가능하다. 교사는 심리적 영향에 의하여 정범에게 범죄의 결의를 일으켜야 하기 때문이다.

4) 부작위에 의한 방조

방조하는 자에게 보증인지위가 있는 한 **부작위에 의한 방조는 가능하다**(통설, 판례).

비교판례

부작위범이 인정되는 경우	부작위범이 인정되지 않는 경우
① 피고인이 이 사건 토지에 대하여 여객정류장시설 또는 유통업무설비시설을 설치하는 도시계획이 입안되어 있어 장차 위 토지가 정주시에 의하여 협의매수되거나 수용될 것이라는 점을 알고 있었으므로, 이러한 사정을 모르고 위 토지를 매수하려는 피해자에게 위와 같은 사정을 고지할 신의칙상 의무가 있다 할 것이므로, 피고인의 행위는 부작위에 의한 사기죄를 구성한다(대판 1993.7.13. 93도14 도시계획 입안사실 미고지 사건). ② 법무사가 아닌 사람이 법무사로 소개되거나 호칭되는 데에도 자신이 법무사가 아니라는 사실을 밝히지 않은 채 법무사 행세를 계속하면서 근저당권설정계약서를 작성한 경우, 부작위에 의한 법무사법위반죄를 인정할 수 있다(대판 2008.2.28. 2007도9354 법무사 행세 사건).	① 보호자가 의학적 권고에도 불구하고 치료를 요하는 환자의 퇴원을 간청하여 담당 전문의와 주치의가 치료중단 및 퇴원을 허용하는 조치를 취함으로써 환자를 사망에 이르게 한 행위에 대하여 보호자, 담당 전문의 및 주치의가 부작위에 의한 살인죄의 공동정범으로 기소된 사안에서, 담당 전문의와 주치의에게 작위에 의한 살인방조죄만 성립한다(대판 2004.6.24. 2002도995 보라매병원 사건). ② 모텔 방에 투숙하여 담배를 피운 후 재떨이에 담배를 끄게 되었으나 담뱃불이 완전히 꺼졌는지 여부를 확인하지 않은 채 불이 붙기 쉬운 휴지를 재떨이에 버리고 잠을 잔 과실로 담뱃불이 휴지와 침대시트에 옮겨 붙게 함으로써 화재가 발생한 경우, 화재가 중대한 과실 있는 선행행위로 발생한 이상 화재를 소화할 법률상 의무는 있으나, 화재 발생 사실을 안 상태에서 화재를 용이하게 소화할 수 있었다고 보기 어려우므로 부작위에 의한 현주건조물방화치사상죄는 성립되지 않는다. 다만 중실화와 중과실치사상죄의 성립은 인정된다(대판 2010.1.14. 2009도12109 모텔방 재떨이 사건).

부작위범이 인정되는 경우	부작위범이 인정되지 않는 경우
③ 피고인이 폭약을 호송하던 중 화차 내에서 금지된 촛불을 켜 놓은 채 잠자다가 폭약상자에 불이 붙는 순간 잠에서 깨어나 이를 발견하였다면 불이 붙은 상자를 뒤집어 쉽게 진화할 수 있고 또는 그 상자를 화차 밖으로 던지는 방법 등으로 대형폭발사고만은 방지할 수 있었는데도 불구하고 피고인이 화약호송 책무자로서 더구나 위험발생의 원인을 야기한 자로서의 진화 및 위험발생 원인제거에 관한 의무를 위반하여 이를 그대로 방치하면 화차안 모든 화약류가 한꺼번에 폭발하리라는 정을 예견하면서도 화차 밖으로 도주하였음은 부작위에 의한 폭발물파열죄(현행법상으로는 폭발물사용죄)가 성립한다(대판 1978.9.26. 78도1996 이리역 폭발 사고).37) ④ 피고인이 미성년자를 유인하여 포박 감금한 후 단지 그 상태를 유지하였을 뿐인데도 피감금자가 사망에 이르게 된 것이라면 피고인의 죄책은 감금치사죄에 해당한다 하겠으나, 나아가서 그 감금상태가 계속된 어느 시점에서 피고인에게 살해의 범의가 생겨 피감금자에 대한 위험발생을 방지함이 없이 포박감금상태에 있던 피감금자를 그대로 방치함으로써 사망케 하였다면 피고인의 부작위는 살인죄의 구성요건적 행위를 충족하는 것이라고 평가하기에 충분하므로 부작위에 의한 살인죄를 구성한다(대판 1982.11.23. 82도2024 이윤상군 유괴 사건).38) ⑤ 도로교통법 제50조 제1항, 제2항이 규정한 교통사고발생시의 구호조치의무 및 신고의무는 … 교통사고의 결과가 피해자의 구호 및 교통질서의 회복을 위한 조치가 필요한 상황인 이상 그 의무는 교통사고를 발생시킨 당해 차량의 운전자에게 그 사고발생에 있어서 고의·과실 혹은 유책·위법의 유무에 관계없이 부과된 의무라고 해석함이 상당할 것이므로, 당해 사고에 있어 귀책사유가 없는 경우에도 위 의무가 있고, 또 위 의무는 신고의무에만 한정되는 것이 아니므로 타인에게 신고를 부탁하고 현장을 이탈하였다고 하여 위 의무를 다한 것이라고 말할 수는 없다(대판 2002.5.24. 2000도1731 1톤 포터 : 5톤 라이노 충돌사건).	③ 피고인 甲이 乙과 토지 지상에 창고를 신축하는데 필요한 형틀공사 계약을 체결한 후 그 공사를 완료하였는데, 乙이 공사대금을 주지 않는다는 이유로 토지에 쌓아 둔 건축자재를 치우지 않고 방치한 경우, 甲이 乙의 토지 위에 쌓아 두었던 건축자재를 공사 완료 후 치우지 않은 행위가 위력으로써 乙의 추가 공사 업무를 적극적으로 방해하는 행위와 동등한 형법적 가치를 가진다고 볼 수 없다(대판 2017.12.22. 2017도13211 창고신축 건축자재 방치 사건).

37) 1977년 11월 9일 인천을 출발하여 광주로 가던 한국화약주식회사의 화약열차는 10일 11시 31분에 다른 열차와 함께 이리역에 도착, 1605호 화물열차에 중계되어 목적지인 광주로 출발하기 위해 사고지점인 4번 입환대기선(入換待期線)에 머물러 있었다. 한국화약주식회사의 호송원 甲은 화약류 등의 위험물은 역 내에 대기시키지 않고 곧바로 통과시켜야 하는 원칙을 무시하고 수송을 늦추고 있는 이리역 측에 항의를 제기했으나 묵살되자 이리역 앞 식당에서 음주를 한 후 화약열차에 들어갔다. 그러

부작위범이 인정되는 경우	부작위범이 인정되지 않는 경우
⑥ 은행지점장이 정범인 부하직원들의 범행을 인식하면서도 그들의 은행에 대한 배임행위를 방치하였다면 배임죄의 방조범이 성립된다(대판 1984.11.26. 84도1906 조흥은행 지점장 사건). ⑦ 법원의 입찰담당 공무원이 자신이 맡고 있는 입찰사건의 입찰보증금이 계속적으로 횡령되고 있는 사실을 알았다면, 담당 공무원으로서는 이를 제지하고 즉시 상관에게 보고하는 등의 방법으로 그러한 사무원의 횡령행위를 방지해야 할 법적인 작위의무를 지는 것이 당연하다(대판 1996.9.6. 95도2551 법원공무원 횡령방조 사건). ⑧ 백화점에서 바이어를 보조하여 특정매장에 관한 상품관리 및 고객들의 불만사항 확인 등의 업무를 담당하는 직원은 자신이 관리하는 특정매장의 점포에 가짜 상표(CALVIN KLEIN, CELINE, DKNY, GUESS 등)가 새겨진 상품이 진열·판매되고 있는 사실을 발견하였다면 고객들이 이를 구매하도록 방치하여서는 아니되고 점주나 그 종업원에게 즉시 그 시정을 요구하고 바이어 등 상급자에게 보고하여 이를 시정하도록 할 근로계약상·조리상의 의무가 있다(대판 1997.3.14. 96도1639 백화점 직원 짝퉁방치 사건). ⑨ 인터넷 포털서비스 사이트 내 오락채널 총괄팀장인 甲과 오락채널 내 만화사업을 책임지고 운영하는 직원인 乙은 콘텐츠 제공업체들이 위 성인만화방에 게재하는 만화 콘텐츠를 관리·감독할 권한과 능력을 갖고 있었다고 할 것이고, 따라서 이 사건 음란만화들이 지속적으로 게재되고 있다는 사실을 안 이상 이를 게재한 콘텐츠 제공업체들에게 그 삭제를 요구할 조리상의 의무가 있다(대판 2006.4.28. 2003도4128 포털사이트 성인만화 묵인 사건).	

나 화물열차 속이 어둡자 논산역에서 구입했다는 양초에 불을 붙여 화약상자에 세워 놓은 뒤 침낭 속에 몸을 묻고 잠에 빠져 들었는데 미쳐 끄지 않은 촛불이 화약상자에 옮겨 붙어 대규모 폭발사고가 발생했다.

38) 1980년 11월 13일 당시 경서중학교 1학년이었던 이윤상(2대 독자)이 유괴되어, 다음날 사망한 사건이다. 사건으로부터 1년여가 지난 1981년 11월 30일에 범인이 체포되었다. 범인은 해당학교 체육교사인 주영형(朱永炯)으로, 주교사 살인사건이라고도 한다.

부작위범이 인정되는 경우	부작위범이 인정되지 않는 경우
⑩ 세월호가 침몰해가는 상황에서 선장인 피고인이 선내 대기 중인 승객 등에 대한 퇴선조치 없이 갑판부 선원들과 함께 해경 경비정으로 퇴선하였을 뿐 아니라 퇴선 이후에도 아무런 조치를 취하지 아니하여 승객 등이 스스로 세월호에서 탈출하는 것이 불가능하게 되는 결과가 초래되어 많은 승객 등이 사망한 경우, 피고인의 이러한 퇴선조치의 불이행은 승객 등을 적극적으로 물에 빠뜨려 익사시키는 행위와 다름이 없어 작위에 의한 살인의 실행행위와 동일하게 평가할 수 있다(대판 2015.11.12. 2015도6809 全合 세월호 사건).	

제3장

위법성론

제1절 위법성의 이론

Ⅰ. 위법성의 의의

1. 위법성의 개념

위법성이란 구성요건에 해당하는 행위가 '법에 어긋난다'는 판단이다. 법에 어긋난다는 것은 우리나라의 전체 법질서가 그 행위에 대해 부정적으로 평가하고 그 행위를 허용하지 않는다는 것을 의미한다. 즉, '법질서 전체의 입장에서 내려지는 행위에 대한 부정적 가치판단'을 위법성이라 한다. 여기서 '법질서 전체'란 형법 이외의 민법 등의 성문법과 관습법·조리·사회상규 등 불문법 내지 초실정법적 원리를 포함하는 넓은 개념이다.

2. 위법성과 불법과의 관계

다수설은 위법성과 불법을 구별하여 위법성은 법질서 전체에 대하여 단일하고 동일한 순수한 관계만을 표시하는 개념(유무의 판단만이 가능)이고 불법은 개개의 법률에 대한 반규범성을 의미하므로 그 질과 양의 정도에 차이가 있는 개념이라고 한다. 예를 들어 강도행위와 절도행위는 위법하다는 면에서는 같지만, 강도행위의 불법이 절도행위의 불법보다 크다고 한다.

3. 위법성과 구성요건해당성의 관계

소극적 구성요건표지이론에 의하면 위법성은 소극적 구성요건요소이므로 위법성이 없는 행위는 총체적 불법구성요건해당성도 없다고 한다(Mezger, 범죄성립 2원론). 즉, 구성요건해당성은 위법성의 '존재근거'로서 위법하지 않은 행위는 모두 (총체적 불법)구성요건해당성도 없다고 한다.

그러나 통설인 범죄성립 3원론에 의하면 구성요건해당성은 위법성의 '인식근거'로서 구성요건해당성이 인정되면 위법성은 추정·징표된다고 한다(M.E. Mayer). 즉, 구성요건에 해당하는 행위는 원칙적으로 위법하지만 위법성 조각사유가 있는 경우는 예외적으로 위법하지 않다고 한다.

4. 위법성과 책임의 관계

위법성은 법질서 전체의 입장에서 내리는 '행위'에 대한 객관적 반가치판단인 반면에 책임은 비난가능성을 묻는 '행위자'에 대한 주관적 반가치판단이다.

위법하지 않은 행위에 대해서는 공범이 성립할 여지가 없으나, 책임의 유무는 공범관계에 영향을 미치지 아니한다. 또한 위법성이 조각되어 위법하지 않은 행위에 대해서는 정당방위가 있을 수 없으나, 책임이 조각되는 행위에 대해서는 정당방위가 가능하다.

Ⅱ. 위법성의 본질 및 평가방법

1. 위법성의 본질 - 형식적 위법성론과 실질적 위법성론

'형식적 위법성론'은 위법성의 본질을 규범위반이라고 한다. 즉 '어떤 행위가 왜 위법한가?' 하는 질문에 대해 그 행위를 금지하는 법규에 위반되었기 때문이라고 한다(Binding). 형식적 위법성론에 의하면 '어떤 행위를 하여서는 아니된다'(금지) 또는 '어떤 행위를 하여야 한다'(명령)라는 형식적 법규정을 위반한 때에 위법하게 된다.

이에 대해 '실질적 위법성론'은 위법성의 본질을 권리침해(Feuerbach), 법익침해(Liszt) 또는 사회질서위반 등과 같은 규범의 근저에 놓여 있는 실질적 내용에서 파악하려는 견해이다. 통설·판례는 법적 권리로까지 승격되지 않은 이익을 침해해도 위법할 수 있다고 하는 법익침해설을 따른다.

실질적 위법성은 입법자에게 신범죄화와 비범죄화의 지침을 제공하고, 법률의 명문규정이 없더라도 법익 또는 이익교량에 의해 더 높은 법익을 위해 낮은 법익을 희생하였다는 평가가 가능할 때 그 위법성을 조각하는 소위 초법규적 위법성조각사유를 인정하게 된다.

우리 형법은 제20조에 '…사회상규에 위배되지 않는 행위는 벌하지 아니한다'고 규정하여 실질적 위법성을 따르고 있다.

《대판 2008.10.23. 2008도6999》 형법 제20조 소정의 '사회상규에 위배되지 아니하는 행위'라 함은 법질서 전체의 정신이나 그 배후에 놓여 있는 사회윤리 내지 사회통념에 비추어 용인될 수 있는 행위를 말한다.

2. 위법성의 평가방법 - 객관적 위법성론과 주관적 위법성론

가. 객관적 위법성론

객관적 위법성론에서는 법규범을 인간의 행위를 사회질서의 관점에서 평가하는 것을 가능하게 하는 객관적 평가규범으로 보며, 위법성은 객관적 평가규범으로서의 법규범을 위반하는 것으로 이해하는 견해이다(통설). 따라서 정신병자의 행위도 법규범에 의하여 법익침해로 평가되는 한 비록 행위자에게 책임이 없다고 할지라도 위법성은 인정된다. 법의 의사결정규범으로서의 성질은 책임단계에서 비로소 나타나는 것이다.

나. 주관적 위법성론

반면에 주관적 위법성론은 법규범을 평가규범일뿐만 아니라 의사결정규범으로 보고, 위법성은 주관적인 의사결정규범으로서의 법규범에 위반하는 것으로 이해하는 견해이다. 주관적 위법성론에 의하면 책임무능력자는 규범의 수명자가 될 수 없어 위법하게 행위할 수 없고, 책임능력이 있는 자의 행위만 위법할 수 있게 된다.

다. 소결

형법은 근본적으로 평가규범이라는 점, 행위의 위법여부에 대한 법규범의 객관적 평가가 행위자의 개인적 사정에 의하여 좌우되어서는 안된다는 점을 고려할 때 객관적 위법성론이 타당하다.

Ⅲ. 위법성의 조각사유 일반이론

1. 위법성조각사유의 의의

구성요건해당성은 위법성의 징표(추정)로서의 기능을 가지고 있다. 따라서 구성요건에 해당하는 행위는 원칙적으로 위법하다. 위법하다고 추정되는 구성요건에 대해 이를 허용하는 규범이 바로 위법성조각사유 또는 정당화사유라고 한다. 형법총칙에는 정당행위(§20), 정당방위(§21), 긴급피난(§22), 자구행위(§23), 피해자의 승낙(§24)의 다섯 가지 위법성조각사유를 규정하고 있다. 그리고 각칙인 제310조에 명예훼손죄에 대한 특별한 위법성조각사유를 규정하고 있다. 이밖에 모자보건법 제14조(인공임신중절수술의 허용한계), 경찰관직무집행법 제10조의4(무기사용) 등 개별법으로 위법성조각사유를 규정하고 있다.

2. 위법성조각사유의 구성요소

위법성조각사유의 구성요소에는 결과반가치에 의거한 객관적 요소 이외에 행위반가치에 의거한 고의·과실과 같은 주관적 요소도 포함된다. 즉 위법성조각사유는 구성요건해당성이 인정되는 행위의 결과반가치를 상쇄시키는 객관적 정당화상황과 구성요건해당성이 인정되는 행위의 행위반가치를 상쇄시키는 주관적 정당화요소를 그 구성요소로 한다.

3. 위법성조각의 법적 효과

위법성조각사유에 해당하여 위법성이 조각된다는 것은 그 행위는 비록 구성요건에 해당하더라도 적법한 것으로 평가된다는 의미이다. 따라서 위법성이 조각될 경우 다음과 같은 효과가 발생한다.

첫째, '행위자'에 대한 효과로서, 행위자는 범죄가 성립하지 않으므로 형벌과 보안처분을 받지 않는다.

둘째, '피해자'에 대한 효과로서, 위법성조각사유가 존재하는 행위의 피해자는 정당방위로 대항할 수 없다.

셋째, '공범'에 대한 효과로서, 위법성이 조각되는 행위에 대해서 그 행위에 관여한 교사범이나 종범과 같은 공범의 성립도 부정된다(제한적 종속형식).

Ⅳ. 주관적 정당화요소

1. 주관적 정당화요소의 의의

주관적 정당화요소란 구성요건에 해당하는 행위를 하는 사람이 자신이 정당한 행위, 즉 위법성이 조각되는 행위를 하고 있다는 것을 인식·인용하는 내심상태를 말한다. 즉 객관적 정당화상황을 인식하고서 이에 기하여 행위한다는 의사를 말한다. 위법성조각사유 또는 정당화사유의 주관적 요건을 말하며, 정당방위의 방위의사, 긴급피난의 피난의사, 자구행위에서 자구의사 등이 여기에 해당한다.

2. 주관적 정당화요소의 요부

위법성조각사유가 성립하기 위해 주관적 정당화요소가 필요한가에 대해 위법성의 판단을 결과반가치만 가지고 판단하는 입장에서는 주관적 정당화요소가 필요하지 않다고 한다.

그러나 **통설·판례는** 형법이 '방위하기 위한 행위', '피난하기 위한 행위', '실행곤란을 피하기 위한 행위'로 규정하고 있고, 주관적 정당화요소가 있어야 행위반가치가 없어질 수 있다는 것 등을 근거로 위법성을 조각하기 위해서는 객관적 정당화상황만으로는 부족하고 **주관적 정당화요소가 필요하다**고 본다.

《대판 1980.5.20. 80도306 (김재규 중정부장 사건)》 설사 그 당시의 사태가 소론 현재의 위난이 존재하는 상태이었다고 가정하더라도 소위 피난의사 있었다고 인정할 수 없는 이상 이건 긴급피난의 성립을 인정할 수 없다.

《대판 1997.4.17. 96도3376 全合 (전두환·노태우 사건)》 정당행위가 성립하기 위하여는 건전한 사회통념에 비추어 그 행위의 동기나 목적이 정당하여야 하고, 정당방위·과잉방위나 긴급피난·과잉피난이 성립하기 위하여는 방위의사 또는 피난의사가 있어야 한다. … 피고인들에게 방위의사나 피난의사가 있다고 볼 수도 없어 정당행위, 정당방위·과잉방위, 긴급피난·과잉피난에 해당한다고 할 수는 없다.

3. 주관적 정당화요소의 내용

위법성조각사유가 성립하기 위해서는 주관적 정당화요소가 필요하다고 할 경우, 주관적 정당화요소가 존재하기 위해서는 정당화상황(위법성조각사유의 객관적 요건을 충족하는 상황)을 인식해야 함은 물론이다. 여기에 더 나아가 정당방위나 긴급피난 등을 인용하는 의지적 요소까지 필요한지 문제된다.

고의에 의한 행위반가치를 상쇄시켜 법익침해행위를 정당화시키기 위해서는 정당화사유의 실현에 대한 '인식'과 '의사'를 필요로 한다고 보아야 한다. 따라서 주관적 정당화요소의 내용으로 정당화상황의 인식과 그것을 바탕으로 한 정당화의사가 요구된다. 판례도 정당행위를 인정하기 위해서는 행위의 동기나 목적의 정당성도 고려해야 한다고 하는데 이는 의지적 요소가 필요하다는 입장이라고 할 수 있다.

4. 주관적 정당화요소를 결여한 경우의 효과 - 우연방위 등

가. 문제의 소재

위법성조각사유가 성립하려면 객관적 정당화상황과 주관적 정당화요소를 갖추어야 한다. 그런데 객관적 정당화상황이 존재함에도 불구하고 주관적 정당화요소가 없는 경우의 법적 효과에 관하여는 견해가 대립한다. 예컨대 乙이 연탄가스에 질식 중인 사실을 모르고 甲이 돌을 던져 유리창문을 깨뜨리고 도망쳤으나 이로 인해 乙의 생명을 구한 경우(우연피난), 또는 甲이 총을 발사하여 평소 원한이 있던 乙을 살해하였으나 총을 발사하는 순간 乙도 甲을 살해하기 위하여 총을 조준하고 있었던 경우(우연방위) 甲을 어떻게 취급하여야 할 것인지에 대해서 견해가 대립된다.

나. 위법성조각설(무죄설, 객관설)

위법성조각을 위해서 주관적 정당화요소가 필요없다는 입장에서 행위자가 객관적 정당화상황의 존재를 알지 못하고 행위한 경우에도 위법성조각사유는 성립된다는 견해이다(주관적 정당화요소 불요설, 결과반가치 일원론). 이에 의하면 甲은 위법성이 조각되어 처벌되지 않는다.

다. 기수범설(주관설)

불법의 내용을 행위반가치만으로 보는 일원적 인적 불법론(행위반가치 일원론)에 의하면 주관적 정당화요소는 없고 객관적 정당화상황만 존재할 경우 위법성 조각은 인정되지 않고, 구성요건에 해당하는 행위의 위법성(불법)은 그대로 남을 뿐만 아니라 이 행위로 인하여 구성요건적 결과까지 발생하였으므로 행위자를 기수범으로 처벌해야 한다고 한다.

라. 불능미수범설(절충설)

이 경우 주관적으로는 위법하나(행위반가치 존재) 객관적으로 존재하는 정당화상황으로 인해(결과반가치 배제) 결과불법이 불능미수의 수준으로 낮아지기 때문에 불법구성요건해당성에 관한 행위반가치와 결과반가치의 구조에서 불능미수와 유사한 점이 있어 형법 제27조의 불능미수의 규정을 유추적용하여 처벌해야 한다는 견해이다(다수설).

마. 검토

주관설에 입각한 기수범설과 객관설에 치우친 위법성조각설의 단점을 보완하여, 결과반가치와 행위반가치를 통일적으로 파악하는 불능미수범설이 타당하다고 생각된다.

제2절 정당방위

제21조(정당방위) ① 현재의 부당한 침해로부터 자기 또는 타인의 법익(法益)을 방위하기 위하여 한 행위는 상당한 이유가 있는 경우에는 벌하지 아니한다.
② 방위행위가 그 정도를 초과한 경우에는 정황(情況)에 따라 그 형을 감경하거나 면제할 수 있다.③ 제2항의 경우에 야간이나 그 밖의 불안한 상태에서 공포를 느끼거나 경악(驚愕)하거나 흥분하거나 당황하였기 때문에 그 행위를 하였을 때에는 벌하지 아니한다.

Ⅰ. 정당방위의 의의

1. 정당방위의 개념

정당방위(正當防衛)란 자기 또는 타인의 법익에 대한 현재의 부당한 침해를 방위하기 위한 상당한 이유 있는 행위를 말한다(§21①). 정당방위는 인간의 자위본능에 기한 것으로 '법은 불법에 양보할 필요가 없다'는 사상에 기초하여 오래전부터 자연법적으로 인정되어 왔다. 여기에 연유하여 '정당방위는 역사를 갖지 아니한다'라는 법언이 생겨났다.

2. 구별개념

가. 정당방위와 긴급피난

정당방위와 긴급피난은 현재의 위난에 대한 사전적 긴급행위인 점에서 같으나, 부당한 침해에 대한 정당한 방위로서 **부정(不正)** 대 **정(正)**의 관계에 있다는 점에서 정(正) 대 정(正)의 관계에 있는 긴급피난과 다르다. 따라서 긴급피난에서는 보충성과 보호되는 법익과 침해되는 법익 사이에 균형이 요구되지만, 정당방위에서는 보충성과 균형성이 엄격하게 요구되지 않는다.

나. 정당방위와 자구행위

정당방위와 자구행위는 부정(不正) 대 정(正)의 관계인 점이 같으나, 사후적 긴급행위인 자구행위와 달리 정당방위는 사전적 긴급행위이다. 자구행위가 '자기'의 '청구권'을 보전하기 위한 경우에만 인정되는 데에 비해 정당방위는 청구권이 아닌 '법익' 또한 자기 아닌 '타인'의 법익을 방위하기 위한 경우에도 인정되는 점에서도 차이가 있다.

다. 과잉방위·오상방위 및 우연방위

정당방위의 객관적 요건에 충족되어 있고 정당방위 의사로 행위하였으나 방위행위가 정도를 초과한 경우를 **과잉방위**(過剩防衛)라고 한다. 이에 비해 정당방위의 객관적 요건을 충족하는 사실관계 그 자체가 존재하지 않음에도 불구하고 존재한다고 착오하거나 정당방위의 객관적 요건 그 자체를 잘못 알고 정당방위의 의사로 행위한 경우를 **오상방위**(誤想防衛)라고 한다. 반대로 정당방위의 객관적 요건은 충족되어 있지만 정당방위의 의사가 없는 상태에서 행위한 경우를 **우연방위**(偶然防衛)라고 한다.

Ⅱ. 정당방위의 근거

1. 자기보호의 원리

자위본능에 기초를 둔 개인의 권리라는 측면에서, 타인의 부당한 침해로부터 개인이 스스로의 생존을 위하여 법익을 보호하는 것을 허용한다는 원리이다. 개인적 차원의 자연권으로서의 정당방위의 성격이 강조된 것이다. 이러한 원리로 인해 정당방위는 위법한 침해로부터 개인적 법익을 보호하기 위하여 허용될 뿐이며, 국가적·사회적 법익을 보호하기 위해서는 원칙적으로 허용되지 않는다.

2. 법질서수호의 원리

정당방위는 법질서를 파괴하는 불법한 행위로부터 법질서를 보호하는 권리로서 '불법에 대하여는 법이 길을 비켜 줄 필요가 없다'는 원리이다. 사회적 차원의 자연권으로서의 정당방위의 성격이 강조된 것이다. 이 성격으로 인하여 제3자를 위한 정당방위가 근거를 가질 수 있으며, 만일 법수호의 이익이 없을 때에는 정당방위를 부정해야 한다는 정당방위의 제한의 문제가 제기된다.

Ⅲ. 성립요건

현행 형법상 정당방위의 성립요건은 ① 현재의 부당한 침해가 있을 것, ② 자기 또는 타인의 법익을 방위하기 위한 행위일 것, ③ 상당한 이유가 있을 것의 3가지로 요약할 수 있다.

1. 현재의 부당한 침해가 있을 것

가. 현재

1) 침해의 현재성

법익에 대한 침해가 당장 급박한 상태에 있거나, 눈앞에서 침해가 행해지거나, 아직도 계속되고 있는 것을 말한다. 따라서 **과거의 침해 또는 장차 예견되는 침해에 대해서는 정당방위를 할 수 없다.**

정당방위는 실행의 착수 전이라 하더라도 침해가 당장 '급박한 상태'에 있다면, 그 때부터 가능하다. 예컨대 장전된 권총을 집어 드는 경우에는 침해의 현재성이 인정되어 정당방위가 가능하다. 침해의 종료시기는 침해자에 의한 범죄의 기수시기와 반드시 일치하지는 않는다. 따라서 **침해행위가 형식적으로 기수에 도달하였더라도 법익침해가 현장에서 계속되는 상태라면 현재성이 인정된다.** 예컨대 절도의 현행범을 추적하여 장물을 탈환하는 경우에도 침해의 현재성이 인정되므로 정당방위가 인정된다(통설).

《대판 1996.4.9. 96도241 (배척 사건)》 피해자의 침해행위에 대하여 자기의 권리를 방위하기 위한 부득이한 행위가 아니고, 그 침해행위에서 벗어난 후 분을 풀려는 목적에서 나온 공격행위는 정당방위에 해당한다고 할 수 없다.

2) 예방적 정당방위

'예방적 정당방위'란 현재의 침해는 없지만 장래 확실히 발생할 것으로 생각되는 타인의 위법한 침해를 방위하기 위해서 미리 즉각적이고 효과적인 예방조치로 그 타인의 법익을 공격하는 것을 허용하는 경우를 말한다. 그러나 침해가 급박한 긴급상태가 아님에도 정당방위를 허용하는 것은 자기 방어권의 지나친 확대를 가져오고, 정당방위를 '현재의 침해'에 제한하려는 형법의 취지에도 어긋난다는 점에서 예방적 정당방위는 인정될 수 없다(다수설).

예컨대, 외딴 술집에 마지막 시간까지 남아서 술을 마시고 있던 취객들이 자신을 공격해 올 것을 알아차린 술집 주인이라도 이 공격을 방위하기 위해 미리 술에 수면제를 타서 제공하는 것은 침해의 현재성이 결여된 것으로서 정당방위를 인정할 수 없다. 그러나 장래의 침해의 발생을 미리 예상하여 하는 방위행위라도 그 효과의 발생이 침해의 발생시에 이르러 비로소 나타나면 현재의 침해에 대한 것이라고 할 수 있다. 예컨대, 절도범의 침입에 대비해 담장에 미리 감전장치나 자동발사총(自發銃)을 설치해 놓은 경우, 절도범의 침해와 동시에 언제나 현재성이 인정된다.

3) 계속적 침해의 위험상황에 대한 정당방위

현재 당장 침해가 존재하는 것은 아니지만 지금까지 계속적 · 반복적으로 침해가 행해져왔고 또 별다른 상황이 생겨나지 않는 한 앞으로도 계속하여 침해가 있을 것으로 예상되는 경우에 현재의 침해가 있다고 할 것인가에 대해서는 견해가 대립한다. 판례 중에는 침해의 현재성은 인정하는 듯한 태도를 취하였지만, 상당성을 부정하여 정당방위를 인정하지 않은 사례가 있다. 그러나 다수설은 침해의 현재성을 엄격히 해석하여 반복될 위험을 방위하기 위한 정당방위는 허용되지 않는다는 입장이다.

나. 부당

1) 부당한 침해

'부당'한 침해라는 것은 위법한 것을 의미한다. 여기서 위법은 객관적 위법성의 의미로 이해해야 할 것이므로, 책임무능력자의 침해나 고의 · 과실 없는 자의 침해에 대하여서도 정당방위는 가능하다. 또한 위법은 객관적 법질서 전체에 반하는 일반적 위법을 의미하므로 형법상 위법행위뿐만 아니라 민사법상의 불법행위, 과실범 내지 미수범처벌규정이 없는 경우의 과실 또는 미수행위에 대해서도 정당방위가 가능하다. 그러나 **위법한 행위가 아닌 정당방위·긴급피난 또는 정당행위에 의한 침해에 대하여는 정당방위가 허용되지 않는다**(긴급피난은 가능).

《대판 2000.7.4. 99도4341 (검정색 그랜저 도주 사건)》 경찰관의 행위가 적법한 공무집행을 벗어나 불법하게 체포한 것으로 볼 수밖에 없다면, 그 체포를 면하려고 반항하는 과정에서 경찰관에게 상해를 가한 것은 불법 체포로 인한 신체에 대한 현재의 부당한 침해에서 벗어나기 위한 행위로서 정당방위에 해당하여 위법성이 조각된다.

2) 싸움과 정당방위

'싸움'의 경우에는 싸우는 자 상호간에 침해를 유발한 것이므로 일방에게만 위법한 침해라 할 수 없고, 공격의사와 방어의사가 교차하는 경우이므로 부정 대 정의 관계를 전제로 하는 **정당방위는 성립의 여지가 없다**(통설 · 판례).

《대판 2000.3.28. 2000도228 (매형 - 처남 싸움 사건)》 가해자의 행위가 피해자의 부당한 공격을 방위하기 위한 것이라기보다는 서로 공격할 의사로 싸우다가 먼저 공격을 받고 이에 대항하여 가해하게 된 것이라고 봄이 상당한 경우, 그 가해행위는 방어행위인 동시에 공격행위의 성격을 가지므로 정당방위 또는 과잉방위행위라고 볼 수 없다.

그러나 예외적으로 ① 일방이 싸움을 중지한 후 재차 공격해 온 경우(대판 1957.3.8. 4290형상18)나, ② 싸움 도중에 당연히 예상할 수 있는 범위를 초과한 과격한 공격의 경우(대판 1968.5.7. 68도370), ③ 외관상 서로 격투를 하는 것처럼 보이지만 실제 한쪽 당사자가 일방적으로 불법한 공격을 가하고 상대방은 이를 벗어나기 위해 소극적인 저항으로 유형력을 행사한 경우(대판 1999.10.12. 99도3377)에는 정당방위가 인정된다.

《대판 1968.5.7. 68도370 (초소 근무교대 사건)》 싸움을 함에 있어서 격투를 하는 자 중의 한사람의 공격이 그 격투에서 당연히 예상할 수 있는 정도를 초과하여 살인의 흉기 등을 사용하여온 경우에는 이를 '부당한 침해'라고 아니할 수 없으므로 이에 대하여는 정당방위를 허용하여야 한다고 해석하여야 할 것이다.[39]

다. 침해

1) 부작위에 의한 침해

침해한 법익에 대한 공격을 말한다. 작위로 인한 적극적인 공격이건 부작위로 인한 소극적인 침해이건 묻지 않는다. 그러나 부작위에 의한 침해가 인정되기 위해서는 ① 행위자에게 작위의 법적 의무가 있어야 하고, ② 의무의 불이행은 처벌할 수 있는 행위이어야 한다. 따라서 아이에게 젖을 먹이지 않는 어머니를 협박하여 젖을 먹이게 하거나 남의 집에 들어와 퇴거요구를 받고도 퇴거하지 않는 사람을 강제퇴거시키는 경우에는 정당방위가 인정되지만, 임대차계약에 만료된 후에 임차인이 퇴거하지 않는 것과 같은 단순한 계약상의 채무불이행에 대해서는 정당방위가 인정되지 않는다.

2) 동물의 침해

침해는 원칙적으로 사람에 의한 침해여야 하므로 **자연현상이나 동물에 의한 침해에**

---

39) 甲(상병)은 소속대의 경비병으로 복무를 하고 있는 자로서 1967.7.28. 오후 10시부터 동일 오후 12시까지 소속 연대장숙소 부근에서 초소근무를 하라는 명령받고 근무 중, 그 이튿날인 1967.7.29. 오전 1시 30분경 동소에서 다음 번 초소로 근무를 하여야 할 乙이 술에 취하여 교대시간보다 한 시간 반이나 늦게 와서 서로 언쟁을 하다가 甲이 乙을 구타하자 乙(22세, 상병)은 코피를 닦으며 흥분하여 '월남에서는 사람하나 죽인 것은 파리를 죽인 것이나 같았다. 너 하나 못 죽일 줄 아느냐'라고 하면서 甲의 등 뒤에 카빙소총을 겨누며 실탄을 장전하는 등 발사할 듯이 위협하였다. 이에 甲은 당황하여 먼저 乙을 사살치 않으면 위험하다고 느끼고 뒤로 돌아서면서 소지하고 있던 카빙소총을 乙의 복부를 향하여 발사하여 乙을 사망케 하였다.

대해서는 정당방위가 성립할 수 없다. 다만, 동물에 의한 공격이라도 **사육주의 고의·과실로 공격이 야기된 경우 사육주의 침해행위가 되므로 정당방위가 가능하다.** 예컨대 사람이 맹견(猛犬)을 도구로 이용하여 공격해 오는 경우 정당방위로 그 맹견을 죽일 수 있다. 그러나 주인의 고의도 과실도 없는 동물의 공격에 대해서는 정당방위가 아니라 긴급피난의 문제로 취급하여야 한다.

2. 자기 또는 타인의 법익을 방위하기 위한 행위일 것

가. 자기 또는 타인의 법익

1) 법익의 범위

사람의 생명·신체·명예·재산·자유 등 형법상의 법익뿐만 아니라 법에 의해 보호되는 모든 법익은 정당방위에 의해 보호될 수 있다. 예컨대 가족관계나 애정관계와 같이 형법상의 구성요건에 해당하지 않는 법익이라도 이를 방위하기 위해 정당방위를 할 수 있다.

자기의 법익뿐만 아니라 타인의 법익을 보호하기 위한 정당방위도 가능하다. 타인의 법익을 보호하기 위한 정당방위를 긴급구조라고 한다. 여기서 '타인'이라 함은 자연인은 물론이고 법인이건 기타 단체이건 묻지 않는다. 또 타인의 법익을 방위하는 경우에는 타인의 의사는 문제되지 않으므로, 피침해자인 타인의 의사에 반하는 방위행위도 인정될 수 있다.

2) 국가적 · 사회적 법익에 대한 정당방위

순수한 국가적 법익이나 사회적 법익의 경우 원칙적으로는 정당방위는 허용되지 않는다(통설). 국가나 사회공공의 질서유지는 국가의 사명이지 개인의 정당방위에 의하여 방어할 성질의 법익이 아니기 때문이다. 예컨대 무면허로 자동차를 운전하는 사람이나, 음란한 영화의 상영을 막기 위해 영화관 종업원에게 폭행 · 협박을 한 때에는 정당방위가 성립하지 않는다.

나. 방위하기 위한 행위

정당방위가 성립하기 위해서는 자기 또는 타인의 법익에 대한 현재의 부당한 침해를 방위하기 위한 행위여야 한다. 방위행위란 그 침해가 계속되지 못하게 하거나 침해를 배제시키는 모든 행위를 말한다. 방위행위는 원칙적으로 부당한 침해를 가하는 자에 대해서 이루어져야 한다. 공격(침해)과 무관한 제3자에 대한 반격은 정당방위가 성립하지 않고 긴급피난만이 가능하다. 방위행위에는 순수한 방어적 방위인 보호방위와 침해자에 대한 적극적 반격을 포함하는 공격방위(반격방위)가 있다.

《대판 1992.12.22. 92도2540 (김보은양 사건)》 정당방위가 성립하려면 침해행위에 의하여 침해되는 법익의 종류, 정도, 침해의 방법, 침해행위의 완급과 방위행위에 의하여 침해될 법익의 종류, 정도 등 일체의 구체적 사정들을 참작하여 방위행위가 사회적으로 상당한 것이어야 하고, 정당방위의 성립요건으로서의 방어행위에는 순수한 수비적 방어뿐 아니라 적극적 반격을 포함하는 반격방어의 형태도 포함되나, 그 방어행위는 자기 또는 타인의 법익침해를 방위하기 위한 행위로서 상당한 이유가 있어야 한다.

방위행위는 부당한 침해를 벗어나기 위하여(방위의사) 구성요건에 해당하는 행위를 하는 것을 말한다. 따라서 방위행위를 하였으나 그것이 구성요건에 해당하지 않는다면 형법상 논의의 실익이 없다.

방위행위가 되기 위해서는 행위자에게 주관적 정당화요소로서 방위의사가 필요하다. 이때의 방위의사는 그것이 방위행위의 동기나 유일한 요소일 필요는 없고, 증오·분노·복수와 같은 다른 동기가 함께 작용하더라도 방위의사가 주된 기능을 하는 한 정당방위의 성립에는 영향이 없다.

정당방위의 객관적 요건에 갖추어졌다 하더라도 방위의사가 없는 경우에는 우연방위가 된다. 우연방위에 대해서는 기수설, 불능미수설(다수설) 및 불가벌설이 대립한다.

3. 상당한 이유가 있을 것

가. 의의

정당방위가 성립하기 위해서는 방위행위에 상당한 이유, 즉 상당성이 있어야 한다. 상당한 이유란 방위행위가 사회상규에 비추어 상당한 정도를 넘지 않고 당연시되는 것을 말한다. 상당성에는 정당방위의 필요성과 정당방위에 대한 사회윤리적 제한을 그 내용으로 한다(다수설).

나. 방위행위의 필요성

방위행위의 '필요성'이란 방위행위가 가해오는 침해를 적시에 효과적으로 배제시키기에 필요한 정도의 것이어야 한다는 의미이다. 필요성은 행위 당시를 기준으로 일체의 구체적 사정을 고려하여 '객관적'으로 판단한다. 필요성은 수단의 적합성과 상대적 최소침해의 원칙을 그 내용으로 한다. 즉 방위행위가 방위를 위한 적합한 수단이고 그것이 공격자에게 상대적으로 경미한 피해를 입힌 경우에 방위행위의 필요성이 인정된다.

《대판 2003.11.13. 2003도3606 (연설 중 마이크 빼앗은 사건)》 어떠한 행위가 정당방위로 인정되려면 그 행위가 자기 또는 타인의 법익에 대한 현재의 부당한 침해를 방어하기 위한 것으로서 상당성이 있어야 하므로, 위법하지 않은 정당한 침해에 대한 정당방위는 인정되지 아니하고, 방위행위가 사회적으로 상당한 것인지 여부는 침해행위에 의해 침해되는 법익의 종류, 정도, 침해의 방법, 침해행위의 완급과 방위행위에 의해 침해될 법익의 종류, 정도 등 일체의 구체적 사정들을 참작하여 판단하여야 한다.

1) 적합성의 원칙

방위행위는 침해를 적시에 효과적으로 제거하는데 적합한 수단이어야 한다(수단의 적합성).

2) 상대적 최소침해의 원칙

방위자는 공격자에게 가장 경미한 손해를 주는 대응방법(수단)을 택해야 한다(침해의 최소성). 따라서 보호방위로 충분하다면 공격방위는 허용될 수 없다.

3) 보충성의 원칙

부정(不正) 대 정(正)의 관계인 정당방위는 긴급피난의 경우와는 달리 반드시 다른 피난방법이 없었을 것, 즉 **엄격한 보충성의 원칙은 요구되지 않는다.**

4) 법익 균형성의 원칙

법익균형성은 방위행위의 상당성을 판단하는 데에 있어서 중요한 기능을 한다. 그러나 정당방위는 긴급피난에서와 같은 **엄격한 균형성의 원칙은 요구되지 않는다.** 왜냐하면 정당방위는 '법은 불법에 양보할 필요가 없다'는 사상에 근거한 것이므로 침해법익과 보전법익 사이의 균형이나 보전법익의 우월성이 긴급피난에서처럼 엄격하게 요구되지 않기 때문이다.

다. 정당방위의 사회윤리적 제한

1) 의의

방위행위는 법질서 전체의 입장에 비추어 요구된 행위이어야 하므로, 사회적으로 요구되지 않은 방위행위는 사회윤리적 관점에서 제한을 받는다. 이를 정당방위의 사회윤리적 제한이라 한다. 정당방위에 사회윤리적 제한을 하는 이유는 정당방위의 이론적 근거에 비추어 자기보호의 필요성이나 법질서 수호의 이익이 없거나 현저히 줄어든 경우에는 정당방위가 허용되지 않거나 제한을 받기 때문이다.

1) 정당방위 제한의 유형

가) 책임 없는 자의 침해에 대한 방위

유아, 정신병자, 음주만취자 등의 공격에 대해서는 정당방위가 전면적으로 금지되거나, 공격을 회피할 수 없는 때에만 정당방위를 허용된다. 이때도 보호방위에 그쳐야 한다.

나) 보증관계 있는 자의 침해에 대한 방위

부부(夫婦), 부자(父子)와 같은 긴밀한 인적 관계가 있는 사람 사이에서도 정당방위의 성립이 제한된다. 이 경우 자기보호를 위해 필요한 범위 내의 방어수단을 취해야 한다. 그러므로 술 취한 남편의 폭행을 피하기 위해 남편을 우산으로 찔러 살해하는 것은 정당방위가 될 수 없다(독일 판례).

다) 극히 경미한 침해에 대한 방위

정당방위는 부정 대 정의 관계이므로 침해행위와 방위에 의하여 위협되는 법익 사이의 균형이나 비례는 문제되지 않는다. 따라서 경미한 법익을 방어하기 위하여 보다 높은 가치의 법익을 침해한 때에도 정당방위가 성립한다. 그러나 침해가 극히 경미하고 공격으로 위협받는 법익과 반격으로 침해되는 법익 간에 '현저한' 불균형이 있으면 정당방위가 제한된다.

라) 도발된 침해(자초행위)에 대한 방위

스스로 공격행위를 유발한 경우 자초행위(自招行爲)로서 정당방위가 허용되지 않거나 제한된다. 예컨대 정당방위 상황을 이용하여 공격자를 침해할 목적으로 공격을 유발하고 이에 대해 방위행위를 한 경우, 즉 고의(목적)에 의한 도발의 경우에는 정당방위가 성립할 수 없다. 정당방위를 의도적으로 남용하는 자에게는 법수호자의 자격이나 자기 보호의 이익이 인정될 수 없기 때문이다.

의도적 도발은 아니지만 침해에 대하여 방위자에게 책임이 있는 경우, 즉 과실(책임) 있는 도발의 경우에는 그 침해를 회피할 수 없거나 다른 방법에 의하여는 방어할 수 없는 경우에 한하여 소극적인 보호방위 정도로의 정당방위가 제한적으로 인정된다. 예컨대, 간통현장을 목격한 남편의 공격에 대한 정부(情夫)의 반격은 보호방위에 제한된다.

Ⅳ. 정당방위의 효과

정당방위의 효과는 '벌하지 아니한다'이다(§21①). '벌하지 아니한다'는 의미는 정당방위로서 범죄의 구성요건에 해당하더라도 위법성이 조각되어 범죄는 성립되지 않고 따라서 처벌되지 아니한다. 정당방위는 위법성이 조각되는 행위이므로 정당방위에 대한 정당방위는 허용되지 않는다.

Ⅴ. 과잉방위

1. 의의

과잉방위는 자기 또는 타인의 법익에 대한 현재의 부당한 침해를 방위하기 위한 것이나 **방위행위가 상당한 정도를 초과한 경우**를 말한다. 과잉방위가 성립하기 위해서는 상당성을 제외한 다른 정당방위요건은 다 갖춰져야 한다. 따라서 과거의 침해에 대한 방위행위나 침해가 종료한 이후의 방위행위는 정당방위는 물론 과잉방위에도 해당하지 않는다.

2. 성립요건

가. 정당방위 상황과 방위의사 등의 존재

과잉방위가 되기 위해서는 현재의 부당한 침해가 있어야 하고, 주관적 정당화요소로서 방위의사 등이 존재해야 한다.

나. 방위행위의 상당성 결여

방위행위가 그 상당한 정도를 초과하였는가의 여부는 행위자의 주관이 아니라 객관적 기준에 의하여 판단하므로, 정도의 초과를 과잉행위자가 인식하였는가는 묻지 않는다(통설).

3. 효과

과잉방위는 긴급상황으로 인하여 적법행위의 기대가능성이 감소·소멸되기 때문에 그 '정황'에 의하여 형을 감경 또는 면제할 수 있다(§21②, 형벌감면적 과잉방위). 여기에서 '정황'은 책임을 감소 내지 소멸시킬 만한 외적·내적 정황을 의미한다.

그런데 과잉방위에 있어 그 '정황'이 매우 심한 경우, 예컨대 **야간 기타 불안스러운 상태하에서 공포·경악·흥분·당황**으로 인한 때에는 적법행위의 기대가능성이 없기 때문에 책임이 조각된다(§21③, 면책적 과잉방위).

Ⅵ. 오상방위

1. 의의

오상방위는 객관적으로 정당방위의 요건이 구비되어 있지 않음에도 불구하고, 주관적으로 이를 구비하고 있는 것으로 오신(誤信)하고 방위행위로 나아간 경우를 말한다. 예컨대, 가게에 손님이 들어오는 것을 강도가 들어오는 것으로 오인한 가게주인이 그 손님을 폭행하여 내쫓은 경우, 乙이 甲을 시험하기 위해 장난감 총으로 돈을 내라고 위협하였는데 甲은 생명의 위협을 느끼고 乙을 사살한 경우 등과 같이 현재의 부당한 침해가 없음에도 불구하고 현재의 부당한 침해가 있다고 오신하고 방위행위를 하는 경우이다.

2. 오상방위의 효과

오상방위는 정당방위가 아니므로 위법성이 조각되지 않는다. 다만, 이는 '위법성조각사유의 전제사실에 착오'가 있는 경우에 해당하므로 그 처벌 문제는 이러한 착오를 어떻게 평가할 것인가에 따라 결과가 달라진다(책임론 참조). 법효과제한적 책임설(다수설)에 의하면 구성요건적 고의(불법고의)는 인정되지만, 책임고의가 탈락되어 고의범은 인정되지 않는다. 다만, 과실범 처벌규정이 있으면 과실범으로 처벌할 수 있다. 그러나 판례는 그 오인에 정당한 이유가 있는 경우 위법성이 조각된다는 입장이다.

3. 오상과잉방위

오상과잉방위란 현재의 부당한 침해가 없음에도 존재한다고 오인하고 그 정도를 초과한 방위행위를 한 경우, 즉 오상방위와 과잉방위가 결합된 경우를 말한다. 오상과잉방위의 처리에 관하여는 견해의 대립이 있으나, 이 역시 현재의 부당한 침해가 없는 경우인 이상 **오상방위와 같이 취급해야 한다**(다수설).

비교판례

정당방위에 해당하지 않는 경우	정당방위에 해당하는 경우
① 甲(임차인)은 집주인인 乙로부터 계약기간이 지났으니 방을 비워 달라는 요구를 수회 받고서도 그때마다 행패를 부려 乙이 무서워서 다른 집에 가서 잠을 자기도 하였는데 범행 당일 乙이 방세를 돌려줄테니 방을 비워달라고 요구하자 방안에서 나오지도 아니하고 금 2천만원을 줘야 방을 비워준다고 억지를 쓰며 폭언을 하므로 乙의 며느리가 화가나 甲의 방 창문을 쇠스랑으로 부수자, 이에 격분하여 배척(속칭 빠루)을 들고 나와 마당에서 이 장면을 구경하다 미처 甲을 피하여 도망가지 못한 마을주민인 丙 및 丁을 배척(속칭 빠루)으로 때려 상해를 가한 경우 甲에게 현재의 부당한 침해는 없으므로 정당방위가 인정되지 않는다(대판 1996.4.9. 96도241 배척 사건). ② 甲이 처남인 乙의 집에서 乙이 술에 만취하여 누나인 丙과 말다툼을 하다가 丙의 머리채를 잡고 때렸으며, 당시 丙의 남편이었던 甲이 이를 목격하고 화가 나서 乙과 싸우게 되었는데, 그 과정에서 몸무게가 85㎏ 이상이나 되는 乙이 62㎏의 甲을 침대 위에 넘어뜨리고 甲의 가슴 위에 올라타 목부분을 누르자 호흡이 곤란하게 된 甲이 안간힘을 쓰면서 허둥대다가 그곳 침대 위에 놓여있던 과도(길이 21㎝)로 乙의 왼쪽 허벅지를 1회 찔러 전치 14일간의 치료를 요하는 상해를 가한 경우 가해행위는 방어행위인 동시에 공격행위의 성격을 가지므로 정당방위 또는 과잉방위행위라고 볼 수 없다(대판 2000.3.28. 2000도228 매형-처남 싸움 사건). ③ 甲이 약 12살 때부터 의붓아버지인 乙의 강간행위에 의하여 정조를 유린당한 후 계속적으로 성관계를 강요받고, 행동의 자유를 간섭받아 왔으며, 그러한 침해행위가 그 후에도 반복하여 계속될 염려가 있었다면, 甲의 신체나 자유 등 에 대한 현재의 부당한 침해상태가 있었다고 볼 여지가 없는 것은 아니나, 사회통념상 상당성을	① 피고인이 경찰관의 불심검문을 받아 운전면허증을 교부한 후 경찰관에게 큰 소리로 욕설을 하였는데, 경찰관이 모욕죄의 현행범으로 체포하겠다고 고지한 후 피고인의 오른쪽 어깨를 붙잡자 반항하면서 경찰관에게 상해를 가한 경우, 경찰관이 피고인을 체포한 행위는 적법한 공무집행이라고 볼 수 없고, 피고인이 체포를 면하려고 반항하는 과정에서 상해를 가한 것은 불법체포로 인한 신체에 대한 현재의 부당한 침해에서 벗어나기 위한 행위로서 정당방위에 해당한다(대판 2011.5.26. 2011도3682 서교동 빌라 검문 사건). ② 검사가 참고인 조사를 받는 줄 알고 검찰청에 자진출석한 변호사사무실 사무장을 합리적 근거 없이 긴급체포하자 그 변호사가 이를 제지하는 과정에서 위 검사에게 상해를 가한 것이 정당방위에 해당한다(대판 2006.9.8. 2006도148 검사 : 변호사 사건). ③ 변호사인 甲이 쌍용자동차 공장을 점거·농성 중인 현장을 방문하여 조합원들이 불법적으로 체포되는 것을 목격하고 이에 항의하면서 전투경찰대원들의 불법체포 행위를 제지하였으며, 전투경찰대원들은 방패로 甲을 강하게 밀었는데, 이 과정에서 甲이 전투경찰대원인 乙, 丙이 들고 있던 방패를 당기고 밀어 乙과 丙에게 상해를 입힌 경우 정당방위에 해당한다(대판 2017.3.15. 2013도2168 쌍용차 사태 변호사 사건). ④ 싸움이 중지된 후 다시 피해자들이 새로이 도발한 별개의 가해행위를 방어하기 위하여 단도로서 상대방의 복부에 자상을 입힌 행위는 정당방위에 해당한다(대판 1957.3.8. 4290형상18). ⑤ 경비병으로 복무하는 甲(상병)은 오후 10시부터 12시까지 소속 연대장 숙소 부근에서 초소근무를 하라는 명령받고 근무 중, 그 다음 날 오전 1시 30분경 초소의 교대 근무자인 乙(상병)과 교대시간이 늦었다는 이유로 언쟁을 하다가

정당방위에 해당하지 않는 경우	정당방위에 해당하는 경우
결여하여 정당방위 행위가 되지 않는다(대판 1992.12.22. 92도2540 김보은양 사건).[40] ④ 구의원 후보자 합동연설회장에서 후보자 乙의 연설내용이 다른 후보자인 甲에 대한 명예훼손 또는 후보자 비방의 요건에 해당되나 그 위법성이 조각되는 경우, 乙의 연설 도중에 甲이 마이크를 빼앗고 욕설을 하는 등 물리적으로 乙의 연설을 방해한 행위가 乙의 '위법하지 않은 정당한 침해'에 대하여 이루어진 것일 뿐만 아니라 '상당성'을 결여하여 정당방위의 요건을 갖추지 못한 것이다(대판 2003.11.13. 2003도3606 연설 중 마이크 빼앗은 사건). ⑤ 이혼소송중인 남편이 찾아와 가위로 폭행하고 변태적 성행위를 강요하는 데에 격분하여 처가 칼로 남편의 복부를 찔러 사망에 이르게 한 경우, 그 행위는 정당방위나 과잉방위에 해당하지 않는다(대판 2001.5.15. 2001도1089 변태남편 죽인 사건). ⑥ 피고인 甲이 그 소유의 밤나무 단지에서 피해자 乙이 밤 18개를 푸대에 주워 담는 것을 보고 푸대를 빼앗으려다 반항하는 乙의 뺨과 팔목을 때려 상처를 입혔다면 위 행위가 비록 乙의 절취행위를 방지하기 위한 것이었다 하여도 긴박성과 상당성을 결여하여 정당방위라고 볼 수 없다(대판 1984.9.25. 84도1611 밤 18개 사건). ⑦ 피고인이 피해자를 7군데나 식칼로 찔러 사망케 한 행위가 피해자의 구타행위로 말미암아 유발된 범행이었다 하더라도 그와 같은 사정만으로는 위 소위가 정당방위 또는 과잉방위에 해당된다고 볼 수 없다(대판 1983.9.27. 83도1906 7군데 찔러 죽인 사건).	甲이 乙을 구타하자 乙(22세)은 소지하고 있던 카빙소총을 甲의 등 뒤에 겨누며 실탄을 장전하는 등 발사할 듯이 위협을 하자 甲은 당황하여 먼저 乙을 사살치 않으면 위험하다고 느끼고 甲은 뒤로 돌아서면서 소지하고 있던 카빙소총을 乙의 복부를 향하여 발사하여 사망케 한 경우 현재의 급박하고도 부당한 침해가 있는 것으로 오인하는데 대한 정당한 사유가 있는 경우에 해당된다(대판 1968.5.7. 68도370 초소 근무교대 사건). ⑥ 타인이 보는 자리에서 자식으로부터 인륜상 용납할 수 없는 폭언과 함께 폭행을 가하려는 피해자를 1회 구타한 행위는 피고인의 신체에 대한 법익뿐만 아니라 아버지로서의 신분에 대한 법익에 대한 현재의 부당한 침해를 방위하기 위한 행위로써 정황에 비추어 볼 때 피고인으로서는 피해자에게 일격을 가하지 아니할 수 없는 상당한 이유가 있는 행위로써 정당방위에 해당한다(대판 1974.5.14. 73도2401 내 술한잔 먹어라 사건). ⑦ (자전거)절도범으로 오인받은 자가 군중들로부터 무차별 구타를 당하자 이를 방위하기 위하여 야간에 소지하고 있던 손톱깍기 칼을 휘둘러 상해를 입힌 행위는 정당방위로 본다(대판 1970.9.17. 70도1473 절도범 오인 무차별 구타 사건). ⑧ 甲과 乙이 공동으로 인적이 드문 심야에 혼자 귀가중인 丙女에게 뒤에서 느닷없이 달려들어 양팔을 붙잡고 어두운 골목길로 끌고 들어가 담벽에 쓰러뜨린 후 甲이 음부를 만지며 반항하는 丙女의 옆구리를 무릎으로 차고 억지로 키스를 함으로 丙女가 정조와 신체를 지키려는 일념에서 엉겁결에 甲의 혀를 깨물어 설절단상을 입혔다면 丙女의 범행은 자기의 신체에 대한 현재의 부당한 침해에서 벗어나려고 한 행위로서 그 행위에 이르게 된 경위와 그 목적 및 수단, 행위자

40) 1992년, 충청북도 충주시에서 의붓아버지 丙에게 지속적인 성폭행을 당하던 20대 여성 甲이 남자친구 乙과 함께 의붓아버지를 살해한 사건이다. 甲은 어려서 아버지를 잃었으며, 이후 그녀가 7살이 되던 해 어머니는 검찰공무원인 丙과 재혼을 하였다. 그런데 丙은 甲이 고작 만 9세에 불과했을 때부터 성폭행하기 시작하여 사건이 발생할 때까지 10년 이상 성폭행을 계속하여 왔다. 시간이 흘러 甲은 대학교의 무용과에 입학하게 되었지만, 甲은 주말에는 무조건 충주로 내려오도록 협박했고, 집에 오면 당연히 강간했다. 그런 와중에 甲은 남자친구인 乙에게 모든 사실을 털어놓게 되었다. 충격을 받은 乙은 고민을 하다가 丙을 살해하고 강도로 위장하기로 공모한 후, 범행 전날 서울 창동시장에서 범행에 사용할 식칼, 공업용 테이프, 장갑 등을 구입하여 범행 장소인 충주에 내려가서 甲과 전화통화로 범행시간을 정하고, 약속된 시간인 1992년 1월 17일 새벽 1시 30분경 甲이 열어준 문을 통하여 집안으로 들어가서 술에 취해 잠들어 있는 丙을 살해하고, 옆집에 가서 강도를 당하였다고 허위로 신고하였다. 이 사건을 계기로 그동안 쉬쉬했던 가정내 성폭력 문제가 공개적으로 제기되게 되었다.

정당방위에 해당하지 않는 경우	정당방위에 해당하는 경우
⑧ 법무부 의정부출입국관리소 소속 乙 등이 공장장의 동의나 승낙 없이 공장에 들어가 그 공장 내에서 일하고 있던 甲 등을 상대로 불법체류자 단속업무를 개시하자 甲이 乙의 오른쪽 허벅지를 칼로 찔러 상해를 가한 경우 현재의 부당한 침해를 방어하기 위한 상당한 이유가 있는 행위로 볼 수 없다(대판 2009.3.12. 2008도7156).	의 의사 등 제반사정에 비추어 위법성이 결여된 행위이다(대판 1989.8.8. 89도358 혀절단 사건).[41] ⑨ 차량통행문제를 둘러싸고 甲의 부와 다툼이 있던 乙이 그 소유의 차량에 올라타 문안으로 운전해 들어가려 하자 甲의 부가 양팔을 벌리고 이를 제지하였으나 乙이 이에 불응하고 그대로 그 차를 甲의 부 앞쪽으로 약 3미터 가량 전진시키자 위 차의 운전석 부근 옆에 서 있던 甲이 부가 다치는 것을 막고 위 차를 정지시키기 위하여 운전석 옆 창문을 통하여 乙의 머리털을 잡아당겨 그의 흉부가 위 차의 창문틀에 부딪혀 약간의 상처를 입게 한 행위는 부의 생명, 신체에 대한 현재의 부당한 침해를 방위하기 위한 행위로서 정당방위에 해당한다(대판 1986.10.14. 86도1091. 연립주택 후문통행 사건). ⑩ 술에 취하여 지나가던 A, B, C가 甲에게 이유 없이 욕설을 하고 甲이 이에 대꾸를 하자 C가 甲의 얼굴에 연필깎기용 면도칼을 들이대며 찌를 듯이 위협을 하여, 甲은 전화케이블선공사 도구로 사용하던 곡괭이 자루를 집어 들고 약 50m 떨어진 곳으로 도망갔는데, C는 각목을 들고, A는 빈 전화케이블선을 들고 계속 쫓아와 甲을 마구 때리므로 이에 대항하여 甲도 곡괭이자루를 마구 휘둘러 C를 사망하게 하고 A에게 상해를 입힌 경우 과잉방위에 해당한다(대판 1985.9.10. 85도1370 곡괭이자루 사건). ⑪ 평소 흉포한 성격의 乙이 만취하여 한밤중에 심하게 행패를 부리며 모두 죽여 버리겠다면서 식칼을 들고 어머니인 丙에게 식칼을 찌를 듯이 들이대자 이를 본 동생 丁이 제지하다고 오히려 목이 졸려 숨쉬기를 어렵게 되었다. 위급한 상황에서 甲이 순간적으로 丁을 구하기 위하여 乙에게 달려들어 목을 졸라 넘어뜨리고 몸 위에 타고 앉아 계속하여 목을 졸라 눌러 乙이 질식사한 경우, 정당방위의 요건인 상당성을 결여한 과잉방위에 해당하나, 불안스러운 상태하에서 공포, 경악, 흥분 또는 당황 등으로 말미암아 저질러진 것이라고 보아야 한다(대판 1986.11.11. 86도1862 여동생이 오빠 죽인 사건).

41) 혀 절단 사건은 1988년 9월 10일 가정주부 丙女(32세)가 귀가를 하던 도중 자신을 골목길로 끌고가 강제로 키스하는 남성의 혀를 깨물어 절단한 사건이다. 이 사건은 영화 '단지 그대가 여자라는 이유만으로'로도 재현되었다. 甲은 丙女를 자신의 혀를 절단하였다는 이유로 고소하였으며 검찰은 과잉방어라는 이유로 1년을 구형하였다. 제1심 법원(안동지원)은 丙女에게 유죄(징역 6개월 집행유예 1년), 항소심 법원(대구고법)과 대법원은 정당방위를 인정하여 무죄를 선고하였다.

정당방위에 해당하지 않는 경우	정당방위에 해당하는 경우
	⑫ 甲이 22:40경 그의 처 丙(31세)과 함께 극장구경을 마치고 귀가하는 도중 乙(19세)이 甲의 질녀 丁(14세) 등의 소녀들에게(음경을 내놓고 소변을 보면서) 키스를 하자고 달려드는 것을 甲이 "술에 취했으니 집에 돌아가라"고 타일렀다. 그럼에도 乙은 甲의 빰을 때리고 돌을 들어 구타하려고 따라와서 丙을 땅에 넘어뜨려 깔고 앉아서 구타하는 것을 甲이 다시 제지하였지만 듣지 아니하고 돌로 丙을 때리려는 순간 甲이 농구화 신은 발로 乙의 복부를 한차례 차서 乙이 사망한 경우 과잉방위가 불안스러운 상태하에서 공포, 경악, 흥분 또는 당황으로 인한 것이므로 처벌하지 않는다(대판 1974.2.26. 73도2380 농구화로 복부를 찬 사건).

제3절 긴급피난

제22조(긴급피난) ① 자기 또는 타인의 법익에 대한 현재의 위난을 피하기 위한 행위는 상당한 이유가 있는 때에는 벌하지 아니한다.
② 위난을 피하지 못할 책임이 있는 자에 대하여는 전항의 규정을 적용하지 아니한다.
③ 전조 제2항과 제3항의 규정은 본조에 준용한다.

Ⅰ. 긴급피난의 의의

1. 긴급피난의 개념

긴급피난이란 자기 또는 타인의 법익에 대한 현재의 위난을 피하기 위한 상당한 이유 있는 행위를 말한다(§22①). 정당방위에서와 달리 긴급피난에서는 피난행위에 의해 법익침해를 받는 사람에게는 아무런 잘못이 없으므로 **정(正) 대 정(正)**의 관계이다. 이로 인해 긴급피난에서는 **보충성과 법익균형성이 요구된다.** 즉 긴급피난은 최후의 수단이어야 하고, 피난행위에 의한 법익침해를 최소화해야 한다. 정당방위나 긴급피난은 적법한 행위이므로, 이에 대해 정당방위는 할 수 없고 긴급피난만이 가능하다.

2. 긴급피난과 정당방위, 자구행위의 구별

긴급피난은 정(正) 대 정(正)의 관계인 점, 이익교량의 원칙이 적용된다는 점에서 정당방위와 구별된다. 긴급피난은 '사전적 긴급행위'인 점에서 정당방위와 같고 사후적 긴급행위인 자구행위와 구별된다.

Ⅱ. 긴급피난의 본질과 근거

1. 본질

형법 제22조 제1항은 긴급피난을 '벌하지 아니한다'라고 규정하고 있는바, 여기서 '벌하지 아니한다'는 의미가 무엇인가에 대해서 견해가 대립된다.

가. 학설

1) 단일설

긴급피난은 제3자의 정당한 법익을 침해하므로 위법한 행위이지만, 자기유지의 본능으로 적법행위에 대한 기대가능성이 없기 때문에 책임이 조각된다고 보는 책임조각설도 있다. 그러나 통설은 우월적 이익의 원칙을 적용하여 피난행위로 인하여 보호받을 이익과 침해된 이익을 교량(較量)하여 보호받을 이익의 우월성이 인정되는 때에는 위법성이 조각되는 것이라고 한다.

2) 이분설

이 견해는 긴급피난을 위법성을 조각하는 정당화적 긴급피난과 책임을 조각하는 면책적 긴급피난으로 구분한다. 즉, 긴급피난을 우월적 이익의 원칙이 적용되는 경우와 법익동가치인 경우로 구별하여, 전자는 정당화적 긴급피난으로 위법성조각사유이고, 후자는 기대불가능성에 의한 면책적 긴급피난[42]으로 책임조각사유에 해당한다고 하는 견해이다.

2. 근거

긴급피난이 위법성을 조각하는 근거는 다수의 이익이 충돌하는 상황에서 큰 이익을 보호하기 위해 작은 이익을 희생시킨다는 이익교량의 원칙(우월적 이익의 원칙)과 사회윤리적 관점에서 정당한 목적을 위한 상당한 수단인 경우 위법하지 않다는 목적설의 결합에서 찾아야 할 것이다.

Ⅲ. 긴급피난의 성립요건

긴급피난은 ① 자기 또는 타인의 법익에 대한 현재의 위난이 있을 것, ② 위난을 피하기 위한 행위일 것, ③ 상당한 이유가 있을 것이라는 요건이 구비되어야 성립한다.

42) 면책적 긴급피난이란 보호법익의 본질적 우월성을 전제로 한 정당화적 긴급피난과 달리 동가치의 법익 사이에서 행하여진 긴급피난을 의미한다. 면책적 긴급피난에 해당하면 위법성은 조각되지 않고 다만 책임이 조각될 수 있을 뿐이다. 따라서 위법성이 인정되므로 정당방위가 가능하고 공범도 성립할 수 있다.

1. 자기 또는 타인의 법익에 대한 현재의 위난이 있을 것

가. 자기 또는 타인의 법익

자기의 법익뿐만 아니라 타인의 모든 법익을 보호하기 위한 긴급피난도 인정된다. 법률에 의하여 보호되는 모든 이익에 대하여 긴급피난이 가능하며, 반드시 형법에 의하여 보호되는 법익임을 요하지 않는다. 정당방위의 경우와 달리 개인적 법익에 한하지 않고 **사회적·국가적 법익에 대한 긴급피난도 가능**하다(통설).

나. 현재의 위난

'현재'라 함은 법익에 대한 침해 또는 위험 있는 상태가 즉시 또는 곧 발생할 것으로 예견되는 경우를 의미하는 것이나, 단지 일시적인 경우에 한하지 않고 절박한 위험이 계속되는 경우(계속적 위난)도 긴급피난의 현재성이 인정된다. 과거 또는 장래의 위험에 대하여는 긴급피난을 할 수 없다.

'위난'이라 함은 법익에 대한 위험있는 상태를 말하고 반드시 위법임을 요하지 아니한다. 따라서 **위난은 사람의 행위로 인한 것이건 자연현상 및 동물 등에 의하여 야기된 것이건 묻지 않는다.** 위난이 위법하거나 부당할 것을 요하지 않고, 위난이 위법할 경우에는 긴급피난 외에 정당방위도 가능하다.

현재의 위난이 있느냐는 긴급피난자의 주관에 의하여 결정할 것이 아니라, 구체적 상황과 그 상황에서 발생할 위험을 행위자가 속한 사회의 이성적 관찰자의 시각에서 객관적·개별적으로 판단한다.

다. 자초위난

위난 발생의 원인이 피난자에 귀책될 사유로 인하여 야기된 경우, 즉 자초위난(自招危難)에 대해서도 긴급피난이 가능한가에 대해서는 견해의 대립이 있다. 통설 및 판례는 긴급피난을 통해 타인의 법익을 **침해할 목적으로 위난을 자초한 경우에는 긴급피난이 될 수 없다**고 한다(고의의 자초위난 긴급피난 부정). 그러나 **피**난행위자에게 위난의 발생에 대해 **과실이 있는 경우**에는 상당성이 인정되는 한 **긴급피난이 인정**될 수 있다고 한다(과실의 자초위난 긴급피난 인정). 예컨대 부주의로 맹견의 꼬리를 밟아 그 습격을 피하기 위해 부득이 타인의 주거에 침입하고 재물을 손괴한 경우 긴급피난으로 보아야 한다.

2. 위난을 피하기 위한 행위(피난행위)

위난을 피하기 위한 행위, 즉 '피난행위'란 현재의 위난을 모면하기 위한 일체의 행위를 말한다. 피난행위의 상대방은 위난과 관계없는 제3자인 것이 원칙이다.

행위자는 '피난의사'를 가지고 행동할 것을 요한다. '피난의사'는 긴급피난의 주관적 정당화요소가 된다. 행위자는 현재의 위난을 인식하고 적어도 보다 높은 가치의 이익을 보호하기 위한 의사를 가지고 행위해야 한다. 피난의사가 피난행위의 유일한 동기일 필요는 없다.

3. 상당한 이유가 있을 것

긴급피난은 현재의 위난을 모면하기 위하여 제3자의 정당한 이익을 침해하는 행위, 즉 정 대 정의 관계이므로 피난행위의 상당성의 요건에 있어서 피해자(제3자)의 입장이 충분히 고려되어야 한다. 따라서 긴급피난의 경우에는 정당방위 보다 상당성의 요건이 더욱 강하게 요구된다.

《대판 2015.11.12. 2015도6809 全合 (세월호 사건)》 '긴급피난'이란 자기 또는 타인의 법익에 대한 현재의 위난을 피하기 위한 상당한 이유 있는 행위를 말하고, 여기서 '상당한 이유 있는 행위'에 해당하려면, 첫째 피난행위는 위난에 처한 법익을 보호하기 위한 유일한 수단이어야 하고, 둘째 피해자에게 가장 경미한 손해를 주는 방법을 택하여야 하며, 셋째 피난행위에 의하여 보전되는 이익은 이로 인하여 침해되는 이익보다 우월해야 하고, 넷째 피난행위는 그 자체가 사회윤리나 법질서 전체의 정신에 비추어 적합한 수단일 것을 요하는 등의 요건을 갖추어야 한다.

가. 수단의 적합성의 원칙

피난행위는 위난을 피하기 위한 목적에 적합하고, 사회윤리나 법정신에 비추어 용인되는 적합한 수단에 의해 이루어져야 한다. 예컨대 죽어가는 중환자의 생명을 구조하기 위해 동의 없이 제3자의 혈액을 강제채혈하거나 살아있는 사람의 장기를 강제적출하는 행위는 신체에 대한 개인의 자기결정권을 침해한 것이므로 수단의 적합성이 인정되지 않는다.

한편, 법익에 대한 위난을 방지하기 위한 법적 절차가 마련되어 있는 경우에는 이러한 절차를 따르지 않은 피난행위는 허용되지 않는다. 예컨대 부당하게 구속기소된 피고인이 무죄판결을 받기 위하여 위증(僞證)을 교사하거나 도주하는 것은 적합한 수단이 아니다.

나. 보충성의 원칙

긴급피난의 상당한 이유가 있기 위해서는 다른 방법으로는 위난을 피할 수 없고 피난행위가 **위난에 처한 법익을 보호하기 위한 유일한 수단이어야 한다**(보충성의 원칙). 따라서 위난을 피할 다른 방법이 있는 경우에는 긴급피난이 인정되지 않는다.

다. 상대적 최소침해의 원칙

긴급피난에 있어 적합성과 보충성이 인정되어 피난행위를 할 경우에도 피해자에게 가장 경미한 손해를 주는 방법으로 피난하여야 한다(침해의 최소성).

라. 균형성의 원칙

긴급피난에서는 **피난행위로 보호되는 이익이 이로 인해 침해되는 이익보다 본질적으로 우월한 것이어야 한다**(균형성의 원칙). 이를 이익교량의 원칙 또는 우월적 이익의 원칙이라고도 한다. 예컨대 불이 붙고 있는 집의 소유자가 불을 끄기 위하여 길을 막고 있는 사람을 밀어서 넘어뜨려 경미한 상처를 입힌 경우, 재물을 손괴하고 있는 정신질환자를 일시 감금하는 경우, 임부의 생명이나 신체의 위험을 보호하기 위한 낙태는 상당성을 인정할 수 있다. 그러나 생명은 교량(較量)할 수 있는 법익이 아니므로 다수인의 생명을 구하기 위하여 소수인을 살해하는 것은 긴급피난에 의해 정당화될 수 없다. 보호이익과 침해이익이 같은 경우에는 위난을 전가시키기보다 스스로 감당하는 것이 법질서의 정신에 합치되는 것이므로 피난행위의 위법성이 조각될 수 없고, 다만 기대가능성이 없는 경우 책임이 조각될 수 있다(다수설).

	최소침해성	수단적합성	보충성	법익균형성
정당방위	○	○	×	×
긴급피난	○	○	○	○
자구행위	○	○	○	×

Ⅳ. 효과

1. 위법성 조각

피난행위가 이상의 요건을 구비하는 때에는 긴급피난으로서, 범죄의 구성요건에 해당하더라도 위법성이 조각되어 범죄는 성립하지 않는다. 따라서 법원은 무죄판결을 하여야 한다. 피난행위에 가담한 공범자에게도 피난의사가 있으면 위법성이 조각된다. 긴급피난은 적법한 행위이므로, 이에 대해 정당방위는 할 수 없고 긴급피난만이 가능하다.

2. 긴급피난의 특칙

위난을 피하지 못할 책임이 있는 자에게는 긴급피난이 허용되지 않는다(§22②). '위난을 피하지 못할 책임이 있는 자'란 소방관·경찰관·선장·의사 등과 같이 그 직무를 수행함에 있어서 마땅히 일정한 위난을 감수해야 할 의무가 있는 자를 말한다. 예컨대 경찰관이 범인의 저항에 대하여 긴급피난을 할 수 없고, 선장이 선박이 파손된 경우에 승객보다 먼저 선박으로부터 이탈하는 행위는 긴급피난으로서 허용되지 않는다.

그러나 이러한 책임이 있는 자일지라도 절대적으로 긴급피난이 금지되는 것은 아니다. 따라서 타인의 법익을 위한 긴급피난이나 감수할 범위(수인한도)를 넘는 자기의 위난에 대해서는 긴급피난이 가능하다.

V. 과잉피난과 오상피난

1. 과잉피난

과잉피난이라 함은 피난행위가 그 상당한 정도를 초과한 경우를 말한다. 예컨대 위난을 피하기 위한 다른 방도가 있다든가 작은 법익을 보전하기 위하여 큰 법익을 침해한 경우이다. 과잉피난은 위법성이 조각되지 아니하고 범죄가 성립하나 다만 정황에 따라 그 형을 감경 또는 면제할 수 있다(책임 감소 · 소멸설). 그러나 과잉피난에 있어서도 야간 기타 불안스러운 상태하에서 공포, 경악, 흥분 또는 당황으로 인한 때에는 책임이 조각되어 벌하지 아니한다(적법행위의 기대불가능성으로 인한 책임조각).

2. 오상피난

오상피난이라 함은 객관적으로 긴급피난의 요건인 사실이 존재하지 아니함에도 불구하고 이것이 존재한다고 오신하여 피난행위를 한 경우를 말한다. 현재의 위난이 존재하지 아니하는데도 존재한다고 오신하는 경우를 말한다. 이는 위법성조각사유의 전제사실에 대한 착오의 문제로서 위법성이 조각되지 아니하며, 다만 책임고의가 조각되어 과실범의 처벌규정이 있는 경우에 한하여 과실범으로 처벌한다(법효과제한적 책임설).

비교판례

긴급피난에 해당하지 않는 경우	긴급피난에 해당하는 경우
① 피고인이 스스로 야기한 강간범행의 와중에서 피해자가 피고인의 손가락을 깨물며 반항하자 물린 손가락을 비틀며 잡아 뽑다가 피해자에게 치아결손의 상해를 입힌 소위를 가리켜 법에 의하여 용인되는 피난행위라 할 수 없다(대판 1995.1.12. 94도2781 치아결손 사건). ② 아파트 입주자대표회의 회장이 다수 입주민들의 민원에 따라 위성방송 수신을 방해하는 케이블TV방송의 시험방송 송출을 중단시키기 위하여 위 케이블TV방송의 방송안테나를 절단하도록 지시한 행위를 긴급피난 내지는 정당행위에 해당한다고 볼 수 없다(대판 2006.4.13. 2005도9396 안테나 절단 사건). ③ 피고인들이 확성장치 사용, 연설회 개최, 불법 행렬, 서명날인운동, 선거운동기간 전 집회 개최 등의 방법으로 특정 후보자에 대한 낙선운동을 함으로써 공직선거법상 선거운동제한 규정을 위반한 경우 시민불복종운동으로서 헌법상의 기본권 행사 범위 내에 속하는 정당행위이거나 형법상 사회상규에 위반되지 아니하는 정당행위 또는 긴급피난의 요건을 갖춘 행위로 볼 수는 없다(대판 2004.4.27. 2002도315). ④ 경찰관들이 한양대학교 출입문에서 집회참가자의 출입을 저지하자, 피고인이 그 때문에 신고 없이 연세대학교로 장소를 옮겨서 집회한 경우 신고 없이 한 집회를 급박한 현재의 위난을 피하기 위한 부득이한 것이었다고 볼 수는 없는 것이므로 긴급피난에 해당하지 아니한다(대판 1990.8.14. 90도870 한양대 출입저지 사건). ⑤ 피고인의 모(母)가 갑자기 기절하여 이를 치료하기 위하여 군무를 이탈한 경우 긴급피난에 해당하지 않는다(대판 1969.6.10. 69도690).	① 금성호의 선장이 평소 피조개양식장에 피해를 주지 아니하도록 할 의도에서 선박의 닻줄을 7샤클(shackle, 175m)에서 5샤클(125m)로 감아놓았다가 태풍에 대비하여 위급한 상황에서 선박과 선원들의 안전을 위하여 닻줄을 50m 더 늘여서 7샤클로 묘박(錨泊)한 경우 형법상 긴급피난으로서 위법성이 없어서 범죄가 성립되지 아니한다(대판 1987.1.20. 85도221 피조개 양식장 사건). ② 임신의 지속이 모체의 건강을 해칠 우려가 현저할 뿐더러 기형아 내지 불구아를 출산할 가능성마저도 없지 않다는 판단하에 부득이 취하게된 산부인과 의사의 낙태 수술행위는 정당행위 내지 긴급피난에 해당되어 위법성이 없는 경우에 해당된다(대판 1976.7.13. 75도1205 모체를 위한 낙태 사건).

Ⅵ. 의무의 충돌

1. 의무의 충돌의 의의

동시에 이행해야 할 수 개의 법적 의무가 존재하여, 그중 하나의 의무를 이행하느라 다른 의무를 이행할 수 없게 된 것이 구성요건을 실현하는 경우를 가리킨다. 예컨대 강물에 두 아들이 빠져서 익사할 위험에 처해 있으나 두 아들을 모두 구할 수는 없고 한 아들만 구할 수 있는 상황에서 아버지가 한 아들만 구하고 다른 아들을 방치한 결과 익사하도록 한 경우이다. 이 경우 아버지가 아들을 구하지 않은 행위는 부작위에 의한 살인죄의 구성요건에 해당된다. 그러나 의무의 충돌에 해당하여 위법성이 조각된다(다수설).

2. 의무의 충돌의 적용범위

부작위의무와 부작위의무가 충돌하는 경우 이는 의무의 충돌이 아니다. 행위자는 둘 이상의 부작위의무를 이행할 수 있기 때문이다. 반면 작위의무와 작위의무가 충돌하는 경우 이는 의무의 충돌에 해당한다.

작위의무와 부작위의무의 충돌에 대해서는 의견이 나뉜다. 예컨대 응급환자를 살리기 위해 의사가 과속행위를 하는 경우, 즉 응급환자를 치료해야 할 작위의무와 제한속도를 준수해야 할 부작위의무가 충돌하는 경우 의무의 충돌에 포함시킬 수 있는가가 문제된다. 이는 긴급피난의 경우와 다를 바 없어 의무의 충돌에 포함시킬 필요가 없다고 본다(다수설).

3. 법적 성질

의무의 충돌이 위법성조각사유가 되는 경우의 법적 성질에 대하여 견해가 대립되나 다수설은 의무를 이행할 수 없는 긴급상태에 있을 것을 요한다는 점에서 긴급피난과 구조적으로 유사하므로 긴급피난의 특수한 경우에 해당한다고 한다. 다만, 의무의 충돌은 긴급피난과 달리 의무이행이 강제된다는 점, 법적 의무의 충돌로 요건이 한정된다는 점 등에서 서로 구별된다.

4. 의무의 충돌의 성립요건

가. 둘 이상의 법적 의무의 충돌

의무의 충돌이 있기 위해서는 둘 이상의 법적 의무의 충돌이 있어야 한다. 의무는 법령·법률행위에 의한 것이건 관습상으로 인정된 것이건 불문한다. 단순한 도덕적·종교적 의무는 포함되지 않는다.

나. 의무 중 일부만의 이행

둘 이상의 의무 중 일부는 이행하고 일부는 이행하지 않는 경우에 의무의 충돌이 성립할 여지가 있다. 행위자가 의무를 모두 이행하였거나 모두 이행하지 않은 경우에는 의무의 충돌이 발생하지 않는다.

다. 구성요건에 해당할 것

의무의 일부를 이행하지 않은 것이 구성요건에 해당되어야 한다. 구성요건에 해당되지 않을 때는 의무의 충돌을 논할 형법상 실익이 없다.

5. 효과

의무의 충돌에서 상위가치의 의무를 이행하고 하위가치의 의무를 태만히 한 경우에는 위법성이 조각된다. 동등한 가치의 의무를 이행한 경우에는 견해의 대립이 있으나 위법성이 조각된다고 본다(다수설). 하위가치의 의무를 이행한 경우에는 위법성이 조각되지 않고, 책임이 조각·감경될 수 있을 뿐이다.

제4절 자구행위

제23조(자구행위) ① 법률에서 정한 절차에 따라서는 청구권을 보전할 수 없는 경우에 그 청구권의 실행이 불가능해지거나 현저히 곤란해지는 상황을 피하기 위하여 한 행위는 상당한 이유가 있는 때에는 벌하지 아니한다.
② 제1항의 행위가 그 정도를 초과한 경우에는 정황에 따라 그 형을 감경하거나 면제할 수 있다.

Ⅰ. 자구행위의 의의

1. 자구행위의 개념

자구행위란 법정절차에 의하여 청구권을 보전할 수 없는 경우에 그 청구권의 실행이 불가능해지거나 현저히 곤란해지는 상황을 피하기 위한 행위로서 상당한 이유가 있는 행위를 말한다(§23). 자구행위는 권리자가 권리를 침해당한 때 공권력의 발동에 의하지 않고 자력(自力)에 의해 그 권리를 구제·실현하는 행위이다.

2. 자구행위와 정당방위 · 긴급피난의 구별

자구행위는 긴급행위라는 점에서 정당방위나 긴급피난과 동일하지만, **사후적 긴급행위**라는 점에서 사전적 긴급행위인 정당방위나 긴급피난과 다르다. 자구행위는 불법한 침해에 대한 자기보전행위이므로 정당방위와 같이 **부정(不正) 대 정(正)의 관계**이며, 정 대 정의 관계인 긴급피난과 다르다. 또한 **자기의 청구권에 대한 보전행위**라는 점에서 자기 또는 타인의 법익을 위해서도 할 수 있는 정당방위나 긴급피난과 다르다.

Ⅱ. 성립요건

자구행위가 성립하기 위하여는 ① 법정절차에 의하여 청구권을 보전할 수 없는 경우일 것, ② 청구권의 실행이 불가능해지거나 현저히 곤란해지는 상황을 피하기 위한 행위일 것, ③ 상당한 이유가 있을 것이라는 세 가지 요건이 구비되어야 한다.

1. 법정절차에 의해 청구권을 보전할 수 없는 경우

가. '청구권'이 존재할 것

자구행위는 권리의 사적 구제수단이므로 구제될 청구권이 존재하지 아니할 때에는 자구행위는 있을 수 없다. 여기에서 '청구권'은 재산적 청구권(채권적 · 물권적 청구권 불문)은 물론 무체재산권·친족권·상속권 등 절대권에 기한 비재산적 청구권도 포함하나(다수설), 청구권은 원상회복이 가능한 것을 전제하므로 원상회복이 불가능한 생명·신체·자유·명예·정조 등은 제외된다.

청구권은 자기의 청구권에 국한된다. 정당방위·긴급피난과 달리 타인을 위한 자구행위는 인정되지 않는다. 다만, 청구권자로부터 자구행위의 실행을 위임받은 자의 경우는 가능하다. 예컨대 여관주인이 종업원에게 숙박비를 지불하지 않고 도주한 손님을 붙들어 오게 하여 돈을 받는 경우가 여기에 해당한다.

나. 청구권에 대한 불법한 침해가 있을 것

명문의 규정은 없으나 자구행위가 성립되기 위해서는 청구권에 대한 침해가 있어야 한다. 그 권리의 침해는 불법한 침해이어야 함은 정당방위에 있어서와 같다. 적법한 행위에 대하여는 자구행위를 할 수 없다. 그러나 불법한 침해라 할지라도 자구행위는 과거의 침해에 대하여만 가능하다(통설, 사후적 긴급행위). 현재의 침해에 대해서는 정당방위가 가능할 뿐이다.

다. 법정절차에 의한 청구권을 보전하기 불가능할 것

자구행위는 청구권의 보전이 불가능한 긴급상황에서만 허용된다. 자구행위는 재판절차와 같은 법정구제절차를 밟다가는 자기의 청구권이 실행불능에 빠지거나 현저한 실행곤란이 초래될 가능성이 있는 긴급한 상황에 한하여 인정된다. 이는 자구행위의 보충성에 해당한다. 예컨대 외국으로 출국하는 채무자를 잡는 것은 자구행위가 될 수 있지만, 도주하기 위하여 부동산을 처분하였다는 것만으로는 법정절차에 의한 청구권을 보전할 수 없는 경우에 해당한다고 할 수 없다. 청구권을 보전하는 법정절차는 민사소송법상의 가압류 · 가처분 등의 보전절차를 의미한다. 권리침해가 아무리 중대하더라도 법정절차에 의하여 권리·이익을 보전할 수 있는 경우에는 개인의 자력에 의한 사적 구제는 허용되지 않는다.

권리행사를 위하여 폭행·협박·편취·강취하는 행위는 법정절차에 의한 청구권보전이 불가능하지 않는 한 자구행위에 해당될 수 있는 여지가 없다. 경우에 따라서 형법 제20조 정당행위의 '사회상규에 위배되지 않는 행위'로서 위법성이 조각될 수 있을 뿐이다.

《대판 1980.11.25. 79도2565 (시비 사건)》 피고인 등이 비료를 매수하여 시비(施肥)한 결과 딸기 묘목 또는 사과나무 묘목이 고사하자 그 비료를 생산한 회사에게 손해배상을 요구하면서 사장 이하 간부들에게 욕설을 하거나 응접탁자 등을 들었다 놓았다 하거나 현수막을 만들어 보이면서 시위를 할 듯한 태도를 보이는 등을 하였다 하여도 이는 손해배상청구권에 기한 것으로서 그 방법이 사회통념상 인용된 범위를 일탈한 것이라고 단정하기 어려우므로 공갈 및 공갈미수의 죄책을 인정할 수 없다.

2. 청구권의 실행불능 또는 현저한 실행곤란을 피하기 위한 행위

가. 청구권의 실행불능 또는 현저한 실행곤란(이중의 긴급성)

자구행위는 법정절차에 의한 청구권을 보전하는 것이 불가능한 긴급사정뿐만 아니라 즉시 자력으로 구제하지 않으면 청구권의 실행이 불가능하거나 현저히 곤란한 사정이 존재하여야 한다(이중의 긴급성). 따라서 법정절차에 의한 청구권보전이 불가능하더라도 이러한 사정이 없으면 자구행위를 할 수 없다. 예컨대 법정절차에 의한 구제는 불가능하더라도 채권에 대한 충분한 인적·물적 담보(예: 보증인 확보, 저당권 설정)가 확보되어 있는 경우에는 청구권의 실행이 가능하므로 자구행위를 할 수 없다.

나. 피하기 위한 행위

피하기 위한 행위, 즉 자구행위는 공적 구제가 불가능한 긴급상황하에서 청구권을 보전하기 위해 필요한 조치를 취하는 행위로, 채무자에 대한 체포, 채무자의 재물손괴 또는 재물의 탈환, 주거침입 등의 행위가 있을 수 있다. 그러나 청구권 보전의 범위를 벗어나 채무자의 재산을 임의로 처분하는 경우에는 자구행위가 될 수 없다.

자구행위는 청구권의 실행이 불가능해지거나 현저히 곤란해지는 상황을 '피하기 위한' 행위여야 한다. 따라서 행위자는 '자구의사'를 가져야 하며, 이 자구의사는 자구행위의 주관적 정당화요소가 된다.

3. 상당한 이유가 있을 것

자구행위는 청구권의 보전을 위한 '상당한 이유'가 있는 한도 내에서 할 수 있다. 상당성은 사회상규에 비추어 당연시되는 것을 말한다. 자구행위는 법정절차에 의하여 청구권을 보전하는 것이 불가능한 때에만 허용된다는 점에서 보충성을 필요로 한다. 보전방법도 청구권보전의 실효성을 해하지 않는 범위 내에서 피해자에게 가장 경미한 피해를 주는 방법이어야 한다(최소 침해의 원칙). 그러나 자구행위는 부정 대 정의 관계이므로 긴급피난과 같은 엄격한 균형성은 요하지 않는다. 그러나 어느 정도의 법익 균형성은 유지되어야 한다. 따라서 도난당한 물건을 탈환하기 위해 절도범을 살해하는 것은 자구행위로서 허용되지 않는다.

Ⅲ. 효과

자구행위로서의 요건을 갖추면 위법성이 조각된다. 이 경우 자구행위는 적법한 행위이므로 상대방은 이에 대한 정당방위를 할 수 없다.

Ⅳ. 과잉자구행위와 오상자구행위

1. 과잉자구행위

자구행위가 그 정도를 초과한 때를 과잉자구행위라 한다. 자구행위의 성립요건인 상당성을 초과하였으므로 과잉자구행위의 경우 위법성이 조각되지 않는다. 그러나 위법한 행위에 대한 기대가능성의 감소·소멸로 책임은 감경될 수 있으므로 형법은 '임의적 감면'사유로 규정(§23②)하고 있다. 과거의 청구권에 대한 보전행위이므로 정당방위나 긴급피난과 달리 야간 기타 불안스러운 상태일지라도 특별한 정황에 의한 책임조각 규정(§21③)은 준용되지 않는다.

2. 오상자구행위

자구행위상황이 존재하지 않음에도 불구하고 존재한다고 오인하여 자구행위로 나아간 경우로서, '위법성 조각사유의 전제사실에 대한 착오'의 문제이다. 책임고의가 조각되어 고의범으로 처벌할 수 없고, 과실범 처벌규정이 있으면 과실범으로 처벌한다(다수설).

제5절 피해자의 승낙

제24조(피해자의 승낙) 처분할 수 있는 자의 승낙에 의하여 그 법익을 훼손한 행위는 법률에 특별한 규정이 없는 한 벌하지 아니한다.

Ⅰ. 피해자의 승낙의 의의

1. 피해자의 승낙의 의의

피해자의 승낙이란 피해자가 가해자에 대하여 자기의 법익을 침해하는 것을 허락하는 것을 말한다. 즉 승낙이란 타인의 법익침해에 대한 법익주체의 동의를 의미한다. 형법 제24조는 피해자의 승낙에 의한 행위는 '법률에 특별한 규정이 없는 한 벌하지 아니한다'라고 규정하고 있으며, 통설·판례는 이를 위법성조각사유로 보고 있다.

2. 피해자의 동의의 형법적 효과

형법은 피해자의 승낙을 위법성조각사유의 하나로 규정하고 있으나 형법 각칙상의 개별 구성요건에 해석에 따라 법익주체의 동의 내지 승낙은 형법적 효과를 달리하고 있다.

가. 구성요건해당성을 조각하는 경우(양해)

통설은 피해자의 승낙을 구성요건해당성을 조각하는 **양해**(諒解)와 위법성을 조각하는 승낙(承諾)으로 구별하고 있다.

양해를 인정하는 통설에 의하면 구성요건이 피해자의 의사에 반하는 경우에만 실현될 수 있도록 규정되어 있는 범죄의 경우 피해자가 그 법익의 침해에 동의한 때에는 구성요건 자체가 조각된다. 예컨대 절도죄는 타인의 재물을 절취함으로써 성립하므로 그 타인이 재물의 취거(取去)에 동의하면 절취라고 할 수 없으며(§329), 강간 또는 강제추행죄는 강간 또는 추행에 동의하면 강간 또는 강제추행이라고 할 수 없고(§297, §298), 주거침입죄는 거주자의 의사에 반하여 침입할 것을 요하므로 주거권자의 동의가 있을 때에는 침입이라고 할 수 없다(§319). 횡령죄(§355), 재물손괴죄(§365), 비밀침해죄(§316)도 여기에 해당한다. 개인적 법익을 침해하는 범죄가 아닌 경우에도 양해가 인정되는 경우가 있다. 예컨대 문서위조죄에 있어서 문서의 명의자가 동의하여 문서가 작성된 경우에는 구성요건해당성을 조각하므로 양해에 해당한다(대판 1983.5.24. 82도1426; 대판 2003.5.30. 2002도235 등 참조).

《대판 2003.5.30. 2003도1256 (화장실 용변칸 강간미수 사건)》 피고인이 피해자가 사용중인 공중화장실의 용변칸에 노크하여 남편으로 오인한 피해자가 용변칸 문을 열자 강간할 의도로 용변칸에 들어간 것이라면 피해자가 명시적 또는 묵시적으로 이를 승낙하였다고 볼 수 없어 주거침입죄에 해당한다.

《대판 1985.11.28. 85도1487 (동거인 절도 묵인 사건)》 절도죄는 타인이 점유하는 재물을 절취하는 행위 즉 점유자의 의사에 의하지 아니하고 그 점유를 취득함으로 성립하는 범죄인바, … 피해자는 당시 피고인과 동거중에 있었고 피고인이 돈 60,000원을 지갑에서 꺼내 가는 것을 피해자가 현장에서 이를 목격하고도 만류하지 아니한 사정 등에 비추어 볼 때 피해자가 이를 허용하는 묵시적 의사가 있었다고 봄이 상당하고 … 피고인이 위 돈 60,000원을 절취하였다고 인정하기에는 부족하다 할 것이다.

나. 위법성을 조각하는 경우(승낙)

양해와 승낙을 구별하는 통설에 의하면 양해가 인정되는 범죄가 아닌 일반범죄의 경우(상해, 폭행죄, 감금죄 등) 피해자의 승낙에 의한 행위라도 일단 구성요건해당성이 인정되지만 승낙이 있음으로 인해 그 행위가 위법성이 조각된다.

다. 감경적 구성요건에 해당하는 경우

피해자가 법익의 침해를 동의하더라도 구성요건해당성이나 위법성을 조각시키기 못하고 불법을 감소시켜 형벌을 감경하는 효력만을 지니는 경우도 있다. 예컨대 승낙살인죄(§252①)와 동의낙태죄(§269①, §270①)의 경우가 여기에 해당한다. 타인소유의 일반건조물이나 일반물건에 대해 소유자의 동의가 있는 경우 타인소유가 아닌 자기소유일반건조물방화죄(§166②) 또는 자기소유일반물건방화죄(§167②)를 적용하는 것도 이에 해당한다.

라. 동의가 범죄성립에 영향을 미치지 못하는 경우

피해자가 법익의 침해를 동의하더라도 범죄성립 여부에 아무런 영향을 미치지 못하는 경우도 있다. 예컨대 유기죄(§271), 아동혹사죄(§274), 피구금자간음죄(§303②), 미성년자의제강간·추행죄(§305)가 여기에 해당한다. 이러한 경우의 승낙은 일반적으로 유효한 승낙이 지녀야 할 요소들을 지니지 못하기 때문에 일률적으로 승낙의 효력을 인정하지 않는다.

Ⅱ. 피해자의 승낙

1. 의의

형법각칙의 규정 가운데 그 보호법익을 피해자가 처분할 수 있지만, 구성요건적 행위의 불법내용이 단순히 피해자의 의사에 반하는 데 본질이 있는 것이 아니라 피해자의 의사와 관계없이 행위의 객체에 대한 침해가 독자적으로 사회생활에서 중요성을 가지는 범죄가 있다. 이러한 범죄에 있어서 피해자의 법익침해에 대한 동의를 피해자의 승낙이라고 한다.

2. 피해자의 승낙의 성립요건

가. 유효한 승낙이 있을 것

1) 승낙의 주체

승낙은 승낙의 의미를 이해할 능력이 있는 피해자의 자유로운 의사에 의하여 이루어져야 한다. **승낙의 주체에게는 승낙의 의미와 내용을 이해할 수 있는 판단능력이 필요하다.** 이를 승낙능력이라고 한다. 승낙능력은 피해자가 법익의 의미와 그 침해의 결과를 인식하고 이성적으로 판단할 수 있는 인식능력과 판단능력을 의미한다. 민법상 행위능력 유무가 아니라 형법의 독자적 성격에 따라 판단하므로 18세는 민법상 행위능력은 없으나 형법상 승낙능력은 인정된다. 형법은 일정한 경우에 승낙할 수 있는 연령을 규정하고 있다. 예컨대 제305조의 미성년자의제강간간음·추행죄에 있어서는 13세 또는 16세 미만, 제274조의 아동혹사죄에 있어서는 16세 미만, 제287조의 미성년자약취·유인죄에 있어서는 19세 미만자의 경우 승낙능력이 없다. 의사무능력자는 처음부터 승낙능력이 없다.

2) 승낙의 대상법익

승낙은 자유로운 처분권이 인정되는 개인적 법익에 국한하고, 국가적·사회적 법익에 대한 죄는 승낙에 의하여 위법성이 조각될 수 없다. 예컨대 무고죄, 위증죄, 도박죄에 있어서 피해자가 승낙하더라도 위법성을 조각할 수 없고, 무고죄, 위증죄, 도박죄의 범죄가 성립한다. 개인적 법익 중에서도 비대체적인 절대성을 가진 '생명'의 경우에는 처분할 수 있는 법익이 될 수 없고, 승낙이 있는 경우 감경적 구성요건인 승낙살인죄에 해당한다. '신체'의 경우에도 처분권은 사회상규적·윤리적인 한계에 의하여 제한된다. 따라서 승낙에 의한 상해죄는 사회상규에 반하지 않을 경우에만 위법성이 조각된다.

《대판 2005.9.30. 2005도2712 (승낙무고 사건)》 무고죄는 국가의 형사사법권 또는 징계권의 적정한 행사를 주된 보호법익으로 하고 다만, 개인의 부당하게 처벌 또는 징계받지 아니할 이익을 부수적으로 보호하는 죄이므로, 설사 무고에 있어서 피무고자의 승낙이 있었다고 하더라도 무고죄의 성립에는 영향을 미치지 못한다.

3) 승낙의 유효요건

가) 자유로운 의사에 의한 승낙

승낙이 유효하기 위해서는 승낙능력이 있는 자의 자유로운 의사에 의한 진지한 승낙이 있어야 한다. 따라서 폭행 · 협박 · 강요 · 기망 · 착오 등에 의사의 흠결이나 하자가 있으면 승낙으로서의 효력이 인정되지 않는다. 농담 · 장난 · 흥분 · 분노의 표시로 승낙을 한 경우에도 승낙으로서의 효력이 인정되지 않는다.

한편, 피해자의 승낙이 진정한 의미에서의 승낙이 되기 위해서 승낙자에게 전문적인 지식이 필요한 경우에는 승낙을 얻고자 하는 측이 사전에 충분히 설명해야 할 의무가 있다. 의사의 수술행위에 대한 승낙이 그 대표적인 예이다.

《대판 1993.7.27. 92도2345 (자궁근종 오진 사건)》 산부인과 전문의 수련과정 2년차인 의사가 자신의 시진, 촉진결과 등을 과신한 나머지 초음파검사 등 피해자의 병증이 자궁외 임신인지, 자궁근종인지를 판별하기 위한 정밀한 진단방법을 실시하지 아니한 채 피해자의 병명을 자궁근종으로 오진하고 이에 근거하여 의학에 대한 전문지식이 없는 피해자에게 자궁적출술의 불가피성만을 강조하였을 뿐 위와 같은 진단상의 과오가 없었으면 당연히 설명 받았을 자궁외 임신에 관한 내용을 설명받지 못한 피해자로부터 수술승낙을 받았다면 위 승낙은 부정확 또는 불충분한 설명을 근거로 이루어진 것으로서 수술의 위법성을 조각할 유효한 승낙이라고 볼 수 없다.

나) 승낙이 외부에 표시되어 행위시까지 존재할 것

승낙은 어떤 방법이든지 외부에서 인식할 수 있도록 표시되어야 한다. 승낙의 방법은 명시적이든 묵시적이든 묻지 않는. 승낙은 사전에 표시되어야 하고, 행위시까지 존재해야 한다. 사후에 표시된 승낙이나 추인은 승낙으로서의 효력이 없다. 사전에 표시된 승낙은 행위 전에 자유롭게 철회할 수 있다.

나. 행위자에게 승낙에 대한 인식이 있을 것

행위자는 승낙이 있었다는 사실을 인식할 것을 요한다. 승낙의 인식은 위법성을 조각하기 위한 주관적 정당화요소가 된다. 피해자의 승낙이 있었음에도 불구하고 행위자가 승낙사실을 알지 못하고 행위하였을 때에는 위법성이 조각되지 않는다(우연승낙). 이에 반하여 피해자가 승낙을 하지 않았음에도 행위자가 승낙이 있는 것으로 오인한 경우에는 위법성조각사유의 전제사실의 착오가 문제된다(오상승낙).

다. 승낙에 의한 행위가 사회상규에 위배되지 않을 것

형법 제24조는 정당방위, 긴급피난, 자구행위와는 달리 '상당한 이유'를 표지로 요구하지 않고 있지만, 피해자의 승낙 역시 실질적 위법성의 관점에서 법질서 전체와 관련하여 검토해야 할 것이므로 사회상규나 윤리적인 한계에 의해 제한된다(통설 · 판례).

《대판 2008.12.11. 2008도9606 (보험사기 상해 사건)》 [1] 형법 제24조의 규정에 의하여 위법성이 조각되는 피해자의 승낙은 개인적 법익을 훼손하는 경우에 법률상 이를 처분할 수 있는 사람의 승낙을 말할 뿐만 아니라 그 승낙이 윤리적·도덕적으로 사회상규에 반하는 것이 아니어야 한다.

[2] 피고인 甲이 피해자 乙과 공모하여 교통사고를 가장하여 보험금을 편취할 목적으로 乙에게 상해를 가하였다면 乙의 승낙이 있었다고 하더라도 이는 위법한 목적에 이용하기 위한 것이므로 甲의 행위가 피해자 乙의 승낙에 의하여 위법성이 조각된다고 할 수 없다.

《대판 1989.11.28. 89도201 (장난권투 사건)》 각종의 장기와 신경이 밀집되어 있어 인체의 가장 중요한 부위를 점하고 있는 흉부에 대한 강도의 타격은 생리적으로 중대한 영향을 줄 뿐만 아니라 신경에 자극을 줌으로써 이에 따른 쇼크로 인해 피해자를 사망에 이르게 할 수 있고, 더우기 그 가격으로 급소를 맞을 때에는 더욱 그러할 것인데, 피할만한 여유도 없는 좁은 장소와 상급자인 피고인이 하급자인 피해자로부터 아프게 반격을 받을 정도의 상황에서 신체가 보다 더 건강한 피고인이 피해자에게 약 1분 이상 가슴과 배를 때렸다면 사망의 결과에 대한 예견가능성을 부정할 수도 없을 것이며 위와 같은 상황에서 이루어진 폭행이 장난권투로서 피해자의 승낙에 의한 사회상규에 어긋나지 않는 것이라고도 볼 수 없다.

라. 법률에 특별한 규정이 없을 것

법률에 특별한 규정(각칙상의 처벌규정)이 있을 때에는 그 규정은 제24조에 우선한다. 따라서 승낙살인죄나 동의낙태죄의 경우 위법성이 조각하지 못하고 불법을 감경할 뿐이다. 피구금부녀간음죄나 미성년자의제강간죄 등에서 피해자의 승낙은 범죄성립에 영향을 미치지 못한다.

3. 효과

피해자의 승낙요건을 구비한 행위는 범죄의 구성요건에는 해당하나 위법성이 조각되어 처벌되지 않는다. 피해자의 승낙은 고의범뿐만 아니라 과실범에도 인정된다. 예컨대 권투경기를 하는 선수들은 상대방에게 과실로 상해를 입혔다고 하더라도 과실치상행위의 위법성이 조각된다.

Ⅲ. 추정적 승낙

1. 의의

추정적 승낙이란 피해자의 명시적·묵시적 승낙을 받을 수 없는 상황이지만 행위 당시의 모든 사정을 객관적으로 판단하면 승낙이 확실히 기대될 수 있는 경우를 말한다. 예를 들어 실신해 있는 응급환자를 발견한 의사가 환자의 승낙을 받지 않고 수술을 한 경우를 들 수 있다. 다수설은 추정적 승낙을 긴급피난이나 피해자의 승낙과 달리 독자적인 위법성조각사유로 파악하고 있다.

《대판 2006.3.24. 2005도8081 (부도후 쇠톱절단 절도 사건)》 추정적 승낙이란 피해자의 현실적인 승낙이 없었다고 하더라도 행위 당시의 모든 객관적 사정에 비추어 볼 때 만일 피해자가 행위의 내용을 알았더라면 당연히 승낙하였을 것으로 예견되는 경우를 말한다.

2. 추정적 승낙의 유형

가. 피해자의 이익을 위한 경우

행위자가 피해자의 보다 높은 가치의 이익을 위하여 낮은 가치의 이익을 침해하는 경우이다. 예컨대, 주인의 장기간 여행으로 비어있는 옆집에 수도관이 파열된 것을 발견하고서 이웃 주민이 이를 고치기 위해 옆집의 문을 열고 들어간 경우나, 의사가 지체할 수 없는 의식불명환자를 수술한 경우를 들 수 있다.

나. 자신이나 제3자의 이익을 위한 경우

행위자가 자신이나 제3자의 이익을 위하여 행위하였지만 사회통념상 피해자의 이익포기가 기대된다고 보아 승낙이 추정되는 경우이다. 예컨대 가정부가 주인의 헌옷을 거지에게 주는 행위, 기차시간에 늦지 않기 위해 친한 친구의 자전거를 잠시 이용한 경우, 친지의 집을 방문하여 응접실에서 기다리던 중 마침 탁자 위에 놓인 담배를 허락 없이 피운 경우 등을 들 수 있다.

3. 성립요건

가. 피해자의 승낙과 공통되는 요건

추정적 승낙에 의한 행위가 위법성을 조각하기 위해서는 ① 처분할 수 있는 법익에 대한 추정적 승낙이어야 하고, ② 승낙에 의한 행위를 처벌하는 특별한 규정이 없어야 하고, ③ 추정적 승낙에 의한 행위가 사회상규에 위배되지 않아야 한다. 이는 현실적 승낙의 경우와 마찬가지다.

나. 추정적 승낙에 고유한 요건

1) 현실적 승낙의 불가능

추정적 승낙은 현실적 승낙을 얻는 것이 불가능한 경우에만 허용된다(추정적 승낙의 보충성). 만약 피해자의 현실적 승낙을 받는 것이 가능했을 경우에는 추정적 승낙이 될 수 없다.

2) 승낙의 기대

승낙의 추정은 행위 당시의 모든 사정을 종합하여 피해자가 이 사실을 알았다면 틀림없이 승낙할 것으로 기대되는 경우이어야 한다. 따라서 승낙의 추정은 주관적 의미의 추정이 아닌 '객관적 의미의 추정'이다. 그러나 피해자의 명시적인 반대의사가 있는 경우에는 추정이 불가능하다(다수설).

3) 양심적 심사

행위자는 피해자의 승낙을 추정함에 있어 양심에 따라 모든 사정을 충분히 검토한 후에 행위하여야 한다. 양심에 따른 심사는 추정적 승낙에 있어서 주관적 정당화요소가 된다. 양심적 심사를 거친 경우 비록 사후에 그 판단이 피해자의 진의에 합치되지 않더라도 위법성을 조각한다.

4. 효과

추정적 승낙의 요건을 구비한 경우 이에 의한 행위는 위법성이 조각되어 범죄가 성립되지 않는다.

《대판 1993.3.9. 92도3101 (광주이씨 종친회 결의서 위조 사건)》 종친회 결의서의 피위조명의자 중 피고인의 형제 2명이 승낙한 사안에서 피고인의 아들들이나 위 형제들의 아들들에 대하여 추정적 승낙을 인정할 여지가 있다.[43]

43) 甲 명의로 소유권이전등기가 된 임야 등의 부동산에 대하여 丁이 甲을 상대로 소유권이전등기말소청구소송을 제기하여 그 소유권에 관하여 다툼이 있게 되자, 그 소송을 자신에게 유리하게 이끌기 위하여, 1990.4.30. 행사할 목적으로 백지에 검정색 볼펜으로 甲을 회장으로 하는 광주이씨종친회를 구성하고, 이 사건 임야 등의 부동산은 '甲의 장남인 A1의 소유로서 이를 위 종친회에 증여한다'라는 내용의 결의서를 작성하여 위 종친회 임원 丙, A1, A2, A3, B1, C1, C2라고 각 기재한 후 미리 조각하여 소지하고 있던 丙 등 6명의 인장을 그 이름 옆에 임의로 압날하여 사실증명에 관한 사문서인 결의서 1매를 위조하고, 같은 해 7.27. 전남 강진군청의 성명불상 공무원에게 이를 제출하여 행사하였다. 위 결의서에는 광주이씨종친회의 임원회에서 이 사건 임야 등의 부동산은 A1의 소유인데 이를 위 종친회에 증여할 것을 약정하고, 수증인인 위 종친회는 이를 수락하였고 소유권이전등기절차를 이행함에 있어 甲을 대표로 선임한다는 내용이고, 회장인 甲과 부회장인 乙 그리고 임원인 丙과 위의 6명의 기명날인이 되어 있다.

제6절 정당행위

제20조(정당행위) 법령에 의한 행위 또는 업무로 인한 행위 기타 사회상규에 위배되지 아니하는 행위는 벌하지 아니한다.

Ⅰ. 정당행위의 의의

현행형법은 일반적 위법성조각사유로서 정당행위에 관하여 제20조에 '법령에 의한 행위 또는 업무로 인한 행위 기타 사회상규에 위배되지 아니하는 행위는 벌하지 아니한다'라고 규정하고 있다. 따라서 어떤 행위가 구성요건에 해당하더라도 '법령에 의한 행위', '업무로 인한 행위', '사회상규에 위배되지 아니하는 행위'이면 위법성이 조각되어 범죄는 성립하지 아니하며 처벌되지 않는다.

'법령에 의한 행위' 또는 '업무로 인한 행위'는 '사회상규에 위배되지 않는 행위'의 예시에 지나지 않는다. 따라서 **'사회상규에 위배되지 않는 행위'**는 개별적인 위법성조각사유에 해당하지 않는 경우까지 포괄할 수 있는 일반적·보충적 위법성조각사유이다. 이와 같이 사회상규에 위배되지 않는 행위로서 국가적·사회적으로 정당시되는 행위를 정당행위라고 한다.

《대판 1983.11.22. 83도2224 (경화카제인 수입 사건)》 사회상규에 반하지 않는 행위라 함은 국가질서의 존중이라는 인식을 바탕으로 한 국민일반의 건전한 도의적 감정에 반하지 아니한 행위로서 초 법규적인 기준에 의하여 이를 평가할 것이다.

Ⅱ. 법령에 의한 행위

'법령에 의한 행위'라 함은 법령의 근거에 의하여 한 행위를 말한다. 즉 법령이 정하는 바에 따라 권리 또는 의무로서 한 행위는 구성요건에 해당하더라도 위법성이 조각된다. 위법성이 법질서 전체와의 관계에서 내려지는 가치판단이므로 형법 이외의 법령에 의하여 적법한 행위는 형법상으로도 위법하다고 할 수 없기 때문이다.

1. 공무원의 직무집행행위

가. 법령에 의한 직무집행행위

공무원이 법령에 의해 정하여진 직무를 수행하는 행위는 정당행위로 위법성이 조각된다. 예컨대 법무부장관의 사형집행명령(형소법 §463)과 교도관의 사형집행(§66)은 각각 살인교사죄와 살인죄의 구성요건에 해당하지만 법령에 의한 행위로 위법성이 조각된다. 공무원의 직무집행행위가 위법성이 조각되기 위하여는 그 행위가 공무원의 직무관할 범위 내에서 이루어져야 하고, 법령에 정해진 형식과 절차에 의해 행해져야 하고(객관적 요건), 직무집행의 의사로써 이루어져야 한다(주관적 요건).

나. 상관의 명령에 따른 행위

상관의 직무상의 명령에 의한 공무원의 직무집행행위도 법령에 의한 행위로서 위법성을 조각한다. 그러나 명령에 의한 직무집행행위가 위법성을 조각하기 위해서는 명령 자체가 적법할 것을 요건으로 한다.

상관의 위법한 명령에 따른 부하의 행위는 법령에 의한 행위가 될 수 없어서 위법성이 조각될 수 없다. 다만 절대적 구속력을 가진 명령의 경우에는 기대가능성이 없어 책임이 조각될 여지가 있을 뿐이다.[44] 그러나 구속력 없는 위법한 명령에 복종한 행위는 위법성은 물론 책임도 조각되지 아니한다.[45] 상관의 명령이라 할지라도 범죄를 저지르라는 지시는 직무상의 명령이 아니므로 이에 대하여 부하는 복종할 의무가 없다.

《대판 1999.4.23. 99도636 (김대중 X파일 사건)》 공무원이 그 직무를 수행함에 즈음하여 상관은 하관에 대하여 범죄행위 등 위법한 행위를 하도록 명령할 직권이 없는 것이며, 또한 하관은 소속 상관의 적법한 명령에 복종할 의무는 있으나 그 명령이 대통령 선거를 앞두고 특정후보에 대하여 반대하는 여론을 조성할 목적으로 확인되지도 않은 허위의 사실을 담은 책자를 발간·배포하거나 기사를 게재하도록 하라는 것과 같이 명백히 위법 내지 불법한 명령인 때에는 이는 벌써 직무상의 지시명령이라 할 수 없으므로 이에 따라야 할 의무가 없다.[46]

---

44) 이 경우 명령자인 상관은 부하직원의 행위에 대해 형법 제34조 제2항의 '특수간접정범'으로 처벌된다.

45) 이 경우 정당행위로서의 위법성조각은 물론 기대불가능성이나 강요된 행위(§12)에 의한 책임조각도 인정되지 않는다. 명령자인 상관은 부하직원의 행위에 대해 형법 제34조 제2항의 '특수교사·방조'로 처벌된다.

46) 1997년 15대 대선 당시 국가안전기획부 권영해 부장과 일부 세력들이 북한을 이용해 벌인 정치공작을 말한다. 권영해 부장은 북한으로 망명한 천도교의 교령 출신 오익제씨가 김대중 후보에게 보낸 편지를 통해 김대중의 대북관이나 색깔론적 의문점을 부각시키고자 안기부 예산을 지원하여 '김대중 X파일'이라는 책자를 만들었다. 김대중 X파일에는 '김일성의 꿈은 김대중을 대통령으로 만드는 것'이라

부하가 상관의 위법한 명령을 적법한 명령으로 오인하고 복종한 경우에 대하여 다수설은 명령의 적법성은 객관적 정당화상황(전제사실)이 되므로 이 경우 오상정당행위(위법성조각사유의 전제사실에 관한 착오)에 해당하여 착오에 과실이 있는 경우에 한하여 과실범으로 처벌된다고 본다.

2. 사인(私人)의 법령에 의한 행위

가. 현행범인·준현행범인의 체포

형사소송법 제212조에 의하면 현행범인은 누구든지 영장없이 체포할 수 있다. 그러므로 사인(私人)의 현행범인 체포는 법령에 의한 행위로서 위법성이 조각된다. 다만, 현행범의 체포로 인하여 위법성이 조각되는 것은 직접 체포에 필요한 행위로 제한된다. 따라서 현행범에 대한 살인이나 상해 또는 현행범인을 체포하기 위하여 타인의 주거에 침입하는 것은 위법성을 조각하지 않는다. 현행범인을 체포하기 위하여 사인이 무기를 사용하는 것도 허용되지 않는다.

《대판 1999.1.26. 98도3029 (Johannes 사건)》 적정한 한계를 벗어나는 현행범인 체포행위는 그 부분에 관한 한 법령에 의한 행위로 될 수 없다고 할 것이나, 적정한 한계를 벗어나는 행위인가 여부는 결국 정당행위의 일반적 요건을 갖추었는지 여부에 따라 결정되어야 할 것이지 그 행위가 소극적인 방어행위인가 적극적인 공격행위인가에 따라 결정되어야 하는 것은 아니다.

나. 징계행위

교육상 필요한 때 또는 규율을 위반한 때에 학교장은 학생을(초중등교육법 §18), 교도소장은 수용자를(형의 집행 및 수용자의 처우에 관한 법률 §,107), 소년원장은 수용된 소년을(보호소년 등의 처우에 관한 법률 §15) 각각 징계할 수 있다. 징계권자의 징계행위는 사회상규에 위배되지 않는 범위에서 정당행위로서 위법성이 조각된다. 징계권의 행사가 위법성을 조각하기 위해서는 객관적으로 ① 충분한 징계사유가 있을 것과 ② 징계행위는 교육목적의 달성을 위해 필요하고 적절한 정도에 그칠 것이 요구되고, 주관적으로 ③ 행위자에게 교육의사가 있을 것을 요한다.

교사의 체벌이 허용되는지에 대해서는 견해의 대립이 있으나 대법원 판례와 헌법재판소는 교사의 학생에 대한 체벌을 인정하고 있다. 다만, 징계행위는 징계목적을 달성하는데 필요한 적정수준에 머물러야만 하고, 체벌이 신체상해에 이르렀을 때에는 이

는 등의 내용이 담겨있었다.

적정수준을 넘은 것으로서 위법성이 조각되지 않는다고 한다.

《헌결 2000.1.27. 99헌바481 (중학교 일진회 징계 사건)》 초·중등교육법 … 취지에 의하면 비록 체벌이 교육적으로 효과가 있는지에 관하여는 별론으로 하더라도 교사가 학교장이 정하는 학칙에 따라 불가피한 경우 체벌을 가하는 것이 금지되어 있지는 않다고 보여진다. 그러나 어떤 경우에 어떤 방법으로 체벌을 가할 수 있는 지에 관한 기준은 명확하지 않지만 대법원은 징계행위는 그 방법 및 정도가 교사의 징계권행사의 허용한도를 넘어선 것이라면 정당한 행위로 볼 수 없다라고 판시(대판 90도1456)함으로써 그 기준을 일응 제시하고 있다.47)

다. 근로자의 노동쟁의행위

헌법은 근로자의 자주적인 단결권·단체교섭권 및 단체행동권을 보장하고 있으며, '노동조합 및 노동관계조정법'은 파업, 태업 등 쟁의행위에 관한 규정을 두고 있다. 따라서 이 법에 의하여 허용된 쟁의행위는 위법성을 조각한다. 그러나 근로자의 쟁의행위는 근로조건을 개선함으로써 그 경제적 · 사회적 지위를 향상시키기 위한 경우에만 인정된다. 그러므로 정치적 목적을 달성하기 위한 쟁의행위는 허용될 수 없다. 목적의 정당성이 인정되는 때에도 쟁의행위로서 폭력이나 파괴행위를 할 수는 없다(동법 §4).

《대판 2001.10.25. 99도4837 全合 (만도기계 파업 사건)》 근로자의 쟁의행위가 형법상 정당행위가 되기 위하여는 … 여러 조건을 모두 구비하여야 하는바, 특히 그 절차에 관하여 쟁의행위를 함에 있어 조합원의 직접·비밀·무기명투표에 의한 찬성결정이라는 절차를 거쳐야 한다 … 이 절차를 위반한 쟁의행위는 그 절차를 따를 수 없는 객관적인 사정이 인정되지 아니하는 한 정당성이 상실된다.

《대판 2003.12.26. 2001도3380 (과기원 민영화반대 파업사건)》 [1] 정리해고나 부서·조직의 통폐합 등 구조조정의 실시 여부는 경영주체에 의한 고도의 경영상 결단에 속하는 사항으로서 이는 원칙적으로 단체교섭의 대상이 될 수 없고, … 노동조합이 실질적으로 그 실시 자체를 반대하기 위하여 쟁의행위에 나아간다면, 비록 그 실시로 인하여 근로자들의 지위나 근로조건의 변경이 필연적으로 수반된다 하더라도 그 쟁의행위는 목적의 정당성을 인정할 수 없다.

[2] 쟁의행위에서 추구되는 목적이 여러 가지이고 그 중 일부가 정당하지 못한 경우에는 주된 목

47) 서울 ○○중학교에서 학생지도부 담당교사인 甲과 피해자의 담임교사인 乙은 공동하여, 1999.4.26. 09:50경 위 중학교 학생부 앞 복도에서 피해자인 3학년인 丙이 무단결석, 금품갈취, 교내흡연 등으로 적발되어 교내봉사활동처분을 받고 봉사활동을 하던 중 반성하지 않고 떠들고 소란을 피워 甲이 주의를 주자 丙이 불량한 태도로 반항하는 것을 보고, 甲이 손바닥으로 그의 빰을 수회 때리자 이때 丙이 "씨"하면서 다시 반항하자 학생부 사무실로 데리고 들어가 주먹으로 가슴을 2회 때리고 발로 우측허리를 수회 차고, 丙의 담임인 乙은 이에 합세하여 丙의 발을 걸어 넘어뜨려 엉덩이를 4~5회 차고 옆구리를 수회 때리는 등 폭행하여 丙에게 약 2주간의 치료를 요하는 흉벽타박상 등을 가하였다. 그 후 甲과 乙은 丙을 데리고 교장실로 갔고, 丙은 교장실에서 나와 112에 폭행사실을 신고하였다.

적 내지 진정한 목적의 당부에 의하여 그 쟁의목적의 당부를 판단하여야 할 것이고, 부당한 요구사항을 뺐더라면 쟁의행위를 하지 않았을 것이라고 인정되는 경우에는 그 쟁의행위 전체가 정당성을 갖지 못한다.

라. 기타 법령에 의한 행위

모자보건법 제14조에 의한 임신중절수술, 정신보건법 제25조 이하의 정신질환자에 대한 정신병원 강제입원조치, 한국마사회법 제38조에 의한 승마투표권의 발행행위, 관광진흥법 제5조에 의한 카지노 개장, 민법 제209조의 점유자의 자력구제행위 등도 법령에 의한 행위로 위법성이 조각된다.

Ⅲ. 업무로 인한 행위

1. 업무의 의의

업무란 사람이 사회생활상의 지위에 기하여 계속·반복의 의사로 행하는 사무를 말한다. 업무에 의한 행위가 법령에 규정되어 있는 때에는 법령에 의한 행위로 인하여 위법성이 조각되는 것이지만, 설령 법령에 규정이 없는 경우에도 업무의 내용이 사회윤리상 정당하다고 인정되는 때에는 위법성이 조각된다.

2. 의사의 치료행위

가. 위법성조각설

의사의 치료행위는 그것으로 인하여 환자의 신체를 상하게 하는 경우에 상해죄의 구성요건에는 해당하지만 **정당행위로서 위법성을 조각**한다는 것이 다수설과 판례의 입장이다. 다만 업무로 인한 행위로 위법성이 조각되는지 아니면 승낙에 의한 행위로 위법성이 조각되는지에 대해서는 견해가 대립한다. 종전의 판례는 전자의 입장에 따른 것도 있으나, 최근의 학설 및 판례(대판 1993.7.27. 92도2345)는 의사의 설명의무를 전제로 해서 환자의 자기결정권을 고려하여 **피해자의 승낙** 또는 추정적 승낙에 의한 행위로 위법성이 조각된다고 한다.

나. 구성요건해당성조각설

이 견해는 의사의 치료행위란 치료의 목적으로 건강을 증진시키는 행위이므로 환자의 승낙을 받고 의술의 법칙에 따라 행한 수술은 상해죄의 구성요건에조차 해당하지 않는다고 한다. 따라서 의사가 치료목적으로 수술을 했지만 오진을 하여 수술하거나 수술방법을 잘못하여 환자에게 상해를 입힌 경우에는 업무상과실치상죄가 성립한다고 한다.

3. 변호사·성직자 등의 직무행위

가. 변호사의 직무행위

변호사의 변론은 정당한 업무행위에 속한다. 따라서 변호사가 법정에서 변호의 필요상 타인의 명예를 훼손하는 사실을 적시하더라도 업무로 인한 행위로서 위법성이 조각되어 명예훼손죄가 성립하지 아니한다. 그러나 변호사가 적극적으로 위증을 교사하거나 증거를 은닉한 경우 또는 변호사 업무와 무관하게 사실을 적시한 경우에는 위법성이 조각되지 않는다.

나. 성직자의 직무행위

성직자가 고해성사 등으로 범인 또는 비밀을 알고 이를 고발하지 않거나 묵비하는 것은 정당행위로서 위법성을 조각한다. 그러나 이 범위를 넘어서 적극적으로 범인을 은닉하거나 도피케 하는 것은 업무행위의 범위를 넘은 것이므로 위법하다.

《대판 1983.3.8. 82도3248 (최기식 신부 사건)》 성직자라 하여 초법규적인 존재일 수는 없으며 성직자의 직무상 행위가 사회상규에 반하지 아니한다 하여 그에 적법성이 부여되는 것은 그것이 성직자의 행위이기 때문이 아니라 그 직무로 인한 행위에 정당, 적법성을 인정하기 때문인 바, 사제가 죄지은 자를 능동적으로 고발하지 않는 것에 그치지 아니하고 은신처마련, 도피자금 제공 등 범인을 적극적으로 은닉·도피케 하는 행위는 사제의 정당한 직무에 속하는 것이라고 할 수 없다.

Ⅳ. 사회상규에 위배되지 않는 행위

1. 의의

형법 제20조가 '기타 사회상규에 위배되지 않는 행위는 벌하지 아니한다'고 규정한 것은 사회상규가 바로 위법성조각사유의 일반적 기준이 된다는 것을 명문화한 것이다. 즉 어떤 행위가 구성요건에 해당하고 개별적인 위법성조각사유의 하나에 속하지 않는 경우에도 사회상규에 위배되지 않는 때에는 위법성이 조각되어 처벌할 수 없게 된다. '사회상규'란 일반인의 건전한 도의감 또는 사회윤리를 의미한다.

《대판 2001.2.23. 2000도4415 (정신병원 강제입원 사건)》 형법 제20조 소정의 '사회상규에 위배되지 아니하는 행위'라 함은 법질서 전체의 정신이나 그 배후에 놓여 있는 사회윤리 내지 사회통념에 비추어 용인될 수 있는 행위를 말하고, 어떠한 행위가 사회상규에 위배되지 아니하는 정당한 행위로서 위법성이 조각되는 것인지는 구체적인 사정 아래서 합목적적, 합리적으로 고찰하여 개별적으로 판단하여야 할 것이다.

2. 소극적 저항행위

소극적 저항(방어)행위란 '상대방의 부당한 행패를 저지하기 위한 본능적인 소극적 방어행위에 지나지 않는 사회통념상 상당성이 있는 행위'를 말한다(판례). 사회윤리나 사회통념상 취할 수 있는 본능적이고 소극적인 저항행위는 정당방위가 아닌 사회상규에 위배되지 아니하는 행위로서 위법성이 조각된다. 예컨대 강제연행을 모면하기 위해 소극적으로 상대방을 밀어붙이거나 채무변제를 요구하며 행패를 부리는 피해자를 뿌리치는 행위는 사회상규에 위배되지 않는 행위에 속한다.

3. 권리실행행위

자기 또는 타인의 권리를 실행하기 위한 행위도 그것이 사회상규에 벗어나는 정도에 이르지 않은 때에는 사회상규에 위배되지 않는다. 따라서 피해자에게 치료비를 요구하고 의무를 이행하지 않으면 고소하겠다고 하는 경우에는 사회상규에 위배되지 않는 행위에 해당한다. 권리의 실행수단인 폭행, 협박, 기망 등의 방법이 사회통념상 용인된 범위를 일탈하지 않으면 사회상규에 위배되지 않는다. 그러나 허용되는 정도나 범위를 초과하면 사회상규에 위배된다.

《대판 2011.5.26. 2011도2412 (남편과 시댁에 알리겠다 사건)》 채권자가 채권추심을 위하여 독촉 등 권리행사에 필요한 행위를 할 수 있기는 하지만, 법률상 허용되는 정당한 절차에 의한 것이어야 하며, 또한 채무자의 자발적 이행을 촉구하기 위해 필요한 범위 안에서 상당한 방법으로 그 권리가 행사되어야 한다.

4. 일반인의 간단한 의료행위

일반인에게 금지된 의료행위라고 하더라도 '구체적인 경우에 있어서 개별적으로 보아 법질서 전체의 정신이나 그 배후에 놓여 있는 사회윤리 내지 사회통념에 비추어 용인될 수 있는' 행위에 대해서는 위법성이 조각될 수 있다(판례).

5. 안락사(安樂死)

안락사(安樂死)는 진정안락사와 부진정안락사, 적극적 안락사와 소극적 안락사, 직접적 안락사와 간접적 안락사로 나눈다.

진정안락사란 생명을 단축하지 않고 고통없이 죽음을 맞이 하도록 하는 것이므로 형법적으로 아무런 문제가 될 수 없으나, 생명의 단축을 수반하는 부진정안락사는 촉탁 또는 승낙살인죄의 구성요건에 해당할 수 있다. 이에 대한 위법성 조각여부에 대해 견해의 대립이 있다.

부진정안락사 중에는 적극적 안락사와 소극적 안락사가 있다. 소극적 안락사란 생명을 연장하기 위한 조치(연명조치)를 취하지 않는 것(예컨대 치료의 중단이나 인공생명유지장치의 제거)을 말하고 적극적 안락사란 생명을 단축시키는 안락사를 말한다. 소극적 안락사는 존엄사의 문제로 다루어지는데, 2016년 연명의료중단을 규정한 연명의료결정법[48]이 제정되어 소극적 안락사는 법령에 의한 행위로 위법성이 조각된다.

적극적 안락사 중에는 생명연장을 위한 조치를 취하다가 성공하지 못하여 생명이 단축되는 간접적 안락사(예컨대, 말기 암환자에 대한 몰핀 주사)와 직접적으로 생명단축을 목적으로 하는 직접적 안락사가 있다. 통설은 간접적·적극적 안락사도 소극적 안락사와 마찬가지로 위법성이 조각된다고 한다.

생명단축을 위한 적극적 조치를 취하는 직접적 · 적극적 안락사(예컨대 청산가리 주사)의 경우 다수설은 절대적 생명보호의 원칙과 안락사 남용의 위험성을 근거로 위법성이 조각되지 않는다고 한다. 이에 대해 소수설은 엄격한 소정의 요건을 구비한 경우 위법성이 조각될 수 있다고 본다.

48) 호스피스·완화의료 및 임종과정에 있는 환자의 연명의료결정에 관한 법률

비교판례

정당행위가 인정되지 않는 경우	정당행위가 인정되는 경우
① 피고인(농부)의 자기 소유 임야에 심어둔 율목(栗木)을 손괴한 현행범을 추적하여 그 범인의 부(父)의 집에 들어가서 그와 시비 끝에 상해를 입힌 경우에 주거침입죄가 성립한다(대판 1965.12.21. 65도899 밤나무 손괴범 추적 사건). ② 2인 이상이 하나의 공간에서 공동생활을 하고 있는 경우에는 각자 주거의 평온을 누릴 권리가 있으므로, 사용자가 제3자와 공동으로 관리·사용하는 공간을 사용자에 대한 쟁의행위를 이유로 관리자의 의사에 반하여 침입·점거한 경우, 이를 공동으로 관리·사용하는 제3자의 명시적 또는 추정적인 승낙이 없는 이상 정당행위라고 하여 주거침입의 위법성이 조각된다고 볼 수는 없다(대판 2010.3.11. 2009도5008 KOSCOM노조 농성사건). ③ 사채업자인 피고인 甲이 피해자 乙에게, 채무를 변제하지 않으면 피해자가 숨기고 싶어하는 과거의 행적과 사채를 쓴 사실 등을 남편과 시댁에 알리겠다는 등의 문자메시지를 발송한 경우, 甲에게 협박의 고의가 있었음을 충분히 인정할 수 있으며, 甲이 해악을 고지한 것이 사회의 관습이나 윤리관념 등 사회통념에 비추어 용인할 수 있는 정도의 것이라고 볼 수는 없다(대판 2011.5.26. 2011도2412 남편과 시댁에 알리겠다 사건). ④ 피고인이 행한 부항 시술행위가 … 단순히 수지침 정도의 수준에 그치지 아니하고 부항침과 부항을 이용하여 체내의 혈액을 밖으로 배출되도록 한 것이므로, 사회상규에 위배되지 아니하는 행위로서 위법성이 조각되는 경우에 해당한다고 할 수 없다(대판 2004.10.28. 2004도3405 부항시술 사건). ⑤ 이혼소송에 사용할 증거자료 수집을 목적으로 그들의 간통 현장을 직접 목격하고 그 사진을 촬영하기 위하여 상간자의 주택에 침입한 행위는 정당행위에 해당하지 않는다(대판 2003.9.26. 2003도3000 상간자주택 침입 사건).	① 피고인의 차를 손괴하고 도망하려는 피해자를 도망하지 못하게 멱살을 잡고 흔들어 피해자에게 전치 14일의 흉부찰과상을 가한 경우, 정당행위에 해당한다(대판 1999.1.26. 98도3029 Johannes 사건). ② 중학교 교장직무대리자가 훈계의 목적으로 교칙위반학생에게 뺨을 몇 차례 때린 정도는 감호교육상의 견지에서 볼 때 징계의 방법으로서 사회 관념상 비난의 대상이 될 만큼 사회상규를 벗어난 것으로는 볼 수 없어 처벌의 대상이 되지 아니한다(대판 1976.4.27. 75도115 교칙위반학생 뺨 때린 사건). ③ 甲(34세)이 14:30경 청주시 용암동 ○○마트 실내 어린이 놀이터에서 자신의 딸(4세)이 가지고 놀고 있는 블록을 乙(2세)이 다가와 손과 발로 무너뜨려 딸이 울자 甲이 몇 차례 제지했지만, 乙이 딸을 한참 쳐다보고 있다가 갑자기 딸의 눈 쪽을 향해 오른손을 뻗었고 이를 본 甲이 왼손을 내밀어 그를 제지하는 과정에서 乙이 바닥에 넘어져 엉덩방아를 찧은 경우 딸에 대한 乙의 돌발적인 공격을 막기 위한 본능적이고 소극적인 방어행위라고 평가할 수 있다(대판 2014.3.27. 2012도11204 실내놀이터 딸 보호 사건). ④ 분쟁이 있던 옆집 사람이 야간에 술에 만취된 채 시비를 하며 거실로 들어오려 하므로 이를 제지하며 밀어내는 과정에서 2주 상해를 입힌 피고인의 행위는 정당행위에 해당한다(대판 1995.2.28. 94도2786 주취자 출입제지 사건). ⑤ 피고인이 피해자로부터 범인으로 오인되어 경찰에 끌려가 구타당하여 입원한 경우에 피해자에게 그 치료비를 요구하고 응하지 않으면 무고죄로 고소하겠다고 한 경우, 이것이 곧 범법행위가 된다고 볼 수 없다(대판 1971.11.9. 71도1629 치료비 물어내라 사건). ⑥ 피고인의 수지침 시술행위가 형법 제20조 소정의 사회상규에 위배되지 않는 정당행위에 해당한다(대판 2000.4.25. 98도2389 수지침 사건).

정당행위가 인정되지 않는 경우	정당행위가 인정되는 경우
⑥ 감정평가업자가 아닌 공인회계사가 타인의 의뢰에 의하여 일정한 보수를 받고 부동산공시법이 정한 토지에 대한 감정평가를 업으로 행하는 것은 부동산공시법 제43조 제2호에 의하여 처벌되는 행위에 해당하고, 특별한 사정이 없는 한 '법령에 의한 행위'로서 정당행위에 해당한 다고 볼 수는 없다(대판 2015.11.27. 2014도191 공인회계사 감정평가 사건). ⑦ 甲주식회사 임원인 피고인들이 회사 직원들 및 그 가족들에게 수여할 목적으로 전문의약품인 타미플루 39,600정 등을 제약회사로부터 매수하여 취득한 경우 정당행위에 해당하지 않는다(대판 2011.10.13. 2011도6287 타미플루 수여 사건). ⑧ 방송사 기자인 피고인이, 구 국가안전기획부 내 정보수집팀이 대기업 고위관계자와 모 중앙일간지 사주 간의 사적 대화를 불법 녹음하여 생성한 녹음테이프와 녹취보고서로서, 1997년 제15대 대통령 선거를 앞두고 위 대기업의 여야 후보 진영에 대한 정치자금 지원 문제 및 정치인과 검찰 고위관계자에 대한 이른바 추석 떡값 지원 문제 등을 논의한 대화가 담겨 있는 도청자료를 입수한 후 그 내용을 자사의 방송프로그램을 통하여 공개한 경우 정당행위에 해당하지 않는다(대판 2011.3.17. 2006도8839 안기부 X파일-MBC 기자 사건). ⑨ 국회의원인 피고인이, 구 국가안전기획부 내 정보수집팀이 대기업 고위관계자와 중앙일간지 사주 간의 사적 대화를 불법 녹음한 자료를 입수한 후 그 대화내용과, 위 대기업으로부터 이른바 떡값 명목의 금품을 수수하였다는 검사들의 실명이 게재된 보도자료를 작성하여 자신의 인터넷 홈페이지에 게재한 경우는 정당행위에 해당한다고 볼 수 없다(대판 2011.5.13. 2009도14442 안기부 X파일-노회찬 의원 사건). ⑩ 상관의 지시를 받은 경사 甲 등 4명의 경찰관이 참고인 乙의 옷을 벗기고 양손을 뒤로 결박한 후 얼굴을 욕조 물 속으로 강제로 찍어누르는 가혹행위를 반복적으로 하였고, 이 과정에서 乙이 욕조턱에 목이 눌려 질식사한 경우 甲 등의 행위는 정당행위에 해당하지 않는다(대판 1988.2.23. 87도2358).	⑦ 피고인 甲이 乙로부터 며칠 간에 걸쳐 집요한 괴롭힘을 당해 온 데다가 乙이 甲이 교수로 재직하고 있는 대학교의 강의실 출입구에서 甲의 진로를 막아서면서 甲을 물리적으로 저지하려 하자 극도로 흥분된 상태에서 그 행패에서 벗어나기 위하여 乙의 팔을 뿌리쳐서 乙이 상해를 입게 된 경우, 甲의 행위는 피해자의 부당한 행패를 저지하기 위한 본능적인 소극적 방어 행위에 지나지 않는 정당행위이다(대판 1995.8.22. 95도936 제수 폭행 사건). ⑧ 신문기자인 피고인이 고소인에게 2회에 걸쳐 증여세 포탈에 대한 취재를 요구하면서 이에 응하지 않으면 자신이 취재한 내용대로 보도하겠다고 말하여 협박하였다는 취지로 기소된 경우, …, 설령 협박죄에서 말하는 해악의 고지에 해당하더라도 특별한 사정이 없는 한 기사 작성을 위한 자료를 수집하고 보도하기 위한 것으로서 신문기자의 일상적 업무 범위에 속하여 사회상규에 반하지 아니하는 행위라고 보는 것이 타당하다(대판 2011.7.14. 2011도639 취재한대로 보도하겠다 사건). ⑨ '회사의 직원이 회사의 이익을 빼돌린다'는 소문을 확인할 목적으로, 비밀번호를 설정함으로써 비밀장치를 한 전자기록인 피해자가 사용하던 '개인용 컴퓨터의 하드디스크'를 떼어내어 다른 컴퓨터에 연결한 다음 의심이 드는 단어로 파일을 검색하여 메신저 대화 내용, 이메일 등을 출력한 경우, 사회통념상 허용될 수 있는 상당성이 있는 행위로서 '정당행위'에 해당한다(대판 2009.12.24. 2007도6243 회사의 이익을 빼돌린다 사건). ⑩ 시장번영회 회장인 피고인이 이사회의 결의와 시장번영회의 관리규정에 따라 관리비 체납자의 점포에 대하여 단전조치를 한 경우 사회통념상 허용될 만한 정도의 상당성이 있는 위법성이 결여된 행위로서 정당행위에 해당한다(대판 2004.8.20. 2003도4732 삼천포종합시장 사건).

정당행위가 인정되지 않는 경우	정당행위가 인정되는 경우
⑪ 甲주식회사 감사인 피고인이 회사 경영진과의 불화로 한 달 가까이 결근하다가 자신의 출입카드가 정지되어 있는데도 이른 아침에 경비원에게서 출입증을 받아 컴퓨터 하드디스크를 절취하기 위해 회사 감사실에 들어간 경우, 방실침입 행위가 정당행위에 해당하지 않는다(대판 2011.8.18. 2010도9570 자기 컴퓨터 하드디스크 떼어간 사건). ⑫ 시위참가자들이 경찰관들의 위법한 제지 행위에 대항하는 과정에서 공동하여 경찰관들에게 PVC파이프를 휘두르거나 진압방패와 채증장비를 빼앗는 등의 폭행행위를 한 것이 정당행위나 정당방위에 해당하지 아니한다(대판 2009.6.11. 2009도2114 한미FTA저지 상경시위 사건).	⑪ 소속 중대장의 당번병이 근무시간중은 물론 근무시간 후에도 밤늦게 까지 수시로 영외에 있는 중대장의 관사에 머물면서 집안일을 도와주고 그 자녀들을 보살피며 중대장 또는 그 처의 심부름을 관사를 떠나서까지 시키는 일을 해오던 중 사건당일 중대장의 지시에 따라 관사를 지키고 있던 중 중대장과 함께 외출나간 그 처로부터 24:00경 비가 오고 밤이 늦어 혼자 귀가할 수 없으니 관사로부터 1.5Km 가량 떨어진 지점까지 우산을 들고 마중을 나오라는 연락을 받고 당번병으로서 당연히 해야 할 일로 생각하고 그 지점까지 나가 동인을 마중하여 그 다음 날 01:00경 귀가하였다면 위와 같은 당번병의 관사이탈 행위는 중대장의 직접적인 허가를 받지 아니 하였다 하더라도 당번병으로서의 그 임무범위내에 속하는 일로 오인하고 한 행위로서 그 오인에 정당한 이유가 있어 위법성이 없다(대판 1986.10.28. 86도1406 여우고개 사건).

제1절 책임이론

Ⅰ. 책임의 의의

1. 책임의 의의

구성요건에 해당하는 위법한 행위도 책임이 없으면 범죄가 성립하지 않는다. 형법에는 '책임 없으면 형벌 없다'는 책임주의가 적용되고 있다. **책임이란 구성요건에 해당하는 위법한 행위를 한 행위자에 대한 비난가능성을 의미한다.** 즉 책임이란 행위자가 합법을 결의하여 행동을 할 수 있었음에도 불구하고 불법을 결의하고 위법하게 행위하였다는 것에 대한 비난가능성을 의미한다(의사형성의 비난가능성).

2. 위법성과의 관계

형법은 평가규범으로서의 성질과 의사결정규범으로서의 성질을 가지고 있다. **위법성**은 형법의 평가규범이라는 성질상 **행위 그 자체에 대한 부정적 가치판단**(객관적 판단)인데 대하여, **책임**은 형법의 의사결정규범으로서의 성질에 비추어 이와 같이 위법으로 판단된 행위에 관하여 **행위자를 비난할 수 있는 부정적 가치판단**(주관적 판단)을 말한다. 따라서 객관적 판단인 위법성 단계에서는 행위자의 개인적 특수성이 그 판단기준이 될 수 없는 반면, 주관적 판단인 책임판단에서는 행위자의 개인적 특수성을 고려하여 판단한다.

3. 민사책임과의 구별

민사책임은 발생된 손해에 대한 공평한 분담이 목적이지만, 형사책임은 행위자를 처벌하는 데에 그 목적이 있다. 따라서 민사책임에서는 무과실책임도 인정되지만 형사책임에서는 무과실책임은 인정되지 않는다. 형법에서는 과실범은 예외적으로 처벌하고 그 형벌도 고의범에 비해 매우 가볍지만, 민법에서는 고의 · 과실책임 사이에 별 차이가 없다.

Ⅱ. 책임의 본질

책임의 본질이 무엇인가에 대해서는 심리적 책임론과 규범적 책임론이 대립한다.

1. 심리적 책임론

심리적 책임론은 책임을 사실판단의 문제로 파악하여, 행위 당시에 행위자가 **고의·과실**이라는 심리상태를 지니고 있었다는 사실 그 자체가 책임이라고 한다. 즉 결과에 대한 인식과 의사인 고의와 이를 인식 또는 의욕하지 않은 과실이 바로 책임이라고 한다. 심리적 책임론에 대해서는 형사미성년자(§9)나 강요된 행위(§12)의 경우에도 행위자에게 고의 · 과실은 있기 때문에 책임을 인정할 수밖에 없다는 비판이 가해진다.

2. 규범적 책임론

규범적 책임론은 책임을 심리적 사실관계로 보지 않고 평가적 가치관계로 이해한다. 즉 책임은 구성요건에 해당하고 위법한 행위를 한 사람에 대한 **비난가능성**이라고 한다. 규범적 책임론에 의하면 행위자가 위법행위를 결의하여서는 아니된다는 형법(의사결정규범의 성질)의 요구에 반하여 위법행위를 결의하였다는 점에 비난의 근거가 있다고 한다. 형법은 불가능을 요구할 수 없으므로 규범의 요구에 따라 의사결정을 할 수 있는데 이를 하지 않았을 경우에 책임비난이 가해질 수 있다고 한다. 규범적 책임론은 현재 책임이론을 지배하는 통설이 되었다.

Ⅲ. 책임의 근거

책임을 '비난가능성'이라 할 때에 행위자를 비난하는 근거가 무엇이냐가 문제된다. 책임의 근거는 인간이 과연 자기의 행위를 지배할 수 있는 '자유의사'를 가졌다고 볼 수 있는가의 문제와 관련된다. 자유의사의 존재여부와 관련하여 도의적 책임론과 사회적 책임론이 대립한다.

1. 도의적 책임론

도의적 책임론은 인간에게는 자유의사가 있고, 범죄행위를 한 자는 그의 자유로운 의사결정에 의하여 위법인 행위를 하였기 때문에 도의적으로 비난을 받는 것이라고 한다(비결정론). 따라서 자유의사를 갖지 못한 심신상실자 등 책임무능력자는 도의적으로 비난을 받을 수 없고, 그의 행위는 범죄라고 할 수 없다. 이러한 의미에서 책임능력이란 범죄능력을 의미한다.

2. 사회적 책임론

사회적 책임론은 인간의 자유의사를 부인하고, 범죄는 행위자의 소질과 환경에 의하여 필연적으로 지배된다고 한다(결정론). 따라서 개개의 행위에 관하여 행위자를 도의적으로 비난하는 것은 의미 없다고 한다. 책임은 **행위자의 반사회적 성격** 또는 재범위험성이라고 한다. 자유의사가 없는 심신상실자 등도 사회적 위험성이 인정되면 형벌을 과할 수 있다. 이러한 의미에서 책임능력은 형벌능력을 의미한다.

3. 소결

현행 형법 제10조는 책임능력의 판단기준으로 사물변별능력과 의사결정능력을 규정하고 있다. 사물변별능력과 의사결정능력이 모두 규정하고 있다는 것은 결국 자유의사를 인정하고 있다고 해석할 수 있을 것이다. 따라서 우리 형법은 도의적 책임론에 입각해 있다고 할 수 있다. 그러나 치료감호법상 치료감호처분 등의 보안처분을 인정하는 것은 사회적 책임론에 따른 것이다.

《대판 1968.4.30. 68도400 (작두들고 행패부린 사건)》 형법 제10조 제3항에서 말하는 사물을 판별할 능력 또는 의사를 결정할 능력은 자유의사를 전제로 한 의사결정의 능력에 관한 것이다.

Ⅳ. 책임판단의 대상

형법상 책임의 유무나 정도를 결정할 때 무엇을 대상으로 결정할 것인가에 대한 문제이다.

1. 행위책임의 원칙

행위책임론은 행위자가 행한 행위 및 그 결과를 근거로 책임의 유무 및 정도를 결정해야 한다고 한다. 책임판단의 대상은 행위자에 의해 저질러진 구체적인 행위이며, 따라서 형사책임은 개별적 행위책임이지 행위자책임(성격책임, 인격책임)이 될 수 없다. 책임은 행위자의 현재의 상태 또는 현재에 이른 과정에 대한 비난이 아니라 어디까지나 구체적인 행위를 대상으로 하는 비난이다.

2. 행위자책임의 보충

이에 대해 행위나 그에 따른 결과가 아니라 행위자의 소질, 환경, 인격형성을 근거로 책임의 유무 및 정도를 결정하자는 이론을 행위자책임론이라 한다. 우리 형법은 행위책임을 원칙으로 하면서도 일정한 경우 행위자책임으로 보충하고 있다. 예컨대 상습범이나 누범가중, 양형의 조건 등에서는 예외적으로 행위자책임을 고려하고 있다.

Ⅴ. 책임요소

책임이 어떤 요소로 구성되어 있느냐에 대해서는 다양한 논의가 진행되어 왔다. 책임을 행위자의 심리적 관계로 이해하는 심리적 책임론에 의하면 고의와 과실만이 책임요소라고 한다. 책임능력도 심리적 관계가 아니므로 책임요소가 될 수 없다고 한다. 책임을 행위자에 대한 비난가능성으로 이해하는 규범적 책임론은 책임요소로 행위자에게 ① 책임능력이 있어야 하고, ② 위법성을 인식하거나 인식할 가능성이 있어야 하고, ③ 적법행위에 대한 기대가능성이 있어야 한다고 주장한다. 그러나 고의·과실에 대해서는 견해가 대립한다. 다수설은 고의·과실이 주관적 구성요건요소뿐만 아니라 책임요소이기도 한다는 고의·과실의 이중적 기능을 인정한다.

구분	책임의 본질	책임요소	비고
심리적 책임론	심리적 사실관계	고의 · 과실 (위법성 인식 포함)	고전적 범죄체계 (인과적 행위론)
규범적 책임론 (복합적 책임개념)	비난가능성	① 책임능력 ② 고의(위법성 인식 포함)·과실 ③ 기대가능성	신고전적 범죄체계
규범적 책임론 (순수한 규범적 책임개념)	비난가능성	① 책임능력 ② 위법성의 인식 ③ 기대가능성	목적적 범죄체계 (목적적 행위론)
규범적 책임론 (신복합적 책임개념)	비난가능성	**① 책임능력** **② 고의 · 과실** **③ 위법성의 인식** **④ 기대가능성**	합일태적 범죄체계 (사회적 행위론)

제2절 책임능력

Ⅰ. 책임능력의 의의

1. 책임능력의 개념

책임능력이란 행위자가 법규범의 금지나 명령의 의미를 이해하고 그 규범에 따라 행동할 수 있는 능력, 즉 **'적법하게 행위할 수 있는 능력'**, 다시 말하면 자유의사를 기초로 적법이든 불법이든 무엇이든지 자유로이 결정할 수 있는 능력을 의미한다. 이러한 책임능력은 행위자가 법규범의 의미·내용을 이해하여 명령과 금지를 인식할 수 있는 통찰능력(사물변별능력)과 이 통찰에 따라 행위를 할 수 있는 조종능력(의사결정능력)으로 구성된다.

2. 책임능력의 본질

책임능력의 본질을 어떻게 이해할 것인가에 대해서는 견해의 대립이 있다. **도의적 책임론**은 책임능력을 행위의 시비선악을 인식하고 이에 따라 의사를 결정할 수 있는 능력이라고 한다. 즉 책임능력을 의사능력 또는 **범죄능력**으로 이해한다(통설 · 판례). 따라서 책임능력이 요구되는 시점은 범죄행위를 한 때이다. 이에 대하여 **사회적 책임론**은 반사회적 성격이 이미 결정된 자에 대한 범죄능력이란 의미가 없고 다만 사회방위를 위해 형벌을 과함으로써 형벌의 목적을 달성할 필요가 있을 뿐이므로, 책임능력이란 형벌을 받음으로써 사회에 적응할 수 있는 **형벌능력**이라고 한다. 이에 의하면 책임능력이 요구되는 시점은 재판할 때(형벌을 부과할 때)로 본다.

사회적 책임론에 의하면 만취하여 인사불성인 자는 책임능력자가 되고 상습범은 오히려 책임무능력자가 되는 기이한 결과를 가져온다. 따라서 책임능력을 형벌능력이라고 하는 사회적 책임론은 우리 형법의 태도와 일치한다고 할 수 없다.

3. 책임능력의 규정방법

형법이 책임능력을 규정하는 방법에는 세 가지가 있다. 생물학적 방법과 심리적·규범적 방법 및 혼합적 방법이 그것이다.

가. 생물학적 방법

생물학적 방법은 정신병과 같은 일정한 생물학적(신체적 · 정신적) 비정상상태에 있는 자를 책임무능력자 등으로 하는 방법이다. 형법 제9조의 **형사미성년자**(14세 미만자)나 제11조의 **청각 및 언어장애인** 규정은 이 방법을 따른 것이라고 할 수 있다.

나. 심리적 · 규범적 방법

행위자에게 생물학적 비정상상태가 있는지를 문제삼지 않고, **사물변별능력**이나 **의사결정능력**의 유무(또는 미약)만으로 책임능력을 판단하는 방법이다. 그러나 이 방법은 심리에 영향을 미치는 생물학적 요인을 전혀 고려하지 않으므로, 책임능력의 판단을 전적으로 법관에게 맡김으로써 판단자의 자의가 개입될 경우 피고인의 법적 안정성을 해할 수 있다는 비판이 가해진다.

다. 혼합적 방법

혼합적 방법은 심신장애라는 행위자의 생물학적 비정상상태를 기초자료로 하여, 이것이 어느 정도로 행위자의 사물변별 및 의사결정능력에 영향을 미쳤는가 하는 심리학적 문제를 검토하는 방법을 말한다. 형법 제10조는 이 방법을 따른 것이라 할 수 있다.

Ⅱ. 책임무능력자

제9조(형사미성년자) 14세 되지 아니한 자의 행위는 벌하지 아니한다.

1. 형사미성년자

형법은 14세를 형사책임 연령으로 하여 14세 되지 아니한 자에 대해서는 개인적인 지적·도덕적 또는 성격적인 발육상태를 고려하지 않고 일률적으로 책임무능력자로 하고 있다. 즉 형사미성년자에 대해서는 순수한 생물학적 방법이 적용된다. 다만 형사미성년자에게 책임능력을 전제로 한 형벌을 과할 수는 없지만 소년법상의 보호처분까지 배제하는 것은 아니다.

소년법은 형벌법령에 저촉되는 행위를 한 10세 이상 14세 미만의 소년과 장래 형벌법령에 저촉되는 행위를 할 우려가 있는 10세 이상의 소년에 대하여 보호처분을 할 수 있다고 규정하고 있다(소년법 §4①). 소년이 법정형 장기 2년 이상의 유기형에 해당하는 죄를 범한 때에는 법정형의 범위 내에서 장기와 단기를 정한 부정기형을 선고한다(소년법 §60①). 또 죄를 범할 당시 18세 미만인 소년에 대해서는 사형 또는 무기형에 처할 경우 15년의 유기징역으로 한다(소년법 §59).

구 분	내 용
범죄소년	죄를 범한 14세 이상 19세 미만인 소년(§4①1, §2)
촉법소년	형벌 법령에 저촉되는 행위를 한 10세 이상 14세 미만인 소년(§4①2)
우범소년	다음에 해당하는 사유가 있고 그의 성격이나 환경에 비추어 앞으로 형벌 법령에 저촉되는 행위를 할 우려가 있는 10세 이상 19세 미만인 소년(§4①3, §2) 가. 집단적으로 몰려다니며 주위 사람들에게 불안감을 조성하는 성벽이 있는 것 나. 정당한 이유 없이 가출하는 것 다. 술을 마시고 소란을 피우거나 유해환경에 접하는 성벽이 있는 것

《대판 2009.5.28. 2009도2682 (신매동 아동 성폭행 사건)》 소년법이 적용되는 '소년'이란 심판시에 19세 미만인 사람을 말하므로, 소년법의 적용을 받으려면 심판시에 19세 미만이어야 한다. 따라서 소년법 제60조 제2항의 적용대상인 '소년'인지의 여부도 심판시, 즉 사실심판결 선고시를 기준으로 판단되어야 한다.

2. 심신상실자

가. 의의

제10조(심신장애인) ① 심신장애로 인하여 사물을 변별할 능력이 없거나 의사를 결정할 능력이 없는 자의 행위는 벌하지 아니한다.

심신상실자란 **심신장애(心神障礙)로 인하여 사물을 변별할 능력이나 의사를 결정할 능력이 없는 자**를 말한다. 심신상실자에 대한 형법의 규정은 **혼합적 방법**, 즉 생물학적·심리적 방법으로 책임능력을 규정한 것이다. 따라서 심신상실로 인한 책임무능력자가 되기 위해서는 심신장애라는 생물학적 기초가 존재해야 하고, 이러한 생물학적 기초로 인하여 사물을 변별할 능력 또는 의사를 결정할 능력이 없다는 심리적 요소가 있어야 한다.

나. 생물학적 요소

심신장애란 정신장애 또는 정신기능의 장애를 의미하며, 정신병, 정신박약 또는 중대한 의식장애와 정신병질을 내용으로 한다. 심신장애는 일시적 장애(예컨대 실신, 마취 등)이건 계속적 장애(예컨대 정신병, 백치 등)이건 불문한다. **명정(酩酊)상태**도 병적 정신장애 또는 의식장애에 해당할 수 있다. 판례도 정신을 잃을 정도의 명정상태를 심신상실로 판단한 경우가 있다(대판 1967.6.13. 67도645).

《대판 1985.5.28. 85도361 (너는 의붓자식이다 사건)》 형법상 심신상실자라고 하려면 그 범행당시에 심신장애로 인하여 사물의 시비선악을 변식할 능력이나 또 그 변식하는 바에 따라 행동할 능력이 없어 그 행위의 위법성을 의식하지 못하고 또는 이에 따라 행위를 할 수 없는 상태에 있어야 하며 범행을 기억하고 있지 않다는 사실만으로 바로 범행당시 심신상실 상태에 있었다고 단정할 수는 없다.

《대판 1990.8.14. 90도1328 (큰자를 죽여야 천당갈 수 있다 사건)》 범행당시 정신분열증으로 심신장애의 상태에 있었던 피고인이 피해자를 살해한다는 명확한 의식이 있었고 범행의 경위를 소상하게 기억하고 있다고 하여 범행당시 사물의 변별능력이나 의사결정능력이 결여된 정도가 아니라 미약한 상태에 있었다고 단정할 수는 없는 것인바, 피고인이 피해자를 살해할 만한 다른 동기가 전혀 없고, 오직 피해자를 "사탄"이라고 생각하고 피해자를 죽여야만 피고인 자신이 천당에 갈 수 있다고 믿어 살해하기에 이른 것이라면, 피고인은 범행당시 정신분열증에 의한 망상에 지배되어 사물의 선악과 시비를 구별할 만한 판단능력이 결여된 상태에 있었던 것으로 볼 여지가 있다.[49]

《대판 1991.5.28. 91도636 (만성형 정신분열증 사건)》 피고인이 심한 만성형 정신분열증에 따른 망상의 지배로 말미암아 아무런 관계도 없는 생면부지의 행인들의 머리를 이유 없이 도끼로 내리쳐 상해를 가한 것이어서 범행 당시 심신상실상태에 있었다.

다. 심리적 요소

사물변별능력(지적능력) 또는 의사결정능력(의지적 능력)이 존재하지 않는 자여야 한다. 사물변별능력이란 적법과 불법을 구별할 수 있는 통찰능력으로서 반드시 기억능력과 일치하는 것은 아니다. 의사결정능력이란 사물변별능력에 따라 이성적 판단을 하고 자

49) 甲이 1988.2.경부터 부산 서부교회에 가끔 다니면서 피해자인 동교회 목사 乙(남, 83세)의 설교를 듣고서 결혼도 못하고 어렵게 살고 있는 자신의 처지를 비관하여 오던 중, 1989.8.27. 01:30경 부산 괴정2동 소재 甲이 집 뒷편 속칭 쇠리골 뒷산에서 산상기도를 하면서 갑자기 "乙은 사탄이고 큰 자이므로 작은 자(甲)가 살아남는 길은 큰 자인 乙을 죽여야 한다. 공자, 맹자도 천당에 못 갔는데 나도 천당에 못갈 것이 분명하므로 乙을 죽여야만 나는 큰 자로 되어 천당에 갈 수 있다"고 잘못 생각하고 乙을 살해하기로 마음먹고, 甲의 집으로 돌아와 부엌에서 사용하던 식도를 허리춤에 넣은 후 같은 날 05:10경 위 서부교회 예배당에 도착하여 신도 1,000여명을 모아놓고 단상에서 설교하고 있는 乙에게 접근한 후 허리춤에서 위 식도를 꺼내어 오른손에 들고서 동인의 우측가슴 등을 힘껏 3회 찔러 동인으로 하여금 부산대학병원으로 후송도중 우흉부자상으로 인한 실혈성 쇼크로 사망에 이르게 하였다.

기 행위를 통제·조종할 수 있는 능력을 말한다. 양자 중 어느 하나만 없으면 심신상실자가 된다.

《대판 2002.5.24. 2002도1541 (생리전 증후군-PMS 사건)》 원칙적으로 충동조절장애와 같은 성격적 결함은 형의 감면사유인 심신장애에 해당하지 아니한다고 봄이 상당하지만, 그 이상으로 사물을 변별할 수 있는 능력에 장애를 가져오는 원래의 의미의 정신병이 도벽(盜癖)의 원인이라거나 혹은 도벽의 원인이 충동조절장애와 같은 성격적 결함이라 할지라도 그것이 매우 심각하여 원래의 의미의 정신병을 가진 사람과 동등하다고 평가할 수 있는 경우에는 그로 인한 절도 범행은 심신장애로 인한 범행으로 보아야 한다.

《대판 2007.2.8. 2006도7900 (소아기호증 사건)》 사춘기 이전의 소아들을 상대로 한 성행위를 중심으로 성적 흥분을 강하게 일으키는 공상, 성적 충동, 성적 행동이 반복되어 나타나는 소아기호증은 … 그 자체만으로는 형의 감면사유인 심신장애에 해당하지 아니한다 … 다만 그 증상이 매우 심각하여 원래의 의미의 정신병이 있는 사람과 동등하다고 평가할 수 있거나, 다른 심신장애사유와 경합된 경우 등에는 심신장애를 인정할 여지가 있다.

《대판 2013.1.24. 2012도12689 (성주물성애증 사건)》 무생물인 옷 등을 성적 각성과 희열의 자극제로 믿고 이를 성적 흥분을 고취시키는 데 쓰는 성주물성애증이라는 정신질환이 있다고 하더라도 … 심신장애에 해당한다고 볼 수 없고, 다만 그 증상이 매우 심각하여 원래의 의미의 정신병이 있는 사람과 동등하다고 평가할 수 있거나, 다른 심신장애사유와 경합된 경우 등에는 심신장애를 인정할 여지가 있다.

라. 심신상실의 판단기준

심신상실인지 여부는 **'행위 당시'**를 기준으로 판단하고, 범행 당시의 심신상실 여부를 판단함에 있어 **전문가의 감정**이 중요한 참고자료로 되지만, 그 판단은 경험칙에 비추어 규범적·법률적으로 판단하는 것이므로 **법원을 기속하지는 않는다**(판례).

《대판 1992.8.18. 92도1425 (망상형 정신분열증 가진자 사건)》 정신적 장애가 있는 자라고 하여도 범행 당시 정상적인 사물판별능력이나 행위통제능력이 있었다면 심신장애로 볼 수 없다.

《대판 1983.10.11. 83도1897 (간질병 미발작 사건)》 피고인이 평소 간질병 증세가 있었더라도 범행 당시에는 간질병이 발작하지 아니하였다면 이는 책임감면사유인 심신장애 내지는 심신미약의 경우에 해당하지 아니한다.

《대판 1999.1.26. 98도3812 (후레아들놈 사건)》 피형법 제10조 제1항, 제2항에 규정된 심신장애의 유무 및 정도의 판단은 법률적 판단으로서 반드시 전문감정인의 의견에 기속되어야 하는 것은 아니고, 정신분열증의 종류와 정도, 범행의 동기, 경위, 수단과 태양, 범행 전후의 피고인의 행동, 반성의 정도 등 여러 사정을 종합하여 법원이 독자적으로 판단할 수 있다.

마. 법적 효과

심신상실자는 책임능력이 없어 필요적으로 **책임이 조각된다**. 다만, 심신상실자가 치료감호시설에서의 치료가 필요하고 **재범의 위험성이 있다고 인정되는 때**에는 치료감호법상의 **치료감호처분이 가능하다**(치료감호법 §2①1).

Ⅲ. 한정책임능력자

1. 심신미약자

제10조(심신장애인) ② 심신장애로 인하여 전항의 능력이 미약한 자의 행위는 형을 감경할 수 있다.

가. 의의

심신미약자란 심신장애로 인하여 사물을 변별할 능력이나 의사를 결정할 능력이 미약한 자이다(혼합적 방법). 심신미약자는 한정책임능력자의 하나로서, 한정책임능력자는 책임능력자이지만 책임능력이 정상인보다 현저히 저하되어 있기 때문에 책임의 감경을 인정할 따름이다.

나. 생물학적 요소

심신장애이지만 그 정도가 **심신상실에 이르지 않은 정도**인 경우이다(정도의 차이). 심신미약자는 보통인의 건전한 정신상태는 아니나 완전한 심신상실에까지 이르지 아니한 자, 즉 정신기능의 장애로 인하여 시비선악을 변별하든가 또는 변별에 따라 자기의 행동을 제어하는 것이 미약한 자를 말한다. 그리고 심신미약도 일시적 장애이건 계속적 장애이건 불문한다.

다. 심리적 요소

사물변별능력 또는 의사결정능력이 미약한 경우이다. 그 판단은 심신상실자의 경우와 마찬가지로 법적·규범적 판단의 문제이므로, 정신의학상의 전문가의 감정을 기초로 하되 이에 구속되지 않고 법관이 판단한다.

라. 효과

심신미약자는 종래 필요적으로 감경하도록 규정되어 있었으나 2018년 강서구 PC방 살인사건50) 이후 **임의적 감경**(§10②)으로 변경하였다. 심신미약자가 치료감호시설에서의 치료가 필요하고 재범의 위험성이 있다고 인정되는 때에는 치료감호법상의 치료감호처분도 가능하다(치료감호법 §2②1). 심신미약자에게 형벌과 보안처분이 동시에 선고된 경우에는 치료감호처분을 먼저 집행한다.

2. 청각 및 언어장애인

제11조(청각 및 언어 장애인) 듣거나 말하는 데 모두 장애가 있는 사람의 행위에 대해서는 형을 감경한다.

종래 청각장애인인 농자(聾者)와 언어장애인인 아자(啞者)를 합쳐서 농아자(聾啞者)로 표현했지만, 2020년 개정 형법은 농아자를 '청각 및 언어장애인'으로 변경하였다. 청각 및 언어장애인은 **청각기능과 발음기능 모두에 장애가 있는 사람**을 말한다(선천적·후천적 불문). 생물학적 요소만으로 책임능력을 규정한 것으로서 청각과 언어장애는 신체장애이므로 심신장애에 해당하지 않는다. 청각 및 언어장애인은 **필요적으로 감경한다**(§11). 따라서 청각 및 언어장애인의 범죄에 대해서는 비록 그가 사물을 변별할 능력이나 의사를 결정할 능력이 충분히 있는 경우에도 그 형을 감경해야 한다.

Ⅳ. 원인에 있어서 자유로운 행위

제10조(심신장애인) ③ 위험의 발생을 예견하고 자의로 심신장애를 야기한 자의 행위에는 전2항의 규정을 적용하지 아니한다.

---

50) 심신미약자는 원래 필요적 감경('감경한다')이었으나 2018년 강서구 PC방 살인사건 이후 심신미약 감경에 비판적 여론을 감안해 감형여부를 법관의 재량과 사건의 경중에 따라 유연하게 적용하도록 2018년 11월 29일 형법을 개정하여 임의적 감면('감경할 수 있다')으로 변경하였다. 강서구 PC방 살인사건이란 2018년 10월 14일 일요일 아침 서울 강서구에 있는 한 PC방에서 김성수(29세)가 게임에서 지고 나서 '환불을 해달라'고 알바생에게 시비를 걸어 경찰의 훈방조치를 받은 뒤 PC방 화장실에서 등산용 나이프로 알바생인 피해자를 참혹하게 살해한 사건이다.

1. 원인에 있어 자유로운 행위의 의의

가. 원인에 있어 자유로운 행위의 의의

원인에 있어 자유로운 행위(actio libera in causa)란 행위자가 ① 책임능력 있는 상태에서 위험의 발생을 예견하고 자의로 심신장애(심신상실 또는 심신미약)를 야기하고(원인행위), 이러한 상태를 이용하여 범죄를 실행하는 것(실행행위)을 말한다. 예컨대 사람을 살해할 목적으로 음주만취하여 그 상태에서 타인에게 상해를 가하는 경우(고의) 또는 자동차를 운전해야 한다는 것을 생각하지 않고 고의 또는 과실로 음주하여 만취한 상태에서 운전을 하다가 사고를 낸 경우(과실)가 여기에 해당한다. 이는 행위자가 자의로 심신장애의 상태를 야기하여 범행을 하였다는 점에서, 행위자의 자의와 관계없이 야기된 심신장애상태에서 범행을 하는 심신상실자(§10①), 심신미약자(§10②)의 행위와 구별된다.

나. 원인에 있어 자유로운 행위와 책임주의

책임능력의 유무는 행위시를 기준으로 결정해야 한다. 즉 행위자는 행위시에 책임능력이 있어야 한다. 이를 **'행위와 책임의 동시존재의 원칙'**이라고 한다. 그런데 원인에 있어서 자유로운 행위를 원인행위와 실행행위로 분리하여 검토할 때 **실행행위에는 책임능력이 없고, 원인행위만으로는 구성요건적 행위라고 할 수 없기** 때문에 이러한 행위를 벌할 수 있는가라는 문제가 생긴다. 그러나 원인에 있어 자유로운 행위는 고의 또는 과실에 의하여 책임능력결함상태를 만든 점에서 단순히 책임무능력상태에서 범죄의 결과를 발생케 한 경우와는 구별하여야 한다. 우리 형법은 제10조 제3항을 두어 원인에 있어서 자유로운 행위에 대해서 완전한 책임능력자의 행위로 취급하여 그 가벌성을 입법적으로 해결하였다.

2. 가벌성의 근거

원인에 있어 자유로운 행위의 가벌성의 근거를 어디서 찾을 것이냐에 대하여 그 책임의 근거를 원인설정행위에서 구하는 견해와 실행행위에서 찾는 견해가 대립되고 있다.

가. 원인설정행위에 책임의 근거가 있다는 견해

1) 일치설(구성요건모델, 간접정범 유사설)

이 견해는 책임능력상태에서 이루어진 원인행위가 책임비난의 근거이고 곧 실행행위라고 본다. 이 견해는 책임능력결함상태에 빠진 자기 자신을 도구로 이용하는 간접정범이론을 원용하여 원인설정행위가 책임능력상태에서 이루어진 이상 처벌할 수 있다고 하는 견해로, 이용자인 책임능력이 있는 자신이 피이용자인 책임능력이 없는 자신을 생명 있는 도구로 이용한 때 즉 **원인설정행위시에 실행의 착수가 있다**고 한다. 행위와 책임의 동시존재원칙을 유지한다는 긍정적인 면이 있으나 **구성요건의 정형성을 무시한다**는 비판이 제기된다.

2) 예외설(책임모델, 불가분적 연관설)

이 견해는 책임비난의 근거는 원인설정행위에 있지만, 실행행위는 이후 자유의사가 없는 상태에서 형식적으로 구성요건적 행위를 할 때 인정된다고 한다. 즉, 구성요건적 실행행위 그 자체는 책임무능력상태에서의 행위이지만 원인설정행위와 불가분적 관련성 속에서 발생했기 때문에 비난받아 마땅하다는 것이다(다수설). 따라서 이 견해에 의하면 원인에 있어서 자유로운 행위는 '행위와 책임의 동시존재의 원칙에 대한 예외'로서 처벌되는 결과가 되며, 또한 원인에 있어서 자유로운 행위는 책임능력결함상태에서의 **구성요건적 실현행위에서 실행의 착수가 있게 된다.** 행위와 책임의 동시존재의 원칙에 대한 예외를 인정하므로 형법의 대원칙인 **행위책임의 원칙에 충실하지 못한다**는 비판을 받는다.

나. 결과실현행위에 책임의 근거가 있다는 견해

원인행위인 예비단계로부터 실행행위단계로 돌입하는 것이 **반무의식상태**에서 행해지고, 반무의식 상태에서 실행행위가 이루어지는 한 주관적 요소를 인정할 수 있으므로 책임능력 결함상태에서의 실행행위를 책임(가벌성)의 근거로 인정하는 견해이다. 대부분의 경우에 행위자의 책임능력이 인정되어 법적 안정성을 해하는 결과를 초래한다는 비판을 받는다.

3. 원인에 있어 자유로운 행위의 유형

가. 고의에 의한 원인에 있어서 자유로운 행위 → 고의범 성립

고의에 의한 원인에 있어서 자유로운 행위란 위험의 발생을 예견하고 고의로 심신장애를 야기한 후 고의로 결과실현 행위를 한 경우를 말한다. 즉, 책임능력결함상태의 야기와 구성요건에 해당하는 행위의 실행에 대해 모두 고의가 있는 경우이다(2중의 고의). 예컨대 사람을 살해할 고의로 의식적으로 만취하여 명정상태에서 살해한 경우로,

실현된 결과에 대해서 고의범의 책임을 진다(고의의 작위범). 전철수(轉轍手, 선로전환 담당자)가 고의로 전철을 충돌시키기 위해 만취하고 잠들어 버림으로써 기차가 충돌한 경우(고의에 의한 부작위범)에도 다수설은 원인에 있어서 자유로운 행위에 해당하며 실현된 결과에 대해서 고의범의 책임을 진다고 한다.

《대판 1996.6.11. 96도857 (대마파 살인 암매장 사건)》 피고인들은 상습적으로 대마초를 흡연하는 자들로서 이 사건 각 살인범행 당시에도 대마초를 흡연하여 그로 인하여 심신이 다소 미약한 상태에 있었음은 인정되나, 이는 위 피고인들이 피해자들을 살해할 의사를 가지고 범행을 공모한 후에 대마초를 흡연하고, 위 각 범행에 이른 것으로 대마초 흡연시에 이미 범행을 예견하고도 자의로 위와 같은 심신장애를 야기한 경우에 해당하므로, 형법 제10조 제3항에 의하여 심신장애로 인한 감경 등을 할 수 없다.

나. 과실에 의한 원인에 있어서 자유로운 행위 → 과실범 성립

과실에 의한 원인에 있어서 자유로운 행위란 위험발생을 예견하지 못하였거나, 심신장애의 야기에 대한 고의가 없거나, 결과실현행위에 대한 고의가 없는 경우의 원인에 있어서 자유로운 행위를 말한다. 과실에 의한 원인에 있어서 자유로운 행위가 인정될 경우 실현된 결과에 대해서 과실범의 책임을 진다.

과실에 의한 원인에 있어서 자유로운 행위의 유형에는 ① 고의로 심신장애상태를 야기하였고 이 상태에서 자신이 구성요건적 행위를 실현할지도 모른다는 예견가능성이 있었던 경우(예컨대 음주하면 폭행의 습벽이 있는 자가 폭행의 고의 없이 만취하여 폭행한 경우), ② 과실로 심신장애상태를 야기하였고 이 상태에서 미리 계획했던 범죄를 실현한 경우(예컨대 전철수가 열차를 충돌시킬 고의가 있었으나 마침 친구가 찾아와 이야기를 나누며 음주하던 중 만취하여 열차를 충돌시킨 경우), ③ 과실로 심신장애상태를 야기하였고 이 상태에서 자신이 구성요건적 행위를 실현할지도 모른다는 예견가능성이 있었던 경우(예컨대 대기 중인 의사가 부주의로 음주하여 만취상태에 빠져 응급환자를 치료하다 의료사고를 저지른 경우) 등이 포함된다.

《대판 1992.7.28. 92도999 (시체유기 후 취침 사건)》 형법 제10조 제3항은 "위험의 발생을 예견하고 자의로 심신장애를 야기한 자의 행위에는 전2항의 규정을 적용하지 아니한다"고 규정하고 있는 바, 이 규정은 고의에 의한 원인에 있어서의 자유로운 행위만이 아니라 과실에 의한 원인에 있어서의 자유로운 행위까지도 포함하는 것으로서 위험의 발생을 예견할 수 있었는데도 자의로 심신장애를 야기한 경우도 그 적용 대상이 된다고 할 것이어서, 피고인이 음주운전을 할 의사를 가지고 음주만취한 후 운전을 결행하여 교통사고를 일으켰다면 피고인은 음주시에 교통사고를 일으킬 위험성을 예견하였는데도 자의로 심신장애를 야기한 경우에 해당하므로 위 법조항에 의하여 심신장애로 인한 감경 등을 할 수 없다.

4. 현행 형법 제10조 제3항의 해석

가. 요건

'위험발생'이란 책임능력결함상태에서의 '구성요건실현'을 의미한다(다수설). 한편 '예견'은 위험발생을 예견한 경우뿐만 아니라 예견할 수 있었던 경우(예견가능성, 즉 과실)도 포함하도록 해석해야 한다(다수설, 판례). '자의(自意)'란 행위자가 책임능력 있는 상태에서 '스스로'라는 뜻이므로, 책임능력결함상태는 고의 또는 과실 어느 쪽에 의해서도 야기될 수 있다고 보아야 한다(다수설). 판례도 제10조 제3항에 과실에 의한 원인에 있어서 자유로운 행위가 포함된다고 판시하였다.

나. 효과

원인에 있어서 자유로운 행위에 해당하면 그 행위는 **책임능력자의 행위로 취급**된다. 따라서 심신상실상태하의 행위일지라도 책임이 조각되지 않으며, 심신미약상태하의 행위에 대해서도 형을 감경하지 않는다.

제3절 위법성의 인식

Ⅰ. 의의

위법성의 인식이란 '행위를 하는 자가 자신의 행위가 위법하다는 것'을 인식하는 내심의 상태를 의미한다. 자신의 행위가 위법하다는(나쁘다는) 것을 인식하면서도 위법한 행위를 한 사람에게는 비난가능성이 인정된다. 그러나 위법성의 인식없이 위법한 행위를 한 사람의 경우 비난가능성이 없거나 감소된다. 이와 같이 위법성의 인식은 고의·과실과 함께 책임에 영향을 미치는 책임요소이다.

Ⅱ. 위법성 인식의 대상과 내용

1. 위법성 인식의 대상

위법성 인식의 대상에 대해서는 견해의 대립이 있다. 판례는 위법성의 인식을 가장 넓게 보고 **자신의 행위가 사회정의와 조리에 어긋난다는 것을 인식**하면 족하다고 한다(광의설). 소수설은 자신의 행위가 형벌법규에 반한다는 인식이라고 한다(최협의설). 이에 대해 통설은 형법위반의 인식까지는 필요하지 않고 민법이나 행정법 등 전체 법질서에 위반된다는 인식이 있으면 족하다고 한다(협의설). 예컨대 음주운전을 하더라도 범죄가 되지는 않지만 면허취소나 정지는 당할 수 있다고 생각한 경우 형법위반의 인식은 없지만 행정법위반의 인식은 있으므로 위법성 인식이 있다는 것이다.

《대판 1987.3.24. 86도2673 (봉양면 호병계장 사건)》 범죄의 성립에 있어서 위법의 인식은 그 범죄사실이 사회정의와 조리에 어긋난다는 것을 인식하는 것으로서 족하고 구체적인 해당 법조문까지 인식할 것을 요하는 것은 아니므로 설사 형법상의 허위공문서작성죄에 해당되는 줄 몰랐다고 가정하더라도 그와 같은 사유만으로는 위법성의 인식이 없었다고 할 수 없다.

2. 위법성 인식의 정도

위법성의 인식은 '법적으로 금지'되고 있다는 인식을 의미할 뿐, 가벌성에 대한 인식이나 금지하고 있는 구체적인 법규정의 인식까지 요구하는 것은 아니다. 즉 위법성에 대한 비전문가의 소박한 판단으로 충분하다. 정확한 법률지식은 극소수의 법률전문가에게만 기대할 수 있기 때문이다. 위법성의 인식은 반드시 현실적으로 인식을 필요로 하는 것이 아니고, 잠재적으로 인식한 경우에도 무방하다.

Ⅲ. 위법성 인식의 체계적 지위

위법성의 인식이 책임요소라는 점에는 견해가 일치하지만, 책임의 구조에 있어서 위법성의 인식이 어떤 지위를 가지느냐에 대해서는 견해가 대립된다. 고의설과 책임설의 대립이 그것이다.

1. 고의설

고의설에 의하면 위법성의 인식은 사실의 인식과 함께 고의의 구성요소가 되며 **위법성의 인식이 없으면 고의가 조각**되고 다만 이를 회피할 수 있었을 때에는 과실범을 처벌하는 규정이 있는 때에만 과실범으로 처벌될 수 있을 뿐이다. 고의설은 다시 엄격고의설과 제한적 고의설로 나누어진다.

가. 엄격고의설

엄격고의설은 책임요소인 고의의 성립에 **현실적인 위법성의 인식이 필요**하다는 입장이다. 따라서 엄격고의설에 의하면 ① 위법성의 현실적 인식이 있는 경우에만 고의책임을 인정하고, ② 과실로 인해 위법성을 인식하지 못하였을 경우(위법성의 인식가능성이 있는 경우)에는 과실책임이 인정되고, ③ 위법성을 인식하지 못한 데에 과실도 없는 경우(위법성의 인식가능성조차 없는 경우)에는 고의·과실 책임 모두 조각된다고 한다.

나. 제한적 고의설(판례)

제한적 고의설은 책임요소인 고의의 성립에 현실적인 위법성의 인식뿐만 아니라 **위법성 인식의 가능성만으로도 충분**하다는 입장이다(위법성 인식가능성설). 제한적 고의설에 의하면 위법성의 현실적인 인식뿐만 아니라 위법성의 인식가능성이 있는 경우에도 고의책임을 인정한다. 따라서 위의 ①과 ② 모두 고의책임을 인정한다.

《대판 1974.11.12. 74도2676 (예비군신고 미필 사건)》 주민등록지를 이전한 이상 향토예비군설치법에 의하여 대원신고를 하여야 하나 이미 주거를 이동하고 같은 주소에 대원신고를 하였던 터이므로 피고인이 재차 동일 주소에 대원신고(주소이동)를 아니하였음이 향토예비군설치법 15조 6

항에 말한 정당한 사유가 있다고 오인한데서 나온 행위였다면 이는 법률착오가 범의를 조각하는 경우이다.

2. 책임설(통설)

책임설에 의하면 고의는 주관적 구성요건에 속하고 **위법성의 인식은 고의와 분리된 독자적 책임요소**로 이해한다. 이에 의하면 위법성의 인식이 없을 경우 고의에는 영향이 없고, 위법성 불인식의 회피가능성 유무에 따라 책임이 조각될 뿐이다. 책임설은 위법성 조각사유의 착오문제 해결을 둘러싸고 엄격책임설과 제한적 책임설로 나뉘어진다.

가. 엄격책임설

엄격책임설은 대부분의 목적적 행위론자에 의하여 주장된 이론으로 **모든 위법성조각사유에 대한 착오를 법률의 착오**라 한다.

나. 제한적 책임설

제한적 책임설은 위법성조각사유의 착오를 위법성조각사유의 전제사실에 대한 착오와 그 범위나 한계에 대한 착오로 나누어 이를 달리 취급한다. 즉 **위법성조각사유의 전제사실에 대한 착오는 법적 효과에 있어서 사실의 착오와 동일**하지만, 위법성조각사유의 존재 내지 한계에 대한 착오는 법률의 착오에 해당한다.

제4절 법률의 착오

제16조(법률의 착오) 자기의 행위가 법령에 의하여 죄가 되지 아니하는 것으로 오인한 행위는 그 오인에 정당한 이유가 있는 때에 한하여 벌하지 아니한다.

Ⅰ. 법률의 착오의 의의

1. 법률의 착오의 의의

법률의 착오란 행위자에게 구성요건적 사실의 인식은 있었으나, **착오로 그것이 법적으로 금지되어 있음을 알지 못한 경우**이다(금지착오, 위법성의 착오). 즉 금지착오란 행위자가 무엇을 하는가를 인식하였으나 그것이 허용된다고 오인한 경우이다.

사실의 착오(구성요건적 착오)는 구성요건사실의 인식을 결하는 것으로 **고의를 조각**하나, **법률의 착오**는 구성요건 사실의 인식은 있으나 그 행위의 위법성을 인식하지 못한 경우로서 **그 착오에 정당한 이유가 있으면 책임을 조각**한다.

2. 환각범

법률의 착오는 위법한 행위를 위법하지 않다고 오인한 경우이나(위법성의 소극적 착오), **환각범은 위법하지 않은 행위를 위법하다고 오인한 경우**로서 반전된 금지착오의 문제이다(위법성의 적극적 착오). 환각범은 처음부터 구성요건해당성이 없으므로 형법상 문제되지 않는다. **착각범** 또는 **망상범**이라고도 한다. 예컨대 간통, 혼인빙자간음, 근친상간, 동성애가 죄가 된다고 생각한 경우 또는 채권추심으로 궁지에 몰린 자가 도망가면서 사기죄가 된다고 생각한 경우에 해당한다.

Ⅱ. 법률의 착오의 유형

1. 직접적 착오

직접적 착오란 행위자가 자기의 행위에 대하여 직접적으로 적용되는 **금지규범의 존재나 범위·효력에 관하여 착오**한 결과 자신의 행위가 허용된다고 오인하여 위법성을 인식하지 못한 경우를 말한다.

가. 법률의 부지

'법률의 부지(不知)'란 일정한 행위를 금지하는 규범의 존재자체를 알지 못하고 그 금지규범에 위반하는 행위를 하는 경우를 말한다(금지규범의 존재에 관한 착오). 통설은 금지착오로 인정하지만 **판례는 금지착오에 해당하지 않는 것으로 본다**('법률의 부지는 용서받지 못한다'는 법언). 판례에 의하면 법률의 부지의 경우 정당한 이유를 묻지 않고 항상 범죄가 성립한다.

《대판 2004.2.12. 2003도6282 (레스토랑 청소년고용 사건)》 형법 제16조에 자기가 행한 행위가 법령에 의하여 죄가 되지 아니한 것으로 오인한 행위는 그 오인에 정당한 이유가 있는 때에 한하여 벌하지 아니한다고 규정하고 있는 것은 단순한 법률의 부지를 말하는 것이 아니고, 일반적으로 범죄가 되는 경우이지만 자기의 특수한 경우에는 법령에 의하여 허용된 행위로서 죄가 되지 아니한다고 그릇 인식하고, 그와 같이 그릇 인식함에 정당한 이유가 있는 경우에는 벌하지 않는다는 취지이다.

나. 효력의 착오

행위자가 자신의 행위에 관한 법규범이 있음을 알았으나 그 법이 상위규범에 위배(위헌 등)되어 효력이 없다고 오인한 경우를 말한다. 예컨대 금지규범이 위헌무효라고 잘못 생각하여 위법성을 인식하지 못한 경우가 이에 해당한다.

다. 포섭(包攝)의 착오

행위자가 구성요건적 사실은 인식했으나 그 금지규범의 내용을 너무 좁게 해석하여 자기의 행위가 허용된다고 오인한 경우이다. 예컨대 동물은 재물이 아니라고 생각하고 동물을 잡아 먹는 경우, 타이어에서 바람을 빼는 행위는 재물을 손괴하는 행위가 아니라고 생각하고 남의 자동차 타이어에서 바람을 뺀 경우 등을 들 수 있다.

《대판 1985.4.9. 85도25 (천지창조 나이트클럽 사건)》 유흥접객업소의 업주가 경찰당국의 단속대상에서 제외되어 있는 만 18세 이상의 고등학생이 아닌 미성년자는 출입이 허용되는 것으로 알고 있었더라도 이는 미성년자보호법 규정을 알지 못한 단순한 법률의 부지에 해당하고 특히 법령에 의하여 허용된 행위로서 죄가 되지 않는다고 적극적으로 그릇 인정한 경우는 아니므로 비록 경찰당국이 단속대상에서 제외하였다 하여 이를 법률의 착오에 기인한 행위라고 할 수는 없다.[51)]

2. 간접적 착오

간접적 착오란 행위자가 금지된 것은 인식하였으나 구체적인 경우에 위법성조각사유의 존재와 법적 한계를 오해하여 자신의 행위가 위법함에도 불구하고 그 위법성을 인식하지 못한 경우를 말한다. 허용규범의 착오 또는 위법성조각사유의 착오라고 한다.

가. 위법성조각사유의 존재에 대한 착오

법적으로 인정된 위법성조각사유가 없는데도 불구하고 있다고 오인한 경우이다. 예컨대 남편이 부인을 구타하면서 징계권이 있다고 오인한 경우를 들 수 있다. 이는 금지착오에 해당한다.

나. 위법성조각사유의 한계에 대한 착오

위법성조각사유의 법적 허용한계를 오인한 경우로서(허용한계의 착오), 예컨대 빌려준 물건을 좀처럼 반환하지 않자 실력으로 탈취하는 것도 허용된다고 오인하고 탈취한 경우, 현행범을 체포한 경우 일반인도 48시간 동안은 감금할 수 있다고 믿고 현행범을 체포하여 지하실에 48시간 동안 감금한 경우 등을 들 수 있다. 이 경우 역시 금지착오에 해당한다.

다. 위법성조각사유의 전제사실에 대한 착오

구성요건에 해당하는 위법한 행위이나 위법성을 조각시키는 정당화사유가 존재한다고 착오한 경우이다(허용구성요건의 착오, 허용상황의 착오). 예컨대 자기 집에 몰래 들어오는 친한 친구를 강도로 오인하고 정당방위의 의사로 상해를 가한 경우를 들 수 있다. 이 경우 사실의 착오에 해당하는가 또는 법률의 착오에 해당하는가에 대해서 견해가 대립된다.

Ⅲ. 위법성조각사유의 전제사실에 대한 착오

1. 위법성조각사유의 전제사실에 대한 착오의 의의

위법성조각사유의 전제사실에 대한 착오란 행위자가 위법성조각사유의 객관적 전제

51) 판례는 이 사건을 법률의 부지로 문제를 해결하고 있으나, 행위자가 미성년자보호법 규정은 알고 있었으나 그 적용범위를 좁게 해석한 것이므로 미성년자의 범위에 대한 포섭의 착오로 보는 것이 타당하다(다수설).

사실(객관적 정당화상황)이 현실로 존재하지 않는데도 이를 존재한다고 오인하고 위법성조각사유에 해당하는 행위를 한 경우를 말한다. 허용구성요건의 착오, 정당화상황의 착오라고도 한다. 위법성조각사유의 주관적 정당화요소는 존재하지만 객관적 정당화상황이 존재하지 않은 경우로 **오상방위, 오상피난, 오상자구행위, 오상정당행위**가 여기에 해당한다. 예컨대 한밤 중에 귀가하는 남편을 강도로 오인하고 방위의사로써 상해를 입한 경우(오상방위), 개가 자신을 공격한다고 생각하고 피난의사로써 옆집으로 뛰어 든 경우(오상피난), 해외로 출장가는 채무자를 도피하는 것으로 오인하고 자구의사로써 체포한 경우(오상자구행위), 전시에 아군을 적군으로 오인하고 폭격을 가한 경우(오상정당행위) 등이 여기에 해당한다.

2. 법적 효과

위법성조각사유의 전제사실에 대한 착오의 특수한 성격 때문에 이를 구성요건적 착오로 취급할 것인가 금지의 착오로 취급할 것인가에 대해 고의설, 소극적 구성요건표지이론, 엄격책임설, 제한적 책임설 등의 견해가 대립되고 있다.

가. 고의설

고의설은 위법성의 인식을 고의의 내용으로 이해하여, 위법성조각사유의 전제사실에 대한 착오가 있으면 위법성의 인식이 없으므로 (책임요소로서의)고의가 조각되며, 다만 과실범처벌규정이 있는 경우 과실범이 문제된다는 견해이다. 고의설은 위법성의 인식에 현실적인 인식이 필요하다는 엄격고의설과 현실적인 위법성의 인식뿐만 아니라 위법성의 인식가능성만 있으면 충분하다는 제한적 고의설로 구별된다.

나. 소극적 구성요건표지이론

범죄체계를 2단계로 인식하는 이 이론은 위법성조각사유는 소극적 구성요건요소에 해당하므로 이의 부존재에 대한 인식도 고의의 내용이 된다. 위법성조각사유의 전제사실에 관한 착오의 경우는 소극적 구성요건요소의 부존재에 관한 인식이 없으므로 당연히 구성요건적 착오에 해당하여 (불법)고의가 조각되며, 다만 과실범처벌규정이 있는 경우 과실범이 문제될 수 있다.

다. 엄격책임설

엄격책임설에 따르면 위법성의 인식은 고의와는 독립된 책임요소로서 위법성에 관한 착오는 모두 책임영역에서 취급되어 모두 금지착오라는 견해이다. 따라서 위법성조각사유의 객관적 전제사실의 착오의 경우에도 구성요건해당성과 위법성을 인정한 다음 책임단계에 와서 위법성의 착오로 취급하여 형법 제16조에 의하여 오인에 정당한 사유가 있으면 책임이 조각되고, 정당한 이유가 없으면 고의범으로 처벌된다. 엄격책임설에 의하면 과실범이 문제되지 않는다. 엄격책임설에 대해서는 착오에 빠진 자를 고의범을 인정하는 것은 일반인의 법감정에 반한다는 비판이 있다.

라. 제한적 책임설

1) 구성요건적 착오 유추적용설

위법성조각사유의 객관적 전제사실은 객관적 구성요건적 사실과 동일하지는 않지만, 사실이라는 측면에서 유사하므로 구성요건적 착오에 관한 규정이 유추적용된다는 견해이다. 따라서 위법성조각사유의 전제사실에 대한 착오의 경우 (구성요건적)고의가 조각되며, 다만 과실범처벌규정이 있는 경우에 한하여 과실범이 문제될 수 있다. 착오로 행위한 자는 구성요건해당성이 조각되므로 이를 이용한 자에 대해서는 공범성립이 불가능하다는 비판을 받는다.

2) 법효과 제한적 책임설(다수설)

고의의 이중적 지위를 인정하는 입장에서 행위자에게 객체를 침해한다는 사실에 대한 인식·인용이 있으므로 구성요건적 고의는 조각되지 않으나, 행위자는 법질서 수호의 의사로 한 행위이므로 책임고의(심정반가치 부정)가 조각된다. 다만, 객관적 상황을 착오한 부분에 과실이 있으면 과실범으로 처벌되고, 과실이 없거나 처벌규정이 없는 경우 무죄가 된다. 착오로 행위한 자는 법효과에 있어서는 책임이 조각되므로 이를 이용한 자에 대해서 공범성립을 인정할 수 있다. 고의불법이 인정된 자에 대해 과실범으로 처벌하는 것은 논리적인 일관성이 부족하다는 비판이 있다.

마. 판례

위법성조각사유의 전제사실에 대한 착오의 경우 판례는 착오에 빠진 자에게 오인에 정당한 이유가 있으면 위법성이 조각되지만, 정당한 이유가 없으면 범죄가 성립한다는 입장에 있다(대판 1986.10.28. 86도1406; 대판 1996.8.23. 94도319 등).

Ⅳ. 형법 제16조와 정당한 이유

1. 형법 제16조의 해석

형법 제16조는 '자기의 행위가 법령에 의하여 죄가 되지 아니하는 것으로 오인한 행위는 그 오인에 정당한 이유가 있는 때에 한하여 벌하지 아니한다'라고 규정하고 있다. 이는 사실의 인식은 있으나 착오로 인해 위법성을 인식하지 못한 행위, 즉 법률의 착오를 의미하는 것이다.

2. '정당한 이유'의 의미

가. 정당한 이유의 의미

법률의 착오가 처벌받는가는 착오에 '정당한 이유'가 있느냐에 의하여 결정된다. 착오에 대한 정당한 이유는 그 착오를 회피할 수 없었느냐의 문제이다. 착오의 회피가능성이 있는 경우에는 정당한 이유가 없고, 착오의 회피가능성이 없는 경우에는 정당한 이유가 있다고 한다. 회피가능성의 유무는 곧 법률의 착오에 대한 과실의 유무라고 한다. 즉 위법성을 인식하지 못한 데에 **과실이 있는 경우에는 정당한 이유가 없고**, 과실이 없는 경우에는 정당한 이유가 있다는 것이다. 통설과 판례는 '정당한 이유가 있는 때'를 '착오에 과실이 없는 때'와 같다고 본다.

사 례	위법성 인식에 대한 과실 ?	법률의 착오 ?	처벌 ?
甲은 친구 乙도 적발되어 처벌된 것을 알고도 무허가 건축행위를 했다.	위법성 인식 ○	법률의 착오 ×	처벌○
甲은 무허가 건축행위가 처벌되는지 몰랐다.	위법성 인식 ○	법률의 착오 ×	처벌○
甲은 위법한 줄 몰랐으나, 구청에 문의하지도 않고 건축, 문의했다면 위법한 줄 알 수 있었다.	위법성 인식 ×, 과실 ○	법률의 착오 ○	처벌○
甲은 위법한 줄 몰랐고 구청에 문의했으나 담당 공무원이 허가대상이 아니라고 잘못 가르쳐 줬다.	위법성 인식 ×, 과실 ×	법률의 착오 ○	처벌×

나. 회피가능성의 판단기준

착오의 회피가능성은 구체적인 위법성의 인식가능성을 전제로 한다. 즉 행위자에게 위법성을 인식할 수 있는 능력이 있음에도 불구하고 위법성을 인식하지 못한 경우에는 착오가 회피가능하므로 정당한 이유가 없다고 한다. 위법성 인식의 판단은 지적 인식능력을 기준으로 해야 한다(다수설·판례).

《대판 2006.3.24. 2005도3717 (변호사 의정보고서 사건)》 형법 제16조에서 … 정당한 이유가 있는지 여부는 행위자에게 자기 행위의 위법의 가능성에 대해 심사숙고하거나 조회할 수 있는 계기가 있어 자신의 지적능력을 다하여 이를 회피하기 위한 진지한 노력을 다하였더라면 스스로의 행위에 대하여 위법성을 인식할 수 있는 가능성이 있었음에도 이를 다하지 못한 결과 자기 행위의 위법성을 인식하지 못한 것인지 여부에 따라 판단하여야 할 것이고, 이러한 위법성의 인식에 필요한 노력의 정도는 구체적인 행위정황과 행위자 개인의 인식능력 그리고 행위자가 속한 사회집단에 따라 달리 평가되어야 한다.

3. 위법성인식의 수단

행위자가 지적 인식능력을 다하여 위법성을 인식하는 수단은 숙고와 조회이다. 자신의 행위에 대한 위법성에 의문이 있는 경우 행위자는 숙고와 조회에 의해 위법성을 인식해야 하며, 이에 의하여도 위법성을 인식하지 못하면 비로소 법률의 착오에 정당한 이유가 인정된다고 볼 수 있다.

가. 숙고에 의한 판단

행위자가 법률·판결·검사의 결정 또는 전문가로부터의 신뢰할 만한 정보 등을 이미 알고 있거나, 자신이 자기행위의 올바른 법적 판단에 필요한 전문지식과 객관성을 지니고 있을 경우에는 스스로 심사숙고를 거쳐 자신의 행위의 위법성 여부를 판단할 수 있고, 행위자의 착오가 법률·판결에 대한 신뢰에 기인한 때에는 그 착오에 정당한 이유가 인정될 수 있다. 검사의 불기소처분을 믿고 행위한 경우에는 법원의 판결을 신뢰한 경우와 같이 평가할 수 없다. 신뢰할 만한 자료 없이 행위자가 스스로 판단한 경우에는 그 착오에 정당한 이유가 인정되지 않는다.

나. 법률정보의 상담과 조회

자신의 숙고에 의하여 행위의 위법성을 판단할 수 없거나 다소라도 의문이 있는 경우에는 법률전문가나 관할관청에 조회하여 행위의 적법성을 확인한 경우에만 정당한 이유가 인정될 수 있다. 정보를 조회할 대상은 변호사 등의 법률전문가와 관할관청이다. 법률전문가는 전문성과 공정성 및 신중성을 구비한 믿을 수 있는 사람이어야 한다.

관할관청 또는 담당공무원에게 조회하여 허용된다는 의견을 받아 행위한 경우에도 법률의 착오가 정당한 이유가 있는 때에 해당한다. 행정청의 허가를 받아야 함에도 불구하고 담당공무원에게 문의하여 허가가 필요 없다는 말을 듣고 허가를 받지 않고 행위한 경우 정당한 이유를 인정할 수 있다. 자신의 행위에 대한 위법 여부를 관계기관 등에 문의하였다 하더라도 그에 대한 질의회신을 잘못 이해하여 자신의 행위가 죄가 되지 않는다고 오인한 경우, 그러한 오인에 정당한 이유가 인정되지 않는다. 관할관청으로부터 일정부분에 대하여 허가를 받았다 하더라도 그 허가범위를 넘어선 경우에는 정당한 이유를 인정할 수 없다.

4. '벌하지 아니한다'의 의미

책임설에 의하면 착오에 정당한 이유가 있으면 책임이 조각되어 처벌되지 않는다. 따라서 정당한 이유가 있는 법률의 착오에 의한 행위에 대해서 정당방위가 가능하다. 그러나 정당한 이유가 없으면 고의책임을 부담하고 다만 양형에서 고려될 수 있을 뿐이다.

비교판례

정당한 이유가 없는 경우	정당한 이유가 있는 경우
① 피고인이 자신의 행위가 국토이용관리법상의 거래허가대상인 줄을 몰랐다는 사정은 단순한 법률의 부지에 불과하고 특히 법령에 의하여 허용된 행위로서 죄가 되지 않는다고 적극적으로 그릇 인식한 경우가 아니어서 이를 법률의 착오에 기인한 행위라고 할 수 없다(대판 1992.4.24. 92도245 허가대상인 줄 몰랐다 사건). ② 공무원이 그 직무에 관하여 실시한 봉인 등의 표시를 손상 또는 은닉 기타의 방법으로 그 효용을 해함에 있어서 그 봉인 등의 표시가 법률상 효력이 없다고 믿은 것은 법규의 해석을 잘못하여 행위의 위법성을 인식하지 못한 것이라고 할 것이므로 그와 같이 믿은 데에 정당한 이유가 없는 이상, 그와 같이 믿었다는 사정만으로는 공무상표시무효죄의 죄책을 면할 수 없다(대판 2000.4.21. 99도5563 가압류집행전 기계양도 사건).	① 비디오물감상실업자가 자신의 비디오물감상실에 18세 이상 19세 미만의 청소년을 출입시킨 행위가 관련 법률에 의하여 허용된다고 믿었고, 그렇게 믿었던 것에 대하여 정당한 이유가 있는 경우에 해당한다(대판 2002.5.17. 2001도4077 대구 비디오방 사건). ② 피고인(甲, 광역시의원)이 … 의정보고서의 작성·배부에 앞서 미리 사하구 선거관리위원회 지도계장 乙로부터 지지지수 조사결과를 … 의정보고서에 게재하는 것은 무방하다는 취지의 자문을 받았고, 이어서 지지지수 조사결과가 게재된 의정보고서 초안을 작성하여 같은 선거관리위원회 지도담당관 丙에게 보여준 후 … 丙의 지적대로 수정한 의정보고서를 선거구민들에게 배부한 이상, 甲으로서는 위와 같은 의정보고서 배부가 사하구 선거관리위원회의 공식적인 지도에 맞추어 행한 것으로 공직선거및선거부정방지법에 위반되지 않는다고 믿을 수밖에 없었고, 또 그렇게 오인함에 있어서 정당한 이유가 있는 경우에 해당한다(대판 2005.6.10. 2005도835 광역시의원 의정보고서 사건).

정당한 이유가 없는 경우	정당한 이유가 있는 경우
③ 피고인은 변호사 자격을 가진 국회의원으로서 법률전문가라고 할 수 있는바, 피고인이 그 보좌관을 통하여 관할 선거관리위원회 직원에게 문의하여 이 사건 의정보고서에 앞서 본 바와 같은 내용을 게재하는 것이 허용된다는 답변을 들은 것만으로는 자신의 지적 능력을 다하여 이를 회피하기 위한 진지한 노력을 다 하였다고 볼 수 없고, 그 결과 자신의 행위의 위법성을 인식하지 못한 것이라고 할 것이므로 그에 대해 정당한 이유가 있다고 하기 어렵다(대판 2006.3.24. 2005도3717 변호사 의정보고서 사건). ④ 부동산중개업자가 아파트 분양권의 매매를 중개하면서 중개수수료 산정에 관한 지방자치단체의 조례를 잘못 해석하여 법에서 허용하는 금액을 초과한 중개수수료를 수수한 경우가 법률의 착오에 해당하지 않는다(대판 2005.5.27. 2004도62 중개수수료 초과수수 사건). ⑤ 피고인 甲이 … 위성방송수신기 등을 이용하여 일본의 음란한 위성방송프로그램을 수신하여 숙박업소의 손님들로 하여금 시청하게 한 행위에 관하여, … 이전에 그와 유사한 행위에 대하여 '혐의없음' 처분을 받은 전력이 있다거나 일정한 시청차단장치를 설치하였다는 등의 사정만으로는 정당한 이유가 있다고 볼 수 없다(대판 2010.7.15. 2008도11679 일본 위성방송 수신사건). ⑥ 부동산중개업자가 부동산중개업협회의 자문을 통하여 인원수의 제한 없이 중개보조원을 채용하는 것이 허용되는 것으로 믿고서 제한인원을 초과하여 중개보조원을 채용한 경우 그 오인에 정당한 이유가 없다(대판 2000.8.18. 2000도2943 중개보조원 과다채용 사건). ⑦ 민원사무담당 공무원에게 문의하여 탐정업이 인·허가 또는 등록사항이 아니라는 대답을 얻었으며 세무서에 탐정업 및 심부름대행업에 관한 사업자등록을 하고 신용조사업법이 금지하는 특정인의 소재를 탐지하거나 사생활을 조사하는 행위 등을 한 경우, 그 오인에 정당한 이유가 있다고 할 수 없다(대판 1994.8.26. 94도780 탐정업 영업사건).	③ 가감삼십전대보초와 한약 가지수에만 차이가 있는 십전대보초를 제조하고 그 효능에 관하여 광고를 한 사실에 대하여 이전에 검찰의 혐의없음 결정을 받은 적이 있다면, 피고인이 비록 한의사·약사·한약업사 면허나 의약품판매업 허가가 없이 의약품인 가감삼십전대보초를 판매하였다고 하더라도 자기의 행위가 법령에 의하여 죄가 되지 않는 것으로 믿을 수밖에 없었고, 또 그렇게 오인함에 있어서 정당한 이유가 있는 경우에 해당한다(대판 1995.8.25. 95도717 십전대보초 제조사건). ④ 행정청의 허가가 있어야 함에도 불구하고 허가를 받지 아니하여 처벌대상 행위를 한 경우, 허가를 담당하는 공무원이 허가를 요하지 않는 것으로 잘못 알려 주어 이를 믿었기 때문에 허가를 받지 아니하였다면, 허가를 받지 않더라도 죄가 되지 않는 것으로 착오를 일으킨 데 대하여 정당한 이유가 있는 경우에 해당하여 처벌할 수 없다(대판 1995.7.11. 94도1814 외국인 직업소개 사건). ⑤ 관할관청이 장의사영업허가를 받은 상인에게 장의소요기구, 물품을 판매하는 도매업에 대하여는 같은 법 제5조 제1항의 영업허가가 필요 없는 것으로 해석하여 영업허가를 해 주지 않고 있어 피고인 역시 영업허가 없이 이른바 도매를 해 왔다면 동인에게는 같은 법률위반에 대한 인식이 있었다고 보기 어렵다(대판 1989.2.28. 88도1141 무허가 장의물품판매업 사건). ⑥ 국민학교 교장이 도교육위원회의 지시에 따라 교과내용으로 되어 있는 꽃양귀비를 교과식물로 비치하기 위하여 양귀비 종자를 사서 교무실 앞 화단에 심은 것이라면 이는 죄가 되지 아니하는 것으로 오인한 행위로서 그 오인에 정당한 이유가 있는 경우에 해당한다고 할 것이다(대판 1972.3.21. 72도64 꽃양귀비 식재 사건). ⑦ 이복동생의 이름으로 해병대에 지원입대하여 근무 중 휴가시, 위 동생이 군에 복무 중임을 알았고, 다른 사람의 이름으로 군생활을 할 필요가 없다고 생각하여 귀대치 않다가 징병검사를 받고 예비역으로 복무중이라면 그 후 군무이탈자의 자진복귀명령에 위반하였다 하더라도 그 행위가 죄 되는 행위가 아닌 것으로 오인함에 있어 정당한 이유가 있다고 할 것이다(대판 1974.7.23. 74도1399 해병대 대신입대 사건).

정당한 이유가 없는 경우	정당한 이유가 있는 경우
⑧ 피고인이 장애인복지법상 보장구제조허가를 받았고 또 한국보장구협회에서 다리교정기와 비슷한 기구를 제작·판매하고 있던 자라 하더라도, 다리교정기가 의료용구에 해당되지 않는다고 믿은 데에 정당한 사유가 있다고 볼 수는 없다(대판 1996.12.26. 95도2188 다리교정기 제조사건). ⑨ 여러 지방자치단체장들이 관행적으로 간담회 개최 및 음식물 제공을 하여 왔고, 행정자치부에서 마련한 업무추진비 집행기준을 준수하여 적법한 절차에 따라 업무추진비에서 지출하여 간담회 참석자들에게 음식물을 제공한 경우, 그 오인에 정당한 이유가 있다고 볼 수 없다(대판 2007.11.16. 2007도7205 간담회 음식물제공사건). ⑩ 국가의 공인을 받지 못한 민간자격(대체의학자격증)을 취득한 자가 사업자등록을 한 후 침술원을 개설한 후 한의사 면허 없이 침술행위를 한 경우, 죄가 되지 않는다고 믿는 데에 정당한 사유가 없다(대판 2003.5.13. 2003도939 무자격 침술원 운영사건). ⑪ 피고인이 한국무도교육협회의 정관에 따라 무도교습소를 운영하였고, 위 협회가 소속회원을 교육함에 있어서는 학원설립인가를 받을 필요가 없다고 한 검찰의 무혐의결정내용을 통지받은 사실만으로 피고인이 인가를 받지 않고 교습소를 운영한 것이 법률의 착오에 해당한다고 볼 수 없다(대판 1992.8.18. 92도1140 무허가 무도교습소 사건). ⑫ 피고인이 남원시로부터 식품위생법상 즉석판매제조가공 영업을 허가받고 '녹동달오리골드'를 제조한 경우, 그 오인에 정당한 이유가 있는 때에 해당한다고 할 수 없다(대판 2004.1.15. 2001도1429 녹동달오리골드 사건). ⑬ 약 23년간 경찰공무원으로 근무하여 온 피고인이 검사의 수사지휘만 받으면 허위로 공문서를 작성하여도 죄가 되지 아니하는 것으로 그릇 인식하고, 허위의 공문서를 작성한 경우 오인에 정당한 이유가 있다고 볼 수 없다(대판 1995.11.10. 95도2088 강력반장 허위공문서 작성 사건).	⑧ 교통부장관의 허가를 얻어 설립된 사단법인 한국교통사고상담센타의 직원이 피해자의 요청으로 화해의 중재나 알선을 하고 피해자로부터 조정수수료를 받은 것은 상사의 지시에 따라 한 직무수행상의 행위로서 위법의 인식을 기대하기 어렵고 적어도 형법 제16조에 이른바 자기의 행위가 법령에 의하여 범죄가 되지 아니하는 것으로 오인한 행위로서 그 오인에 정당한 이유가 있는 경우라고 봄이 상당하다(대판 1975.3.25. 74도2882 상담센터 합의주선 사건). ⑨ 서울시의 공문과 식품제조허가지침, 도봉구청의 질의회시 등을 보고 사람들이 물에 씻어 오거나 볶아온 쌀 등을 빻아서 미싯가루를 제조하는 행위는 별도의 허가를 얻을 필요가 없다고 믿고서 미싯가루 제조행위를 하게 되었다면, 정당한 이유가 있는 경우에 해당한다(대판 1983.2.22. 81도2763). ⑩ 주민등록지를 이전한 이상 향토예비군설치법에 의하여 대원신고를 하여야 할 것이기는 하나 이미 같은 주소에 대원신고가 되어 있었으므로 피고인이 재차 동일주소에 대원신고(주소이동)를 하지 아니한 경우 법률착오가 범의를 조각하는 경우에 해당한다(대판 1974.11.12. 74도2676 향토예비군 대원신고미필 사건). ⑪ 피고인이 '타인의 상품과 피고인의 상품이 유사하지 않다'라는 변리사의 감정결과와 특허국의 등록사정 등을 믿고 발가락 5개의 양말을 제조·판매한 경우 그 오인에 정당한 이유가 있는 경우에 해당한다(대판 1982.1.19. 81도646 발가락 5개 양말 사건).

정당한 이유가 없는 경우	정당한 이유가 있는 경우
⑭ 가사 피해자인 乙에게 피고인을 상해할 의사가 없고 객관적으로 급박하고 부당한 침해가 없었다고 가정하더라도 원심이 인정한 사실자체로 보아도 피고인으로서는 현재의 급박하고도 부당한 침해가 있는 것으로 오인하는데 대한 정당한 사유가 있어 위법성이 조각된다(대판 1968.5.7. 68도370 초소 근무교대 사건). ⑮ 중대장의 당번병인 피고인 甲이 중대장과 함께 외출나간 그 처 乙로부터 관사로부터 1.5Km 가량 떨어진 여우고개까지 우산을 들고 마중을 나오라는 전달을 받고 그 다음날 01:00경 귀가한 경우, 甲의 관사이탈 행위가 중대장의 직접적인 허가를 받지 아니하였다 하더라도 당번병으로서의 그 임무범위 내에 속하는 일로 오인한 행위로서 그 오인에 정당한 이유가 있으므로 위법성이 없다(대판 1986.10.28. 86도1406 여우고개 사건). ⑯ 내용 중에 일부 허위사실이 포함된 신문기사를 보도한 사안에서 기사 작성의 목적이 공공의 이익에 관한 것이고 그 기사 내용을 작성자가 진실하다고 믿었으며 그와 같이 믿은 데에 객관적인 상당한 이유가 있는 경우에는 진실한 것이라는 증명이 없다고 할지라도 명예훼손의 위법성이 없다(대판 1996.8.23. 94도3191 의문사 의혹보도 사건).	

제5절 기대가능성

Ⅰ. 기대가능성의 의의

1. 기대가능성의 개념

기대가능성이란 행위자에게 위법행위를 하지 않고 **적법행위를 할 것을 기대할 수 있는 가능성**을 말한다(적법행위의 기대가능성). 규범적 책임론에 의하면 책임은 비난가능성인데, 적법행위의 기대가능성이 없거나 적은 때에는 비난가능성, 즉 책임이 조각 또는 감경된다.

기대가능성은 광마사건52)에서 비롯되었고, 책임을 규범적 평가관계로 파악하는 규범적 행위론의 당연한 귀결이라 할 수 있다. 우리나라도 기대불가능성을 초법규적 책임조각사유로 이해하고 있다(통설·판례)

2. 형법규정

기대가능성을 명시적으로 규정하는 형법규정은 없다. 그러나, 적법행위에 대한 기대불가능성을 이유로 책임이 조각되거나 기대가능성의 감소로 인해 책임을 감경한 규정은 있다.

예컨대 총칙상의 강요된 행위(§12), 과잉방위(§21②·③), 과잉피난(§22③), 과잉자구행위(§23②)와 각칙상의 친족간의 범인은닉(§151②)·증거인멸(§155④), 도주원조죄(§147)에 비해 도주죄(§145①)의 형벌이 가벼운 것, 위조통화취득후지정행사죄(§210)가 위조통화죄(§207④)보다 형벌이 가벼운 것 등의 규정은 기대가능성의 감소·소멸로 인해 책임이 조각·감경되는 경우이다.

52) 광마(狂馬)사건(Leinenfänger Fall)은 1897년 3월 23일 독일제국법원(Reichsgericht)이 판결한 사건이다. 이 사건은 마부가 고용주에게 꼬리를 고삐 줄에 감는 나쁜 버릇이 있는 말을 마차에 사용하지 말도록 요구했으나 고용주가 이를 무시했기 때문에, 마부가 그 말을 계속 마차에 사용하다가 갑자기 말이 날뛰는 바람에 마침 도로 옆을 걸어가던 행인이 바퀴에 깔리게 되어 발을 골절당한 사건이다. 검사는 마부를 업무상과실치상으로 기소했는데 독일제국법원은 해고의 위험을 무릅쓰고 그 말의 사용을 거부할 것을 마부에게 기대할 수 없다는 이유에서 무죄를 선고했다. 이 판결이 Frank에 의하여 규범적 책임론으로 체계화되어 고의·과실 이외에 적법행위를 기대할 수 없는 상황에서는 행위자의 불법행위를 비난할 수 없어, 기대가능성이 책임요소의 하나로 이해된 계기가 되었다.

	책임조각사유	책임감경사유
형법 총칙	강요된 행위(§12) 면책적 과잉방위(§21③) 면책적 과잉피난(§22③)	과잉방위(§21②) 과잉피난(§22③) 과잉자구행위(§23②)
형법 각칙	친족 간 범죄은닉죄(§151②) 친족 간 증거인멸죄(§155④)	단순도주죄(§145①) ←§147 위조통화취득후지정행사죄(§210) ← §207④

Ⅱ. 기대가능성의 체계적 지위

1. 기대가능성의 체계적 지위

기대가능성이 책임에서 차지하는 지위에 대하여는 다양한견해가 대립하고 있으나, 일반적으로 기대가능성을 책임능력, 위법성의 인식, 책임형식으로서의 고의·과실과 함께 병존하는 독립된 책임요소로 보고 있다.

2. 기대가능성이론의 기능

형법은 기대가능성이 없어 책임이 조각되는 경우로 제12조의 강요된 행위 등을 규정하고 있다. 실정법에 명시되지 않아도 적법행위의 기대가능성이 없는 경우 책임조각을 인정할 것인가에 대해서 견해가 대립되고 있으나 다수설은 실정법에서 기대불가능한 모든 사정을 입법하는 것은 불가능하고, 책임조각사유는 가벌성의 확장이 아니어서 엄격히 해석할 필요가 없으므로 기대불가능성이 초법규적 책임조각사유가 된다고 본다.

Ⅲ. 기대가능성의 판단기준

기대가능성의 유무를 판단하는 기준이 무엇인가에 관해서 견해가 대립되고 있다. ① 행위자표준설은 행위 당시 행위자의 구체적 사정과 능력을 기준으로 하여 적법행위에 대한 기대가능성을 판단하는 견해이다. 이 견해에 의하면 기대불가능성의 인정범위가 너무 넓어지게 되어 책임을 인정할 수 있는 경우가 거의 없게 된다. 특히 확신범의 경우 항상 적법행위의 기대가능성이 없게 된다. ② 국가표준설은 구체적 상황하에서 국가가 어떤 행위를 요구할 것인가를 기준으로 기대가능성을 판단해야 한다고 한다. 이 견해에 의하면 국가는 항상 국민에게 적법행위를 기대하는 것이므로 기대가능성의 인정범위가 너무 넓어서 책임조각을 인정할 여지가 거의 없게 된다. ③ 통설과 판례는 **평균인표준설**을 취한다. 평균인표준설은 구체적 상황하에서 **사회적 평균인이 행위자와 동일한 입장에 있었다면 적법행위를 기대할 수 있었는가**를 기준으로 기대가능성을 판단하는 견해이다. 즉 행위자가 처했던 상황에서 평균인도 위법행위를 하였을 것이라고 판단되면 기대가능성이 없고, 평균인이라면 그러한 사정하에서 적법행위를 하였으리라고 판단되면 기대가능성이 있다고 하는 견해이다.

《대판 2004.7.15. 2004도2965 全合 (양심적 병역거부 사건)》 양심적 병역거부자에게 그의 양심상의 결정에 반한 행위를 기대할 가능성이 있는지 여부를 판단하기 위해서는, 행위 당시의 구체적 상황하에 행위자 대신에 사회적 평균인을 두고 이 평균인의 관점에서 그 기대가능성 유무를 판단하여야 할 것인바, 양심적 병역거부자의 양심상의 결정이 적법행위로 나아갈 동기의 형성을 강하게 압박할 것이라고 보이기는 하지만 그렇다고 하여 그가 적법행위로 나아가는 것이 실제로 전혀 불가능하다고 할 수는 없다고 할 것인바, 법규범은 개인으로 하여금 자기의 양심의 실현이 헌법에 합치하는 법률에 반하는 매우 드문 경우에는 뒤로 물러나야 한다는 것을 원칙적으로 요구하기 때문이다.

비교판례

기대가능성이 있는 경우	기대가능성이 없는 경우
① 피고인 甲이 비서라는 특수신분때문에 주종관계에 있는 乙, 丙의 지시를 거절할 수 없어 뇌물을 공여한 경우 甲에게 뇌물공여 이외의 반대행위를 기대할 수 없는 경우였다고 볼 수 없다(대판 1983.3.8. 82도2873 이철희·장영자 사건). ② 상명하복 관계가 비교적 엄격한 국정원의 조직 특성을 고려하더라도, 허위의 공문서를 작성하라는 지시는 위법한 명령에 해당할 뿐만 아니라, 위법한 명령을 피고인이 거부할 수 없는 특별한 상황에 있었다고 보기 어려우므로, 허위의 확인서 등 작성 범행이 강요된 행위 등으로서 적법행위에 대한 기대가능성이 없는 경우에 해당한다고 볼 수 없다(대판 2015.10.29. 2015도9010 서울시 공무원 간첩 증거조작사건). ③ 자신의 강도상해 범행을 일관되게 부인하였으나 유죄판결이 확정된 피고인이 별건으로 기소된 공범의 형사사건에서 자신의 범행사실을 부인하는 증언을 한 사안에서, 피고인에게 사실대로 진술할 기대가능성이 있으므로 위증죄가 성립한다(대판 2008.10.23. 2005도10101 유죄확정 후 위증 사건).	① 수학여행을 온 대학교 3학년생 34명이 지도교수의 인솔하에 피고인 경영의 나이트클럽에 찾아와 단체입장을 원하므로 그들 중 일부만의 학생증을 제시받아 같은 학과 3학년의 대학생들로서 성년자임이 틀림없어 단체입장을 시켰으나 그들 중에 섞여 있던 미성년자(19세 4개월 남짓된 여학생)가 섞여 있었던 경우 위 학생들이 모두 성년자일 것으로 믿은 데에는 정당한 이유가 있었다(대판 1987.1.20. 86도874 수학여행 나이트클럽 사건). ② 사용자가 기업이 불황이라는 사유만을 이유로 하여 임금을 지급하지 아니하는 것은 허용되지 아니하나, 사용자가 임금을 지급하기 위하여 최선의 노력을 다하였으나 경영부진으로 인한 자금사정 등으로 도저히 지급기일 안에 임금을 지급할 수 없었다는 등의 피할 수 없는 사정이 인정된다면 그러한 사유는 근로기준법 제36조 위반죄의 책임조각사유가 된다(대판 2003.2.11. 2002도5679 선원 임금 미지급 사건).

기대가능성이 있는 경우	기대가능성이 없는 경우
④ 어로저지선을 넘어 어로의 작업을 하면 북괴 구성원에게 납치될 염려가 있으며 만약 납치된다면 대한민국의 각종 정보를 북괴에게 제공하게 된다 함은 일반적으로 예견된다고 하리니 피고인이 그 전에 선원으로 월선조업을 하다가 납북되었다가 돌아온 경험이 있는 자로서 월선하자고 상의하여 월선조업을 하다가 납치되어 북괴의 물음에 답하여 제공한 사실을 강요된 행위라 할 수 없다(대판 1971.2.23. 70도2629 자진월선 사건). ⑤ 휴가 나온 군인이 자신의 처자가 생활고로 행방불명이 되자 군에 귀대하지 않은 경우 적법행위의 기대가능성이 있다(대판 1969.12.23. 69도2084). ⑥ 피고인 甲이 출제교수들로부터 대학원신입생전형시험문제를 제출받아 알게 된 것을 틈타서 피고인 乙, 丙 등에게 그 시험문제를 알려주었고 그렇게 알게된 乙, 丙 등이 그 답안쪽지를 작성한 다음 이를 답안지에 그대로 베껴 그 정을 모르는 시험감독관에게 제출한 경우 적법행위에 대한 기대가능성이 있다(대판 1991.11.12. 91도2211 조선대 대학원 입시비리 사건). ⑦ 영업정지처분에 대한 집행정지 결정(피고인이 제기한 영업정지처분 취소사건의 본안판결 선고시까지 그 처분의 효력을 잠정적으로 정지한 것)이 있는 상태에서 불법게임장 영업을 계속한 경우 적법행위의 기대가능성이 없다고 볼 수는 없다(대판 2010.11.11. 2007도8645 로얄그랑프리 게임장 사건).	③ 북괴에 납북된 어부들이 앞으로 대한민국으로 돌아갈 수 있을 것인지조차 명백히 알 수 없는 상태에서 그들 요구대로 강연을 하는 등 북한의 활동을 찬양·고무하고 정보를 제공한 경우에는 피고인들의 생명, 신체에 대한 위해를 방어할 방법이 없는 협박에 의하여 강요된 행위이며 이를 거부할 기대가능성이 없다(대판 1971.12.14. 71도1657 납북어부 북한찬양 사건). ④ 동해방면에서 명태잡이를 하다가 기관고장과 풍랑으로 표류 중 북한괴뢰집단에 함정에 납치되어 북괴지역으로 납북된 후 북괴를 찬양, 고무 또는 이에 동조하고 우리나라로 송환됨에 있어 여러가지 지령을 받아 수락한 소위는 살기 위한 부득이한 행위로서 기대 가능성이 없다(대판 1967.10.4. 67도1115 창성호 납북사건). ⑤ 입학시험에 응시한 수험생으로서 자기 자신이 부정한 방법으로 탐지한 것이 아니고 우연한 기회에 미리 출제될 시험문제를 알게 되어 그에 대한 답을 암기하였을 경우 그 암기한 답에 해당된 문제가 출제되었다 하여도 위와 같은 경위로서 암기한 답을 그 입학시험 답안지에 기재하여서는 아니된다는 것을 그 일반수험생에게 기대한다는 것은 보통의 경우 도저히 불가능하다(대판 1966.3.22. 65도1164 채점기준표 입수 사건).

V. 강요된 행위

제12조(강요된 행위) 저항할 수 없는 폭력이나 자기 또는 친족의 생명, 신체에 대한 위해를 방어할 방법이 없는 협박에 의하여 강요된 행위는 벌하지 아니한다.

1. 강요된 행위의 의의와 성질

가. 강요된 행위의 의의

강요된 행위란 폭력이나 협박으로 의사결정이나 활동의 자유가 침해된 상태에서 부득이 하게 된 행위를 말한다. 형법 제12조는 '저항할 수 없는 폭력이나 자기 또는 친족의 생명·신체에 대한 위해를 방어할 방법이 없는 협박에 의하여 행위'로 정의하고 있다. 강제상태하에서는 적법행위에 대한 기대가능성이 없음을 이유로 한 책임조각사유의 일종이다.

나. 긴급피난과의 구별

긴급피난과 강요된 행위는 긴급상태하에서의 위난을 피하기 위한 행위라는 점에서 본질을 같이한다. 그러나 긴급피난이 자기 또는 타인의 법익에 대한 현재의 위난이 있으면 족함에 대하여 강요된 행위는 폭행 또는 협박으로 인하여 강요된 상태를 요건으로 하여 강요의 원인이 부당할 것을 요건으로 하고 있다.

2. 강요된 행위의 성립요건

강요된 행위가 성립하기 위해서는 객관적으로 피강요자의 행위가 구성요건에 해당하고 위법하여야 하며, 폭력·협박과 강요된 행위 사이에 인과관계가 존재하여야 한다. 만일 인과관계가 부정될 경우에는 피강요자의 책임이 조각되지 않고 피강요자가 강요자와 공범이 될 수 있다. 또한 주관적으로 피강요자는 강요된 상태에서 부득이 행위를 한다는 인식이 있어야 한다.

가. 강제상태

1) 저항할 수 없는 폭력

절대적 폭력하에서의 행위(힘이 센 사람이 힘이 약한 사람의 손을 붙잡아 억지로 허위문서에 무인을 찍게하는 행위, 甲이 乙을 힘껏 밀어 앞에 있던 丙과 부딪치게 한 행위)는 형법상 행위라 할 수 없으므로 강요된 행위에서 폭력은 강제적(심리적) 폭력에 한정된다(통설, 판례). 강제적 폭력이란 강요된 행위를 하지 않을 수 없도록 피강요자의 의사결정의 자유를 박탈하는 폭력을 말한다. 예를 들어 甲이 乙의 친족을 납치해 서명하지 않으면 친족을 죽이겠다고 협박하여 이 때문에 乙이 서명한 경우가 여기에 해당한다.

폭력은 저항할 수 없는 폭력이어야 한다. 저항할 수 없는 폭력인가의 여부는 폭력 그 자체를 기준으로 할 것이 아니라, 구체적인 사정을 기초로 피강요자의 능력을 고려하여 다른 방법을 취하는 것이 기대될 수 있는가를 기준으로 판단하여야 한다.

《대판 1983.12.13. 83도2276 (간통폭로 고소장 작성강요 사건)》 형법 제12조 소정의 저항할 수 없는 폭력은, 심리적인 의미에 있어서 육체적으로 어떤 행위를 절대적으로 하지 아니할 수 없게 하는 경우와 윤리적 의미에 있어서 강압된 경우를 말하고, 협박이란 자기 또는 친족의 생명, 신체에 대한 위해를 달리 막을 방법이 없는 협박을 말하며, 강요라 함은 피강요자의 자유스런 의사결정을 하지 못하게 하면서 특정한 행위를 하게 하는 것을 말한다.

2) 자기나 친족의 생명·신체에 대한 위해를 방어할 방법이 없는 협박

협박이란 상대방에게 공포심을 일으킬 만한 해악(害惡)을 고지하는 행위이다. '방어할 방법이 없다'는 것은 피강요자가 강요된 행위 이외에는 다른 행위를 할 수 없을 정도로 의사결정의 자유를 침해하는 것을 말한다. 따라서 범죄를 행하는 것이 위해를 피하기 위한 유일한 방법이어야 한다(보충성).

협박이란 자기 또는 친족의 생명·신체에 대한 위해를 가하는 것을 내용으로 한다. 친구, 동료, 이웃, 애인 등 '자기나 친족'이 아닌 자의 생명·신체에 대한 위해를 내용으로 하거나 재산, 명예, 비밀, 경제·사회적 지위 등 '생명·신체 이외의 법익'에 대한 위해를 내용으로 하는 협박이 있는 경우에는 초법규적 책임조각사유가 문제된다(통설). 친족의 범위는 민법에 의해 결정된다. 다만 내연관계에 있는 **사실상의 부부**나 혼외자·사생아도 **포함된다**고 본다(통설).

《대판 1990.3.27. 89도1670 (KAL 858기 폭파사건)》 형법 제12조에서 말하는 강요된 행위는 저항할 수 없는 폭력이나 생명, 신체에 위해를 가하겠다는 협박 등 다른 사람의 강요행위에 의하여 이루어진 행위를 의미하는 것이지 어떤 사람의 성장교육과정을 통하여 형성된 내재적인 관념 내지 확신으로 인하여 행위자 스스로의 의사결정이 사실상 강제되는 결과를 낳게 하는 경우까지 의미한다고 볼 수 없다.

3) 자초(自招)한 강요상태

행위자가 강제상태를 자초한 경우에는 강요된 행위의 요건인 강제상태, 즉 저항할 수 없는 폭력이나 방어할 방법이 없는 협박에 해당하지 않는다(다수설·판례). 이 경우에는 적법행위에 대한 기대가능성이 인정되기 때문에 강요된 행위에 해당하지 않는다.

3. 강요된 행위의 효과

가. 피강요자의 책임

피강요자에게 적법행위의 **기대가능성이 없어 책임이 조각된다.** 책임이 조각되는 것이므로 그 행위의 위법성은 인정되어 이에 대한 정당방위가 가능하다.

나. 강요자의 책임

강요자는 형법 제34조 제1항의 처벌되지 아니하는 자를 이용한 경우에 해당하고 또한 강요자의 우월적 의사에 의한 의사지배가 인정된다고 할 수 있으므로 **간접정범으로 처벌**된다(통설). 한편 강요자에게 강요행위 자체에 대한 형법 제324조의 **강요죄(직접정범)도 성립**한다. 이 경우 강요죄와 강요된 행위의 간접정범 사이에는 강요행위가 동시에 강요된 행위의 이용행위라고 평가할 수 있으므로 **상상적 경합이 성립**한다.

VI. 초법규적 책임조각사유

형법의 규정이 없다 하더라도 기대불가능성을 이유로 책임이 조각되는 초법규적 책임조각사유에 해당하는 예로는 다음과 같은 경우가 제시되고 있다.

1. 면책적 긴급피난(동가치의 법익침해)

다수설에 의하면 긴급피난을 위법성조각사유로 인정하는 정당화적 긴급피난 이외에 책임조각사유로 보는 면책적 긴급피난도 인정하고 있다. 긴급피난이 성립하기 위해서는 긴급피난 행위에 의해서 보호되는 이익이 침해되는 이익보다 본질적으로 우월해야 한다. 면책적 긴급피난이란 본질적으로 우월하지 않은 법익(또는 동가치의 법익)에 대한 현재의 위난을 피하기 위한 행위로서 위법하지만 행위자에게 적법행위의 기대가능성이 없다는 특수한 사정을 고려하여 책임이 조각되는 경우를 말한다. 예컨대 표류 중 살기 위해 다른 사람을 살해한 경우(소위 Carneades의 판자 또는 Mignonette호 사건), 암벽등반을 하다가 자신이 살아남기 위하여 파트너와 연결된 생명줄을 절단한 사건 등이 이에 해당한다.

2. 절대적 구속력이 있는 상관의 위법한 명령에 따른 행위

상관의 위법한 명령에 따른 행위는 어떤 경우에도 위법하다고 해야 한다. 다만, 절대적 구속력을 가진 상관의 명령을 따른 행위는 기대가능성이 없기 때문에 책임이 조각된다고 해석해야 한다. 군인, 경찰 등 특수조직에서 상관의 명령이 절대적 구속력을 갖는 경우 상관의 위법한 명령에 따른 부하의 책임은 조각·감경될 수 있다(다수설). 그러나 실제 사례에서 책임조각은 거의 인정되지 않는다.

《대판 1999.7.23. 99도1911 (한국부동산신탁 부실경영 사건)》 직장의 상사가 범법행위를 하는데 가담한 부하에게 직무상 지휘·복종관계에 있다 하여 범법행위에 가담하지 않을 기대가능성이 없다고 할 수 없다.

《대판 1999.4.23. 99도636 (김대중 X파일 사건)》 설령 안기부가 그 주장과 같이 엄격한 상명하복의 관계에 있는 조직이라고 하더라도 안기부 직원의 정치관여가 법률로 엄격히 금지되어 있고, 피고인 甲도 상피고인 乙의 의도를 잘 알고 있었으며, 여기에 甲의 경력이나 지위 등에 비추어 보면, 이 사건 범행이 강요된 행위로서 적법행위에 대한 기대가능성이 없다고 볼 수는 없다.

3. 의무의 충돌시 낮은 가치의 의무를 이행한 경우

동시에 이행해야 할 의무가 충돌한 경우에 행위자가 낮은 가치의 의무를 이행하기 위하여 높은 가치의 의무를 게을리한 경우 위법성이 인정된다. 그러나 이 경우 행위자가 낮은 가치의 의무인 것은 알았으나 극복할 수 없는 '부득이한 사정'으로 인하여 낮은 가치의 의무를 이행한 때에는 기대가능성이 없기 때문에 책임이 조각될 수 있다.

4. 생명 · 신체 이외의 법익에 대한 방어할 방법이 없는 협박으로 강요된 행위

자기 또는 친족의 생명·신체 이외의 자유·정조 또는 재산 등에 대한 방어할 방법이 없는 협박에 의하여 강요된 행위는 형법 제12조에 해당하지 않는다. 그러나 이 경우에도 적법행위에 대한 기대가능성이 없는 때에는 초법규적으로 책임이 조각 또는 감경된다. 예컨대 친구나 애인의 생명·신체에 대한 위해로 인해 강요된 행위나 자기나 친족의 재산, 명예 등에 대한 위해로 인해 강요된 행위 등은 강요된 행위가 될 수 없으나 기대가능성의 감소·소멸로 인해 책임이 조각·감경될 수 있다.

제5장 미수론

제1절 미수범의 일반이론

Ⅰ. 범죄의 실현단계

고의범의 범죄실현단계를 분석하여 보면 ① 범죄의 결심, ② 예비, ③ 미수, ④ 기수, ⑤ 범죄의 종료 등으로 나눌 수 있다. 형법상의 범죄는 원칙적으로 기수에 달해야 처벌되지만, 예외적으로 그 이전단계인 미수와 예비단계에서 처벌되는 범죄도 다수 존재한다.

1. 범죄의 결심단계

범죄의 실현을 내심으로 결심하는 단계이다. 범죄를 결심(결의)하더라도 외부적 행위로 나타나지 않는 한 형법적 평가의 대상이 되지 않는다. 범죄의사를 외부에 표시하였다 하더라도 이를 이유로 처벌할 수는 없다. 예를 들어 甲이 乙에게 丙을 살해하겠다는 의사를 표시하였다 하더라도 이는 처벌의 대상이 아니다.

2. 예비·음모 단계

'예비(豫備)'란 범죄의사를 실현하기 위한 일체의 외부적 준비행위를 말하고, '음모(陰謀)'란 2인 이상이 일정한 범죄를 실현하기 위하여 서로 의사를 교환하고 합의하는 것을 말한다. 예비·음모는 범죄행위의 전단계일 뿐 형법이 금지하는 범죄행위는 아니며, 이 단계에서는 범죄의사도 명백히 입증할 수 없기 때문에 원칙적으로 처벌하지 않는다. 다만, 법률에 특별한 규정이 있으면 예외적으로 예비·음모도 처벌될 수 있다(§28).

3. 미수단계

'미수(未遂)'란 범죄의 실행에 착수하여 행위를 종료하지 못하였거나(착수미수) 결과가 발생하지 아니한 경우(실행미수)를 말한다. 실행의 착수란 범죄실행의 개시를 말한다. 실행의 착수가 있다는 점에서 미수는 예비·음모와 구별되고, 원칙적으로 결과가 발생하지 않았다는 점에서 기수와 구별된다.

미수 역시 원칙적으로 처벌되지 않으나 법률에서 이를 처벌하는 특별한 규정이 있는 경우에는 처벌될 수 있다. 형법 제29조는 '미수범을 처벌할 죄는 각 본조에 정한다'라고 하여 원칙적으로 기수범을 처벌하고 미수범은 각칙에 미수범 처벌규정이 있는 경우에 예외적으로 처벌하되, 기수범의 형을 기준으로 처벌한다.

4. 기수단계

'기수(旣遂)'란 범죄의 행위를 종료하였거나 결과를 발생시켜 구성요건을 충족시킨 경우이다. **거동범**에서는 **행위의 종료**만으로 기수가 되지만 **결과범**에서는 행위의 종료만으로는 기수가 되지 못하고, **결과가 발생하고 행위와 결과 사이에 인과관계가 인정되어야** 기수가 된다. 기수는 형법이 원칙적으로 처벌대상으로 삼는 범죄의 기본형태이다.

5. 종료단계

'종료'란 기수 이후에 보호법익에 대한 침해가 실질적으로 끝난 경우를 말한다. 즉시범과 상태범은 기수와 동시에 범죄도 종료된다. 그러나 **계속범**의 경우에는 범죄가 **기수가 된 이후에도 범죄행위가 계속**될 수 있다. 예를 들어 감금죄의 기수시기는 피해자를 감금한 때이지만, 감금죄의 종료시기는 피해자가 감금상태에서 풀려난 때이다.

기수와 종료를 구별할 실익은 ① 공소시효의 기산점은 기수시가 아니라 범죄의 종료시이며(형소법 §252①), ② 기수 이후라도 종료 이전까지 공범의 성립이 가능하고, ③ 범죄의 종료시까지 침해의 현재성을 가지므로 이때까지 정당방위가 가능하며, ④ 한편, 기수 후라도 종료 이전에 형을 가중하는 사유가 실현된 경우에는 가중적 구성요건이 적용된다. 예컨대 감금죄의 기수 후 가혹한 행위가 있으면 중감금죄가 성립한다.

Ⅱ. 미수범의 처벌근거

미수범의 본질이 무엇이며 미수범을 처벌할 근거를 어디서 찾느냐에 대하여는 견해가 대립되고 있다.

1. 객관설

미수범 처벌의 근거를 행위자의 의사에 있는 것이 아니라 법익침해에 대한 위험성에서 찾는 견해이다. 즉, 미수는 결과불법의 발생에 대한 높은 개연성 때문에 처벌된다는 것이다. 이에 의하면 예비와 미수 및 기수의 모든 행위단계에 있어서 고의는 동일하기 때문에 예비행위에 대한 미수의 한계는 객관적인 점에서 찾아야 한다는 입장이다.

2. 주관설

미수범 처벌의 근거를 외부적 행위를 통해 나타난 행위자의 반사회적 위험성(범죄의사)에서 찾는 견해이다. 이에 의하면 미수의 처벌근거는 범죄의사에 의하여 나타난 행위반가치에 있다는 것이며, 따라서 미수와 기수는 반사회적 위험성에 있어서 차이가 없으므로 미수도 기수와 동일하게 처벌해야 되고 불능범에 대한 처벌까지도 가능한 입장이다.

3. 절충설

절충설(折衷說)은 행위자의 범죄의사에 중점을 두는 주관설에서 출발하지만 미수의 범의를 객관적 표준에 의하여 제한하는 입장이다. 즉 미수범의 처벌근거는 범죄의사에 있지만, 미수의 가벌성은 법적대적 의사의 실행이 일반인이 법질서와 법적 안정성에 대해 갖는 신뢰를 깨뜨렸다는 점에서 찾는 견해이다(통설). 절충설의 대표적인 견해가 인상설이다. 인상설은 행위자가 일반인에게 법동요적 인상을 준 것이므로 미수행위를 처벌한다는 견해이다.

Ⅲ. 미수의 분류

1. 착수미수와 실행미수

형법은 미수를 착수미수와 실행미수로 구분하고 있다. **착수미수**(미종료미수)란 행위자가 **착수한 실행행위 그 자체를 종료하지 못하여** 범죄를 완성하지 못한 경우를 말하고, **실행미수**(종료미수)란 실행행위는 종료하였으나 예상했던 **결과가 발생하지 않은 경우**를 말한다. 착수미수와 실행미수는 모두 실행에 착수하여 결과가 발생하지 아니한 경우이고 형법은 양자 사이에 처벌의 차이를 두고 있지 아니하므로 이러한 구별은 형법상으로 중요하지 않다. 중지미수와 장애미수를 구분하는데 실익이 있을 뿐이다.

2. 장애미수, 중지미수, 불능미수

형법은 미수를 장애미수(§25), 중지미수(§26), 불능미수(§27)의 3가지 형태로 구분하여 각각 처벌을 달리하고 있다. 장애미수(협의의 미수)란 행위자가 결과를 실현하고자 하였으나 의외의 장애로 인하여 범죄를 완성하지 못한 경우를 말하며 임의적 감경으로 처벌된다. 중지미수란 행위자가 실행에 착수한 행위를 스스로의 의사에 의하여 중지하거나 결과발생을 방지한 경우를 말하며 필요적 감면으로 처벌된다. 불능미수는 범죄의 수단이나 대상의 착오로 결과의 발생이 불가능하지만 위험성으로 인하여 미수범으로 처벌하는 경우를 말하며 임의적 감면으로 처벌된다.

구분	장애미수	중지미수	불능미수
핵심어	외부적 장애	자의성	위험성
처벌	임의적 감경	필요적 감면	임의적 감면

제2절 장애미수

제25조(미수범) ① 범죄의 실행에 착수하여 행위를 종료하지 못하였거나 결과가 발생하지 아니한 때에는 미수범으로 처벌한다.
② 미수범의 형은 기수범보다 감경할 수 있다.

Ⅰ. 의의

장애미수란 행위자가 의외의 장애 때문에 자신의 의사에 반하여 범죄를 완성하지 못한 경우를 말한다. 일반적으로 '미수'란 장애미수를 의미한다.

Ⅱ. 미수범(장애미수)의 구성요건

미수범의 구성요건으로는 주관적 구성요건으로서 고의와 객관적 구성요건으로서 실행의 착수 및 범죄의 미완성이라는 3가지 요건이 필요하다. 그러나 미수범의 3가지 구성요건은 모두 각칙상의 특별요건과 결합되어야 충족될 수 있다. 즉 미수범은 독립된 구성요건이 아니라 살인미수, 절도미수 또는 사기미수 등이 가능할 뿐이다.

1. 주관적 구성요건요소

가. 고의

미수범도 주관적 구성요건요소로서 고의가 있어야 성립한다. 미수범의 고의는 기수범과 마찬가지로 모든 객관적 구성요건에 대한 인식을 필요로 한다. 고의는 미필적 고의로도 충족하다. 미수범의 고의는 범죄실현의 의사를 내용으로 하여야 하므로 **과실범의 미수는 있을 수 없다.**

미수범이 성립하기 위해서는 무조건적인 구성요건의 실현의사인 '확정적 행위의사'를 필요로 한다. 따라서 행위자가 범죄를 행할 것인가를 결의하지 않은 조건부 행위의사만으로는 미수범의 고의를 인정할 수 없다.

미수범에서 고의는 **기수의 고의가 있어야 한다**. 행위자가 처음부터 미수에 그치겠다는 고의, 즉 미수의 고의만을 가진 때에는 벌할 수 없다. 따라서 함정수사(agent provocateur)에서 수사관의 의사는 기수의 의사가 아니므로 처벌할 수 없다.

나. 특수한 주관적 구성요건요소

고의 이외에 목적범의 **목적**이나 **불법영득의사** 등 특별한 주관적 구성요건요소가 필요한 범죄에서는 이 역시 미수범의 주관적 구성요건요소가 된다.

2. 실행의 착수

가. 의의

미수범의 객관적 구성요건요소로써 '실행의 착수'가 있어야 한다. 실행의 착수란 범죄구성요건을 실현하는 실행행위의 개시를 의미한다. 실행의 착수는 예비·음모와 미수를 구별하는 기준이 된다. 실행의 착수가 있으면 범죄행위는 예비·음모를 지나 적어도 미수에 이르게 된다. 예비 · 음모를 처벌하는 범죄에 비해 미수를 처벌하는 범죄는 훨씬 많으므로 실행의 착수가 있게 되면 그만큼 처벌의 가능성이 높아진다. 예를 들어 절도죄의 예비 · 음모는 처벌규정이 없으므로 처벌되지 않지만, 절도미수는 처벌규정이 있으므로(§342) 절도죄의 실행의 착수가 인정되면 행위자는 절도미수죄로 처벌된다.

나. 실행의 착수시기

1) 학설

가) 객관설

객관설은 행위자의 내심적 의사라는 주관적 요소를 고려하지 않고 행위만을 객관적으로 보아 실행의 착수시기를 정하려는 입장이다. 객관설은 형식적 객관설과 실질적 객관설로 나누어진다.

형식적 객관설은 어떤 행위가 엄격한 의미에서 구성요건에 해당하는 행위의 일부라고 할 수 있는 경우에만 실행의 착수를 인정한다. 예컨대 절도죄는 재물을 손으로 잡은 때, 살인죄는 총의 방아쇠를 당길 때에 비로소 실행의 착수가 있다고 하게 된다.

실질적 객관설은 형식적 객관설을 완화하여 형식적으로는 구성요건에 해당하는 행위가 아니더라도 실질적으로 실행행위로서의 위험성을 가지고 있으면 실행의 착수를 인정하는 견해이다. 이에 의하면 '구성요건행위의 직접 전단계의 행위', '보호법익에 대한 직접적 위험을 초래하는 행위', '법익침해에 밀접한 행위' 등이 있으면 실행의 착수가 있다고 본다.

나) 주관설

주관설은 객관적인 행위보다는 행위자의 의사를 기준으로 하여 실행의 착수시기를 정하려고 한다. 그리하여 '범죄의사가 행위를 통해 확정적으로 나타날 때', '범의가 현저하게 겉으로 드러날 때'에 실행의 착수가 있다고 한다.

다) 주관적 객관설(통설)

주관적 객관설은 행위자의 범행계획에 따르면 구성요건 실현에 대한 직접적 위험이 있을 때 실행의 착수가 있다고 한다. 객관설을 주로 하면서 행위자의 범행계획이라고 하는 내심상태를 고려한다는 점에서 주관설을 가미한 것이다. 개별적 객관설 또는 절충설이라고도 한다.

2) 각 죄종별 실행의 착수시기

가) 강도죄나 강간죄의 실행의 착수

판례에 의하면 강도죄나 강간죄의 실행의 착수시기는 폭행 또는 협박을 개시한 때이고 재물강취나 강간시점이 아니다. 형식적 객관설을 따르고 있다. 준강간·강제추행죄(§299)의 경우 사람의 심신상실이나 항거불능이라는 상태의 이용을 개시한 때에 실행의 착수가 있다.

나) 주거침입죄 또는 야간주거침입절도죄의 실행의 착수

주거침입죄의 경우 판례는 실질적 객관설에 따라 범죄구성요건의 실현에 이르는 현실적 위험성이 있는 행위를 개시한 때에 실행의 착수를 인정하고 있다. 따라서 문의 시정장치를 부수거나 출입문을 열거나 당겨보는 행위가 있으면 실행의 착수를 인정하고 있다. 그러나 초인종을 누른 행위만으로는 현실적 위험성이 있는 행위로 보지 않는다. 야간주거침입절도죄(§330)도 주거에 침입한 때에 실행의 착수가 있다.

《대판 2003.10.24. 2003도4417 (베란다 철제난간 사건)》 주거침입죄의 실행의 착수는 주거자, 관리자, 점유자 등의 의사에 반하여 주거나 관리하는 건조물 등에 들어가는 행위 즉, 구성요건의 일부를 실현하는 행위까지 요구하는 것은 아니고, 범죄구성요건의 실현에 이르는 현실적 위험성을 포함하는 행위를 개시하는 것으로 족하다.

다) 절도죄의 실행의 착수

판례에 의하면 절도죄는 타인의 재물에 대한 사실상의 지배를 침해하는 데 접근한 행위를 할 때 실행의 착수를 인정한다. 실질적 객관설에 따라 법익침해에 밀접한 행위(물색행위)가 있으면 실행의 착수를 인정한다. 예컨대 절도의 의사로 타인의 주거에 침입한 것만으로는 절도죄의 착수가 있다고 할 수 없지만 절취한 재물을 물색하거나 그 재물에 접근한 때에 실행의 착수가 인정된다. 그러나 단순히 절도에 사용할 범행도구를 준비하거나 차량내부를 손전등으로 비추어 보는 행위만으로는 실행의 착수를 인정할 수 없다. 야간주거침입절도죄(§330)는 주거침입시에, 특수절도(§331)는 출입문 등을 손괴한 때에 실행의 착수가 있다.

《대판 2009.12.24. 2009도9667 (육각렌치로 내리친 사건)》 2인 이상이 합동하여 야간이 아닌 주간에 절도의 목적으로 타인의 주거에 침입하였다 하여도 아직 절취할 물건의 물색행위를 시작하기 전이라면 특수절도죄의 실행에는 착수한 것으로 볼 수 없는 것이어서 그 미수죄가 성립하지 않는다.

라) 사기죄의 실행의 착수

일반적으로 사기죄의 경우 기망행위를 개시한 때에 실행의 착수를 인정할 수 있다. 예컨대 소송사기의 경우에는 법원에 소장을 제출한 때, 즉 소송을 제기한 때에 실행의 착수가 있고, 가압류한 것만으로는 실행의 착수를 인정할 수 없다. 보험사기의 경우에는 보험회사에 보험금을 청구한 때에 실행의 착수가 있고, 단순히 보험계약을 체결한 행위만으로는 실행의 착수를 인정할 수 없다.

마) 기타 범죄의 실행의 착수

판례에 의하면 방화죄의 경우 매개물에 발화한 경우 목적물에 불이 옮겨 붙지 않아도 실행의 착수가 인정되고, 침투간첩의 경우 국내에 잠입한 때 또는 침투·상륙한 때에 실행의 착수가 있다고 보는 등 개별적 구성요건에 따라 달리 파악하고 있다.

다. 총칙상 범죄유형과 실행의 착수시기

1) 공동정범

공동정범에 있어서 실행의 착수여부는 모든 공동정범자의 전체행위를 기초로 판단해야 한다. 따라서 공모자 중 **1인이라도** 공모한 대로 **실행을 착수하면** 전원에 대하여 실행의 착수가 인정된다.

2) 교사범·종범

협의의 공범인 교사범과 종범에 있어서는 공범의 종속성에 따라 **정범의 실행행위가 있는 때**에 공범에 대하여도 실행의 착수가 인정된다.

3) 간접정범

간접정범의 착수시기에 대해서는 피이용자의 실행행위가 있어야 실행의 착수가 있다(객관설)는 등의 견해가 대립되고 있다. 그러나 다수설은 간접정범에 있어서 **이용자가 피이용자를 이용하기 시작한 때** 실행의 착수가 있다고 한다(주관설).

4) 원인에 있어서 자유로운 행위

원인에 있어서 자유로운 행위의 실행의 착수시기에 관하여도 원인설정행위시에 실행의 착수가 있다는 견해와 책임능력이 없는 상태에서 구성요건에 해당하는 행위를 한 때에 실행의 착수를 인정해야 한다는 견해(다수설, **결과실현행위시설**)가 대립하고 있다.

3. 범죄의 미완성

범죄가 완성되면 기수가 되며 미수는 아니기 때문에 범죄가 완성에 이르지 않을 것을 요한다. 미수는 행위를 종료하지 못하였거나 또는 결과가 발생하지 아니하여 범죄의 완성에 이르지 아니하여야 한다. '행위를 종료하지 못한 것(행위의 미종료)'이라 함은 범죄의 실행에 착수하였으나 그 실행행위를 종료하지 못한 경우를 말하고, '결과가 발생하지 아니한 것(결과의 불발생)'이라 함은 범죄의 실행에 착수하여 실행행위는 종료하였으나 결과가 발생하지 아니한 경우를 말한다. 전자를 착수미수라 하고 후자를 실행미수라 한다. 예컨대 권총으로 사람을 사살하려는 순간 다른 사람에 의해 제지되어 발사하지 못한 경우는 전자에 속하고, 발사하였으나 명중하지 않았다든가 명중은 하였으나 치명상이 아니어서 사망의 결과가 발생하지 않은 경우는 후자에 속한다. 결과가 발생하였더라도 인과관계가 인정되지 않은 경우에도 미수범이 성립한다.

Ⅲ. 미수범의 처벌

미수범은 일반적으로 처벌되는 것이 아니라 개별적으로 처벌규정을 둔 때에 한하여 처벌된다. 미수범의 처벌은 원칙적으로 기수범과 동일하고 경우에 따라 형을 감경할 수 있다(§25②). 이를 임의적 감경이라고 한다. 미수범의 형을 임의적으로 감경하도록 한 것은 미수의 처벌근거에 대한 절충설의 표현이라고 할 수 있다. 임의적 감경이므로 법관은 경우에 따라서 **기수범과 동일한 형량을 선고할 수도 있다.**

비교판례

실행의 착수가 인정되는 경우	실행의 착수가 인정되지 않는 경우
① 甲(범행당시 심신미약의 상태에 있었음)이 격분하여 乙을 살해할 것을 마음먹고 밖으로 나가 웃방 마루 밑 못그릇에 놓여 있던 낫을 들고 乙에게 다가서려고 하였으나 丙 등이 이를 제지하자 그 틈을 타서 乙이 뒷문으로 도망을 하여 살인의 목적을 이루지 못한 경우, 甲이 낫을 들고 乙에게 접근함으로써 살인의 실행행위에 착수하였다고 할 것이므로 이는 살인미수에 해당한다(대판 1986.2.25. 85도2773 낫들고 다가선 사건). ② 피고인이 간음할 목적으로 새벽 4시에 여자 혼자 있는 방문 앞에 가서 피해자가 방문을 열어 주지 않으면 부수고 들어갈 듯 한 기세로 방문을 두드리고 피해자가 위험을 느끼고 창문에 걸터앉아 가까이 오면 뛰어 내리겠다고 하는데도 베란다를 통하여 창문으로 침입하려고 하였다면 강간의 수단으로서의 폭행에 착수하였다고 할 수 있으므로 강간의 착수가 있었다(대판 1991.4.9. 91도288 가까이 오면 뛰어내리겠다 사건). ③ 주거침입의 범의로써 예컨대 주거로 들어가는 문의 시정장치를 부수거나 문을 여는 등 침입을 위한 구체적 행위를 시작하였다면 주거침입죄의 실행의 착수는 있었다고 보아야 하고, 신체의 극히 일부분이 주거 안으로 들어갔지만 사실상 주거의 평온을 해하는 정도에 이르지 아니하였다면 주거침입죄의 미수에 그친다(대판 1995.9.15. 94도2561 창문열고 얼굴 들이민 사건). ④ 야간에 아파트에 침입하여 물건을 훔칠 의도하에 아파트의 베란다 철제난간까지 올라가 유리창문을 열려고 시도하였다면 야간주거침입절도죄의 실행에 착수한 것으로 보아야 한다(대판 2003.10.24. 2003도4417 베란다 철제난간 사건).	① 강간죄의 실행의 착수가 있었다고 하려면 강간의 수단으로서 폭행이나 협박을 한 사실이 있어야 할 터인데 피고인이 강간할 목적으로 피해자의 집에 침입하였다 하더라도 안방에 들어가 누워 자고 있는 피해자의 가슴과 엉덩이를 만지면서 간음을 기도하였다는 사실만으로는 강간의 수단으로 피해자에게 폭행이나 협박을 개시하였다고 하기는 어렵다(대판 1990.5.25. 90도607 가슴과 엉덩이 만진 사건). ② 피고인이 다세대주택 2층의 불이 꺼져있는 것을 보고 물건을 절취하기 위하여 가스배관을 타고 올라가다가, 발은 1층 방범창을 딛고 두 손은 1층과 2층 사이에 있는 가스배관을 잡고 있던 상태에서 순찰 중이던 경찰관에게 발각되자 그대로 뛰어내린 경우, 주거의 사실상의 평온을 침해할 현실적 위험성이 있는 행위를 개시한 때에 해당한다고 보기 어렵다(대판 2008.3.27. 2008도917 가스배관 잡은 사건). ③ 아파트의 초인종을 누르다가 사람이 없으면 만능키 등을 이용하여 문을 열고 안으로 들어가 물건을 훔치기로 모의한 절도범들이 함께 다니다가 甲의 집 초인종을 누르면서 "자장면 시키지 않았느냐"라고 말하였으나 집 안에 있던 甲이 "시킨 적 없다"고 대답하자 계단을 이용하여 아래층으로 이동한 경우, 초인종을 누른 행위만으로는 침입의 현실적 위험성을 포함하는 행위를 시작하였다거나, 주거의 사실상의 평온을 침해할 객관적인 위험성을 포함하는 행위를 한 것으로 볼 수 없다(대판 2008.4.10. 2008도1464 짜장면 안시키셨어요? 사건). ④ 노상에 세워 놓은 자동차 안에 있는 물건을 훔칠 생각으로 자동차의 유리창을 통하여 그 내부를 손전등으로 비추어 본 것에 불과하다면 비록 유리창을 따기 위해 면장갑을 끼고 있었고 칼을 소지하고 있었다 하더라도 절도의 예비행위로 볼 수는 있겠으나 타인의 재물에 대한 지배를 침해하는데 밀접한 행위를 한 것이라고는 볼 수 없어 착수에 이른 것으로 볼 수 없다(대판 1985.4.23. 85도464 차량내부 비춰본 사건).

실행의 착수가 인정되는 경우	실행의 착수가 인정되지 않는 경우
⑤ 절도죄의 실행의 착수시기는 재물에 대한 타인의 사실상의 지배를 침해하는데 밀접한 행위가 개시된 때라 할 것인바 피해자 소유 자동차 안에 들어 있는 밍크코트를 발견하고 이를 절취할 생각으로 공범이 위 차 옆에서 망을 보는 사이 위 차 오른쪽 앞문을 열려고 앞문손잡이를 잡아당기다가 피해자에게 발각되었다면 절도의 실행에 착수하였다고 봄이 상당하다(대판 1986.12.23. 86도2256 차앞문 손잡이 잡은 사건). ⑥ 소매치기의 경우 피해자의 양복상의 주머니로부터 금품을 절취하려고 그 호주머니에 손을 뻗쳐 그 겉을 더듬은 때에는 절도의 범행은 예비단계를 지나 실행에 착수하였다고 봄이 상당하다(대판 1984.12.11. 84도2524 양복호주머니 더듬은 사건). ⑦ 소송사기는 법원을 기망하여 자기에게 유리한 판결을 얻고 이에 터잡아 상대방으로부터 재물의 교부를 받거나 재산상 이익을 취득하는 것을 말하는 것으로서 소송에서 주장하는 권리가 존재하지 않는 사실을 알고 있으면서도 법원을 기망한다는 인식을 가지고 소를 제기하면 이로써 실행의 착수가 있었다고 할 것이고, 피해자에 대한 직접적인 기망이 있어야 하는 것은 아니다(대판 1993.9.14. 93도915 뻥튀기 가등기 사건). ⑧ 강제집행절차를 통한 소송사기는 집행절차의 개시신청을 한 때 또는 진행 중인 집행절차에 배당신청을 한 때에 실행에 착수하였다고 볼 것이다. 소유권이전등기청구권에 대한 압류는 당해 부동산에 대한 경매의 실시를 위한 사전 단계로서의 의미를 가지나, 전체로서의 강제집행절차를 위한 일련의 시작행위라고 할 수 있으므로, 허위 채권에 기한 공정증서를 집행권원으로 하여 채무자의 소유권이전등기청구권에 대하여 압류신청을 한 시점에 소송사기의 실행에 착수하였다고 본다(대판 2015.2.12. 2014도10086 허위채권 압류신청 사건). ⑨ 피담보채권인 공사대금 채권을 실제와 달리 허위로 크게 부풀려 유치권에 의한 경매를 신청할 경우 정당한 채권액에 의하여 경매를 신청한 경우보다 더 많은 배당금을 받을 수도 있으므로, 이는 법원을 기망하여 배당이라는 법원의 처분행위에 의하여 재산상 이익을 취득하려는 행위로서, 불능범에 해당한다고 볼 수 없고, 소송사기죄의 실행의 착수에 해당한다(대판 2012.11.15. 2012도9603 부풀려 유치권 경매신청 사건).	⑤ 절도죄의 실행의 착수시기는 재물에 대한 타인의 사실상의 지배를 침해하는 데에 밀접한 행위를 개시한 때라고 보아야 하므로, 야간이 아닌 주간에 절도의 목적으로 타인의 주거에 침입하였다고 하여도 아직 절취할 물건의 물색행위를 시작하기 전이라면 주거침입죄만 성립할 뿐 절도죄의 실행에 착수한 것으로 볼 수 없다(대판 1992.9.8. 92도1650 방안에서 뛰어나온 사건). ⑥ '주간에' 아파트 출입문 시정장치를 손괴하다가 마침 귀가하던 피해자에게 발각되어 도주한 경우 실행의 착수가 없어 특수절도미수죄가 성립하지 않는다(대판 2009.12.24. 2009도9667 육각렌치로 내리친 사건). ⑦ 가압류는 강제집행의 보전방법에 불과한 것이어서 본안소송을 제기하지 아니한 채 가압류를 한 것만으로는 사기죄의 실행에 착수하였다고 할 수 없다(대판 1988.9.13. 88도55 허위채권 가압류신청 사건). ⑧ 부동산 경매절차에서 허위공사대금채권을 근거로 유치권 신고를 하였더라도 이를 소송사기 실행의 착수가 있다고 볼 수 없다(대판 2009,9.24. 2009도5900 허위채권 유치권신고 사건). ⑨ 타인의 사망을 보험사고로 하는 생명보험계약을 체결함에 있어 제3자가 피보험자인 것처럼 가장하여 체결하는 등으로 그 유효요건이 갖추어지지 못한 경우, 그와 같이 하자 있는 보험계약을 체결한 행위만으로는 미필적으로라도 보험금을 편취하려는 의사에 의한 기망행위의 실행에 착수한 것으로 볼 것은 아니다. 그러므로 보험계약을 체결한 행위는 단지 장차의 보험금 편취를 위한 예비행위에 지나지 않는다(대판 2013.11.14. 2013도7494 보험계약체결에만 관여한 사건).

실행의 착수가 인정되는 경우	실행의 착수가 인정되지 않는 경우
⑩ 사기죄는 편취의 의사로 기망행위를 개시한 때에 실행에 착수한 것으로 보아야 하므로, 사기도박에서도 사기적인 방법으로 도금을 편취하려고 하는 자가 상대방에게 도박에 참가할 것을 권유하는 등 기망행위를 개시한 때에 실행의 착수가 있는 것으로 보아야 한다(대판 2011.1.13. 2010도9330 보령모텔방 사기도박 사건). ⑪ 매개물을 통한 점화에 의하여 건조물을 소훼함을 내용으로 하는 형태의 방화죄의 경우에, 범인이 그 매개물에 불을 켜서 붙였거나 또는 범인의 행위로 인하여 매개물에 불이 붙게 됨으로써 연소작용이 계속될 수 있는 상태에 이르렀다면, 그것이 곧바로 진화되는 등의 사정으로 인하여 목적물인 건조물 자체에는 불이 옮겨 붙지 못하였다고 하더라도, 방화죄의 실행의 착수가 있었다고 보아야 한다(대판 2002.3.26. 2001도6641 사람 몸에 불붙은 사건). ⑫ 간첩의 목적으로 외국 또는 북한에서 국내에 침투 또는 월남하는 경우에는 기밀탐지가 가능한 국내에 침투 상륙함으로써 간첩죄의 실행의 착수가 있다(대판 1984.9.11. 84도1381 아라이 접선 사건). ⑬ 부정경쟁방지 및 영업비밀보호에 관한 법률 제18조 제2항에서 정하고 있는 영업비밀부정사용죄에 있어서는, 행위자가 당해 영업비밀과 관계된 영업활동에 이용 혹은 활용할 의사 아래 그 영업활동에 근접한 시기에 영업비밀을 열람하는 행위(영업비밀이 전자파일의 형태인 경우에는 저장의 단계를 넘어서 해당 전자파일을 실행하는 행위)를 하였다면 그 실행의 착수가 있다(대판 2009.10.15. 2008도9433 담수·발전 플랜트 기술유출 사건).	⑩ 피고인이 행사할 목적으로 미리 준비한 물건들과 옵세트인쇄기를 사용하여 한국은행권 100원권을 사진찍어 그 필름 원판 7매와 이를 확대하여 현상한 인화지 7매를 만들었음에 그쳤다면 아직 통화위조의 착수에는 이르지 아니하였고 그 준비단계에 불과하다(대판 1966.12.6. 66도1317 필름원판, 인화지 만든 사건). ⑪ 공전자기록등불실기재죄에 있어서의 실행의 착수 시기는 공무원에 대하여 허위의 신고를 하는 때라고 보아야 할 것인바, 이 사건 피고인이 위장결혼의 당사자 및 중국 측 브로커와의 공모 하에 허위로 결혼사진을 찍고, 혼인신고에 필요한 서류를 준비하여 위장결혼의 당사자에게 건네준 것만으로는 아직 공전자기록등불실기재죄에 있어서 실행에 착수한 것으로 보기 어렵다(대판 2009.9.24. 2009도4998 위장결혼 사건). ⑫ 당시 필로폰을 소지 또는 입수한 상태에 있었거나 그것이 가능하였다는 등 매매행위에 근접·밀착한 상태에서 대금을 지급받은 것이 아니라 단순히 필로폰을 구해 달라는 부탁과 함께 그 대금 명목으로 200만원을 송금받은 경우 필로폰 매매행위의 실행의 착수에 이른 것이라고 볼 수 없다(대판 2015.3.20. 2014도16920 필로폰 구해달라 사건). ⑬ 입영대상자가 병역면제처분을 받을 목적으로 병원으로부터 허위의 병사용진단서를 발급받았다고 하더라도 이러한 행위만으로는 사위행위의 실행에 착수하였다고 볼 수 없다. … 병역처분변경원서를 지방병무청장에게 제출하는 등 직접적으로 병무행정당국에 대하여 사위행위를 하였을 때 병무행정의 적정성을 침해할 직접적인 위험이 발생한다(대판 2005.9.28. 2005도3065 신장이상 소견서 사건).

제3절 중지미수

제26조(중지범) 범인이 실행에 착수한 행위를 자의(自意)로 중지하거나 그 행위로 인한 결과의 발생을 자의로 방지한 경우에는 형을 감경하거나 면제한다.

I. 중지미수의 의의

중지미수란 범죄실행에 착수한 자가 범죄완성 전에 자의로 실행행위를 중지하거나 실행행위를 종료하였지만 결과발생을 방지함으로써 성립하는 미수범을 말한다(§26). 중지미수는 실행의 착수가 있다는 점에서 실행의 착수가 없는 예비·음모 및 예비의 중지와 구별되고, 행위가 종료하지 않았거나 결과가 발생하지 않았다는 점에서 기수와 구별된다.

중지미수는 행위의 미종료나 결과의 불발생이 행위자의 자의에 의한 것이었다는 점에서 의외의 장애로 인한 장애미수와 구별되고, 중지미수는 결과발생이 가능하다는 점에서 결과발생이 불가능한 불능미수와 구별된다.

II. 중지미수를 관대하게 처벌하는 근거

형법은 중지미수를 필요적으로 감경 또는 면제하도록 규정되어 있는데, 중지미수를 관대하게 처벌하는 이유에 대하여는 ① 형사정책설(the golden bridge theory)[53], ② 법률설(위법성감소·소멸설과 책임감소·소멸설), ③ 결합설(위법성감소설과 형사정책설의 결합, 책임감소설과 형사정책설의 결합-다수설 등), ④ 형벌목적설, ⑤ 보상설(공적설) 등의 견해가 대립되고 있다. 형의 감경의 경우에는 책임의 감소이고, 형의 면제의 경우에는 형사정책적 고려가 근거가 된다는 결합설의 견해가 타당하다고 본다. 따라서 중지미수를 형면제로 다루는 경우에는 인적 처벌조각사유에 해당하지만 형을 감경하는 경우에는 책임감경사유에 해당한다.

---

53) 독일의 주관주의 형법학자인 Frantz von Liszt(1851~1919)는 중지미수를 '돌아올 수 있는 황금의 다리'로 표현하였다.

Ⅲ. 성립요건

중지미수도 미수이므로, 미수범의 일반요건, 즉 주관적 요건인 고의, 목적 등이 필요하고, 객관적 요건인 실행의 착수, 범죄의 미완성 등의 요건을 모두 구비해야 한다.

한편, 중지미수에 있어서 범죄가 미완성에 그친 이유가 자의에 의한 실행중지 또는 결과방지 때문이므로, 중지미수가 성립하기 위해서는 추가적으로 주관적 요건으로는 **'자의성'**이 있어야 하고, 객관적 요건으로는 **'실행행위의 중지** 또는 **결과발생의 방지'**가 필요하다.

1. 주관적 요건 - 자의성

중지미수는 범인이 자의로 범죄를 완성하지 않은 경우이다. 따라서 **자의성은 중지미수와 장애미수를 구별하는 기준이 된다.** 자의성의 의미에 대해서는 다음과 같이 견해가 대립한다.

가. 자의성의 판단기준

1) 객관설

외부적 사정과 내부적 동기로 구별하여, **외부적 사정**에 의하여 범죄가 완성되지 않은 경우는 장애미수이고 그렇지 않은 때가 중지미수라고 한다. 이에 따르면 실제로 경찰이 오지 않음에도 불구하고 온다고 착각하여 중지한 경우에도 객관적인 외부적 장애사유가 없으므로 중지미수가 된다. 자의성의 개념을 가장 넓게 파악한다.

2) 주관설

후회, 동정, 연민, 죄책감 등의 **윤리적 동기**에 의하여 범죄를 완성하지 못한 경우는 중지미수이고 그렇지 않은 경우에는 장애미수라고 한다. 자의성의 개념을 가장 좁게 파악한다.

3) Frank의 공식

'할 수 있었음에도 불구하고 하기를 원하지 않아서' 중지하면 중지미수이고, '하려고 하였으나 할 수가 없어서' 중지한 경우에는 장애미수라고 한다. 결국 '안했으면' 자의성을 인정하고, '못했으면' 자의성을 부정한다는 결론에 이르게 된다.

4) 절충설

사회통념상 외부적 장애사유로 인하여 타율적으로 중지한 경우에는 자의성을 부정하여 장애미수에 해당하고, 이런 사유가 없음에도 자율적으로 중지한 경우에는 자의성을 인정하여 중지미수가 된다는 견해이다(다수설, 판례).

2. 객관적 요건 – 실행의 중지 또는 결과의 방지

가. 의의

중지미수의 경우에도 장애미수와 마찬가지로 실행의 착수로 나아가야 한다. 그밖에 중지미수가 성립하기 위해서는 객관적 요건으로 실행행위를 중지하거나 그 행위로 인한 결과의 발생을 방지하여야 한다. 즉 착수미수에서는 실행행위의 중지, 실행미수에서는 결과발생의 방지가 필요하다. 즉 중지미수의 객관적 요건은 착수미수와 실행미수에 따라 차이가 있다.

나. 착수미수의 중지

착수미수의 경우 실행행위의 계속을 중지하고 결과가 발생하지 않아야 한다. 착수미수의 경우에는 **범행계속의 포기**만으로도 중지행위가 될 수 있다. 즉 행위의 계속을 포기하는 **부작위**가 있어야 중지미수가 될 수 있다.

중지미수를 처벌하지 않는 독일의 통설은 행위의 계속을 포기하는 것은 행위의 목적달성을 종국적으로 포기할 것을 필요로 한다. 그러나 독일 형법과 달리 필요적 감면을 하는 우리 형법에서는 중지미수의 요건을 지나치게 엄격하게 해석할 필요가 없고, 범행결의의 실현을 차후로 미루거나 더욱 유리한 상황에서 실행할 의사로 **잠정적으로 중지한 경우도 중지미수에 해당한다**고 본다(통설).

다. 실행미수의 중지

실행미수의 중지는 단순히 **행위의 계속을 중지하는 것으로 부족**하고, 행위자가 자의에 의하여 결과의 발생을 방지하는 적극적 행위를 할 것을 요한다. 행위자가 **결과의 발생을 방지하기 위한 진지한 노력이 있어야 한다.**

결과발생의 방지행위는 원칙적으로 행위자 자신이 할 것을 요하지만(직접성) 타인의 도움을 받아서 행하여도 무방하다. 예컨대 병원에 후송하여 의사의 치료를 받게 하거나 119로 전화하여 소방관으로 하여금 진화하게 한 때가 여기에 속한다. 다만, 그 타인은 행위자로 인하여 행위하여야 하고, 제3자에 의한 결과의 방지가 행위자 자신의 방지행위와 동일시될 정도로 진지한 노력이 있어야 한다(통설). 따라서 방화한 후 불길에 놀라서 이웃에게 불을 꺼달라고 부탁하고 도주하였는데 그 이웃에 의하여 진화된 경우에는 행위자의 진지한 노력이 없었으므로 중지미수가 인정되지 않는다.

라. 결과의 불발생

진지한 노력에도 불구하고 **결과발생의 방지를 성공하지 못하면 중지미수는 성립하지 않는다.** 이 경우는 이미 기수가 되며, 다만 정상참작사유가 될 뿐이다. 예컨대 살인의 의사로 독약을 먹인 다음 자의로 해독제를 먹여 결과발생을 방지하고자 하였으나 피해자가 사망한 때에는 살인죄는 이미 기수에 이른 것이다.

한편 결과불발생과 방지행위 간에 '인과관계'가 있어야 하므로, **방지행위가 아닌 다른 원인으로 결과가 방지된 때에는 중지미수가 아니다.** 다만, 예컨대 살해하려고 중상을 입혔으나 후회하고 병원으로 이송 중 교통사고로 사망한 경우처럼 행위자에게 귀속시킬 수 없는 다른 원인에 의해 결과가 발생한 경우에는 방지행위에 의해 결과가 방지될 수 있었다고 인정될 때에는 중지미수가 성립할 수 있다.

Ⅳ. 처벌

중지미수의 형은 기수범의 형을 **감경 또는 면제한다**(§26). 즉 중지미수는 형의 필요적 감면사유이다. 착수미수와 실행미수의 중지범의 형에는 아무런 차이가 없다. 형을 면제할 것인가 또는 감경할 것인가는 중지범의 공적을 참작하여 법관이 재량으로 결정한다.

Ⅴ. 관련 문제

1. 예비의 중지

예비의 중지란 이미 예비행위를 한 자가 **예비행위를 자의로 중지하거나 실행의 착수를 포기하는 것**을 말한다. 예비를 거쳐 실행에 착수한 이후에 중지하면 형을 감경 또는 면제함에 반하여, 실행의 착수 이전에 중지한 때에는 감면규정이 없으므로 형의 균형상 문제가 발생한다. 이러한 **처벌의 불균형**을 시정하기 위하여 **중지미수의 규정을**

예비에 대하여도 준용할 수 있는가에 관하여 견해가 대립되고 있다.

가. 부정설

실행에 착수하지 아니한 예비에 대하여는 중지미수의 규정을 준용할 여지가 없다고 해석하는 견해이다. **판례**는 일관하여 실행의 착수가 있기 전인 예비·음모의 단계에서는 중지미수의 관념을 인정할 여지가 없다고 판시하고 있다.

《대판 1999.4.9. 99도424 (녹두 수입신고 누락 사건)》 중지범은 범죄의 실행에 착수한 후 자의로 그 행위를 중지한 때를 말하는 것이고 실행의 착수가 있기 전인 예비음모의 행위를 처벌하는 경우에 있어서 중지범의 관념은 이를 인정할 수 없다.

나. 긍정설

예비의 중지에 대해서도 중지미수의 규정을 준용해야 된다는 견해이다. 다만 중지미수의 규정이 준용되는 범위에 관하여는 다시 견해가 대립되고 있다. **다수설**은 예비의 형이 중지미수의 형보다 무거워서 형이 불균형한 때에만 형의 균형상 중지미수의 규정을 준용해야 된다고 한다(제한적 유추적용설). 이에 반하여 예비의 중지에 대해서도 언제나 중지미수의 규정을 준용하여 형을 필요적으로 감면해야 한다는 견해(전면적 유추적용설)도 있다.

2. 불능미수의 중지

결과발생이 처음부터 불가능함에도 불구하고 행위자가 이를 모르고 결과방지를 위하여 진지한 노력을 한 경우에 중지미수의 규정을 적용할 수 있을지 문제된다. 이는 중지미수는 필요적 감면이나 불능미수의 경우는 임의적 감면이기 때문에 불능미수의 경우에 중지미수의 성립을 부정할 경우 '형의 불균형'이 생기므로 중지미수의 규정을 적용하자는 논의에 대해 찬반의 견해 대립이 있다.

가. 부정설

결과발생은 처음부터 불가능하였으며 행위자의 방지행위에 의하여 결과가 발생하지 않은 것은 아니라는 이유로 중지미수가 성립할 여지가 없다는 견해이다.

나. 긍정설

결과방지를 위한 노력은 동일하지만 결과발생의 위험이 없는 경우를 결과발생의 위험성이 있는 경우보다 무겁게 처벌하는 것은 처벌의 불균형이 발생하게 되므로, 이를 시정하기 위해 중지미수의 성립을 인정하는 견해이다(다수설). 이 경우 결과발생이 불가능하다는 사실을 몰라야 할 뿐만 아니라 또한 결과의 방지를 위한 자의적이고 진지한 노력이 있어야 한다.

3. 공범과 중지미수

중지미수 규정(§26)은 단독정범을 예정한 것에 불과하며, 공범의 중지미수가 성립하기 위한 요건에 대해 형법에 아무런 규정이 없다. 단독범의 중지미수에 관한 요건이 다수인의 범죄참가형태인 공범에 대해서도 그대로 적용될 수 있는지 유형별로 살펴보기로 한다.

가. 공동정범과 중지미수

단독범과 마찬가지로 공동정범에 대하여 중지미수가 성립하기 위해서는 자의성을 필요로 한다. 공동정범의 경우 전체계획에 따라 공모자의 1인이라도 실행을 착수하면 모든 공동정범에 대해 실행의 착수를 인정할 수 있다.

통설·판례에 의하면 공동정범의 중지미수가 성립하기 위해서는 자신의 실행행위를 중지해야 할 뿐 아니라 다른 공동정범의 실행행위도 못하게 막아 범죄의 완성을 방해해야 한다. 따라서 공동정범 중 일부가 자의로 실행행위를 중지하였으나 다른 공동정범이 결과를 발생시킨 경우에는 자의로 중지한 공동정범도 중지미수가 되지 않는다. 중지미수의 효과는 자의로 중지한 자에게만 미친다. 공동정범 중 甲이 乙의 범행까지 중지시킨 경우에는 甲은 중지미수, 乙은 장애미수의 죄책을 진다.

나. 교사범 · 종범과 중지미수

중지미수가 성립하기 위해서는 공범(교사범 · 종범)에서도 자의성이 필요하고, 공범종속성설에 따라 정범이 실행에 착수하여야 한다. 정범의 행위가 미수의 단계에도 이르지 않은 때에는 공범이 성립하기 위한 정범의 범죄가 없으므로 공범에 대하여도 원칙적으로 중지미수를 문제삼을 필요가 없다.

단독범의 중지미수에 있어서 착수미수는 실행행위의 중지로 족하고 실행미수의 경우에 한하여 결과발생을 방지하기 위한 진지한 노력이 필요하다. 그러나 공범의 경우에는 실행미수의 경우뿐만 아니라 착수미수에 있어서도 자신의 실행행위 중지만으로는 부족하고 결과발생방지를 위한 진지한 노력으로 결과발생을 완전히 방지해야만 중지미수를 인정할 수 있다(통설 · 판례). 따라서 공범이 자신의 행위를 중단한 것만으로는 중지미수가 성립하지 아니하고 다른 공범 또는 정범의 행위까지 중지케 하여 결과의 발생을 방지해야만 중지미수가 될 수 있다. 공범은 단독범보다 행위의 위험성이 크고, 다른 공범의 행위에 의해 범죄가 기수에 달하면 중지미수는 생각할 수 없기 때문이다.

공범과 중지미수의 관계에서 중지미수의 효과는 자의로 중지한 자에게만 미친다. 정범이 자의로 중지한 경우 정범은 중지미수가 되지만 공범은 장애미수의 공범이 되고, **공범이 정범의 실행을 중지시킨 경우**에는 **공범은 중지미수의 공범**이 되고, **정범은 장애미수**로 처벌받는다.

다. 간접정범과 중지미수

간접정범의 경우 이용자의 행위를 기준으로 실행의 착수를 판단한다. 간접정범에게 중지미수가 인정되기 위해서는 간접정범이 자의에 의하여 피이용자의 실행행위를 중지하도록 적극적으로 작용하여 결과의 발생을 방지할 것을 요한다.

비교판례

중지미수에 해당하지 않는 경우	중지미수에 해당하는 경우
① 강도가 강간하려고 하였으나 잠자던 피해자의 어린 딸이 잠에서 깨어 우는 바람에 도주하였고, 또 피해자가 시장에 간 남편이 곧 돌아온다고 하면서 임신 중이라고 말하자 도주한 경우 자의로 중지하였다고 볼 수 없다(대판 1993.4.13. 93도347 어린 딸, 임신중 사건). ② 피고인이 피해자를 살해하려고 그의 목과 왼쪽 가슴 부위를 칼로 수회 찔렀으나 피해자의 가슴 부위에서 많은 피가 흘러나오는 것을 발견하고 겁을 먹고 그만 둔 경우, 자의에 의한 중지미수라고 볼 수 없다(대판 1999.4.13. 99도640 많은 피에 겁먹은 사건).	① 피해자를 강간하려다가 피해자의 "다음 번에 만나 친해지면 응해 주겠다"는 취지의 간곡한 부탁으로 인하여 그 목적을 이루지 못한 후 피해자를 자신의 차에 태워 집에까지 데려다 주었다면 피고인은 자의로 피해자에 대한 강간행위를 중지한 것 … 피고인의 행위는 중지미수에 해당한다(대판 1993.10.12. 93도1851 친해지면 응해주겠다 사건). ② 甲은 乙과 함께 대전역 부근에 있는 丙이 경영하는 천광상회 사무실의 금품을 절취하기로 공모하여 甲은 인근 포장마차에서 망을 보고 乙은 천광상회의 열려진 출입문을 통하여 안으로 들어가 물건을 물색하고 있는 동안 甲이 자신의 범행전력 등을 생각하여 가책을 느낀 나머지 스스로 결의를 바꾸어 상회주인인 丙에게 乙의 침입사실을 알리고 그와 함께 乙을 체포한 경우, 甲의 소위는 중지미수의 요건을 갖추었다(대판 1986.3.11. 85도2831 천광상회 사건).

중지미수에 해당하지 않는 경우	중지미수에 해당하는 경우
③ 피고인이 장롱 안에 있는 옷가지에 불을 놓아 건물을 소훼하려 하였으나 불길이 치솟는 것을 보고 겁이 나서 물을 부어 불을 끈 경우, 사회통념상 범죄를 완수함에 장애가 되는 사정에 해당한다고 보아야 하고, 이를 자의에 의한 중지미수라고는 볼 수 없다(대판 1997.6.13. 97도957 치솟는 불길에 겁먹은 사건). ④ 피고인 甲이 乙에게 위조한 예금통장 사본 등을 보여주면서 외국회사에서 투자금을 받았다고 거짓말하며 자금 대여를 요청하였으나, 乙과 함께 그 50억원 입금 여부를 확인하기 위해 은행에 가던 중 은행 입구에서 차용을 포기하고 돌아간 경우, 甲이 범행이 발각될 것이 두려워 범행을 중지한 것으로 자의에 의한 중지미수로 볼 수 없다(대판 2011.11.10. 2011도10539 은행입구에서 포기한 사건). ⑤ 미리 제보를 받은 세관직원들이 범행장소 주변에 잠복근무를 하고 있어 그들이 왔다갔다하는 것을 본 피고인이 범행의 발각을 두려워한 나머지 자신이 분담하기로 한 실행행위에 이르지 못한 경우 자의에 의한 범행의 중지가 아니어서 중지범에 해당한다고 볼 수 없다(대판 1986.1.21. 85도2339 세관직원 잠복근무 사건). ⑥ 대마관리법 제19조 제1항 제2호, 제4조 제3호 위반죄는 대마를 매매함으로써 성립하는 것이므로 설사 피고인이 대마 2상자를 사가지고 돌아오다 이 장사를 다시 하게 되면 내 인생을 망치게 된다는 생각이 들어 이를 불태웠다고 하더라도 이는 양형에 참작되는 사유는 될 수 있을지언정 이미 성립한 죄에는 아무 소장(消長)이 없어 이를 중지미수에 해당된다 할 수 없다(대판 1983.12.27. 83도2629 대마상자 불태운 사건). ⑦ 공유자의 승낙을 받지 않고 공유대지를 담보에 제공하고 가등기를 경료한 경우 횡령행위는 기수에 이르고 그 후 채무를 변제하고 가등기를 말소했다고 하여 중지미수에 해당하는 것은 아니다(대판 1978.7.25. 78도2175 가등기 경료후 말소 사건).	③ 甲은 주거지에서 행상을 하던 사람으로서 평소부터 세상을 비관한 나머지 자살을 기도하고 청산가리 11정을 가지고 다니던 중 풍기읍 A경영의 술집방에서 그의 친구 乙(20세), 丙(26세), 丁(21세)과 탁주를 마시다가 가지고 있던 청산가리 중 1정을 남몰래 자신의 술잔에 넣고 손가락과 수저로 젓고 있을 때 丙이 술이 많거든 나누어 먹자고 하자 甲은 그 술을 마시면 죽을 것이라는 것을 알면서도 乙, 丙의 술잔에 각 나누어 부어주었는데, 이를 마신 乙이 사망직전 술을 토해내자 甲은 겁을 집어먹고 丙의 술잔과 자신의 술잔을 거두어 밖에 나가 쏟아버려 丙이 술을 마시지 못하게 중지시킨 경우, 자의로 실행에 착수한 행위를 중지한 이른바 형법 제26조 소정의 중지미수에 해당한다(대구고판 1975.12.3. 75노502).

중지미수에 해당하지 않는 경우	중지미수에 해당하는 경우
⑧ 甲은 丙과 합동하여 乙을 텐트 안으로 끌고 간 후 丙, 甲의 순으로 성관계를 하기로 하고 甲은 위 텐트 밖으로 나와 주변에서 망을 보고 丙은 乙의 옷을 모두 벗기고 乙의 반항을 억압한 후 乙을 1회 간음하여 강간하고, 이어 甲이 텐트 안으로 들어가 乙을 강간하려 하였으나 乙이 반항을 하며 강간을 하지 말아 달라고 사정을 하여 강간을 하지 않은 경우, 丙이 甲과의 공모하에 강간행위에 나아간 이상 비록 甲이 강간행위에 나아가지 않았다 하더라도 중지미수에 해당하지 않는다(대판 2005.2.25. 2004도8259 텐트 강간 사건).	

제4절 불능미수

제27조(불능범) 실행의 수단 또는 대상의 착오로 인하여 결과의 발생이 불가능하더라도 위험성이 있는 때에는 처벌한다. 단, 형을 감경 또는 면제할 수 있다.

Ⅰ. 불능미수의 의의

1. 의의

불능미수란 **범죄실행의 수단 또는 대상의 착오로 인해 처음부터 결과발생이 불가능하지만 위험성이 인정되어 처벌되는 경우**를 말한다(§27). 행위자에게 범죄의사가 있고 외관상 실행의 착수라고 볼 수 있는 행위가 있지만 행위의 성질상 결과의 발생이 불가능한 경우가 있을 수 있다. 이런 경우라도 우리 형법은 결과발생의 위험성이 있는 경우에는 미수범(불능미수)으로 처벌하고 있다. 위험성이 없는 경우(불능범)에는 처벌할 수도 없고 범죄도 성립하지 않는다. 결과발생의 가능성이라는 객관적 요소에 대한 적극적 착오로 '반전된 구성요건적 착오'라고도 한다.

2. 구별개념

가. 장애미수·중지미수

불능미수는 실행의 착수시기를 기준으로 **처음부터 결과발생이 불가능**하였다는 점에서 결과발생의 가능성이 있는 장애미수나 중지미수와 구별된다.

《대판 1984.2.14. 83도2967 (배추국물 토한 사건)》 피고인이 피해자를 독살하려 하였으나 동인이 토함으로써 그 목적을 이루지 못한 경우에는 피고인이 사용한 독의 양이 치사량 미달이어서 결과발생이 불가능한 경우도 있을 것이고, 한편 형법은 장애미수와 불능미수를 구별하여 처벌하고 있으므로 원심으로서는 이 사건 독약의 치사량을 좀 더 심리하여 피고인의 소위가 위 미수 중 어느 경우에 해당하는지 가렸어야 할 것이다.[54]

54) 甲이 남편인 乙을 살해할 것을 결의하고 배추국 그릇에 농약인 종자소독약 유제3호 8㎖ 가량을 탄 다음 乙에게 먹게 하여 살해하고자 하였으나 이를 먹던 乙이 국물을 토함으로써 그 목적을 이루지 못하고 미수에 그친 사실을 인정하고 피고인에 대하여 형법 제254조, 제250조 제1항, 제25조, 제55조 등을 적용하여 처단하고 있다(농약유제 3호는 동물에 대한 경구치사량 L.D.50은 ㎏당 1.590㎎으로

나. 불능범 또는 미신범

결과발생이 불가능하다는 점에서 불능미수와 불능범은 같지만, 불능범은 위험성이 없어 불가벌인 경우이고, 불능미수는 위험성으로 인하여 미수범으로 처벌되는 경우를 말한다.

미신범은 **실현불가능한 비과학적 미신수단 내지 주술적 수단으로 범행하려고 하는 것**을 말한다. 불능미수는 행위반가치와 결과반가치가 실질적인 불법에 이른 범죄이나, 미신범은 범죄실현의 가능성을 전제하는 고의와 실행행위의 정형성이 없으므로 **형법적으로 무의미한 불가벌적 불능범**에 해당한다.

다. 환각범

불능미수는 **실현가능한 구성요건요소가 존재하지 아니함에도 불구하고 그것이 존재한다고 오인한 경우**로서 **반전된 구성요건적 착오**이나 **환각범**은 금지규범이 없어 사실상 허용되는 행위를 금지되어 처벌된다고 오인한 경우로서 **반전된 금지착오**로 볼 수 있다.

환각범과 불능미수는 그 행위의 성질상 다같이 결과의 발생이 불가능한 것이지만, 반전된 구성요건적 착오인 불능미수는 외형상 실행의 착수가 인정되며 그 행위에 대한 구성요건이 존재하기 때문에 처벌되지만, 반전된 금지착오인 환각범은 외형상으로도 실행의 착수를 인정할 수 없으며 애당초 **형법에 그러한 구성요건이 존재하지 않는 경우이므로 처벌되지 않는다**.

Ⅱ. 불능미수의 성립요건

불능미수의 성립요건은 ① 실행의 수단 또는 대상의 착오로 인하여 결과의 발생이 불가능할 것, ② 위험성이 있을 것을 요함이 제27조의 규정에 의하여 명백하다

1. 실행의 착수가 있을 것

불능미수도 미수범이므로 행위자가 실행에 착수하였을 것을 요한다. 즉 행위자가 그의 전체계획에 따라 직접 실행행위를 개시하였을 것을 요한다. 실행의 착수는 형식적으로는 예비와 미수를 구별하는 표준이 되지만 실질적으로는 불능범과 불능미수를 구

되어 있어서 甲이 사용한 양은 그 치사량에 현저히 미달한 것으로 보인다).

별하는 표준이 된다. 실행의 착수조차 인정되지 않는다면 불가벌적 불능범이 된다. 불능미수에 있어서 실행의 착수시기는 결과의 발생이 가능한 경우의 착수행위에 해당하는 행위가 있으면 불능미수의 착수도 인정된다. 예컨대 치사량 미달의 독약으로 사람을 살해하고자 한 경우는 독약을 사는 것은 예비행위에 불과하지만 이를 피해자에게 교부하는 때에는 실행의 착수가 있다.

2. 결과발생의 불가능

가. 결과발생의 불가능

불능미수는 실행의 수단 또는 대상의 착오로 인하여 결과의 발생이 불가능할 것을 요한다. 결과발생의 불가능은 **사실적·자연과학적 개념**(사실상의 불가능)이라는 점에서 규범적·평가적 개념인 위험성과 구별해야 한다. 결과발생의 불가능 여부의 판단은 **실행의 착수시점을 기준으로 판단**한다.

나. 실행의 수단 또는 대상의 착오

'수단의 착오'란 **행위자가 선택한 범죄수단으로는 처음부터 결과발생이 불가능한 '수단의 불가능성'**을 말한다. 예컨대 **소화제로 낙태**하려 하거나 **설탕물로 사람을 살해**하려는 행위 등이 이에 해당한다. 여기서 말하는 수단의 착오(불가능)는 수단 그 자체에 착오가 있는 경우를 의미할 뿐이므로 구성요건적 착오에서 말하는 방법(타격)의 착오와 구별된다.

'대상의 착오'란 **행위대상이 없거나 범죄대상이 될 수 없는데도 범죄가 가능한 것으로 착오한 '대상의 불가능성**(객체의 불가능)**'**을 말한다. 예컨대 **시체에 대한 살인**(사실상의 불가능), **자기재물에 대한 절도**(법률상의 불가능) 등이 이에 해당한다. 대상의 착오 역시 객체의 불가능을 의미한다는 점에서 행위 객체의 동일성에 대한 착오인 구성요건적 착오 중 객체의 착오와 구별된다.

다. '주체의 착오'의 경우에도 불능미수가 성립하는지 여부

예컨대 공무원 아닌 자가 공무원으로 착각하고 수뢰죄를 범하거나 보증인적 지위에 있지 않은 자가 스스로 보증인적 지위에 있다고 오신하고 부진정부작위범을 범하는 경우처럼 신분이 없는 자가 신분이 있는 것으로 오인하고 진정신분범을 범한 경우를 주체의 착오 또는 주체의 불가능성이라고 한다. 형법 제27조에 명문의 규정이 없음에도 주체의 착오로 인하여 결과의 발생이 불가능한 때에도 불능미수가 성립할 수 있느냐가 문제된다.

이에 대해서는 긍정설이나 제한적 긍정설도 있으나, 형법 제27조에 주체의 착오에 대한 명문규정이 없으므로 그 성립범위를 확대하는 것은 죄형법정주의에 반한다는 점에서 **부정설이 타당하다**(다수설). 즉, 주체의 착오가 있는 경우에는 불능미수범이 될 수 없고 **환각범의 일종**으로 처음부터 구성요건해당성이 없다고 해야 한다.

3. 위험성

형법 제27조는 결과발생이 불가능하더라도 **'위험성'**이 있으면 처벌한다고 규정하고 있다. 여기서의 위험성은 **'법익침해의 위험성'**을 의미하며, 이는 사실적 의미의 위험성(현실적 위험성)이 아니라 **규범적 의미에서의 위험성**이라고 해야 한다. 이러한 위험성의 판단시점은 실행의 착수시이다. 한편, 판례는 여기서의 위험성을 종종 '결과발생의 가능성'이라고 표현하고 있다. 위험성의 유무를 어떠한 기준에 의하여 판단할 것인가가 불능미수에 있어서 중심문제가 되지 않을 수 없다.

가. 절대적 불능 · 상대적 불능설(구 객관설)

결과발생이 개념적으로 언제나 불가능한 절대적 불능은 위험성이 없어 불가벌이나, 일반적으로 가능하지만 구체적·특수한 경우에만 불가능한 상대적 불능의 경우에는 위험성이 있어 불능미수가 된다는 견해이다. 예컨대 시체에 대한 살인미수는 객체의 절대적 불능에 해당하고, 독살하기 위해 치사량 미달의 독약을 복용시킨 경우는 수단의 상대적 불능에 해당한다. 절대적 불능인지 상대적 불능인지는 사후에 법관이 판단한다. 판례의 원칙적 태도라고 할 수 있다.

나. 구체적 위험설(신 객관설)

구체적 위험설은 **행위 당시에 '행위자가 인식한 사정' 및 '일반인이 인식할 수 있었던 사정'을 기초로 사후에 '통찰력 있는 일반인'이 일반적 경험법칙에 따라 객관적으로 판단**하여 구체적 위험성이 인정되면 불능미수가 된다는 견해이다(다수설). 행위자가 인식한 사정과 일반인이 인식할 수 있었던 사정이 다른 경우에는 일반인이 인식할 수 있었던 사정을 우선한다. 이에 의하면 일반인이 임신했다고 생각하는 부인(상상임신)에 대한 낙태, 탄환이 장전된 것으로 생각하고 발사했지만 실제로는 탄환이 없는 경우, 치사량 미달의 독약으로 살해하는 경우 등에는 구체적 위험성이 있으므로 불능미수가 되지만 수영선수에 대해 익사를 시도하는 경우, 설탕으로 사람을 살해하려는 행위, 착탄거리 밖에 있음을 일반인이 알 수 있는 사람에 대한 저격, 사자(死者)임을 알고 있는 경우의 시체에 대한 살해행위 등은 불능범이 된다.

다. 추상적 위험설(주관적 위험설)

추상적 위험설은 '행위자가 행위 당시에 인식한 사실'을 기초로 하여, 행위자가 생각한 대로의 사정이 존재하였으면 '일반인'의 관점에서 결과발생의 위험성이 있는지를 판단하는 견해로서, 이러한 추상적 위험성이 인정되면 불능미수가 된다고 한다. 이에 의하면 독약으로 알고 설탕을 먹인 경우 또는 음식물에 유황분말(硫黃粉末)을 넣어 살해하려고 한 경우는 불능미수이지만, 설탕에 살인력(사람을 죽이는 성능)이 있는 줄 알고 먹인 경우는 불능범에 해당한다.

《대판 1978.3.28. 77도4049 (에페트린에 빙초산 혼합 사건)》 불능범의 판단기준으로서 위험성 판단은 피고인이 행위 당시에 인식한 사정을 놓고 이것이 객관적으로 일반인의 판단으로 보아 결과발생의 가능성이 있느냐를 따져야 하므로 히로뽕제조를 위하여 에페트린에 빙초산을 혼합한 행위가 불능범이 아니라고 인정하려면 위와 같은 사정을 놓고 객관적으로 제약방법을 아는 과학적 일반인의 판단으로 보아 결과발생의 가능성이 있어야 한다.

라. 주관설

주관설은 주관적으로 범죄의사가 확실하게 표현된 이상 그것으로 법질서는 위험하게 되므로 불능미수로 처벌해야 한다는 견해이다. 이 견해는 실행행위의 정형성이 없는 **미신범을 제외하고는 모두 가벌미수를 인정**하며, **원칙적으로 불능범의 개념을 인정하지 않는다**.

Ⅲ. 불능미수의 효과

불능미수에 해당하고 **미수범 처벌규정이 있으면 처벌**하나, **임의적 감면사유**가 된다(§27). 불능미수의 형은 임의적 감면사유인 점에서 필요적 감면사유인 중지미수(§26)의 경우보다 무거우나 임의적 감경사유에 불과한 장애미수보다는 가볍게 벌한다.

비교판례

불능미수에 해당하는 경우	불능범에 해당하는 경우
① 권총에 탄자를 충전하여 발사하였으나 탄자가 불량하여 불발된 경우에도 이러한 총탄을 충전하여 발사한 행위는 결과발생을 초래할 위험이 내포되어 있었다 할 것이므로 이를 불능범이라 할 수 없다(대판 1984.2.14. 83도2967 탄자 불량 사건). ② 향정신성의약품인 메스암페타민 속칭 " 히로뽕" 제조를 위해 그 원료인 염산에페트린 및 수종의 약품을 교반하여 "히로뽕" 제조를 시도하였으나 약품배합 미숙으로 그 완제품을 제조하지 못한 경우, 그 성질상 결과발생의 위험성이 있으므로 이를 습관성의약품제조미수범으로 처단한 것은 정당하다(대판 1985.3.26. 85도206 약품배합 미숙 사건). ③ 甲이 乙과 공모하여 일정량 이상을 먹으면 사람이 죽을 수도 있는 '초우뿌리'나 '부자' 달인 물을 丙(甲의 남편)에게 마시게 하여 살해하려고 하였으나 丙이 이를 토해버림으로써 미수에 그친 경우, 불능범이 아닌 살인미수죄에 해당한다(대판 2007.7.26. 2007도3687 초오뿌리 사건). ④ 소매치기가 피해자의 잠바 왼쪽 주머니에 손을 넣어 금품을 절취하려 하였으나 그 주머니 속에 금품이 들어있지 않았던 경우, 결과 발생의 위험성을 충분히 내포하고 있으므로 이는 절도미수에 해당한다(대판 1978.3.28. 77도4049 빈호주머니 소매치기 사건). ⑤ 피고인이 피해자가 심신상실 또는 항거불능의 상태에 있다고 인식하고 그러한 상태를 이용하여 간음할 의사로 피해자를 간음하였으나 피해자가 실제로는 심신상실 또는 항거불능의 상태에 있지 않은 경우에는, 실행의 수단 또는 대상의 착오로 인하여 준강간죄에서 규정하고 있는 구성요건적 결과의 발생이 처음부터 불가능하였고 실제로 그러한 결과가 발생하였다고 할 수 없다. 피고인이 행위 당시에 인식한 사정을 놓고 일반인이 객관적으로 판단하여 보았을 때 준강간의 결과가 발생할 위험성이 있었으므로 준강간죄의 불능미수가 성립한다(대판 2019.3.28. 2018도16002 아내친구 성폭행 사건).	① 피고인의 제소가 사망한 자를 상대로 한 것이라면 이와 같은 사망한 자에 대한 판결은 그 내용에 따른 효력이 생기지 아니하여 상속인에게 그 효력이 미치지 아니하고 따라서 사기죄를 구성한다고 할 수 없다(대판 2002.1.11. 2000도1881 사자상대 소유권이전소송 사건). ② 甲은 乙로부터 소송비용 명목으로 100만원을 이미 송금받았음에도 불구하고, 乙을 피고로 하여 "乙은 소송비용 772,600원을 甲에게 지급하라"는 취지의 소송비용의 지급을 구하는 손해배상청구의 소를 제기하였다가 담당 판사로부터 소송비용의 확정은 소송비용액 확정절차를 통하여 하라는 권유를 받고 소를 취하한 경우 사기죄의 불능범에 해당한다(대판 2005.12.8. 2005도8105 소송비용 소송취하 사건). ③ 甲이 임대인 丙과 임대차계약을 체결하고 임차건물에 2년간 거주하였으나 그의 처인 乙의 주민등록만 전입신고하고, 甲과 그 자녀들의 주민등록은 처와 함께 운영하고 있는 음식점의 소재지인 다른 건물에 그대로 두었는데, 임대인인 丙이 축협으로부터 대출받은 2억 3천만원을 상환하지 못하여 법원에서 임의경매절차가 개시되자, 이에 불안감을 느낀 甲이 丙에게 부탁하여 기존의 전세계약서 중 임차인란의 甲명의 부분을 처인 乙명의로 변경하여 확정일자를 받아 경매법원에 배당을 요구하여 1,200만 원을 배당받은 경우, 甲이 전세계약서의 임차인 명의를 乙로 변경하지 아니하였다 하더라도 배당금을 수령할 권리가 있으므로 소송사기가 불가능하므로 무죄를 선고하여야 한다(대판 2002.2.8. 2001도6669 임차인 명의변경 배당요구 사건). ④ 甲이 임야(381,124㎡)의 공유자인 乙 등 25명으로부터 임야를 매수한 사실이 없음에도 불구하고 乙 등이 전원 사망하였고 甲 앞으로 임야에 대한 종합토지세가 부과되는 점을 기화로, 법원에 매매를 원인으로 한 소유권이전등기청구의 소를 제기하고 법원을 기망하여 승소판결을 받아 甲명의로 소유권이전등기를 경료한 경우, 공유자인 乙 등이 소를 제기할 당시에 이미 모두 사망한 사실에 비추어 승소판결을 받았어도 그 판결의 효력은 상속인들에게 미치지 아니하므로 사기죄를 구성할 수 없다(대판 2002.1.11. 2000도1881 공유임야 소송사기 사건).

제5절 예비죄

제28조(음모, 예비) 범죄의 음모 또는 예비행위가 실행의 착수에 이르지 아니한 때에는 법률에 특별한 규정이 없는 한 벌하지 아니한다.

Ⅰ. 예비의 의의

예비란 범죄실현을 위한 **외부적 준비행위**로서 아직 실행의 착수에 이르지 않은 행위를 말하며, 이러한 예비행위를 내용으로 하는 범죄를 예비죄라고 한다. 예를 들어 강도를 하기 위해 흉기를 구입하는 행위, 살인을 하기 위해 독약을 음료수에 타는 행위가 이에 해당한다. 형법은 예비를 원칙적으로 처벌하지 않고, 예외적으로 특별한 규정이 있는 경우에만 처벌한다(§28). 예를 들어 형법각론의 개인적 법익에 관한 죄 중에는 살인죄(§255), 약취 · 유인 · 인신매매의 죄(§296), 강간 · 준강간 · 의제강간 · 강간상해죄(§353-3), 강도죄(§343)의 예비만을 처벌하고,[55] 기타의 범죄에 대해서는 예비죄를 처벌하지 않는다. 미수범 처벌규정과 달리 예비죄는 구체적 형벌을 규정하고 있다.

《대판 1999.11.12. 99도3801 (한탕하자 사건)》 형법상 음모죄가 성립하는 경우의 음모란 2인 이상의 자 사이에 성립한 범죄실행의 합의를 말하는 것으로, 범죄실행의 합의가 있다고 하기 위하여는 단순히 범죄결심을 외부에 표시·전달하는 것만으로는 부족하고, 객관적으로 보아 특정한 범죄의 실행을 위한 준비행위라는 것이 명백히 인식되고, 그 합의에 실질적인 위험성이 인정될 때에 비로소 음모죄가 성립한다.[56]

한편, 예비는 음모와는 구별되는 개념이다. **음모**란 일정한 범죄를 실행할 목적으로 **2인 이상이 합의**를 이루는 것을 말한다. 예비와 음모는 모두 실행의 착수 이전의 행위란 점에서 차이가 없고, 실행의 착수 이후의 개념인 미수와 구별된다. 형법은 음모

55) 이 밖에 예비·음모를 처벌하는 범죄는 내란죄·내란목적살인죄(§90), 외환죄(§101), 외국에 대한 사전죄(§111), 폭발물사용죄(§120), 도주원조죄 등(§150), 현주건조물방화죄 등(§175), 현주건조물일수죄 등(§183), 기차교통방해죄 등(§191), 수돗물독물혼입죄 등(§197), 통화위조죄 등(§213), 유가증권위조죄 등(§224), 우표위조죄 등(§224) 등이 있다. 형법총칙에서는 기도된 교사(§31②·③)를 예비·음모에 준하여 처벌하고 있다.

56) 피고인 甲과 乙이 수회에 걸쳐 '총을 훔쳐 전역 후 은행이나 현금수송차량을 털어 한탕 하자'는 말을 나눈 정도만으로는 강도음모를 인정하기에 부족하다.

를 예비와 함께 같이 처벌하고 있다.

《대판 1986.6.24. 86도437 (일본 밀항약속 사건)》 일본으로 밀항하고자 도항비로 일화 100만엔을 주기로 약속한 바 있었으나 그 후 이 밀항을 포기하였다면 이는 밀항의 음모에 지나지 않는 것으로 아직 밀항의 예비정도에는 이르지 아니한 것이다.

Ⅱ. 예비죄의 법적 성격

형법이 예비를 처벌하는 경우 예비행위의 법적 성격을 어떻게 볼 것인가가 문제된다. 이와 관련하여 예비죄는 기본범죄와 어떤 관련을 갖는가, 그리고 예비행위의 독자적인 실행행위성을 인정할 것인가 문제된다.

1. 예비죄와 기본범죄와의 관계

예비죄와 기본범죄와의 관계에 대해 예비죄를 기본범죄와는 별개의 독립된 범죄유형으로 이해하는 독립범죄설도 있다. 그러나 **다수설**은 예비행위는 기본범죄의 실행행위의 전(前) 단계의 행위, 즉 **발현행위에 불과**하다고 한다(발현형태설). 따라서 예비죄도 독립된 범죄가 아니라 미수 이전의 단계까지 구성요건을 확장한 기본범죄의 수정적 구성요건이라고 한다.

독립범죄설에 의하면 예비행위도 실행행위이기 때문에 예비죄의 공동정범, 교사·방조범 등 공범이 당연히 인정되지만, 발현형태설에 의하면 예비행위는 실행행위가 아니기 때문에 예비죄의 공범성립이 원칙적으로 불가능하다.

2. 예비죄의 실행행위성

예비죄에 있어서의 예비행위는 기본범죄의 실행행위와 구별되는 독자적 실행행위로 인정할 수 있느냐가 문제된다. 예비죄를 독립범죄로 보면 예비행위는 당연히 실행행위가 된다. 그러나 발현형태설의 경우에는 그 실행행위성을 긍정하는 견해와 부정하는 견해로 나뉜다.

부정설에 의하면 실행행위는 기본범죄에 대한 정범의 실행행위에 한정되는 것이므로 실행의 착수 이전의 예비행위의 실행행위성을 생각할 수 없고, 예비행위는 무정형·무한정한 것이므로 예비의 독자적인 실행행위성을 인정할 수 없다고 본다. 이에 반하여 **긍정설**은 기본범죄에 대해서만 실행행위를 인정하는 것은 실행행위의 상대적·기능적 성격을 무시한 것이고, 예비죄에 대한 처벌규정이 있는 이상 당연히 **처벌규정상의 실행행위성을 인정할 수 있다**는 견해이다(다수설).

Ⅲ. 예비죄의 성립요건

예비죄가 성립하기 위하여는 주관적 요건으로 예비의 고의와 기본범죄를 범할 목적이 있어야 한다. 객관적 요건으로 실행의 착수에 이르지 않는 객관적 준비행위가 있을 것을 요한다.

1. 주관적 요건

가. 예비의 고의

예비죄가 성립하기 위하여는 **'고의'가 있어야** 한다(고의범). 따라서 과실에 의한 예비죄나 과실범의 예비죄는 성립할 수 없다. 예비죄의 고의의 내용이 무엇인가에 대해서는 견해의 대립이 있다. 예비죄 자체의 실행행위성을 인정하는 이상 예비죄의 고의를 기본범죄에 대한 고의와 구별하여, 준비행위 자체에 대한 인식을 의미한다는 예비의 고의설(다수설·판례)이 타당하다.

나. 기본범죄를 범할 목적

예비죄는 단순한 고의뿐만 아니라 **'기본범죄를 범할 목적'**이 있을 것을 요하는 **목적범**이다. 이때 목적의 인식 정도에 대하여는 ① 미필적 인식으로 족하다는 견해(판례)와 ② 처벌범위가 부당하게 확대되는 것을 방지하기 위해서 확정적 인식이어야 한다는 입장(다수설)이 대립되고 있다.

《대판 2006.9.14. 2004도6432 (차량동전 절도범 사건)》 강도예비·음모죄가 성립하기 위해서는 예비·음모 행위자에게 미필적으로라도 '강도'를 할 목적이 있음이 인정되어야 하고 그에 이르지 않고 단순히 '준강도'할 목적이 있음에 그치는 경우에는 강도예비·음모죄로 처벌할 수 없다.

2. 객관적 요건

가. 외부적 준비행위

예비죄가 성립하기 위해서는 범죄실현을 위한 **외부적 준비행위**가 있어야 한다. 따라서 단순한 범행계획, 내심의 준비행위, 범죄의사의 표시만으로 예비행위라 할 수 없다. 예비행위의 수단과 방법에는 제한이 없다. 이런 의미에서 예비행위는 무한정·무정형이라고 할 수 있다. 예비행위는 객관적으로 가능해야 하므로 결과발생이 불가능한 불능예비는 실질적 위험성이 없으므로 예비로 인정할 수 없다. 또한 예비행위는 기본범죄를 실현하기 위한 목적의 객관적 표현이어야 하므로, **기본범죄가 특정되어야** 하며 예비행위는 그 특정한 범죄의 실현을 위한 준비행위라는 것이 객관적으로 명확하여야 한다. 따라서 살해의 용도로 흉기를 준비했더라도 살해할 대상자가 확정되지 않았다면 살인예비죄가 성립하지 않는다(판례).

《대판 1959.7.31. 4292형상308 (간첩 무기휴대 사건)》 간첩이 경찰관으로부터 체포 기타 방해를 받을 경우에는 이를 배제하기 위하여 무기를 휴대한 경우 아직 살인 대상이 특정되지 아니하여 살인예비죄의 성립을 인정할 수 없다.
《대판 1948.8.17. 4281형상80 (노상강도 흉기휴대 사건)》 강도에 공할 흉기를 휴대하고 통행인의 출현을 대기하는 행위는 강도예비에 해당한다.

1) 물적 예비와 인적 예비

예비가 물적 준비행위에 제한되는 것은 아니며, 범죄실현을 위한 준비행위임이 객관적으로 명백한 이상 물적 준비행위이건 인적 준비행위이건 묻지 않는다(다수설). 따라서 범행도구의 구입, 범행장소의 물색·답사·잠입뿐만 아니라 알리바이를 조작하기 위해 사전에 사람을 만나거나 장물을 처분할 사람을 확보하는 것도 예비행위에 해당한다.

《대판 2009.10.29. 2009도7150 (살인의 대가지급 약속 사건)》 [1] 형법 제255조, 제250조의 살인예비죄가 성립하기 위하여는 형법 제255조에서 명문으로 요구하는 살인죄를 범할 목적 외에도 살인의 준비에 관한 고의가 있어야 하며, 나아가 실행의 착수까지에는 이르지 아니하는 살인죄의 실현을 위한 준비행위가 있어야 한다. 여기서의 준비행위는 물적인 것에 한정되지 아니하며 특별한 정형이 있는 것도 아니지만, 단순히 범행의 의사 또는 계획만으로는 그것이 있다고 할 수 없고 객관적으로 보아서 살인죄의 실현에 실질적으로 기여할 수 있는 외적 행위를 필요로 한다.
[2] 甲이 乙을 살해하기 위하여 丙, 丁 등을 고용하면서 그들에게 대가의 지급을 약속한 경우, 甲에게는 살인죄를 범할 목적 및 살인의 준비에 관한 고의뿐만 아니라 살인죄의 실현을 위한 준비행위를 하였음을 인정할 수 있다는 이유로 살인예비죄의 성립을 인정한다.

2) 자기예비와 타인예비

'자기예비'란 자신이 실행행위를 할 목적으로 스스로 혹은 타인과 공동으로 하는 예비행위를 말하고, '타인예비'란 타인의 실행행위를 위하여 예비행위를 하는 경우를 말한다. 자기예비는 예비행위가 될 수 있다. 예비죄의 범위가 지나치게 확대될 뿐만 아니라 정범과 공범은 구별되어야 할 것이므로 타인예비는 예비가 될 수 없다(다수설).

나. 실행의 착수 이전일 것

예비행위는 실행의 착수 이전의 단계에 머물러야 한다. 실행의 착수로 나아간 경우에는 예비는 미수·기수에 흡수된다(법조경합 중 보충관계).

3. 처벌규정의 존재

예비행위는 언제나 처벌되는 것이 아니고 법률에 특별한 규정이 있을 때에만 예외적으로 처벌된다(§28).

Ⅳ. 관련 문제

1. 예비의 중지

이에 대해서는 '중지미수'부분에서 상세히 설명하였다.

2. 예비죄의 공범

기본범죄가 실행의 착수에 이르지 아니한 예비죄에 대하여 공동정범과 교사·방조가 성립할 수 있는가의 문제이다. 즉 2인 이상이 공동하여 범죄를 실현하려고 하였으나 가벌적 예비에 그친 경우에 예비죄의 공동정범이 가능한지, 정범을 교사·방조하였으나 정범이 예비에 그친 경우에 예비죄의 교사·방조가 될 수 있는가가 논의될 수 있다.

가. 예비죄의 공동정범

예비죄의 성격에 관한 독립범죄설은 물론 발현형태설에 의하더라도 예비죄 자체의 실행행위성을 인정하는 한 **예비죄의 공동정범을 인정할 수 있다**(통설). 판례도 예비죄의 공동정범을 긍정한다.

《대판 1976.5.25. 75도1549》 형법 제32조 제1항 소정의 '타인의 범죄'란 정범이 범죄의 실행에 착수한 경우를 말하는 것이므로 종범이 처벌되기 위하여는 정범의 실행의 착수가 있는 경우에만 가능하고 형법 전체의 정신에 비추어 정범이 실행의 착수에 이르지 아니한 예비의 단계에 그친 경우에는 이에 가공하는 행위가 예비의 공동정범이 되는 경우를 제외하고는 종범의 성립을 부정하고 있다고 보는 것이 타당하다.

나. 예비죄의 교사범과 방조범

기본범죄(기수)의 고의로 정범을 교사 또는 방조했으나 정범이 예비에 그친 경우 공범독립성설에 의하면 예비죄의 교사범과 종범은 그 자체로 교사 또는 방조의 미수로 처벌받을 수 있다. 그러나 공범종속성설의 입장에서는 별도로 예비죄의 교사범이나 종범이 가능한가를 검토해야 한다. 형법은 예비죄의 교사범(교사의 미수)에 대해서는 예비·음모에 준해서 처벌한다는 특별규정을 두고 있다. 이 경우 교사자와 피교사자 모두 예비·음모에 준하여 처벌하도록 제31조 제2항에 규정하고 있다. 따라서 예비죄의 공범은 주로 예비죄의 종범이 가능한가의 문제로 다루고 있다.

예비죄의 방조범이 가능한가에 대해서는 긍정설과 부정설이 대립하고 있다. 긍정설은 예비죄의 실행행위성을 인정할 수 있고, 정범이 예비죄로 처벌되는 이상 공범을 처벌하는 것은 공범종속성설의 당연한 결론이라고 주장한다. 그러나 방조의 방법에는 제한이 없고 예비도 정형성이 없으므로 처벌이 부당하게 확대될 염려가 있고, 형법이 방조의 미수에 관한 규정을 두지 않은 취지에도 반하므로 종범이 처벌받기 위해서는 정범이 적어도 실행의 착수에 이르러야 한다(통설, 판례). **실패한 방조나 효과없는 방조는 처벌할 수 없다.**

3. 예비죄의 미수

앞에서 설명한 바와 같이 예비의 실행행위성을 인정한다고 하여 이에 대한 미수까지 긍정하는 것은 아니다. 즉 예비는 미수 전(前)의 단계(실행의 착수 전 단계)이므로 예비죄의 미수는 불가능하다(소극설, 통설).

제1절 공범이론

Ⅰ. 공범의 의의

1. 범죄에의 관여형태

형법각칙의 구성요건은 원래 한 사람이 이를 실현하는 것을 예상하고 규정되어 있다. 그러나 범죄는 한 사람이 저지를 수도 있지만 다수의 사람이 범행에 관여하는 경우가 많다. 이와 같이 하나의 범죄를 단독으로 실행하는 단독범에 대하여, 두 사람 이상이 협력하여 실행하는 경우를 통상 범죄참가형태라고 한다. 형법총칙 제2장 제3절에서 다루는 것은 범죄에 대한 다수인의 참가형태를 규정하고 있는 것이다.

2. 공범의 개념

범죄의 참가형태에는 정범(正犯)과 공범(共犯)이 포함된다. 형법에서 범죄에 대한 다수인의 참가형태는 문맥에 따라 크게 다음과 같이 구분된다.

가. 최광의의 공범

최광의의 공범은 임의적 공범과 필요적 공범을 모두 포함하는 개념이다. 임의적 공범이란 단독으로도 할 수 있는 범죄에 여러 사람이 관여하는 형태의 범죄로서 공동정범, 교사범, 종범을 모두 포함한다. 필요적 공범이란 내란죄(§87), 소요죄(§115), 다중불해산죄(§116)와 같이 개념상 단독으로 범할 수 없고 여러 사람이 함께해야 범할 수 있는 형태의 범죄를 말한다.

나. 광의의 공범

광의의 공범이란 형법총칙상의 공범으로 **공동정범**(§30), **교사범**(§31), **종범**(§32)을 의미한다. **임의적 공범**이라고 한다. 즉 최광의의 공범에서 필요적 공범을 제외한 공범이 광의의 공범이 된다.

다. 협의의 공범

형법총칙이 규정하고 있는 참가형태 가운데 공동정범과 간접정범은 그 본질상 정범에 해당한다. 이에 반해 교사범과 종범은 타인의 범죄를 교사 또는 방조하여 타인(정범)의 범죄에 가담하는 데 불과하다. 광의의 공범에서 공동정범을 제외한 교사범 및 종범을 협의의 공범 또는 고유한 의미의 공범이라고 한다. 협의의 공범은 정범과 대비되는 개념이다. '정범과 공범의 구별', '공범의 종속성' 내지 '공범의 종속형식'이라는 용어에서의 공범은 협의의 공범을 의미한다.

Ⅱ. 필요적 공범

1. 임의적 공범과 필요적 공범

임의적 공범이란 한 사람이 실현할 것을 예상하고 규정한 범죄를 2인 이상이 협력하여 실행하는 형태로 형법총론에서 규정하고 있는 공범이다. 이에 비해 필요적 공범은 구성요건에 반드시 2인 이상의 참가를 요구하고 있는 범죄를 의미하며, 각 관여자는 정범의 지위에 있다. 임의적 공범은 총칙상 공범이라고 하는데 대해, 필요적 공범은 각칙상 공범이라고 한다.

2. 필요적 공범의 유형

가. 집합범

집합범(集合犯)이란 다수인이 동일한 목표를 향해 같은 방향에서 공동으로 작용하는 범죄, 즉 다수인의 집합에 의한 군중범죄를 말한다. 집합범에는 ① 소요죄(§115), 다중불해산죄(§116)와 같이 다수인에게 동일한 법정형이 부과된 경우와 ② 내란죄(§87)와 같이 참가자의 지위와 역할에 따라 다른 법정형이 부과된 경우로 나누어진다.

1인에 의하여도 범죄가 성립하지만 2인 이상의 관여에 의하여 형이 가중되는 **특수절도**(§331), **특수강도**(§334) 및 **특수도주죄**(§146) 등의 **합동범**을 필요적 공범이라는 견해와 공동정범의 특수한 형태라는 견해가 대립된다.

나. 대향범

대향범(對向犯)이란 다수인이 서로 대립방향의 행위를 통하여 동일한 목표를 실현하는 범죄형태를 말한다. 대향범에는 다시 ① 도박죄(§246①), 아동혹사죄(§274), 인신매매죄(§289①), 자기낙태죄(§269①)와 동의낙태죄(§269②) 등과 같이 **대향자 쌍방에게 동일한 법정형이 부과된 경우**, ② 수뢰죄(§129①)와 증뢰죄(§133①), 배임수재죄(§357①)와 배임증재죄(§357②), 자기낙태죄(§269①)와 업무상동의낙태죄(§270①), 도주죄(§145①)와 도주원조죄(§147) 등의 경우와 같이 **대향자 쌍방에게 서로 다른 법정형이 부과된 경우**, ③ 음화판매죄(§243), 음행매개죄(§242), 범인은닉죄(§151①), 공무상비밀누설죄(§127), 촉탁·승낙살인죄(§252①) 등과 같이 **대향자 중 일방만이 처벌되는 경우**로 나누어진다.

《대판 2006.2.24. 2005도4737 (굴비상자 2개 신고 사건)》 뇌물공여죄가 성립하기 위하여는 뇌물을 공여하는 행위와 상대방측에서 금전적으로 가치가 있는 그 물품 등을 받아들이는 행위가 필요할 뿐 반드시 상대방측에서 뇌물수수죄가 성립하여야 하는 것은 아니다.

3. 필요적 공범에 대한 공범규정의 적용 여부

가. 내부참가자간의 적용 여부

필요적 공범에 있어서는 구성요건이 수인의 협력에 의하여 비로소 성립하며, 각자에 적용될 형벌도 각칙에 별도로 규정되어 있으므로 **내부참가자 사이에는 임의적 공범을 전제로 하는 총칙상의 공범에 관한 규정은 적용될 여지가 없다**(통설 · 판례). 문제는 필요적 공범 외부에서 관여하는 자에 대해서 총칙상의 공범규정을 적용할 수 있는가에 있다.

《대판 2011.10.13. 2011도6287 (타미플루 수여 사건)》 2인 이상의 서로 대향된 행위의 존재를 필요로 하는 대향범에 대하여는 공범에 관한 형법총칙 규정이 적용될 수 없다.

《대판 2004.10.28. 2004도3994 (사무장 법률사무소 사건)》 변호사 아닌 자가 변호사를 고용하여 법률사무소를 개설·운영하는 행위에 있어서는 변호사 아닌 자는 변호사를 고용하고 변호사는 변호사 아닌 자에게 고용된다는 서로 대향적인 행위의 존재가 반드시 필요하고, … 이를 처벌하는 규정이 없는 이상, … 변호사 아닌 자에게 고용되어 법률사무소의 개설·운영에 관여한 변호사의 행위가 일반적인 형법총칙상의 공모, 교사 또는 방조에 해당된다고 하더라도 변호사를 변호사 아닌 자의 공범으로서 처벌할 수는 없다.

《대판 2009.6.23. 2009도544 (아리랑 3호 정보누출 사건)》 2인 이상의 서로 대향된 행위의 존재를 필요로 하는 대향범에 대하여는 공범에 관한 형법총칙 규정이 적용될 수 없다. 공무원인 피고인 甲이 직무상 비밀을 누설한 행위와 피고인 乙이 그로부터 그 비밀을 누설받은 행위는 대향범 관계에 있다 할 것인데, 형법 제127조는 공무원 또는 공무원이었던 자가 법령에 의한 직무상 비밀을 누설하는 행위만을 처벌하고 있을 뿐, 직무상 비밀을 누설받은 상대방을 처벌하는 규정이 없는 점에 비추어 볼 때, 직무상 비밀을 누설받은 자에 대하여는 공범에 관한 형법총칙 규정이 적용될 수 없다.

《대판 2011.4.28. 2009도3642 (체포영장대상자 명단누설 사건)》 변호사 사무실 직원인 피고인 甲이 법원공무원인 피고인 乙에게 부탁하여, 수사 중인 사건의 체포영장 발부자 53명의 명단을 누설받은 사안에서, 乙이 직무상 비밀을 누설한 행위와 甲이 이를 누설받은 행위는 대향범 관계에 있으므로 공범에 관한 형법총칙 규정이 적용될 수 없는데도, 甲의 행위가 공무상비밀누설교사죄에 해당한다고 본 원심판단에 법리오해의 위법이 있다.

나. 외부관여자에 대한 공범규정 적용 여부

필요적 공범에 있어서도 외부관여자에 대해서는 총칙상의 공범규정이 적용될 수 있다. 다만, 필요적 공범의 유형에 따라 그 적용범위에 있어 차이가 있다.

1) 집합범의 경우

소요죄나 내란죄와 같은 집단범죄라 할지라도 집단 밖에서 자금이나 정보를 제공하거나 다른 사람의 가담을 권유한 자에 대하여는 당연히 공범규정이 적용되어야 한다. 다만 공범규정의 적용범위에 있어서는 집단범죄에 대하여 집단의 구성원이 아닌 자에 대하여 공동정범을 인정할 수 없다고 할 것이므로 **교사와 방조에 관한 규정만 적용**할 수 있을 것이다(다수설).

2) 대향범의 경우

쌍방 모두를 처벌하는 대향범에서 외부에서 각 대향자에게 관여하는 행위에 대하여 공범규정이 적용된다고 해야 한다. 따라서 증뢰자나 수뢰자에 대한 제3자의 교사·방조뿐만 아니라 공동정범도 가능하다고 해야 한다.

《대판 1970.7.28. 70도1218 (채무변제금 도박사용 사건)》 도박하는 자리에서 도금으로 사용되리라는 점을 알면서 채무변제조로 금원을 교부하였다면 도박을 방조한 행위에 해당한다.

그러나 대향자의 일방만을 처벌하고 타방에 대하여는 처벌규정이 없는 경우(예컨대 음화판매죄) 처벌되는 대향자에 가담한 경우에는 가담자에게 교사·방조뿐만 아니라 공동정범까지 성립하는 반면, 처벌되지 않는 대향자에 가담한 경우 일방(매수인)을 처벌하지 않는 것은 그 행위를 불문에 붙인다는 취지이므로 그에 대한 가담자에게도 공범성립을 부정한다(통설 · 판례).

《대판 2011.10.13. 2011도6287 (타미플루 수여 사건)》 A주식회사 임원인 피고인들이 의사 甲 등과 공모하거나 교사하여, 직원 乙 등을 통하여 의사 甲 등에게 직원 명단을 전달하면 甲 등이 직원들을 직접 진찰하지 않고 처방전을 작성하는 방법으로 A회사 직원들에 대하여 의약품 처방전을 발급·교부한 경우, … 甲 등이 처방전을 작성하여 교부한 행위와 乙 등이 처방전을 교부받은 행위는 대향범 관계에 있고, 구 의료법 … 에 비추어 …, 직원 乙 등을 의사 甲 등의 처방전 교부행위에 대한 공동정범 또는 교사범으로 처벌할 수 없는 이상 乙 등에게 가공한 피고인들 역시 처벌할 수 없다.

《대판 2014.1.16. 2013도6969 (새누리당 당원명부 유출 사건)》 금품 등의 수수와 같이 2인 이상의 서로 대향된 행위의 존재를 필요로 하는 관계에 있어서는 공범이나 방조범에 관한 형법총칙 규정의 적용이 있을 수 없다. 따라서 금품 등을 공여한 자에게 따로 처벌규정이 없는 이상, 그 공여행위는 그와 대향적 행위의 존재를 필요로 하는 상대방의 범행에 대하여 공범관계가 성립되지 아니하고, 오로지 금품 등을 공여한 자의 행위에 대하여만 관여하여 그 공여행위를 교사하거나 방조한 행위도 상대방의 범행에 대하여 공범관계가 성립되지 아니한다.

Ⅲ. 정범과 공범

1. 정범개념의 우위성과 공범개념의 종속성

공범이란 타인의 범죄를 교사 또는 방조하여 타인의 범죄에 참가하는 자를 말한다. 형법상 공범형태로는 교사범, 종범이 있다. 공범은 독자적인 의미보다는 정범개념을 전제하고 이에 의존하여 성립되는 범죄참가형태이다. 따라서 정범의 개념이 밝혀지면 이에 따라 비로소 공범의 개념도 확정된다(정범 없이는 공범 없다). 범죄참가형태 중 이처럼 정범개념이 중심을 이루고 있는 점을 일컬어 '정범개념의 우위성', '**공범개념의 종속성**'이라고 한다. 따라서 정범과 공범이 결합하여 하나의 범죄가 실현되는 경우에는 항상 정범의 성립여부가 먼저 결정되어야 한다.

2. 정범과 공범의 구별기준

가. 객관설

객관설은 행위자의 주관적 의사를 고려하지 않고 객관적인 행위만을 기준으로 정범과 공범을 구별하려고 한다. 객관설에는 형식적 객관설과 실질적 객관설이 있다.

첫째, 형식적 객관설은 스스로 구성요건상의 실행행위의 전부 또는 일부를 수행하는 자가 정범이고, 구성요건상의 실행행위 이외의 행위로써 구성요건실현에 기여하는 자를 공범이라고 한다. 제한적 정범개념에 입각하여 있고, 공범규정은 실행행위를 하지 않은 사람을 처벌하는 것이므로 형벌확장사유라고 한다.

둘째, 실질적 객관설은 인과관계에 관한 원인설처럼 원인과 조건을 구별하여, 결과발생에 필요불가결한 조건 즉 원인을 부여한 사람은 정범, 결과발생에 필요한 조건만을 부여한 사람은 공범이라고 한다.

객관설에 의하면 정범의 개념을 너무 좁게 이해하고, 간접정범과 조직의 배후에서 이를 조종하는 자를 정범으로 인정하기 곤란하다.

나. 주관설

주관설은 행위의 객관적 의미를 고려하지 않고 행위자의 주관적 의사를 기준으로 정범과 공범을 구별하는 견해이다. 이는 인과관계에 관한 조건설을 전제로 한다. 즉 정범과 공범은 모두 결과에 대한 조건을 제공한 점에서 같고 결과에 대한 여러 조건 사이에는 차이가 있을 수 없으므로 정범과 공범의 구별은 주관적 요소에 의하여만 가능하다고 한다. 정범, 공범 모두 범죄의사가 있다는 점에서 모두 정범이라고 하는 확장적 정범개념에 입각하여 있다. 따라서 공범의 처벌규정은 정범을 공범으로 처벌하는 것으로서 형벌축소사유가 된다고 한다. 주관설은 자기의 범죄를 행할 의사, 즉 정범의 의사로 행위한 자가 정범이고 타인의 범죄를 행할 의사, 즉 공범의 의사로 행위한 자가 공범이라고 하는 의사설(고의설)과 자기의 이익을 위하여 행위를 하면 정범이 되고, 타인의 이익을 위하여 행위를 하면 공범이 된다고 하는 이익설(목적설)로 나누어진다.

다. 행위지배설

정범과 공범을 구별하기 위한 기준을 주관적 요소와 객관적 요소의 결합에서 찾는 것이 바로 행위지배설이다. 즉 행위지배설은 주관적·객관적 요소로 형성된 행위지배의 개념을 정범과 공범의 구별에 관한 지도원리로 삼는 이론이다. '행위지배'란 '구성요건에 해당하는 사건진행의 장악', 즉 '사태의 핵심형상을 지배하는 것'을 의미하는 것으로 이해된다.

Roxin은 행위지배의 개념을 유형화하여 **단독·직접정범에는 실행지배, 간접정범에는 의사지배, 공동정범에는 기능적 행위지배**가 인정될 때 정범이 된다고 주장하였다. 오늘날 정범·공범의 구별은 주관과 객관을 포괄하고 있는 행위지배설에 의해 해결하는 것이 일반적인 입장이고, 우리나라의 통설과 판례도 행위지배설을 취하고 있다.

《대판 1989.4.11. 88도1247 (부정대출 서류작성 사건)》 공동정범의 본질은 분업적 역할분담에 의한 기능적 행위지배에 있으므로 공동정범은 공동의사에 의한 기능적 행위지배가 있음에 반하여 종범은 그 행위지배가 없는 점에서 양자가 구별된다.

《대판 2004.6.24. 2002도995 (보라매병원 사건)》 보호자가 의학적 권고에도 불구하고 치료를 요하는 환자의 퇴원을 간청하여 담당 전문의와 주치의가 치료중단 및 퇴원을 허용하는 조치를 취함으로써 환자를 사망에 이르게 한 행위에 대하여 보호자, 담당 전문의 및 주치의가 부작위에 의한 살인죄의 공동정범으로 기소된 사안에서, 담당 전문의와 주치의에게 환자의 사망이라는 결과 발생에 대한 정범의 고의는 인정되나 환자의 사망이라는 결과나 그에 이르는 사태의 핵심적 경과를 계획적으로 조종하거나 저지·촉진하는 등으로 지배하고 있었다고 보기는 어려워 공동정범의 객관적 요건인 이른바 기능적 행위지배가 흠결되어 있다는 이유로 작위에 의한 살인방조죄만 성립한다.

Ⅳ. 공범의 종속성

공범 특히 협의의 공범인 교사범과 종범은 정범을 교사 또는 방조하여 정범으로 하여금 범죄를 실행하게 하는 것이므로, 공범은 정범에 종속하여 성립하는 것인가 또는 독립하여 성립하는가(종속성의 유무)가 문제된다. 만약 공범의 종속성을 인정한다면 정범이 어느 정도의 범죄성립요건을 구비하여야 공범이 성립할 수 있는가(종속성의 정도)가 문제된다.

1. 공범의 종속성

가. 공범종속성설

공범종속성설은 공범의 성립은 정범의 성립에 종속한다고 한다. 범죄의 실행은 정범에 의하여 행하여지는 것이고, 교사범과 종범은 이에 가담하는데 불과하므로 **공범**(교사범과 종범)은 정범의 행위에 종속되어 **정범이 성립하는 경우에만 성립**한다는 것이다. 즉 정범은 범죄의 실행행위를 행하는 것이므로 단독으로 범죄를 구성할 수 있으나 교사범 및 종범은 스스로 범죄의 실행행위를 직접 실행하지 않으므로 정범의 실행행위가 있어야만 성립한다는 견해이다.

공범종속성설은 객관주의 범죄론의 입장에서 범죄의 실행행위를 이해하여 교사행위와 방조행위는 범죄의 실행행위라 할 수 없으므로 그 자체로는 범죄가 되지 아니하고 그것이 범죄가 되려면 피교사자 또는 피방조자, 즉 정범이 범죄를 실행해야 한다고 한다. 이에 의하면 공범이 성립하기 위하여는 적어도 정범이 실행에 착수하였을 것을 요하므로 미수범의 공범은 있을 수 있어도 공범의 미수는 있을 수 없고, 공범과 간접정범은 엄격히 구별된다고 한다. 우리나라의 통설과 판례는 공범종속성설을 취하고 있다.

《대판 1981.11.24. 81도2422》 정범의 성립은 교사범, 방조범의 구성요건의 일부를 형성하고 교사범, 방조범이 성립함에는 먼저 정범의 범죄행위가 인정되는 것이 그 전제요건이 되는 것은 공범의 종속성에 연유하는 당연한 귀결이다.

《대판 1974.5.28. 74도509》 편면적 종범에서도 정범의 범죄행위없이 방조범만이 성립될 수 없다.

나. 공범독립성설

공범독립성설은 공범이 독립한 범죄이지 정범에 종속하여 성립하는 것은 아니라고 한다. 범죄를 반사회적 성격의 징표라고 보는 주관주의 범죄론은 반사회성의 징표만 있으면 범죄가 성립하므로 교사범과 종범의 행위는 그 자체로서 당연히 범죄의 실행행위에 속한다고 하고 공범의 종속성을 인정하지 않으려는 견해이다. 이에 의하면 공범은 타인의 행위를 이용하여 자기의 범죄를 행하는 단독정범에 지나지 않는다. 공범독립성설에 의하면 공범은 정범의 성립과 관계없이 독립하여 성립하는 것이므로 정범이 실행에 착수하지 않았다 할지라도 그 교사 또는 방조행위는 미수로 처벌하여야 하며, 따라서 미수의 공범은 물론 공범의 미수도 미수범으로 처벌받아야 한다. 피교사자가 책임능력자인가 아닌가는 교사자에게 아무런 영향이 없으므로 교사범과 간접정범을 구별할 필요도 없게 된다.

2. 공범 종속성의 정도

형법의 해석상 일단 공범종속성이 긍정된다고 하여도, 다시 교사범 및 종범이 성립하기 위하여는 정범의 행위가 범죄의 성립요건 중 어디까지 구비되어야 하는지에 대해 논의가 있을 수 있다. 이것이 공범의 종속형식(종속성의 정도)에 관한 문제로 M. E. Mayer는 다음과 같은 네 가지로 분류하여 설명하고 있다.

가. 최소한의 종속형식

정범의 행위가 구성요건에 해당하기만 하면 공범이 성립한다는 것이다. 따라서 정범의 행위가 위법·유책한 행위가 아니라도 구성요건에만 해당하기만 하면 공범의 종속성을 인정한다. 예컨대 강도의 침해에 대해 정당방위를 한 경우에도 교사범의 성립을 인정하게 된다.

나. 제한적 종속형식

정범의 행위가 구성요건에 해당하고 위법하면 공범이 성립하며 반드시 유책할 것을 요하지는 않는다. 정범의 행위가 책임이 없는 행위라도 구성요건에 해당하고 위법인 행위라면 공범의 종속성을 인정한다. 따라서 책임무능력자를 교사하여 절도를 한 경우에도 교사자는 공범으로서 책임을 지게 된다. 우리나라의 통설과 판례의 태도이다.

다. 극단적 종속형식

정범의 행위가 구성요건에 해당하고 위법·유책할 때에만 공범이 성립한다는 것이다. 따라서 정범의 행위가 범죄의 성립요건을 완전히 구비하여야만 공범의 종속성을 인정한다. 예컨대 아들을 교사하여 자신의 아버지의 물건을 훔치게 한 경우에도 아들의 행위가 범죄의 성립요건을 모두 구비하고 있으므로 교사범이 성립한다.

라. 확장적 종속형식

정범의 행위가 구성요건에 해당하고 위법·유책할 뿐만 아니라 더 나아가 처벌조건까지 모두 갖추어야 공범이 성립한다고 보며, 최극단적 종속형식이라고도 한다. 예컨대 정범의 행위에 대해 친족관계로 인한 인적 처벌조각사유를 규정한 경우 처벌조건까지 모두 갖추어야 공범이 성립할 수 있다고 한다.

제2절 간접정범

제34조(간접정범, 특수한 교사, 방조에 대한 형의 가중) ① 어느 행위로 인하여 처벌되지 아니하는 자 또는 과실범으로 처벌되는 자를 교사 또는 방조하여 범죄행위의 결과를 발생하게한 자는 교사 또는 방조의 예에 의하여 처벌한다.
② 자기의 지휘, 감독을 받는 자를 교사 또는 방조하여 전항의 결과를 발생하게 한 자는 교사인 때에는 정범에 정한 형의 장기 또는 다액에 그 2분의 1까지 가중하고 방조인 때에는 정범의 형으로 처벌한다.

Ⅰ. 간접정범의 의의

1. 간접정범의 개념

간접정범이란 **타인을 생명 있는 도구로 이용**하여 간접적으로 범죄를 실행하는 정범을 말한다. 예를 들어 의사 甲이 자신의 병원에 입원해 있는 환자 丙을 살해하기 위해 독주사를 영양주사라고 속이고 간호사 乙에게 丙에게 놓아주라고 하고, 이를 그대로 믿은 乙이 丙에게 주사를 놓아 丙이 사망한 경우, 甲은 간호사 乙을 생명있는 도구로 이용하여 살인죄를 실행한 자로서 살인죄의 간접정범이 된다. 간접정범은 스스로 범죄를 실행한 직접정범과 함께 정범의 한 형태로 인정되고 있다.

2. 간접정범의 특징

타인을 이용하여 범죄를 하는 방법에는 타인을 '생명 없는 도구'로 이용하는 방법, '생명 있는 도구'로 이용하는 방법, '의사능력을 가진 자'로서 이용하는 방법이 있을 수 있다.

甲이 A가게의 쇼윈도우를 손괴하기 위해 쇼윈도 앞에 서 있던 乙의 머리를 밀어 유리창을 깬 경우 乙의 머리는 돌이나 망치와 같이 생명 없는 도구로 이용된 것이다. 이 경우 乙이 아닌 甲이 직접정범이다. 한편 甲이 乙에게 A쇼윈도우를 깨뜨리라고 교사하고 乙이 자신의 망치로 쇼윈도를 깼다면 乙이 정범이고 甲은 공범인 교사범이다.

그런데 간접정범은 의사능력을 갖춘 자를 생명 있는 도구로 이용하는 행태의 범죄이다. 간접정범은 '타인'을 이용하기 때문에 피이용자가 외형상 직접 행위를 한 것으로 보이고 이용자는 간접적 역할만을 한 것으로 보인다. 그러나 내용을 실질적으로 관찰하면 이용자가 피이용자를 '생명 있는 도구'로 이용하여 범행을 지배한 것이기 때문에 피이용자가 아닌 이용자가 정범이 된다.

Ⅱ. 간접정범의 본질과 한계

1. 간접정범의 본질

간접정범은 타인을 이용하여 죄를 범한 점에서 교사범과 유사하며 직접정범과 구별된다. 이와 같이 간접정범은 정범과 공범의 한계에 놓여 있는 개념이므로 정범인가 공범인가에 대해서는 견해의 대립이 있다.

제한적 정범개념이론과 주관주의 범죄론에 입각한 공범독립성설은 **공범설**의 입장에 있다. 제한적 정범개념이론에 의하면 스스로 구성요건적 행위를 한 자가 정범이고 공범은 처벌확장사유이므로 간접정범은 공범의 일종이 된다.

반면 확장적 정범개념이론과 객관주의 범죄론에 입각한 공범종속성설(도구이론)의 경우 **정범설**의 입장에 있다. 확장적 정범개념이론에 의하면 구성요건적 결과발생에 조건을 준 자는 모두 정범이고 형법의 공범규정은 처벌축소사유이므로 간접정범은 당연히 정범이며 간접정범의 개념을 특별히 인정할 필요도 없다.

결론적으로 형법이 제34조의 표제어를 간접정범으로 하고 있다는 점 등을 고려할 때, **간접정범은 정범**으로 보는 것이 타당하다(통설). 간접정범을 정범으로 보는 한, 정범개념의 우위성에 따라 정범인 간접정범의 성부(成否)를 먼저 결정하여야 한다. 이용자에게 피이용자에 대한 우월한 의사지배를 인정할 수 있으면 간접정범으로 처벌하고, 이를 인정하지 못한 경우에 비로소 공범의 성부를 검토하여야 한다. 따라서 **의사지배가 인정되면 이용자는 간접정범이 되고, 그렇지 않은 경우 공범이 된다**(행위지배설).

《대판 2008.9.11. 2007도7204 (정유회사 경영자 사건)》 처벌되지 아니하는 타인의 행위를 적극적으로 유발하고 이를 이용하여 자신의 범죄를 실현한 자는 형법 제34조 제1항이 정하는 간접정범의 죄책을 지게 되고, 그 과정에서 타인의 의사를 부당하게 억압하여야만 간접정범에 해당하는 것은 아니다.

2. 간접정범의 한계

가. 생명 없는 도구를 이용하는 경우

예컨대 도사견을 사주하여 타인에게 상해를 입히거나 사람을 떠밀어서 손괴하는 경우처럼 절대적 폭력을 이용하는 경우에는 피이용자가 생명 없는 도구에 불과하기 때문에 이용자는 직접정범이 될 뿐이다. 피이용자의 행위성이 인정되지 않는다.

나. 자수범(自手犯)의 경우

자수범이란 자연인인 정범 자신이 직접 구성요건적 행위를 실행해야 범죄가 성립하고 타인을 이용해서는 행할 수 없는 범죄로서, 자수범(예들 들어 위증죄)의 경우에는 직접·단독정범만이 가능하고 **간접정범이나 공동정범의 성립은 불가능하다.** 다만 교사범과 종범의 성립은 가능하다.

다. 진정신분범

행위의 주체에 일정한 신분을 요하는 범죄를 신분범이라 한다. 진정신분범에 있어서 신분 없는 자는 이론상 그 범죄의 정범이 될 수 없다. 다만 형법은 신분 없는 자가 신분 있는 자와 같이 진정신분범의 공범 또는 공동정범이 될 수 있음을 규정하고 있을 뿐이다(§33). 그런데 간접정범은 정범이므로 간접정범이 성립하기 위하여는 정범적격이 있어야 한다. 따라서 **신분 없는 자는 신분 있는 자를 이용하여 진정신분범의 간접정범이 될 수 없다**고 보는 것이 통설의 태도이다. 따라서 공무원이 아닌 자는 공무원을 이용하여 수뢰죄(§129①)를 범할 수 없고, 신분이 없는 자는 횡령죄나 배임죄의 간접정범이 될 수 없다. 판례도 원칙적으로 비신분자가 신분자를 이용하여 진정신분범의 간접정범이 될 수 없다는 입장이다. 다만, 허위공문서작성죄와 관련하여 예외를 인정하고 있다.

《대판 1971.1.26. 70도2598 (허위의 거주확인증 사건)》 공무원 아닌 자가 허위공문서작성의 간접정범일 때에는 본법 제228조(공정증서원본부실기재죄)의 경우를 제외하고는 이를 처단하지 못하므로 면장의 거주확인증 발급을 위한 허위사실의 신고는 죄가 되지 않는다.

《대판 2006.5.11. 2006도1663 (허위의 재해대장 사건)》 공무원이 아닌 자가 공무원과 공동하여 허위공문서작성죄를 범한 때에는 공무원이 아닌 자도 형법 제33조, 제30조에 의하여 허위공문서작성죄의 공동정범이 된다.

《대판 1992.1.17. 91도2837 (허위의 예비군훈련확인서 사건)》 공문서의 작성권한이 있는 공무원의 직무를 보좌하는 자가 그 직위를 이용하여 행사할 목적으로 허위의 내용이 기재된 문서 초안을 그 정을 모르는 상사에게 제출하여 결재하도록 하는 등의 방법으로 작성권한이 있는 공무원으로 하여금 허위의 공문서를 작성하게 한 경우에는 간접정범이 성립되고 이와 공모한 자 역시 그 간접정범의 공범으로서의 죄책을 면할 수 없는 것이고, 여기서 말하는 공범은 반드시 공무원의 신분이 있는 자로 한정되지 않는다.

Ⅲ. 간접정범의 성립요건

1. 피이용자의 범위

간접정범의 피이용자는 '어느 행위로 인하여 처벌되지 아니하는 자 또는 과실범으로 처벌되는 자'이어야 한다. 어느 행위로 인하여 처벌되지 아니하는 자란 범죄의 성립요건인 구성요건해당성·위법성 또는 책임이 없어 범죄가 성립하지 않는 경우를 말한다.

가. 구성요건해당성이 없는 행위를 이용하는 경우

1) 피이용자의 행위가 객관적 구성요건을 충족하지 못하는 경우

구성요건해당성이 없는 타인의 행위를 이용하는 경우, 예컨대 기망 또는 **강요로 자상(自傷)하게 한 경우**를 들 수 있다. 상해죄에서 사람은 타인을 의미하므로 피이용자의 행위는 구성요건해당성이 없다. 이용자는 기망 또는 강요에 의하여 도구(자상하는 자)를 장악하였으므로 의사지배가 인정되어 상해죄의 간접정범이 된다.

《대판 1970.9.22. 70도1638 (면도칼 콧등 사건)》 피고인이 피해자를 협박하여 그로 하여금 자상케 한 경우에 피고인에게 상해의 결과에 대한 인식이 있고 또 그 협박의 정도가 피해자의 의사결정의 자유를 상실케 함에 족한 것인 이상 피고인에 대하여 상해죄를 구성한다.

2) 고의 없는 도구

피이용자의 행위가 객관적 구성요건에 해당하지만 고의가 없는 경우, 즉 고의 없는 도구를 이용한 때가 간접정범의 가장 전형적인 경우이다. 예컨대 의사가 고의 없는 간호사를 시켜 환자에게 독약을 주사하게 하여 그를 살해하거나, 정을 모르는 자를 이용하여 밀수하는 경우가 이에 해당한다. 공정증서원본불실기재죄(§228)도 이에 속한다. 피이용자에 고의가 없는 이상 과실의 유무는 간접정범의 성립에 영향을 미치지 아니한다. 피이용자에게 과실이 있더라도 이용자는 간접정범이 성립하는 것을 형법이 명문으로 규정하고 있기 때문이다.

3) 신분 또는 목적 없는 고의 있는 도구를 이용하는 경우

진정신분범에 있어서 신분과 목적범에 있어서의 목적은 구성요건요소이므로 이 경우 신분이나 목적이 없는 자의 행위는 구성요건해당성이 없다. 따라서 이러한 경우에 신분 없는 고의 있는 도구 또는 목적 없는 고의 있는 도구를 이용한 자에 대하여도 간접정범의 성립을 인정할 수 있다(다수설). 예컨대 공무원 甲이 그의 처 乙에게 부탁하여 丙이 자신에게 제공하려는 뇌물을 받아주도록 부탁한 경우(신분 없는 고의 있는 도구), 甲이 행사할 목적으로 이런 목적이 없는 乙에게 통화를 위조하게 하는 경우(목적 없는 고의 있는 도구) 등을 들 수 있다. 판례도 간접정범을 인정하고 있다.

나. 구성요건해당성이 있지만 위법하지 않은 행위를 이용하는 경우

국가기관의 적법행위(정당행위)를 이용하거나, 정당방위자나 긴급피난자를 도구로 이용하는 경우 등을 들 수 있다. 예컨대 甲이 국가기관에 허위사실을 신고해 형식상 적법한 영장에 의해 乙이 구속되는 경우, 甲이 乙을 살해하기 위하여 乙을 사주하여 丙을 공격하게 하고 丙의 정당방위상황을 이용하여 乙을 살해한 경우 등을 생각할 수 있다.

다. 구성요건에 해당하는 위법한 행위이지만 책임 없는 자를 이용하는 경우

공범의 종속성 정도에 관한 극단적 종속형식을 취하는 입장에서는 이 경우 언제나 간접정범이 성립한다고 보았다. 그러나 제한적 종속형식을 취하는 통설과 판례의 입장에서 볼 때 피이용자에게 책임이 없는 때에도 공범의 성립은 가능하므로 이용자를 교사범 또는 종범으로도 처벌할 수 있다. 따라서 이때에는 정범개념의 우위성에 따라 '의사지배' 인정 여부를 기준으로 먼저 간접정범의 성립 여부를 검토해야 한다.

예컨대 피이용자가 유아나 심신상실자와 같은 책임무능력자인 때에는 이용자의 의사지배가 인정되므로 이용자는 원칙적으로 간접정범이 된다(다수설). 그러나 피이용자가 형사미성년자 또는 정신이상자라 할지라도 시비의 변별능력이 있는 때에는 의사지배를 인정할 수 없으므로 교사범이 성립한다.

피강요자(피이용자)의 강요된 행위(§12)는 저항이나 회피할 수 없는 강요로 인하여 자유로운 의사결정에 따라 행동할 수 없고, 강요자의 의사지배가 인정되므로 강요자(이용자)는 간접정범이 된다.

라. 형벌조각적 신분을 가진 자의 행위를 이용하는 경우

예컨대 甲이 乙에게 乙의 아버지인 丙의 물건을 절취하게 한 경우처럼 인적 처벌조각사유가 있는 자(乙)를 이용한 경우, 피이용자인 乙에게도 범죄는 성립하고, 다만 형벌조각적 신분을 가진 것에 불과할 뿐만 아니라 甲이 乙에 대하여 우월적 의사지배를 하고 있다고 볼 수도 없으므로, 이용자인 甲은 교사범의 책임을 진다.

마. 과실범으로 처벌되는 자를 이용하는 경우

과실범으로 처벌되는 자를 이용한 경우에도 간접정범이 성립한다. 예컨대 의사가 살인의 고의를 가지고 간호사의 과실 있는 투약행위를 이용하여 독약을 환자에게 복용시킴으로써 환자가 사망한 경우 의사는 살인죄의 간접정범이 된다. 과실범의 처벌규정이 없더라도 피이용자는 '어느 행위로 인하여 처벌되지 않는 자'가 되어 이용자는 간접정범으로 처벌된다.

2. 이용자의 이용행위

가. 교사 또는 방조

간접정범도 정범이므로 피이용자를 이용하여 구성요건을 실현하는 행위가 있어야 한다. 형법 제34조 제1항은 '…교사 또는 방조하여 범죄행위의 결과를 발생케 한 자'로 규정하고 있다. 그러나 여기의 '교사 또는 방조'는 교사범 또는 방조범에 있어서의 그것과 같이 해석할 수 없으며, **사주(使嗾) 또는 이용의 뜻**으로 이해하여야 한다. 그러나 이용행위에 교사 또는 방조의 방법이 포함됨은 물론이다.

나. 실행의 착수시기

간접정범의 착수시기에 대하여 ① 피이용자의 실행행위시로 보는 객관설, ② 이용자가 정범이므로 **이용자의 이용행위시**로 보는 주관설(다수설), ③ 도구가 선의이면 이용행위시, 도구가 악의이면 실행행위시에 착수가 있다는 절충설(이분설) 등이 있다.

다. 결과의 발생

범죄행위의 결과발생이란 구성요건에 해당하는 사실을 실현하는 것을 말한다. 또한 이는 미수범의 성립을 배척하는 것은 아니므로 실행의 착수가 있는 이상 범죄행위의 결과를 발생시키지 못하면 간접정범의 미수범으로 처벌할 수 있다. 또한 이용자의 이용행위와 결과발생 사이에 인과관계가 존재하여야 한다.

3. 주관적 구성요건요소, 위법성, 책임이 있을 것

이용자가 간접정범이 되기 위해서는 모든 주관적 구성요건을 스스로 충족시켜야 하고(고의, 과실, 목적, 불법영득의사 등), 더 나아가 이용자는 행위지배의 의식이 있어야 한다. 또한 간접정범의 위법성과 책임도 정범개념의 우위성에 의하여 이용자 자신에게 위법성조각사유 또는 책임조각사유가 존재하느냐의 여부에 의하여 결정된다.

Ⅵ. 처벌

형법은 간접정범을 '교사 또는 방조의 예에 의하여 처벌한다'고 규정하고 있다(§34 ①). 따라서 간접정범의 이용행위가 외형상 **교사에 해당**하면 **정범과 동일한 형**으로 처벌하며, **방조에 해당**하면 정범의 형보다 **감경한다**. 객관주의 범죄론에 따라 간접정범의 개념을 인정하면서 주관주의 범죄론의 입장에서 공범의 예에 따라 처벌하는 절충적 입장에 선 것으로 이해할 수 있다.

실행의 착수가 이용행위시에 있다면, 피이용자의 행위가 없는 경우, 즉 피이용자가 범죄의 실행을 승낙하고 실행의 착수에 이르지 아니하거나 범죄의 실행을 승낙하지 아니한 때에 제31조 제2항·제3항에 따라 이용자를 예비·음모로 처벌할 것인가가 문제된다. 간접정범은 정범이고 그 실행의 착수는 이용자의 이용행위에 의하여 개시되는 것이므로 실행에 착수한 이후에 예비 또는 음모에 준하여 처벌한다는 것은 있을 수 없다. 따라서 이 경우 이용자의 이용행위도 간접정범의 미수로 처벌하여야 한다.

Ⅶ. 관련문제

1. 특수교사·방조

형법 제34조 제2항은 '자기의 지휘·감독을 받는 자를 교사 또는 방조하여 전항의 결과를 발생케 한 자는 교사인 때에는 정범에 정한 형의 장기 또는 다액에 2분의 1까지 가중하고 방조인 때에는 정범의 형으로 처벌한다'고 규정하고 있다. 이는 지휘·감독자라는 지위를 이용하는 정황에 비난가능성이 크다는 이유로 형을 가중한 것이다.

형법 제34조 제2항은 '교사 또는 방조'의 성질에 관하여 특수교사 및 특수방조에 관한 규정으로만 보는 견해도 있으나, '교사 또는 방조하여 전항의 결과를 발생케 한 자'에 간접정범도 포함시켜 특수공범뿐만 아니라 특수간접정범도 함께 적용되는 것으로 보아야 한다(다수설).

2. 간접정범과 착오

가. 피이용자의 성질에 대한 착오

피이용자의 성질에 대한 착오는 두 가지 경우로 나누어 생각할 수 있다.

첫째, 이용자가 피이용자를 고의나 책임능력이 없는 것으로 알고 이용하였으나 사실은 피이용자에게 고의있는 책임능력자인 경우이다. 이 경우 간접정범이 성립한다는 견해와 이용자의 의사지배를 인정할 수 없어 교사·방조범이 성립한다는 견해(다수설)가 있다.

둘째, 이용자가 피이용자를 고의있는 책임능력자로 알고 이용하였으나 사실은 피이용자에게 고의나 책임능력이 없었던 경우이다. 이 경우 이용자가 교사·방조의 고의로 이용한 것일 뿐 피이용자를 도구로 하는 의사지배의 고의가 없으므로 공범이 성립할 뿐이다(다수설).

나. 피이용자가 초과하여 실행한 경우

피이용자가 간접정범이 기도한 범위를 초과하여 실행한 때에는 간접정범은 초과부분에 대하여 책임을 지지 않는다. 그러나 간접정범이 그 결과에 대하여 미필적 고의가 있었거나 결과적 가중범의 중한 결과를 예견할 수 있었던 때에는 그러하지 아니하다(다수설).

비교판례

간접정범에 해당하는 경우	간접정범에 해당하지 않는 경우
① 정유회사 경영자의 청탁으로 국회의원이 위 경영자와 지역구 지방자치단체장 사이에 정유공장의 지역구 유치와 관련한 간담회를 주선하고 위 경영자는 (내막을 알지 못하는) 정유회사 소속 직원들로 하여금 (회사 소재지 지역구) 국회의원이 사실상 지배·장악하고 있던 후원회에 후원금을 기부하게 한 사안에서, 국회의원에게는 정치자금법 제32조 제3호 위반죄가, 경영자에게는 정치자금법 위반죄의 간접정범이 성립한다(대판 2008.9.11. 2007도7204 정유회사 경영자 사건).	① 형법 제155조 제1항에서 타인의 형사사건에 관하여 증거를 위조한다 함은 증거 자체를 위조함을 말하는 것으로서, 선서무능력자로서 범죄 현장을 목격하지도 못한 사람으로 하여금 형사법정에서 범죄 현장을 목격한 양 허위의 증언을 하도록 하는 것은 위 조항이 규정하는 증거위조죄를 구성하지 아니한다(대판 1998.2.10. 97도2961 선서무능력자 위증교사 사건).

간접정범에 해당하는 경우	간접정범에 해당하지 않는 경우
② 면의 호적계장이 정을 모른 면장의 결재를 받아 허위내용의 호적부를 작성한 경우 허위공문서작성, 동행사죄의 간접정범이 성립된다(대판 1990.10.30. 90도1912 안흥면 호적계장 사건). ③ 甲이 소속 예비군동대 방위병인 乙에게 예비군 훈련일에 훈련을 받았다는 내용의 확인서를 발급하여 달라고 부탁하자, 예비군동대 방위병인 乙은 예비군 동대장인 丙에게 향토예비군대원들이 훈련에 참가한 여부를 확인한 후 확인서를 발급하도록 지시를 받고 미리 동대장인 丙의 직인을 찍어 보관하고 있던 예비군훈련확인서용지에 甲의 성명 등 인적사항과 부탁받은 훈련일자 등을 기재하여 甲에게 교부한 경우, 乙은 허위공문서작성죄의 간접정범이 성립하며, 乙과 미리 공모한 甲으로서도 신분이 공무원인지 여부에 관계없이 그 공범으로서의 죄책을 면할 수 없다(대판 1992.1.17. 91도2837 허위의 예비군훈련확인서 사건). ④ 甲이 동거하였던 乙女에게 甲을 탈영병이라고 헌병대에 신고한 이유와 다른 남자와 정을 통한 사실들을 추궁하였으나 乙이 이를 부인하자 하숙집 뒷산으로 데리고 가서 계속된 부정을 추궁하면서 상대 남자를 말하자 대답을 하지 못하고 당황하던 乙에게 소지 중인 면도칼 1개를 주면서 "네가 네 코를 자르지 않을 때는 돌로서 죽인다"는 등 위협을 가해 자신의 생명에 위험을 느낀 乙이 자신의 생명을 보존하기 위하여 위 면도칼로 콧등을 길이 2.5Cm, 깊이 0.56Cm 절단하여 안면부 불구(전치 3개월)가 되게 한 경우, 甲에 대하여 중상해죄의 간접정범이 인정된다(대판 1970.9.22. 70도1638(면도칼 콧등 사건). ⑤ 강제추행죄는 사람의 성적 자유 내지 성적 자기 결정의 자유를 보호하기 위한 죄로서 정범 자신이 직접 범죄를 실행하여야 성립하는 자수범이라고 볼 수 없으므로, 처벌되지 아니하는 타인을 도구로 삼아 피해자를 강제로 추행하는 간접정범의 형태로도 범할 수 있다. 여기서 강제추행에 관한 간접정범의 의사를 실현하는 도구로서의 타인에는 피해자도 포함될 수 있으므로, 피해자를 도구로 삼아 피해자의 신체를 이용하여 추행행위를 한 경우에도 강제추행죄의 간접정범에 해당할 수 있다(대판 2018.2.8. 2016도17733 자위동영상 촬영강요 사건).	② 부정수표단속법 제4조가 '수표금액의 지급 또는 거래정지처분을 면할 목적'을 요건으로 하고, 수표금액의 지급책임을 부담하는 자 또는 거래정지처분을 당하는 자는 발행인에 국한되는 점에 비추어 볼 때 그와 같은 발행인이 아닌 자는 부정수표단속법 제4조가 정한 허위신고죄의 주체가 될 수 없고, 발행인이 아닌 자는 허위신고의 고의 없는 발행인을 이용하여 간접정범의 형태로 허위신고죄를 범할 수도 없다(대판 2003.1.24. 2002도5939 발행인 아닌자 허위신고 사건). ③ 공무원 아닌 자가 관공서에 허위 내용의 증명원을 제출하여 그 내용이 허위인 정을 모르는 담당공무원으로부터 그 증명원 내용과 같은 증명서를 발급받은 경우 공문서위조죄의 간접정범으로 의율할 수는 없다(대판 2001.3.9. 2000도938 허위 공사실적증명서 발급사건). ④ 공무원 아닌 자가 허위사실을 신고하여 면장의 거주확인증을 발급받더라도 허위공문서작성죄의 간접정범의 책임을지지 않는다대판 1971.1.26. 70도2598 허위의 거주확인증 사건).

간접정범에 해당하는 경우	간접정범에 해당하지 않는 경우
⑥ 피고인이 7세, 3세 남짓된 어린자식들에 대하여 함께 죽자고 권유하여 물속에 따라 들어오게 하여 결국 익사하게 하였다면 비록 피해자들을 물속에 직접 밀어서 빠뜨리지는 않았다고 하더라도 자살의 의미를 이해할 능력이 없고 피고인의 말이라면 무엇이나 복종하는 어린 자식들을 권유하여 익사하게 한 이상 살인죄의 범의는 있었음이 분명하다(대판 1987.1.20. 86도2395 7세, 3세 함께죽자 사건). ⑦ 경찰서 보안과장인 甲이 乙의 음주운전을 눈감아주기 위하여 그에 대한 음주운전자 적발보고서를 찢어버리고, 부하로 하여금 일련번호가 동일한 가짜 음주운전 적발보고서에 丙에 대한 음주운전 사실을 기재케 하여 그 정을 모르는 담당 경찰관으로 하여금 주취운전자 음주측정처리부에 丙에 대한 음주운전 사실을 기재하도록 한 이상, 乙이 음주운전으로 인하여 처벌을 받았는지 여부와는 관계없이 허위공문서작성 및 동행사죄의 간접정범으로서의 죄책을 면할 수 없다(대판 1996.10.11. 95도1706 음주운전자 바꾼 사건). ⑧ 자기에게 유리한 판결을 얻기 위하여 소송상의 주장이 사실과 다름이 객관적으로 명백하거나 증거가 조작되어 있다는 정을 인식하지 못하는 제3자를 이용하여 그로 하여금 소송의 당사자가 되게 하고 법원을 기망하여 소송 상대방의 재물 또는 재산상 이익을 취득하려 하였다면 간접정범의 형태에 의한 소송사기죄가 성립하게 된다(대판 2007.9.6. 2006도3591 허위차용증 소송사건). ⑨ 비상계엄 전국확대가 국무회의의 의결을 거쳐 대통령이 선포함으로써 외형상 적법하였다고 하더라도, 이는 피고인들에 의하여 국헌문란의 목적을 달성하기 위한 수단으로 이루어진 것이므로 내란죄의 폭동에 해당하고, 또한 이는 피고인들에 의하여 국헌문란의 목적을 달성하기 위하여 그러한 목적이 없는 대통령을 이용하여 이루어진 것이므로 피고인들이 간접정범의 방법으로 내란죄를 실행한 것이다(대판 1997.4.17. 96도3376 全合 전두환·노태우 사건).	

간접정범에 해당하는 경우	간접정범에 해당하지 않는 경우
⑩ 출판물에 의한 명예훼손죄는 간접정범에 의하여 범하여질 수도 있으므로 타인을 비방할 목적으로 허위의 기사 재료를 그 정을 모르는 기자에게 제공하여 신문 등에 보도되게 한 경우에도 성립할 수 있다(대판 2002.6.28. 2000도3045 메디슨사 특혜의혹보도 사건). ⑪ 감금죄는 간접정범의 형태로도 행하여질 수 있는 것이므로, 인신구속에 관한 직무를 행하는 자 또는 이를 보조하는 자가 피해자를 구속하기 위하여 진술조서 등을 허위로 작성한 후 이를 기록에 첨부하여 구속영장을 신청하고, 진술조서 등이 허위로 작성된 정을 모르는 검사와 영장전담판사를 기망하여 구속영장을 발부받은 후 그 영장에 의하여 피해자를 구금하였다면 형법 제124조 제1항의 직권남용감금죄가 성립한다(대판 2006.5.25. 2003도3945 허위조서 영장발부 사건). ⑫ 위조문서행사죄에 있어서 행사는 위조된 문서를 진정한 것으로 사용함으로써 문서에 대한 공공의 신용을 해칠 우려가 있는 행위를 말하므로 그 행사의 상대방에는 아무런 제한이 없고, 다만 문서가 위조된 것임을 이미 알고 있는 공범자 등에게 행사하는 경우에는 위조문서행사죄가 성립할 수 없으나, 간접정범을 통한 위조문서행사범행에 있어 도구로 이용된 자라고 하더라고 문서가 위조된 것임을 알지 못하는 자에게 행사한 경우에는 위조문서행사죄가 성립한다(대판 2012.2.23. 2011도14441 전문건설업등록증 위조 사건).	

제3절 공동정범

제30조(공동정범) 2인 이상이 공동하여 죄를 범한 때에는 각자를 그 죄의 정범으로 처벌한다.

Ⅰ. 공동정범의 의의와 본질

1. 의의

공동정범이란 '2인 이상이 공동하여 죄를 범한 경우'를 말한다. 즉 2인 이상이 공동의 범죄계획에 따라 실행의 단계에서 각자 역할을 분담하여 수행하는 정범의 형태이다. 공동정범은 범죄에 대한 다수인의 참가형식이라는 의미에서 교사범·종범과 함께 광의의 공범 또는 임의적 공범에 속한다. 그러나 공동정범은 어디까지나 정범이며 정범의 공동이라는 점에 타인의 범죄에 가담하는 협의의 공범과 구별된다. 따라서 공범의 종속성은 공동정범에서는 생각할 여지가 없다.

2인 이상이 공동하여 죄를 범한 때에도 다수인 모두가 모든 구성요건을 실현한 때에는 각자가 정범이 되는 것은 당연하다. 이 경우에는 굳이 공동정범이라는 제도를 마련하여 '각자를 정범으로 처벌한다'라고 규정할 필요가 없다. 형법 제30조는 각 공동행위자가 협력하여 분업적으로 구성요건을 실현한 경우에 각자가 구성요건의 일부만 실현한 때에도 그 전체에 대한 책임을 지게 하는데 존재의의가 있다. 그러므로 공동정범의 정범성은 일부실행·전부책임의 원칙에 따른 분업적 행위실행과 기능적 역할분담에 근거한다.

예컨대 甲과 乙이 강도를 모의하여 甲은 과도로 위협하고 乙이 돈을 빼앗은 경우에 강도죄의 구성요건인 폭행·협박과 재물의 강취는 각각 다른 사람에 의하여 행하여졌지만, 甲과 乙은 공동의 결의에 의하여 공동으로 구성요건을 실현한 것이므로 개별적인 행위는 통일된 전체를 이루며 甲과 乙은 모두 전체결과에 대하여 정범으로 처벌받게 되는 것이다.

행위지배설에 의하면 공동정범이 정범이 되기 위하여는 개별적인 공동행위자에게 행위지배가 필요하다. 공동정범에 있어서 각자가 개별적으로 전체행위를 실행하는 실행지배를 가지는 것은 아니다. 이 점에서 직접정범과 구별된다. 공동정범은 공동의 결의 아래 분업적으로 실행하여 공동으로 행위를 지배하였다는 **기능적 행위지배**에 정범으로서의 특수성이 인정된다.

2. 공동정범의 본질

공동정범은 '2인 이상이 공동하여' 죄를 범하는 것인데 무엇을 공동으로 하여야 공동정범이 성립하는가에 대해서는 견해가 대립한다. 그에 따라 2인 이상이 범죄에 관여한 경우 공동정범이 되는지 아니면 동시범이 되는지 결정되므로 공동정범의 본질에 관한 논의는 결국 공동정범의 성립범위에 관련된 문제이다.

가. 범죄공동설

범죄공동설은 공동정범을 수인이 공동하여 '특정한 범죄'를 행하는 것이라고 해석한다. 특정한 범죄를 공동으로 하기 위해서는 실행행위를 공동으로 하는 것뿐만 아니라 그 범죄에 대한 고의도 공동으로 하여야 한다. 따라서 과실범의 공동정범, 고의범과 과실범의 공동정범, 범죄의 종류가 다른 고의범의 공동정범을 인정하지 않고 이 경우 동시범의 문제가 될 뿐이다. 객관주의 범죄론의 입장이다.

나. 행위공동설

행위공동설은 '특정한 행위'를 공동으로 하면 공동정범이 성립하고, 특정한 범죄까지 공동으로 할 필요는 없다고 한다. 이때의 행위에 대해서는 자연적 의미의 행위라는 입장도 있고, 구성요건에 해당하는 행위라는 입장도 있지만 어느 견해나 결과에 있어서는 차이가 없다. 범죄를 반사회적 성격의 징표라고 보는 주관주의 범죄론의 입장이라고 할 수 있다.

행위공동설에 의하면 행위만을 공동으로 하면 되고 고의를 공동으로 할 필요가 없으므로 과실범의 공동정범, 고의범과 과실범의 공동정범, 승계적 공동정범, 부분적 공동정범[57], 편면적 공동정범의 경우에도 공동정범을 인정한다. 판례는 행위공동설에 따라 과실범의 공동정범을 인정한다.

57) 예컨대 甲과 乙이 공모하여 丙에게 폭행을 가하였지만 甲은 살인의 고의, 乙은 상해의 고의를 가진 경우가 부분적 공동정범에 해당한다.

다. 소결

범죄공동설은 공동정범의 성립범위를 엄격하게 제한하여 책임원칙에 충실한 반면 형사정책적 합목적성을 결여하고 있다. 이에 비해 행위공동설은 공동정범의 성립을 확대함으로써, 형사정책적인 합목적성은 충족시킬 수 있으나 책임원칙을 저해할 위험이 있다. 따라서 이런 극단적 이론으로 공동정범의 성립범위를 결정하는 것은 맞지 않다. 한편, 주관과 객관의 양 측면을 종합한 '행위지배설'의 등장으로 양설의 대립은 사실상 의미를 상실하였다.

Ⅱ. 공동정범의 성립요건

1. 주관적 요건

가. 공동실행의 의사

공동정범이 성립하기 위해서는 공동자 사이에 함께 범죄를 실행한다는 주관적 의사, 즉 공동실행의 의사(공동가공의 의사, 공모)가 있어야 한다. 따라서 공동실행의 의사가 없으면 공동정범은 성립할 수 없다. 예컨대 甲이 강도의 의사로 丙을 포박하였으나 인적에 놀라서 도주한 후 乙이 우연히 지나가다가 丙의 호주머니에서 금품을 훔친 경우에는 甲·乙 상호간에 의사의 연락이 없으므로 甲은 강도미수죄, 乙은 절도기수죄가 성립한다. 그러나 만약 사전에 甲과 乙이 서로 의사의 연락이 있었다면 공동정범으로서 甲·乙은 다같이 강도기수의 책임을 지게 될 것이다.

공동실행의 의사는 기능적 행위지배의 본질적 요건이며 이로 인하여 개별적 행위가 전체로 결합되어 분업적으로 실행된 행위의 전체에 대한 책임을 인정할 수 있게 된다. **2인 이상이 죄를 범했어도 공동실행의 의사가 없으면 동시범이 성립할 뿐이다.**

《대판 2000.4.7. 2000도576 (전자제품 팔아달라 사건)》 공동정범이 성립하기 위하여는 주관적 요건으로서의 공동가공의 의사와 객관적 요건으로서의 공동의사에 의한 기능적 행위지배를 통한 범죄의 실행사실이 필요한바, 주관적 요건으로서의 공동가공의 의사는 타인의 범행을 인식하면서도 이를 제지하지 아니하고 용인하는 것만으로는 부족하고, 공동의 의사로 특정한 범죄행위를 하기 위하여 일체가 되어 서로 다른 사람의 행위를 이용하여 자기의 의사를 실행에 옮기는 것을 내용으로 하는 것이어야 한다.

나. 의사연락의 방법

공동자 사이에 의사연락은 명시적 의사연락 뿐만 아니라 묵시적 의사연락이라도 충분하다. 또한 공동행위자 전원이 일정한 장소에 집합하여 직접 모의해야 하는 것도 아니다. 공모자 가운데 1인 또는 2인 이상을 통하여 **릴레이식**으로 의사의 연락이 있거나, **간접적인 의사연락**도 무방하다. 공동자 사이에 서로 면식이 있어야 하는 것도 아니다. 그러나 의사연락은 공동자 상호간에 있어야 하고, 범인 중 일방에게만 공동가공의 의사가 있는 **편면적(片面的) 공동정범은 인정되지 않는다**(통설). 이 경우에는 동시범이나 편면적 종범이 될 수 있을 뿐이다.

《대판 1981.7.7. 80도2544 (과옥과세대장 위조·비치 사건)》 공동정범내지는 공모공동정범의 경우에 범인전원이 일정한 일시 장소에 집합하여 모의하지 않고 그 중의 1인 또는 2인 이상을 통하여 릴레이식으로 하여진 범의의 연락이 있고 그 범의 내용에 대하여 포괄적 또는 개별적인 의사연락이나 그 인식이 있었으면 그들 전원이 공모관계에 있다고 보아야 할 것이고, 그 후 그 실행행위에 직접 가담하지 아니하였더라도 다른 공모자가 분담 실행한 행위에 대하여 공동정범의 죄책을 진다.

《대판 2004.12.24. 2004도5494 (한나라당 불법대선자금 사건)》 2인 이상이 범죄에 공동 가공하는 공범관계에서 공모는 법률상 어떤 정형을 요구하는 것이 아니고, 2인 이상이 공모하여 어느 범죄에 공동 가공하여 그 범죄를 실현하려는 의사의 결합만 있으면 되는 것으로서, 비록 전체의 모의과정이 없었다고 하더라도 수인 사이에 순차적으로 또는 암묵적으로 상통하여 그 의사의 결합이 이루어지면 공모관계가 성립한다.

《대판 1985.5.14. 84도2118 (뱃놀이 뒷풀이 사건)》 공동정범은 행위자 상호간에 범죄행위를 공동으로 한다는 공동가공의 의사를 가지고 범죄를 공동실행하는 경우에 성립하는 것으로서, 여기에서의 공동가공의 의사는 공동행위자 상호간에 있어야 하며 행위자 일방의 가공의사만으로는 공동정범관계가 성립할 수 없다.

다. 공동실행의사의 존재시점

의사연락은 반드시 사전에 있었음을 요하지 않는다. 따라서 공동정범은 의사연락의 성립시기에 따라 예모적 공동정범, 우연적 공동정범 및 승계적 공동정범으로 구분된다. **예모적(豫謀的) 공동정범**(공모공동정범)은 공동의 의사가 실행행위 이전에 성립한 경우이며, **우연적 공동정범**은 공동의사가 실행행위시에 성립한 경우를 말함에 반하여, **승계적 공동정범**은 공동의사가 행위도중, 즉 실행행위의 일부 종료 후 그 기수 이전에 성립한 경우를 말한다. 승계적 공동정범의 경우에는 그 성립의 시간적 한계 및 성립범위에 대해 견해가 대립한다.

《대판 1984.12.26. 82도1373 (천원천 제방뚝 강간 사건)》 공동정범이 성립하기 위하여는 반드시 공범자간에 사전에 모의가 있어야 하는 것은 아니며, 우연히 만난 자리에서 서로 협력하여 공동의 범의를 실현하려는 의사가 암묵적으로 상통하여 범행에 공동가공하더라도 공동정범은 성립된다고 할 것이다.

2. 객관적 요건

가. 공동의 실행행위

공동정범이 성립하기 위해서는 공동실행의 의사가 있는 외에도 객관적으로 범죄를 실행한 공동실행행위(공동가공의 사실)가 있어야 한다. 공동의 실행행위는 전체적인 공동의 범행계획을 실현하기 위해 분업적 공동작업원리에 따라 역할을 분담하여 수행한 것이어야 한다. 이러한 공동실행행위의 형태를 '**기능적 행위지배**'라 한다. 따라서 공동의 실행의사는 있으나 공동의 실행행위, 즉 기능적 역할분담이 없는 경우는 공동정범이 될 수 없다. 이 경우 뒤에서 살펴보겠지만, 공모공동정범의 인정 여부가 문제된다.

나. 공동가공의 정도

공동정범은 역할분담에 의한 기능적 행위지배에 그 의의가 있다. 따라서 공동자가 분담한 역할이 구성요건에 해당하는 행위의 전부 또는 일부여야 할 필요는 없으며, 전체범행의 수행에 필요불가결한 요건이 되는 기능을 분담하는 것이라면 구성요건적 행위 이외의 행위로도 충분하다. 따라서 다른 공모자가 절취 또는 강취해 온 재물을 운반하거나 다른 공모자가 도피할 수 있도록 자동차를 대기하는 경우는 물론 의사연락을 한 다음에 망을 보아주거나, 훔친 장물을 처분하는 역할을 담당한 자도 기능적 역할분담을 하고 있다고 평가되면 공동정범이 된다.

《대판 2007.10.11. 2007도4697 (다단계 땅 판매 사건)》 공모에 의한 범죄의 공동실행은 모든 공범자가 스스로 범죄의 구성요건을 실현하는 것을 전제로 하지 아니하고, 그 실현행위를 하는 공범자에게 그 행위결정을 강화하도록 협력하는 것으로도 가능하며, 이에 해당하는지 여부는 행위결과에 대한 각자의 이해정도, 행위가담의 크기, 범행지배에 대한 의지 등을 종합적으로 고려하여 판단하여야 하는 것이다.

《대판 2009.9.10. 2009도5630 (수분양권 이중매매 사건)》 업무상 배임죄의 실행으로 인하여 이익을 얻게 되는 수익자 또는 그와 밀접한 관련이 있는 제3자를 배임의 실행행위자에 대한 공동정범으로 인정하기 위하여는, 우선 실행행위자의 행위가 피해자 본인에 대한 배임행위에 해당한다는 점을 인식하였어야 한다. 나아가 실행행위자의 배임행위를 교사하거나 또는 배임행위의 전 과정에 관여하는 등으로 배임행위에 적극 가담할 것을 필요로 한다.

다. 공동가공의 방법

공동정범에서 기능적 행위지배는 현장성을 필요로 하는 합동범과 달리 반드시 현장에서 이루어질 필요가 없다. 또한 반드시 신체적 행위분담에 국한되지 않고 조언을 하여 기술적인 문제를 해결하여 주는 것과 같이 정신적인 역할분담도 가능하다.

공동의 실행행위는 작위뿐만 아니라 부작위에 의해 이루어질 수도 있다. 예를 들어 甲이 구조의무가 있는 수영강사 乙과 공모하여 수강생 丙을 익사시킬 목적으로 甲이 먼저 丙을 깊은 곳으로 유인하고 乙이 그를 구조하지 아니한 경우 甲의 작위와 乙의 부작위 사이에는 행위실행의 공동이 인정될 수 있다.

《대판 2008.3.27. 2008도89 (마사지숍 사건)》 부작위범 사이의 공동정범은 다수의 부작위범에게 공통된 의무가 부여되어 있고 그 의무를 공통으로 이행할 수 있을 때에만 성립한다.

Ⅲ. 공동정범의 처벌

1. 일부실행 · 전부책임의 원칙

공동정범은 각자를 그 죄의 정범으로 처벌한다(§30). 공동의 실행행위로 인하여 **발생한 사실의 전부에 대하여** 공동정범은 **각자가 정범으로서 책임을 져야 한다**는 의미이다(**일부실행·전부책임의 원칙**). 따라서 甲과 乙이 丙을 살해하기로 공모하고 각각 丙을 향하여 총을 쏘아 甲이 쏜 총알에 의하여 丙이 사망하고 乙이 쏜 총알은 丙에게 명중되지 아니한 때에도 甲과 乙은 다같이 살인죄의 기수로 처벌된다. 다만, 범죄수행에서의 역할 등을 고려하여 공동정범 사이에 선고형은 달라질 수 있다. 또한 공동정범 중 가중·감경사유가 있는 자가 있을 경우에는 이들 사유는 그 자에게만 적용된다.

2. 인과관계와 책임의 범위

각 행위자에 대해 개별적으로 인과관계와 책임을 논하는 동시범과 달리, 공동정범에서는 **인과관계나 책임을 전체적 · 종합적으로 파악**하게 된다. 예컨대 발생된 결과가 다른 공동정범의 행위에 의한 것이었음이 판명된 경우라도 다른 공동정범도 그 결과에 대해 책임을 지고, 또한 공동정범 중 누구의 행위에 의한 것인지 판명되지 않은 경우에도 공동정범의 행위에 의한 것이라는 점만 판명되면 공동정범 전원이 전체결과에 대한 책임을 진다.

3. 초과부분에 대한 책임

공동정범은 공동의사의 범위 내에서만 성립하므로, 공동의사를 초과한 부분에 대해서는 개별적으로 책임을 진다.

4. 결과적 가중범의 공동정범

결과적 가중범의 공동정범이란 공범들이 기본범죄만을 모의하였는데 일부 공범이 고의·과실로 중한 결과를 발생시킨 경우를 말한다. 이에 대해 대법원은 행위공동설의 입장에서 기본행위에 대한 공동이 있는 이상 다른 공동자도 결과적 가중범에 대한 책임을 진다는 입장에 있다. 결과적 가중범의 공동정범을 인정하기 위해서는 공동정범의 각자가 형법 제15조 제2항에 의하여 결과의 발생을 예견할 수 있었음(예견가능성)을 필요로 한다.

《대판 1991.11.12. 91도2156 (집에 데려다 주겠다 사건)》 강도의 공범자 중 1인이 강도의 기회에 피해자에게 폭행 또는 상해를 가하여 살해한 경우, 다른 공모자가 살인의 공모를 하지 아니하였다고 하여도 그 살인행위나 치사의 결과를 예견할 수 없었던 경우가 아니면 강도치사죄의 죄책을 진다.[58]

Ⅳ. 동시범

1. 동시범의 의의

가. 동시범의 개념

공동의 의사가 없는 경우에는 2인 이상이 죄를 범하였다 하여도 공동정범이 될 수 없다. 이를 동시범(同時犯)이라 한다. 동시범은 공범이 아니라 단독정범이 결합된 것에 불과하므로 각자는 자신이 실행한 행위에 대해서만 책임을 진다. 형법은 이를 독립행위의 경합이라고 하며, '동시 또는 이시(異時)의 독립행위가 경합한 경우에 그 결과발생

58) 甲은 乙과 공모하여 유흥비를 마련하기 위해 술 취한 사람을 상대로 금품을 강취할 것을 마음먹고, 소나타 승용차를 빌려 운전하고 가다가 밤 00:00경에 술에 취한 피해자 丙을 집까지 데려다 주겠다고 위 승용차에 태워 가다가 폭행과 협박을 한 후 금품을 강취하고, 계속하여 위 피해자를 주먹과 발로 때리며 승용차 밖으로 끌어낸 다음 경찰관서에 신고하지 못하도록 하기 위해 乙은 부근에 있는 길이 1m 정도의 각목으로 丙의 다리를 수회 때리고 사람 머리 크기의 돌멩이를 집어 들어 丙의 등을 때리고 또 뒷통수를 때려 머리에 피를 흘리며 쓰러지게 하여 즉석에서 丙을 외상성 뇌출혈 등으로 죽게 하여 살해하였다. 甲은 법정에서 강도를 공모하고 丙으로부터 금품을 강취한 사실은 있지만 丙의 살인범행에는 전혀 가담한 사실이 없고, 칼 등 흉기를 전혀 휴대하고 있지 아니하여 乙이 丙을 살해까지 하리라고는 전혀 예견할 수 없었다고 주장하였다.

의 원인된 행위가 판명되지 아니한 때에는 각 행위를 미수범으로 처벌한다'고 규정하고 있다(§19).

동시범은 범인들 사이에 의사연락이 없기 때문에 여러 개의 행위는 각각 단독정범에 해당하게 되고 단지 그것들이 우연히 결합하여 결과를 발생시킨 것이므로 공동정범과는 달리 일부실행·전부책임의 원칙이 적용되지 않고, 각자 자신의 행위와 그에 의해 초래된 결과에 대해서만 책임을 지는 **개별책임의 원리**를 따르게 된다.

나. 동시범의 유형

동시범은 원인행위가 분명한 경우와 불분명한 경우로 구분할 수 있다. ① 원인행위가 분명한 경우의 동시범은 각자 자기책임의 한도 내에서 결과를 발생시킨 자만이 기수범이 되고 그 외의 자는 미수범이 된다. ② 원인행위가 불분명한 경우의 동시범은 제19조에 의해 미수범이 되는 것이 원칙이다. 예외적으로 상해의 결과가 발생한 경우에 있어서는 공동정범(기수범)으로 처벌한다(§263). 여기서는 원인행위가 분명하지 않은 경우, 즉 독립행위의 경합(§19)의 요건과 그 효과에 대해 살펴보기로 한다.

2. 제19조 동시범(독립행위의 경합)의 요건

가. 동시 또는 이시의 독립행위의 경합

제19조가 적용되는 독립행위는 실행의 착수가 인정되어야 하는 것이므로 아직 실행의 착수에 이르지 못한 예비나 음모만으로는 제19조의 적용대상이 아니다. 각각의 독립행위는 반드시 동일한 시간에 이루어질 필요는 없고 이시(異時)라도 상관없다(판례). 또한 반드시 동일한 장소에서 행하여질 필요도 없다.

동시범에서 다수인의 행위는 동일한 객체로 향하여야 한다. 한편, 행위의 객체가 동일하면 충분하고, 각 행위가 모두 구성요건적으로 동일할 필요는 없다. 따라서 살인과 상해의 동시범도 성립할 수 있다. 그러나 반드시 다수인 상호간에 **의사연락이 없어야 한다**. 이 점에서 의사연락이 필요한 필요적 공범이나 공동정범과 구별된다.

《대판 2000.7.28. 2000도2466 (노숙자 사망 사건)》 시간적 차이가 있는 독립된 상해행위나 폭행행위가 경합하여 사망의 결과가 일어나고 그 사망의 원인된 행위가 판명되지 않은 경우에는 공동정범의 예에 의하여 처벌할 것이다.

《대판 1997.11.28. 97도1740 (성수대교 붕괴사고)》 2인 이상이 상호의사의 연락이 없이 동시에 범죄구성요건에 해당하는 행위를 하였을 때에는 원칙적으로 각인에 대하여 그 죄를 논하여야 하나, 그 결과발생의 원인이 된 행위가 분명하지 아니한 때에는 각 행위자를 미수범으로 처벌하고 (독립행위의 경합), 이 독립행위가 경합하여 특히 상해의 경우에는 공동정범의 예에 따라 처단(동시범)하는 것이므로, 상호의사의 연락이 있어 공동정범이 성립한다면, 독립행위경합 등의 문제는 아예 제기될 여지가 없다.

나. 결과발생의 원인된 행위가 판명되지 아니한 때

제19조는 결과가 발생하고 원인된 행위가 판명되지 않은 경우 결과에 대한 책임을 어떻게 할 것인가를 규정한 것이므로 결과가 아예 발생하지 않은 경우에는 제19조를 적용할 여지가 없다. 이 경우에는 범인을 각자 자신의 행위에 따라 미수범으로 처벌하면 된다. 결과발생의 **원인행위가 판명되지 않을 것**을 요건으로 한다. 원인된 행위가 판명되면 각자는 그 내용에 따라서 고의 또는 과실의 책임을 질 것이므로 제19조 또는 제263조의 동시범 문제가 발생할 여지가 없다.

3. 제19조의 효과

독립행위가 경합하였더라도 그 **원인행위가 분명한 경우**에는 각자 자기책임의 한도 내에서 결과발생에 대해 **인과관계가 인정되는 자는 기수범**으로, **인과관계가 부정되는 자는 미수범**으로 처벌한다. 과실행위 사이의 동시범에서는 결과발생에 원인을 준 자는 과실범의 정범이 되고 결과발생에 원인을 주지 않은 자는 불가벌이 된다.

결과발생의 **원인행위가 판명되지 않은 동시범**의 경우에는 형법 제19조를 적용하여 **각자 미수범**으로 처벌한다. 다만 과실범의 경우 미수를 생각할 수 없으므로 처벌할 수 없게 된다.

4. 상해죄의 동시범 특례

가. 의의

동시범의 경우 원인행위가 판명되지 않으면 각자를 미수범으로 처벌한다(§19). 단, 상해의 동시범의 경우에는 원인행위가 판명되지 않은 때에도 공동정범의 예에 의하여 처벌한다(§263). 형법 제263조는 제19조에 대한 예외로써 각자를 기수범으로 처벌한다는 의미이다.

형법 제263조의 법적 성격에 대해 다수설은 상해의 원인에 대한 검사의 입증곤란을 구제하기 위한 정책적 고려하에서 피고인에게 거증책임을 지운 예외규정으로 본다(**거증책임전환설**). 따라서 피고인은 상해의 결과발생이 자신의 행위로 인한 것이 아니란 것을 입증하여야 할 거증책임을 부담한다.

나. 적용요건

제263조는 제19조의 특례규정이므로, 기본적으로 그 적용요건은 제19조와 같다. 따라서 ① 동시 또는 이시의 독립행위가 경합할 것, ② 상해의 결과가 발생할 것, ③ 원인행위가 판명되지 않을 것 등을 요건으로 한다.

다. 적용범위

1) 상해죄 · 폭행치상죄

제263조는 상해의 결과가 발생하면 족하므로, 그 행위가 상해행위이든 폭행행위이든 관계없는 것으로 보아야 한다. 따라서 상해죄나 폭행치상죄인 경우에도 본조가 **적용된다**(통설).

2) 상해치사죄·폭행치사죄의 경우

통설에 의하면 제263조는 상해의 결과를 발생하게 한 경우라고 규정하고 있으므로 사망의 결과를 발생케 한 경우는 유추해석금지원칙에 반하므로 적용되지 않는다고 한다. 그러나 **판례**는 상해의 결과를 발생케 한 이상 상해의 범위를 넘어 사망한 경우에도 사망의 결과에 대하여 인과관계와 예견가능성이 있는 한 상해치사는 물론 폭행치사의 경우에도 본조가 **적용된다**는 입장이다.

3) 과실치사상죄

과실치사상죄에 대해 제263조를 적용할 수 있는가에 대하여 이를 긍정하는 견해도 있으나 제263조의 특례가 '상해와 폭행의 죄'의 장에 규정되어 있는 점 등을 참작하여 제263조의 독립행위의 경합은 상해 또는 폭행의 고의범이어야 한다고 보는 것이 타당하다(다수설). 따라서 과실치사상죄에는 제263조를 **적용할 수 없다.**

4) 강도치상·강간치상죄의 경우

본조는 폭행과 상해의 죄에 관한 특별규정이므로 그 보호법익을 달리하는 강간치상죄나 강도치상죄에는 동시범의 특례가 **적용되지 않는다**(통설). 판례도 같은 입장이다.

《대판 1984.4.24. 84도372》 형법 제263조의 동시범은 상해와 폭행죄에 관한 특별규정으로서 동 규정은 그 보호법익을 달리하는 강간치상죄에는 적용할 수 없다.

5) 살인죄

각자에게 살인의 고의가 있었던 경우에는 '상해 또는 폭행'에 대한 고의가 아니므로 **제263조의 적용할 수 없다.** 따라서 예컨대 甲과 乙이 상호 의사연락없이 살인의 고의로 丙에게 총을 발사하였으나 상처만 입히고 미수에 그친 경우, 甲과 乙은 각각 살인미수의 책임을 질 뿐이다.

마. 특례적용의 효과

원인행위가 **판명되지 아니한 때에는 공동정범의 예에 의하여 처벌된다.** 여기서 '공동정범의 예에 의한다'는 것은 행위자들을 단독정범 또는 동시범으로 처벌하면서 인과관계를 공동정범처럼 판단한다는 의미, 즉 독립행위 경합자 모두의 행위와 결과 사이에 인과관계만 확인되면 개별적인 독립행위의 결과 사이에 인과관계가 판명되지 않더라도 각자를 발생한 결과에 대해서 **기수로 처벌**한다는 의미로 이해해야 한다.

V. 승계적 공동정범

1. 승계적 공동정범의 의의

승계적 공동정범이란 공범 중 일부가 실행행위의 일부분을 행하는 도중 이를 알고 있는 다른 사람이 공동실행의 의사로 나머지 실행행위를 공동으로 행하는 경우, 즉 **공동실행의 의사가 선행자의 실행행위의 일부종료 후 범죄종료 전에 성립한 경우**로, 주로 결합범이나 포괄일죄에서 발생한다. 예를 들어 甲이 강도의 고의로 피해자를 기절시켜 놓은 후 이를 알고 있는 乙이 절도의 고의로 함께 피해자의 몸을 뒤져 지갑 속의 현금을 절취한 경우를 말한다. 이 경우에 甲을 선행자, 乙을 후행자라고 한다.

승계적 공동정범에 있어서는 선행자와 후행자 사이에 공동정범이 성립할 수 있는가(공동정범의 성립가능성)가 문제되고, 만일 이를 인정한다면 후행자가 가담하기 전에 선행자에 이루어진 행위부분을 후행자에게도 귀책시킬 수 있는가(후행자의 책임범위) 등이 문제된다.

2. 공동정범의 성립가능성

승계적 공동정범이 성립할 수 있는가에 대해서는 범죄공동설과 행위공동설이 견해를 달리한다. 범죄공동설에 의하면 승계적 공동정범은 공동정범이 될 수 없고 전체범죄의 방조가 될 수 있을 뿐이라고 한다. 그러나 행위공동설은 이 경우에도 공동정범의 성립을 인정한다.

승계적 공동정범의 성립가능성은 공동의사의 성립시기에 관한 문제이다. 공동정범에 있어서 공동의 의사가 사전에 있을 것을 요하지 않는 이상 실행행위의 도중에 타인이 공동실행의 의사를 가지고 남은 실행행위를 공동으로 한 경우에 공동정범의 성립을 부정할 이유가 없다. 따라서 공동정범의 성립을 긍정하는 것이 타당하다(통설 · 판례).

3. 공동정범 성립의 시간적 한계

승계적 공동정범도 공동정범이므로 선행자와 후행자에게는 공동하여 범죄를 완성한다는 공동의 의사가 있어야 한다. 이 경우에 공동의 의사가 성립할 수 있는 시기에 대해서는 범죄의 기수시까지라는 견해와 **범죄의 종료시까지라는 견해**(다수설)의 대립이 있다.

《대판 2003.10.30. 2003도4382 (삼성전자 GSM 기술유출 사건)》 회사직원이 영업비밀을 경쟁업체에 유출하거나 스스로의 이익을 위하여 이용할 목적으로 무단으로 반출한 때 업무상배임죄의 기수에 이르렀다고 할 것이고, 그 이후에 위 직원과 접촉하여 영업비밀을 취득하려고 한 자는 업무상배임죄의 공동정범이 될 수 없다.

《대판 1995.9.5. 95도577 (운전자 바꿔치기 사건)》 범인도피죄는 범인을 도피하게 함으로써 기수에 이르지만 범인도피행위가 계속되는 동안에는 범죄행위도 계속되고 행위가 끝날 때 비로소 범죄행위가 종료되고, 공범자의 범인도피행위의 도중에 그 범행을 인식하면서 그와 공동의 범의를 가지고 기왕의 범인도피상태를 이용하여 스스로 범인도피행위를 계속한 자에 대하여는 범인도피죄의 공동정범이 성립한다.

4. 후행자의 귀책범위

공동정범의 성립을 긍정하는 경우에도 후행자에게 어느 범위까지 공동정범의 책임을 인정할 것인가에 대해 견해가 대립된다. 후행자도 가담 이전의 행위를 포함한 행위전체에 대해 공동정범의 책임을 져야 한다는 견해가 있다. 그러나 다수설과 판례는 후행자에게 **그 가담 이후의 행위에 관하여만 공동정범의 성립을 인정한다**.[59] 다수설

59) 앞의 사례에서 乙은 기본적으로 합동절도죄의 책임을 지는 것이 당연하지만 행위전체에 대해 공동정

에 의하면, 앞의 사례에서 乙은 가담 이후의 합동절도죄에 대해서만 공동정범으로서 처벌된다. 후행자의 행위는 선행자에 의해 이미 행하여진 행위의 원인이 될 수 없으며, 선행자에 의하여 단독으로 행하여진 결과에 대해서 후행자의 기능적 행위지배를 인정할 수 없다는 점을 근거로 한다.

《대판 2007.11.15. 2007도6336 (시세조종 중 가담 사건)》 포괄일죄의 범행 도중에 공동정범으로 범행에 가담한 자는 비록 그가 그 범행에 가담할 때에 이미 이루어진 종전의 범행을 알았다 하더라도 그 가담 이후의 범행에 대하여만 공동정범으로 책임을 진다.

《대판 1982.6.8. 82도884 (히로뽕 제조도중 가담 사건)》 연속된 제조행위 도중에 공동정범으로 범행에 가담한 자는 비록 그가 그 범행에 가담할 때에 이미 이루어진 종전의 범행을 알았다 하더라도 그 가담 이후의 범행에 대하여만 공동정범으로 책임을 지는 것이라고 할 것이니, 비록 이 사건에서 乙의 위 제조행위 전체가 포괄하여 하나의 죄가 된다 할지라도 甲에게 그 가담 이전의 제조행위에 대하여까지 유죄를 인정할 수는 없다.[60]

한편, 결합범의 실행 도중 종범으로 가담한 경우 후행자의 책임범위와 관련하여 **전체범죄에 대한 종범이 성립할 수 있는가**에 대해 견해가 대립된다. 이른바 '승계적 방조'를 인정할 것인가의 문제이다. 이에 대하여 **판례는 전체범죄에 대한 종범을 인정하여 승계적 방조를 인정**한 바 있다. 그러나 이에 대해서도 가담 이후 부분의 실행행위에 대해서만 방조범의 성립을 인정해야 된다는 비판이 제기되고 있다.

《대판 1982.11.23. 82도2024 (이윤상군 유괴사건)》 비록 타인이 미성년자를 약취·유인한 행위에는 가담한 바 없다 하더라도 사후에 그 사실을 알면서 약취·유인한 미성년자나 부모 기타 그 미성년자의 안전을 염려하는 자의 우려를 이용하여 재물이나 재산상의 이익을 취득하거나 요구하는 타인의 행위에 가담하여 이를 방조한 때에는 단순히 재물 등 요구행위의 종범이 되는데 그치는 것이 아니라 종합범인 위 특정범죄가중처벌등에 관한 법률 제5조의2 제2항 제1호 위반죄의 종범에 해당한다.[61]

범의 책임을 져야 한다면, 여기에 더 나아가 甲이 행한 폭행부분까지 승계하여 합동강도죄의 책임까지 지게 된다.

60) 대판 1997.6.27. 97도163(농협직원의 백미에 대한 배임죄 사건)도 같은 취지이다.

61) 1980년 11월 13일, 14세의 중학생이 같은 학교 체육교사에 의해 유괴된 사건을 말한다. 유괴된 중학생은 서울 마포구 공덕동에 살고 있던 2대 독자 이윤상(李潤相)이었다. 그러나 이 유괴사건은 발생 직후부터 미궁에 빠졌다. 유괴범은 62회에 걸쳐 이군의 집에 협박편지와 협박전화를 통해 인질금으로 4,000만 원을 요구하였다. 이군의 부모는 유괴범에게 돈을 건네기 위해 범인과 약속한 장소에 나갔지만 범인이 매번 나타나지 않았다. 경찰은 처음에는 공개수사 대신 비밀수사를 통해 범인 검거에 나섰으나, 아무런 성과도 거두지 못하게 되자 결국 공개수사 방침을 정하고 매스컴에 사건의 전모를 발표하였다. 사건의 실마리는 쉽게 잡히지 않다가 사건 발생 1년 만인 1981년 11월 30일 이군이 다니던 중학교의 체육교사 주영형(朱永炯)이 범인인 것으로 밝혀졌다. 범인은 중학교 교사이면서도 방탕한 생활에 빠져 있었다. 교사의 직분을 이용해 어린 여학생 제자들과 불륜 행각을 벌였음은 물론, 도박에

Ⅵ. 과실범의 공동정범

1. 과실범의 공동정범의 의의

과실범의 공동정범이란 **2인 이상이 공동의 과실로 인해 과실범의 구성요건적 결과를 발생케 한 경우**를 말한다. 공동정범의 성립요건인 공동의사의 내용을 어떻게 파악할 것인가의 문제이다. 예를 들어 甲과 乙이 의사의 연락 아래 곰으로 오인하고 총을 쏘았는데 甲의 총알에 의하여 丙이 사망한 경우 또는 甲과 乙이 의사의 연락아래 옥상에서 물건을 떨어뜨려 통행인에게 상해를 입힌 경우가 여기에 해당한다. 이 경우에 과실범의 공동정범이 성립한다고 보아 각자가 발생한 결과 전부에 대하여 책임을 질 것인가가 문제된다.

2. 과실범의 공동정범 인정여부

가. 긍정설

행위공동설 등의 견해에 의하면 과실범에 있어서도 공동정범의 성립이 가능하다고 해석한다. 행위공동설에 의하면 공동정범은 특정범죄를 공동으로 하는 것이 아니라 행위의 공동이 있으면 족하고, 공동의 의사도 행위를 공동으로 할 의사를 의미한다고 해석하여 **과실범의 공동정범을 긍정**하게 된다. 대법원 판례의 입장이라고 할 수 있다.

《대판 1962.3.29. 61도598 (그냥가자 사건)》 형법 제30조에 '공동하여 죄를 범한 때'의 '죄'는 고의범이고 과실범이고를 불문한다고 해석하여야 할 것이고 따라서 공동정범의 주관적 요건인 공동의 의사도 고의를 공동으로 가질 의사임을 필요로 하지 않고 고의행위이고 과실행위이고 간에 그 행위를 공동으로 할 의사이면 족하다고 해석하여야 할 것이므로, 2인 이상이 어떠한 과실 행위를 서로의 의사연락 아래 하여 범죄되는 결과를 발생케 한 것이라면 여기에 과실범의 공동정범이 성립되는 것이다.

나. 부정설

범죄공동설 등의 견해에 의하면 공동정범은 고의범에 있어서만 가능하다는 전제에서 과실범의 공동정범을 부정하고 과실범의 동시범으로 해결하면 충분하다고 해석한

빠져 노름 빚을 갚기 위해 어린 제자를 유괴하였다. 유괴 후 범인은 서울 영등포의 아파트에 이군을 감금한 뒤, 손발을 묶고 입에 반창고를 붙이고 이불을 덮어 질식사시켰다. 이어 시체를 경기 가평군 북한강 둔치에 암매장하였는데, 범인과 불륜 관계에 있던 두 여고생도 범행을 도운 혐의로 함께 구속되었다. 범인 주영형은 1심에서 사형을 선고받고 계속 항소·상고하였으나, 대법원의 확정판결로 1983년 7월 9일 사형이 집행되었다.

다. 공동정범의 본질은 공동결의에 기초한 기능적 역할분담에 중점을 두는 기능적 행위지배에 있으므로, 기능적 행위지배의 본질적 요소인 공동의 범행결의가 불가능한 과실범에서는 공동정범이 성립할 여지가 없다는 견해이다.

비교판례

공동정범에 해당하는 경우	공동정범에 해당하지 않는 경우
① 이른바 딱지어음을 발행하여 매매한 이상 사기의 실행행위에 직접 관여하지 아니하였다고 하더라도 공동정범으로서의 책임을 면하지 못하고, 딱지어음의 전전유통경로나 중간 소지인들 및 그 기망방법을 구체적으로 몰랐다고 하더라도 공모관계를 부정할 수는 없다(대판 1997.9.12. 97도1706 딱지어음 전전유통 사건). ② 甲과 乙은 丙이 丁女을 강간하려고 정읍군 입암면 접지리 소재 천원천 제방으로 유인하여 가는 것을 알고서 그 뒤를 따라가다가, 제방뚝에서 丙이 丁을 강간하려고 폭행하기 시작할 무렵, 丙의 주위에 나타나서 항거불능의 상태에 있는 丁을 강간하기 위하여 하의를 벗고 대기하고 있었고 丙이 강간을 끝내자마자 그의 신호에 따라 차례로 윤간한 경우 공동정범이 성립한다(대판 1984.12.26. 82도1373 (천원천 제방뚝 강간 사건). ③ 피고인이 공범들과 함께 강도범행을 저지른 후 피해자의 신고를 막기 위하여 공범들이 묶여있는 피해자를 옆방으로 끌고가 강간범행을 할 때에 피고인은 자녀들을 감시하고 있었다면 공범들의 강도강간범죄에 공동가공한 것이라 하겠으므로 비록 피고인이 직접강간행위를 하지 않았다 하더라도 강도강간의 공동죄책을 면할 수 없다(대판 1986.1.21. 85도2411 자녀감시 사건).	① 전자제품 등을 밀수입해 올테니 이를 팔아달라는 제의를 받고 승낙한 경우, 그 승낙은 물품을 밀수입해 오면 이를 취득하거나 그 매각알선을 하겠다는 의사표시로 볼 수 있을 뿐 밀수입 범행을 공동으로 하겠다는 공모의 의사를 표시한 것으로는 볼 수 없다(대판 2000.4.7. 2000도576 전자제품 팔아달라 사건). ② 오토바이를 절취하여 오면 그 물건을 사 주겠다고 한 것이 절도죄에 있어 공동정범의 성립을 인정하기 위하여 필요한 공동가공의 의사가 있었다고 보기 어렵다(대판 1997.9.30. 97도1940 오토바이 사주겠다 사건). ③ 피고인이 乙에게 황소를 훔쳐오면 문제없이 팔아주겠다고 말한 사실이 있을 뿐이라면 이는 절취장물에 관하여 매각 알선하겠다는 의사표시를 한 것으로 볼 수 있을 뿐 황소 절취행위를 공동을 하겠다는 공모의 의사를 표시한 것이라고 할 수 없다(대판 1975.2.25. 74도2288 황소 팔아주겠다 사건).

공동정범에 해당하는 경우	공동정범에 해당하지 않는 경우
④ 공동피고인이 위조된 부동산임대차계약서를 담보로 제공하고 피해자로부터 돈을 빌려 편취할 것을 계획하면서 피해자가 계약서상의 임대인에게 전화를 하여 확인할 것에 대비하여 피고인에게 미리 전화를 하여 임대인 행세를 하여달라고 부탁하였고, 피고인은 위와 같은 사정을 잘 알면서도 이를 승낙하여 실제로 피해자의 남편으로부터 전화를 받자 자신이 실제의 임대인인 것처럼 행세하여 전세금액 등을 확인해준 경우, 피고인의 행위는 위조사문서행사에 있어서 기능적 행위지배의 공동정범 요건을 갖춘 것이다(대판 2010.1.28. 2009도10139 임대인 행세 사건). ⑤ 공모가 있는 이상 반드시 각 범행의 실행을 분담할 것을 요하지 아니하고, 단순히 망을 보았어도 공범의 책임을 면할 수 없다 할 것이므로, 강간을 모의한 공동피고인 중 甲이 강간하고 있는 중 乙이 강간피해자의 딸을 살해하고 다시 甲은 강간을 끝내고 망을 보고 있는 사이에 乙이 강간피해자를 묶고 집에 불을 놓아 피해자를 살해한 경우 甲은 강간 이후의 다른 피고인의 일련의 범행에 대하여 공동정범의 죄책을 면할 수 없다(대판 1982.10.26. 82도1818 망보는 동안 다죽인 사건). ⑥ 丙이 술을 많이 마신 상태에서 甲으로부터 심하게 폭행을 당하여 몸을 잘 가누지 못한 채 공원벤치에 누워 있었는데, 그 상태에서 2시간이 지난 후 이러한 사정을 모르는 乙이 丙의 엉덩이를 밀쳐내 丙이 벤치에서 떨어져 머리에 피를 흘리며 의식을 잃고 있다가 병원으로 후송되었으나 결국 사망한 경우, 甲과 乙은 동시범에 해당한다(대판 2000.7.28. 2000도2466 노숙사 사망사건).	④ 피해자 일행을 한 사람씩 나누어 강간하자는 피고인 일행의 제의에 아무런 대답도 하지 않고 따라다니다가 자신의 강간 상대방으로 남겨진 乙에게 일체의 신체적 접촉도 시도하지 않은 채 다른 일행이 인근 숲 속에서 강간을 마칠 때까지 乙과 함께 이야기만 나눈 경우, 피고인 甲에게 다른 일행의 강간 범행에 공동으로 가공할 의사가 있었다고 볼 수 없다(대판 2003.3.28. 2002도7477 숲속에서 이야기만 나눈 사건). ⑤ 케어코리아 압구정점 실장, 신촌점 실장, 소공점 실장, 삼성점 실장, 부산점 실장이 관할관청에 신고를 하지 아니하고, 마사지실 등을 설치하고, 약 2년 6개월간 그곳에 온 손님에게 전신 오일을 바르고 손으로 전신을 주물러 온몸의 근육 긴장을 풀어주고, 얼굴 팩, 두피마사지, 크림 등을 발라주는 등 피부관리를 하여 주고, 그 대가로 1회 당 10만 원 상당의 금품을 교부받은 경우, '공중위생영업을 하는 자'가 아니라 영업자의 직원이나 보조자의 경우에는 신고의무가 없어, 부작위범인 신고의무 위반으로 인한 공중위생관리법 위반죄의 공동정범도 성립할 수 없다(대판 2008.3.27. 2008도89 마사지숍 사건). ⑥ 삼성전자 기흥통신연구소 수석연구원인 乙은 2000년 4월경 삼성전자를 퇴직하기로 마음먹고 퇴직 후에 삼성전자의 영업비밀과 관련된 벤처기업에 취업할 경우 업무에 활용할 목적으로, 그달 하순경 삼성전자의 영업비밀(SGH 800모델 휴대폰 자료)을 CD롬과 플로피 디스켓에 저장한 후 5월경 CD롬을 회사 밖으로 반출하여 집으로 가져왔고, 6월경 甲을 만나 벨웨이브에 취업하고 싶다는 뜻을 표시하면서 삼성전자의 영업비밀에 관한 자료를 집에 보관하고 있다고 말하였는데, 甲은 알았다고 하면서 乙의 요구를 받아들여 연봉 6,500만원 외에 벨웨이브의 주식 3만주를 주기로 약정하였고, 그후 乙은 6월말경 삼성전자에 사직서를 제출하면서 위 디스켓마저 집으로 가져와 보관하고 있다가, 7월 1일경 벨웨이브 GSM휴대폰 사업부 이사로 먼저 취업한 다음, 그달 19일 삼성전자를 퇴사한 후인 10월경 위 CD롬 및 디스켓에 들어 있는 영업비밀을 벨웨이브의 서버컴퓨터에 제공한 경우, 乙이 CD롬을 5월경 삼성전자 밖으로 반출하여 집에 보관한 때에 업무상배임죄의 기수에 이른 것이고, 甲은 그 이후에 을을 접촉한 것이므로 乙의 업무상배임죄의 공동정범이 될 수는 없다(대판 2003.10.30. 2003도4382 삼성전자 GSM 기술유출 사건).

공동정범에 해당하는 경우	공동정범에 해당하지 않는 경우
⑦ 乙, 丙, 丁이 서로 공모하여 丁이 교통사고를 낸 운전사인 양 수사관서에 허위신고한 후 진범인 A가 자수하기 전에, 甲이 이러한 사실을 인식하고 丁과 A를 만나 판시와 같은 행위를 하였다면, 비록 甲이 다른 공범자들과 사전에 범인도피의 공모를 하지 아니하였다고 하더라도 그들과 공동의 범인도피의 범의를 가지고 기왕의 범인도피상태를 이용하여 스스로 범인도피의 실행행위를 계속한 것으로서 범인도피죄의 공동정범이 성립된다(대판 1995.9.5. 95도577 운전자 바꿔치기 사건). ⑧ 甲은 1960.12.31. 오후 5시경 충북 옥천군 안내면 율리 산판에서 부정임산물인 장작 9평을 乙이 운전하는 충남관제172호 화물자동차에 싣고 떠남에 있어 乙에게 지서나 검문소 앞을 지날 때는 정거하지 말고 통과하자고 말하고 이어 그곳을 출발 대전을 향하여 진행 중 밤 11시 10분경 서대전경찰서 세천검문소 전방 약35m 지점에 이르렀을 때 그 검문소 근무 P순경(정헌일, 29세)이 검문소 앞 노변에서 정거신호를 하고 있음을 발견하고 乙이 정차할 것 같이 가장하여 속력을 저감하자 甲은 '그냥가자'고 하여, P순경이 도로 좌측에서 그 차 전면을 횡단하여 우측 노변에 이르러 운전대 우측에 접근하려 할 찰나 乙이 갑자기 가속질주로 도피하려 하자 P순경은 이를 추적하여 운전대 스템에 올라 검문을 하려다가 검문소로부터 약 150m 지점에서 추락하여 우측 후륜에 하복부를 충격하여 다음 날인 1961.1.1. 오전 4:30경 사망한 경우, 甲과 乙에게는 과실범의 공동정범이 성립된다(대판 1962.3.29. 61도598 그냥가자 사건). ⑨ 운전병이 운전하던 짚차의 선임 탑승자는 이 운전병의 안전운행을 감독하여야 할 책임이 있는데 오히려 운전병을 데리고 주점에 들어가서 같이 음주한 다음 운전케 한 결과 위 운전병이 음주로 인하여 취한 탓으로 사고가 발생한 경우에는 선임탑승자에게도 과실범의 공동정범이 성립한다(대판 1979.8.21. 79도1249 선탑자 음주주도 사건). ⑩ 甲은 건설업자로서 부실공사를 하고, 乙은 감독공무원으로서 제작·시공상의 감독을 소홀히 하고, 丙은 유지·관리를 소홀히한 각 과실이 경합하여 성수대교가 붕괴되어 지나가던 통행인이 사망한 경우 甲, 乙, 丙은 업무상과실치사상죄 등의 공동정범이 된다(대판 1997.11.28. 97도1740 성수대교 붕괴사고).[62]	⑦ 전국노점상총연합회가 주관한 도로행진시위에 참가한 피고인이 다른 시위 참가자들과 함께 경찰관 등에 대한 특수공무집행방해 행위를 하던 중 체포된 경우, 단순가담자인 피고인에게 체포된 이후에 이루어진 다른 시위참가자들의 범행에 대하여는 본질적 기여를 통한 기능적 행위지배가 존재한다고 보기 어려워 공모공동정범의 죄책을 인정할 수 없다(대판 2009.6.23. 2009도2994 노점상시위 단순가담자 사건). ⑧ 甲, 乙, 丙, 丁은 뱃놀이를 하면서 술을 마셔 만취된 상태에서 술을 더 마시자고 하여 술집에 가게 되었는데 甲이 마루에 걸터앉아 있던 피해자 A 앞을 지나면서 그의 발을 걸은 것이 발단이 되어 시비가 일어나서, (1) 화가 난 甲이 손으로 A의 멱살을 잡아 흔들다 A를 뒤로 밀어 시멘트 바닥에 넘어져 나무기둥에 뒷머리를 부딪치게 하였고, (2) 이때 뒤따라 들어오던 乙이 그 장면을 보고 들고 있던 쪽대(고기망태기)를 마당에 집어던지고 욕설을 하면서 A에게 달려들어 양손으로 멱살을 잡고 수회 흔들다가 밀어 뒤로 넘어뜨려 뒷머리를 시멘트 바닥에 또다시 부딪치게 하였으며, (3) 乙은 이어서 부엌 근처에 있던 삽을 손에 들고 A의 얼굴 우측부위를 1회 때려 A가 넘어지면서 뒷머리를 장독대 모서리에 부딪쳐 A가 사망하게 된 경우, (2)와 (3) 범행에 대해 甲에게는 상해치사죄의 공동정범이 성립하지 않는다(대판 1985.5.14. 84도2118 뱃놀이 뒷풀이 사건).

공동정범에 해당하는 경우	공동정범에 해당하지 않는 경우
⑪ 건설 관련 회사의 유일한 지배자가 회사 대표의 지위에서 장기간에 걸쳐 건설공사 현장소장들의 뇌물공여행위를 보고받고 이를 확인·결재하는 등의 방법으로 위 행위에 관여한 경우, 뇌물공여의 기능적 행위지배를 하였다고 보아 공모공동정범의 죄책이 인정된다(대판 2010.7.15. 2010도3544 건설회사 유일한 지배자 사건).	

Ⅶ. 공모공동정범

1. 공모공동정범의 의의

공동정범이 성립하기 위해서는 원칙적으로 공동의 실행행위가 존재해야 한다. 그런데 수인이 범행을 공모(共謀)하여 그중 일부가 공모에 따라 실행행위로 나아간 경우 실행행위를 한 자뿐만 아니라 실행행위를 분담하지 아니하고 단순히 공모에 참가한 자에 대해서도 공동정범이 성립한다는 것이 공모공동정범 이론이다.

공모공동정범 이론은 19세기 말 일본의 판례(일본 대심원 판결 1896.3.3)에서 공동의사주체설에 따라 지능범에 대해 인정해 오다가 이후 점차 방화, 살인, 절도, 강도 등의 실력범에까지 인정범위를 확대했는데 우리 판례도 일관하여 이를 인정하고 있다.

2. 인정 여부

가. 긍정설

대법원은 종래 **공동의사주체설**에 따라 공모공동정범을 인정해 왔다. 이에 의하면 이심별체(異心別體)인 개인들이 일정한 범죄를 범하려고 하는 공동목적을 실현하기 위하여 동심일체(同心一體)가 되고, 따라서 그 가운데 일부의 행위는 공동의사주체(共同意思主體)의 행위가 되어 실행행위를 분담하지 않은 다른 공모자도 공동정범으로 처벌되어야 한다

62) 1994년 서울의 한강에 위치한 성수대교의 상부 트러스가 무너져 내려 일어난 사고다. 이 사고로 17명이 다치고 32명이 사망하여 총 49명의 사상자를 냈다. 1994년 10월 21일 오전 7시 38분경에 제5·6번 교각 사이 상부 트러스 약 50m가 붕괴해 무너지는 사고가 발생하였다. 사고부분을 달리던 승합차 1대와 승용차 2대는 현수(懸垂) 트러스와 함께 한강으로 추락했고, 붕괴되는 지점에 걸쳐 있던 승용차 2대는 물속으로 빠졌다. 지나가던 한성운수 소속 16번 시내버스는 통과 도중 뒷바퀴가 붕괴지점에 걸쳐 있다가 차체가 뒤집혀 추락한 후, 떨어진 상판에 박혀 찌그러지는 바람에 등교길의 학생들을 비롯한 승객들이 졸지에 참변을 당하였다. 버스 추락으로 사망한 사람은 29명이다. 사고 차량 중 승합차엔, 제49주년 경찰의 날을 맞아 우수 중대로 선정되어 표창을 받기 위해 본대로 가던 의경들이 타고 있었는데, 이들은 사고 발생후 전원 무사하여 헌신적으로 요구조자들을 구조했다.

는 것이다.

한편 **간접정범유사설**에 의하면 개별적으로 보아 실행행위를 하지 않은 단순한 공모자라 하더라도 타인과 공동하여 타인의 행위를 이용하여 자신의 범죄를 실현한다는 점에서 간접정범에 유사한 정범성이 인정되므로 공동정범을 인정할 가능성이 있다고 한다. 간접정범유사설의 하나로서, 공모자의 이용행위가 실행행위와 가치적으로 동일한 정도로 평가할 수 있는 적극적 이용행위에 국한하여 공모공동정범의 성립을 인정하는 견해도 있다**(적극이용설)**.

《대판 1983.3.8. 82도3248 (부산 미문화원 방화사건)》 공모공동정범은 공동범행의 인식으로 범죄를 실행하는 것으로 공동의사주체로서의 집단 전체의 하나의 범죄행위의 실행이 있음으로써 성립하고 공모자 모두가 그 실행행위를 분담하여 이를 실행할 필요가 없고 실행행위를 분담하지 않아도 공모에 의하여 수인간에 공동의사주체가 형성되어 범죄의 실행행위가 있으면 실행행위를 분담하지 않았다고 하더라도 공동의사주체로서 정범의 죄책을 면할 수 없다.[63]

나. 부정설

다수설은 여기서 공모공동정범에 대하여 공동정범의 성립을 부정하고 있다. 즉 형법의 해석상으로는 실행행위를 분담한 때에만 공동정범이 성립하므로 공모공동정범의 개념은 인정할 수 없으며, 어떤 의미에서도 실행행위를 분담하였다고 볼 수 없는 공모자는 그 가공의 정도에 따라 교사나 방조의 책임을 질 따름이라고 한다.

다. 절충설(확장된 기능적 행위지배설)

공모공동정범이론은 집단범죄의 실체를 정확히 파악하고 대처하기 위한 이론이라는 점에서 그 합리성이 인정되며, 이 이론이 판례에 의해 확고하게 확립된 법원리이자 판례이론이 변경될 것을 기대할 수 없는 실정이므로, 기능적 행위지배설을 기초로 하여 공모의 범위를 합리적으로 제한하여 공동정범을 인정할 수 있다는 견해이다. 이에 의하면 실행행위를 분담하지 아니한 경우에도 범죄를 조직하고 지휘하거나 범죄실행자를 지정하여 실행한 때와 같이 전체계획의 중요한 기능을 분담한 것으로 평가될 수 있는 공모자는 공동정범으로 처벌되어야 한다고 한다.

---

63) 부산미문화원 방화사건은 1982년 3월 18일 최인순, 김은숙, 문부식, 김현장 등 부산 지역 대학생들이 부산 미국 문화원에 불을 지른 반미운동의 성격을 띄는 방화 사건이다. 불은 약 2시간 만에 꺼졌지만, 미국문화원 도서관에서 공부하던 동아대학교 재학생 장덕술(당시 22세)이 사망했고, 역시 동아대학교 학생 김미숙, 허길숙 외 3명은 중경상을 입었다.

《대판 2007.4.27. 2007도236 (포스코본사 점거·농성사건)》 형법 제30조 공동정범은 공동가공의 의사와 그 공동의사에 기한 기능적 행위지배를 통한 범죄 실행이라는 주관적·객관적 요건을 충족함으로써 성립하는바, 공모자 중 일부가 구성요건 행위 중 일부를 직접 분담하여 실행하지 않은 경우라 할지라도 전체 범죄에 있어서 그가 차지하는 지위, 역할이나 범죄 경과에 대한 지배 내지 장악력 등을 종합해 볼 때, 단순한 공모자에 그치는 것이 아니라 범죄에 대한 본질적 기여를 통한 기능적 행위지배가 존재하는 것으로 인정된다면, 이른바 공모공동정범으로서의 죄책을 면할 수 없는 것이다.

《대판 2018.4.19. 2017도14322 (국정원 댓글 사건)》 형법 제30조의 공동정범은 공동가공의 의사와 그 공동의사에 의한 기능적 행위지배를 통한 범죄 실행이라는 주관적·객관적 요건을 충족함으로써 성립하므로, 공모자 중 구성요건행위를 직접 분담하여 실행하지 않은 사람도 위 요건의 충족 여부에 따라 이른바 공모공동정범으로서의 죄책을 질 수 있다. 구성요건행위를 직접 분담하여 실행하지 않은 공모자가 공모공동정범으로 인정되기 위해서는 전체 범죄에서 그가 차지하는 지위·역할, 범죄 경과에 대한 지배나 장악력 등을 종합하여 그가 단순한 공모자에 그치는 것이 아니라 범죄에 대한 본질적 기여를 통한 기능적 행위지배가 존재한다고 인정되어야 한다.[64]

3. 공모관계로부터의 이탈

공동정범의 경우 타공모자의 실행의 착수 이전에 범행의사를 포기한 자는 공동정범이 될 수 없다. 공동정범의 성립에 필요한 공동실행의사는 원칙적으로 그 범죄의 실행의 착수시까지 존재해야 하기 때문이다. 공동정범 중의 어느 한 사람이 공모관계로부터 이탈한 경우 이탈한 자를 어떻게 처리할 것인가는 사안에 따라 달리 평가될 수 있다.

가. 실행의 착수 이전에 이탈한 경우

판례는 '공모공동정범에 있어서 그 공모자 중의 1인이 다른 공모자가 **실행행위에 이르기 전에 그 공모관계에서 이탈한 때**에는 그 이후의 다른 공모자의 행위에 관하여 **공동정범으로서의 책임을 지지 않는다**'고 판시하면서, 이탈의 방법에 있어서는 종래

64) 2012년 대선기간 중 국가정보원 소속 심리정보국 소속 요원들이 국가정보원의 지시에 따라 인터넷에 게시글을 남김으로써 국가정보원이 제18대 대통령 선거에 개입한 사건이다. 당시 국가정보원장이었던 원세훈이 국정원 내부 인트라넷을 통해 직원들에게 수년 동안 정치에 개입하는 인터넷 활동을 지시한 내용이 확인되고, 15개 이상의 사이트에서 국가정보원 직원들이 게시글을 남긴 사실이 확인되었다. 2013년 4월 18일까지 서울수서경찰서가 김하영과 관련 인물의 인터넷 여론 조작 활동을 수사하여 국가정보원법 위반 기소의견으로 검찰에 송치했다. 서울지방검찰청 특별수사팀이 원세훈의 정치 개입에 대해 수사한 결과 원세훈을 정치적 여론 조작 활동과 대통령 선거 후보 중 박근혜에 우호적인 여론을 조성하고 야권 후보를 비방한 사실, 김용판 서울지방경찰청장이 대통령 선거 직전 수사에 외압을 넣고 허위의 중간수사 결과를 발표한 사실을 확인하여 둘을 공무원으로서 부당한 직무를 행사한 죄와 불법 선거운동을 한 공직선거법을 위반한 공무원의 선거운동행위로 기소했다. 이후 김용판은 무죄가 선고되었다.

'그 이탈의 표시는 반드시 명시적임을 요하지 않는다'고 판시하였다. 그러나 최근에는 '공모관계에서의 이탈은 공모자가 공모에 의하여 담당한 기능적 행위지배를 해소하는 것이 필요하므로 공모자가 공모에 **주도적으로 참여**하여 다른 공모자의 실행에 영향을 미친 때에는 범행을 저지하기 위하여 적극적으로 노력하는 등 **실행에 미친 영향력을 제거**하지 아니하는 한 공모관계에서 이탈하였다고 할 수 없다'라고 판시하였다.

판례에 의할 때 공모관계로부터의 이탈이 인정되는 경우에는 다른 공범자가 실행한 범죄부분에 대하여 공동정범이 성립하지 않고, 다만 공모한 사실로 인하여 예비·음모죄의 죄책만을 부담하거나 그 처벌규정이 없는 경우에는 불가벌이 된다.

《대판 1986.1.21. 85도2371 (저수지 던지기 전에 이탈한 사건)》 공모공동정범에 있어서 그 공모자 중의 한 사람이 다른 공모자가 실행행위에 이르기 전에 그 공모관계에서 이탈한 때에는 그 이후의 다른 공모자의 행위에 관하여 공동정범으로서의 책임은 지지 않는다할 것이고, 그 이탈의 표시는 명시적임을 요하지 않는다.

《대판 2008.4.10. 2008도1274 (어??? 사건)》 공모공동정범에 있어서 공모자 중의 1인이 다른 공모자가 실행행위에 이르기 전에 그 공모관계에서 이탈한 때에는 그 이후의 다른 공모자의 행위에 관하여는 공동정범으로서의 책임은 지지 않는다 할 것이나, 공모관계에서의 이탈은 공모자가 공모에 의하여 담당한 기능적 행위지배를 해소하는 것이 필요하므로 공모자가 공모에 주도적으로 참여하여 다른 공모자의 실행에 영향을 미친 때에는 범행을 저지하기 위하여 적극적으로 노력하는 등 실행에 미친 영향력을 제거하지 아니하는 한 공모관계에서 이탈하였다고 할 수 없다.

나. 실행의 착수 이후에 이탈한 경우

통설은 공범의 경우 단독범보다 행위의 위험성이 높으므로, 다른 공동정범자가 이미 실행에 착수한 이후에는 단순히 자신의 실행행위의 중지만으로는 중지미수가 될 수 없고, 다른 공동정범자의 범행을 중지케 하거나 결과발생방지를 위한 진지한 노력을 통하여 **모든 결과의 발생을 방지**한 경우에만 중지미수가 인정될 수 있다고 한다. 따라서 자의로 중지한 자라 할지라도 다른 공동정범자에 의하여 **결과가 발생**한 경우에는 중지자에게도 **기수범**의 공동정범이 성립한다. 물론 중지자가 타공동정범자의 범행을 중지케 하였다면 **중지자는 중지미수, 타공동정범자는 장애미수**가 인정된다. 판례 또한 통설과 같은 입장이다.

《대판 2011.1.13. 2010도9927 (시세조종 도중 해고 사건)》 피고인이 포괄일죄의 관계에 있는 범행의 일부를 실행한 후 공범관계에서 이탈하였으나 다른 공범자에 의하여 나머지 범행이 이루어진 경우, 피고인이 관여하지 않은 부분에 대하여도 죄책을 부담한다.

다. 실행의 종료 이후의 이탈

공동실행의 의사로 공동의 실행행위를 한 이후 공동자의 일부가 공동의 범죄계획에서 이탈하여 별도의 의사로 따로 범행을 한 경우, 예컨대 甲과 乙이 공동하여 丙을 살해하려고 하였으나 미수에 그친 후 乙과 관계없이 甲 단독으로 丙을 살해한 때에는 甲만이 살인기수의 단독범행이 되고 乙은 살인미수에 대해서만 공동정범의 책임을 진다.

비교판례

공모관계의 이탈이 인정되지 않는 경우	공모관계의 이탈이 인정되는 경우
① 甲은 21세로서 범행 전날 밤 11시경에 14·15세의 乙, 丙, 丁과 강도 모의를 하였는데 이때 甲이 삽을 들고 사람을 때리는 시늉을 하는 등 주도적으로 그 모의를 하였다. 甲은 乙 등과 함께 새벽 4시 30분까지 강도 대상을 물색하였다. 乙, 丙이 피해자 A를 발견하고 뒤쫓아 가자 甲은 "어?"라고만 하고 丁에게 따라가라고 한 후 자신은 비대한 체격 때문에 乙, 丙을 뒤따라가지 못하고 범행현장에서 200m 정도 떨어진 곳에 앉아 있었다. 결국 乙, 丙은 A를 쫓아가 폭행하여 뒷주머니에서 지갑을 강취하고 약 7주간의 치료를 요하는 상해를 입힌 경우, 甲은 그 공모관계에서 이탈하였다고 볼 수 없으므로 강도상해죄의 공동정범으로서의 죄책을 진다(대판 2008.4.10. 2008도1274 (어??? 사건). ② 甲이 乙과 공모하여 가출 청소년 丙(여, 16세)에게 낙태수술비를 벌도록 해 주겠다고 유인하였고, 乙로 하여금 丙의 성매매 홍보용 나체사진을 찍도록 하였으며, 丙이 중도에 약속을 어길 경우 민형사상 책임을 진다는 각서를 작성하도록 한 후, 자신이 별건으로 체포되어 구치소에 수감 중인 동안 丙이 乙의 관리 아래 12회에 걸쳐 불특정 다수 남성의 성매수 행위의 상대방이 된 대가로 받은 돈을 丙, 乙 및 甲의 처 등이 나누어 사용한 경우, 丙의 성매매 기간 동안 甲이 수감되어 있었다 하더라도 甲은 乙과 함께 미성년자유인죄 등의 책임을 진다(대판 2010.9.9. 2010도6924 구치소 수감 사건).	① 구체적인 살해방법이 확정되어 피고인을 제외한 나머지 공범들이 피해자의 팔, 다리를 묶어 저수지 안으로 던지는 순간에 피해자에 대한 살인행위의 실행의 착수가 있다 할 것이고 따라서 피고인은 살해모의에는 가담하였으나 다른 공모자들이 실행행위에 이르기 전에 그 공모관계에서 이탈하였다 할 것이고 그렇다면 피고인이 위 공모관계에서 이탈한 이후의 다른 공모자의 행위에 관하여는 공동정범으로서의 책임을 지지 않는다(대판 1986.1.21. 85도2371 저수지 던지기 전에 이탈한 사건). ② 甲은 乙, 丙과 함께 서울 상도동 소재 A 경영의 명진상사 창고에 몰래 들어가 피혁을 훔치기로 약속하였으나 甲은 절취할 마음이 내키지 아니하고 처벌이 두려워 만나기로 한 시간에 약속장소로 가지 아니하고 성남시 소재 포장마차에서 술을 마신 후 인근 여관에서 잠을 잤으며 乙과 丙은 약속장소에서 甲을 기다리다가 그들끼리 모의된 범행을 결행하기로 하여 乙은 그 창고앞에서 망을 보고 丙은 창고에 침입하여 가죽 약 1만평을 절취한 경우, 甲은 특수절도의 공동정범이 성립될 수 없음은 물론 다른 공모자들이 실행행위에 이르기 이전에 그 공모관계로부터 이탈한 것이 분명하므로 그 이후의 다른 공모자의 절도행위에 관하여도 공동정범으로서 책임을 지지 아니한다(대판 1989.3.14. 88도837 명진상사 가죽 절도 사건).

공모관계의 이탈이 인정되지 않는 경우	공모관계의 이탈이 인정되는 경우
③ 공모 한 행위자 상호간에 범죄의 실행을 공모하였다면 다른 공모자가 이미 실행에 착수한 이후에는 그 공모관계에서 이탈하였다고 하더라도 공동정범의 책임을 면할 수 없는 것이므로 (야간에) 피고인 등이 금품을 강취할 것을 공모하고 피고인은 집 밖에서 망을 보기로 하였으나, 다른 공모자들이 피해자의 집에 침입한 후 담배를 사기 위해서 망을 보지 않았다고 하더라도, 피고인은 강도상해죄의 공동정범의 죄책을 면할 수가 없다(대판 1984.1.31. 83도2941 침입 후 담배 사러 간 사건). ④ 피고인이 A투자금융회사에 입사하여 다른 공범들과 특정 회사 주식의 시세조종 주문을 내기로 공모한 다음 시세조종행위의 일부를 실행한 후 A회사로부터 해고를 당하여 공범관계로부터 이탈하였고, 다른 공범들이 그 이후의 나머지 시세조종행위를 계속한 경우, 피고인이 다른 공범들의 범죄실행을 저지하지 않은 이상 그 이후 나머지 공범들이 행한 시세조종행위에 대하여도 죄책을 부담한다(대판 2011.1.13. 2010도9927 시세조종 도중 해고 사건).	③ 충북 청주의 시라소니파 조직원 2명이 반대파인 파라다이스파 조직원에게 칼에 찔려 피해를 입게 되었는데, 시라소니파 조직원인 甲은 다른 사람들과 술을 마시고 있다가 같은 조직원으로부터 연락을 받고 무심천 로울러스케이트장에 가서 '파라다이스'파에게 보복을 하러 간다는 말을 듣고 다른 조직원들이 여러 대의 차에 분승하여 출발하려고 할 때 사태의 심각성을 실감하고 범행에 휘말리기 싫어서 그곳에서 택시를 타고 집에 온 경우, 甲에게 공모 관계가 인정된다 하더라도 다른 조직원들이 범행에 이르기 전에 그 공모 관계에서 이탈한 것이므로 공모관계에서 이탈한 이후의 행위에 대하여는 공동정범으로의 책임을 지지 않는다(대판 1996.1.26. 94도2654 시라소니파 조직원 사건).

Ⅷ. 공동정범과 착오

1. 문제의 제기

공동정범의 일부가 의사연락(공모)의 내용과 다른 범죄결과를 발생시킨 경우를 공동정범의 착오라 한다. 공동정범의 착오에 관하여, 구체적 사실의 착오의 경우에는 구성요건적 착오에 관한 이론이 그대로 적용된다. 따라서 공동정범 가운데 한 사람이 구성요건을 같이하는 객체의 착오를 일으킨 경우 이는 다른 공동정범자의 고의를 조각하지 못한다. 반면 추상적 사실의 착오의 경우에는 질적 불일치의 경우와 양적 불일치의 경우로 나누어 살펴보아야 한다.

2. 질적 불일치의 경우

공모한 사실과 발생한 사실이 전혀 별개의 구성요건에 속하는 질적 불일치의 경우에는 발생한 사실에 대해서는 공동정범의 책임을 지지 않는다. 예컨대 甲과 乙이 절도를 공모하고 乙이 망을 보는 사이 甲이 절도를 실행한 후 乙과 의사연락 없이 강간까지 한 경우에는 甲과 乙은 절도죄의 공동정범이 성립하고 강간죄는 甲의 단독범행이 된다. 반면 甲이 공모한 절도는 전혀 실행하지 않은 채 강간만 한 경우라면 乙은 단지 공모한 범죄의 예비·음모의 죄책만을 진다(다만, 절도죄의 예비·음모는 처벌규정이 없음).

3. 양적 불일치의 경우

가. 공모내용에 미달한 경우

공모한 사실과 발생한 사실이 유사한 구성요건이고, 발생한 사실이 공모한 정도에 미달한 경우, 즉 공모내용에 미달한 경우에는 공동정범 모두 실행한 사실의 범위 내에서 책임을 진다. 예컨대 乙이 강도를 공모하였는데 甲이 절도에 그친 경우에는 실행한 사실의 범위 내에서 부합하므로 甲과 乙은 절도죄의 공동정범과 강도음모죄의 상상적 경합(견해에 따라 실체적 경합)으로 처벌된다.

나. 공모내용을 초과한 경우

공모한 사실과 발생한 사실이 유사한 구성요건이고, 발생한 사실이 공모한 정도를 초과한 경우, 즉 공모내용을 초과한 경우에는 공모한 범위내에서 공동정범의 책임을 진다. 예컨대 甲과 乙이 절도를 공모하였으나 甲이 강도를 실행한 경우에는 공모의사 범위 내에서 부합하므로 甲은 강도죄가 乙은 절도죄가 성립하고 **양자는 중첩되는 부분에 대해서는 공동정범의 죄책을 진다.**

《대판 1988.9.13. 88도1114 (물건 찾는 사이 강간한 사건)》 甲, 乙, 丙 등 3명이 강도를 모의한 후 丁女의 집에 침입하여 丁女를 폭행한 후 甲이 장롱을 뒤져 빼앗을 물건을 찾느라고 정신이 없는 사이 다른 두 명이 한 명은 丁女의 머리를 붙잡고 다른 한 명이 丁女을 강간한 사건에서, 甲이 공범들의 강간사실을 알게 된 것은 이미 실행의 착수가 이루어지고 난 다음이었음이 명백하고 강간사실을 알고 난 이후에도 강간의 의사로 강간실행범의 행위를 도와 준 바가 없으므로 강도강간의 공모사실을 인정할 증거가 없다.[65)]

65) 대법원은 乙과 丙은 강도강간죄의 공동정범을 인정하지만, 甲의 경우에는 특수강도죄만 인정된다는 취지로 원심판결을 파기하고 환송하였다.

제4절 교사범

제31조(교사범) ① 타인을 교사하여 죄를 범하게 한 자는 죄를 실행한 자와 동일한 형으로 처벌한다.
② 교사를 받은 자가 범죄의 실행을 승낙하고 실행의 착수에 이르지 아니한 때에는 교사자와 피교사자를 음모 또는 예비에 준하여 처벌한다.
③ 교사를 받은 자가 범죄의 실행을 승낙하지 아니한 때에도 교사자에 대하여는 전항과 같다.

Ⅰ. 교사범의 의의

1. 교사범의 개념

교사범이란 타인으로 하여금 범행을 결의하고 이 결의에 의하여 범죄를 실행하도록 하게 하는 자를 말한다. 교사범은 타인을 교사하여 죄를 범하는 것이므로 스스로 **행위지배**에 관여하지 않는 점에서 **공동정범과 구별된다.** 교사범은 타인을 이용하여 죄를 범하는 점에서 간접정범과 같은 구조를 가지고 있다. 그러나 **간접정범은** 어느 행위로 인하여 처벌되지 않거나 과실범으로 처벌되는 도구를 이용하여 **의사지배**를 행하는 정범인 점에서 정범의 범죄를 전제로 하는 교사범과 구별된다. 간접정범은 이용자가 피이용자를 이용하기 시작할 때에 실행의 착수가 있지만, 교사범은 피이용자(정범)가 실행에 착수하여야 성립한다.

교사범은 종범과 함께 협의의 공범에 속한다. 그러나 협의의 공범 가운데 교사범은 범죄의사가 없는 자로 하여금 **범행을 결의**하도록 하여 죄를 범하게 한다는 점에서 이미 범행을 결의한 사람이 실행행위를 용이하게 하도록 유형적 또는 무형적으로 **도와주는 방조범과 구별**된다. 즉 교사범은 범죄의 창안자이며 정범의 범죄에 원인을 준 자이다. 그러므로 교사범의 처벌근거는 정범의 범죄를 야기하였다는 점에 있다.

2. 교사범의 종속성

공범종속성설에 따라 협의의 공범에 속하는 교사범은 원칙적으로 **정범의 성립**에 따라 그 성립 여부가 결정된다. 이를 교사범의 (정범에의) 종속성이라 한다. 종속성의 정도는 **제한적 종속형식**이 적용된다(통설). 따라서 최소한 정범이 구성요건에 해당하고 위법성이 인정되어야 교사범이 성립한다.

《대판 2000.2.25. 99도1252 (재산포기각서 받아오라 사건)》 교사범이 성립하기 위해서는 교사자의 교사행위와 정범의 실행행위가 있어야 하는 것이므로, 정범의 성립은 교사범의 구성요건의 일부를 형성하고 교사범이 성립함에는 정범의 범죄행위가 인정되는 것이 그 전제요건이 된다.

3. 각칙상의 교사

교사는 넓은 의미에서 범죄결의에 영향을 주는 모든 행위를 포함한다. 따라서 음행매개죄(§242)에 있어서 부녀를 매개하여 간음하게 한 자 또는 자살관여죄(§252②)의 타인을 교사하여 자살하게 한 자의 행위도 교사행위라고 할 수 있다. 그러나 이와 같이 각칙에서 별도의 특별구성요건을 마련하고 있는 때에는 형법 제31조가 적용될 여지가 없다. 그러므로 자살을 교사한 때에는 자살을 교사하는 행위 자체가 자살관여죄의 실행행위이며 구성요건해당성이 없는 자살에 대한 교사범이 성립하는 것은 아니다.

Ⅱ. 교사범의 성립요건

교사범이 성립하기 위해서는 교사자의 교사행위와 정범의 실행행위가 있어야 한다. 교사자의 교사행위에는 교사범이 타인에게 범죄를 실행케 하려는 의사가 있어야 하며, 정범의 실행행위에도 정범이 범죄의 결의를 할 것을 요건으로 한다. 정범의 실행행위가 있을 것을 요건으로 하는 것은 공범의 종속성을 인정하는 이론적 결과이다.

1. 교사자의 교사행위

가. 교사행위

'교사행위'란 **범죄의사 없는 자에게 범죄실행의 결의를 가지게 하는 것**이다. 따라서 피교사자가 이미 범죄를 결의하고 있을 때에는 원칙적으로 교사행위라고 할 수 없다(판례).

《대판 1991.5.14. 91도542 (일제 드라이버 사건)》 [1] 교사범이란 타인(정범)으로 하여금 범죄를 결의하게 하여 그 죄를 범하게 한 때에 성립하는 것이고 피교사자는 교사범의 교사에 의하여 범죄실행을 결의하여야 하는 것이므로, 피교사자가 이미 범죄의 결의를 가지고 있을 때에는 교사범이 성립할 여지가 없다.

교사행위의 수단과 방법에는 제한이 없다. 범죄결의에 영향을 미칠 수 있는 것이면 족하다. 명령 · 지시 · 부탁 · 애원 · 요청 · 유혹 · 이익제공 · 위협 등 수단을 묻지 않는다. 강요·위력 또는 기망에 의한 때에는 간접정범이 성립할 수 있으므로 이 경우에는 교사행위가 될 수 없다. 교사는 반드시 명시적·직접적 방법에 의할 필요는 없으며, 묵시적인 경우도 포함된다. 교사행위는 반드시 단독으로 할 필요가 없고, 수인이 공동하거나 연쇄적인 방법에 의한 교사도 가능하다. 통설은 **부작위에 의한 교사**는 법적으로 **불가능하고, 과실에 의한 교사는 있을 수 없다**고 한다. 부작위에 의해서는 정범의 결의를 야기할 수 없기 때문이며, 과실에 의한 교사를 인정하는 것은 교사 본래의 관념과 부합할 수 없기 때문이다. 통설과 판례는 **간접교사, 연쇄교사**에서도 교사범의 성립을 **인정**한다. 이때 교사자는 자기와 정범 사이에 관여한 사람의 수나 이름을 알 필요가 없다. 그러나 교사행위가 성립하기 위해서는 **피교사자와 그가 행할 범죄가 특정되어야 한다.** 따라서 막연히 일반인에게 특정한 범죄를 교사하거나 범죄일반을 교사하는 것은 교사라고 할 수 없다. 다만 범행방법까지 구체적으로 지시할 것을 필요로 하는 것은 아니다. 특정된 타인은 책임능력자일 필요도 없다(제한적 종속형식).

《대판 1991.5.14. 91도542 (일제 드라이버 사건)》 [1] 막연히 "범죄를 하라"거나 "절도를 하라"고 하는 등의 행위만으로는 교사행위가 되기에 부족하다 하겠으나, 타인으로 하여금 일정한 범죄를 실행할 결의를 생기게 하는 행위를 하면 되는 것으로서 교사의 수단방법에 제한이 없다 할 것이므로, 교사범이 성립하기 위하여는 범행의 일시, 장소, 방법 등의 세부적인 사항까지를 특정하여 교사할 필요는 없는 것이고, 정범으로 하여금 일정한 범죄의 실행을 결의할 정도에 이르게 하면 교사범이 성립된다.

[2] 피고인이 甲, 乙, 丙이 절취하여 온 장물을 상습으로 19회에 걸쳐 시가의 3분의1 내지 4분의1의 가격으로 매수하여 취득하여 오다가, 甲, 乙에게 일제 도라이바 1개를 사주면서 "丙이 구속되어 도망다니려면 돈도 필요할 텐데 열심히 일을 하라(도둑질을 하라)"고 말하였다면, 그 취지는 종전에 丙과 같이 하던 범위의 절도를 다시 계속하면 그 장물은 매수하여 주겠다는 것으로서 절도의 교사가 있었다고 보아야 한다.

《대판 1984.5.15. 84도418 (밥값을 구하여오라 사건)》 피고인 甲이 연소한 乙에게 '밥값을 구하여 오라'고 말한 것이 절도범행을 교사한 것이라고 볼 수 없다.

《대판 1997.6.24. 97도1075 (정신 차릴 정도로 때려주라 사건)》 교사자가 피교사자에게 피해자를 '정신을 차릴 정도로 때려주라'고 교사하였다면 이는 상해에 대한 교사로 봄이 상당하다.

나. 교사자의 고의

교사자의 고의는 정범에게 범죄의 결의를 가지게 하고 정범에 의하여 범죄를 실행할 고의를 의미한다. 따라서 교사범은 **교사의 고의**뿐만 아니라 **정범의 고의**도 있어야 한다. 이러한 의미에서 이중의 고의를 요한다. 고의는 미필적 고의로도 충분하다.

1) 고의의 내용

교사자의 고의는 **특정한 범죄와 특정한 정범**에 대한 인식이 있어야 한다. 피교사자는 한 사람임을 요하지 않으며 다수인이라도 무방하다. 그러나 특정되지 아니한 다수인에 대하여는 교사가 성립할 수 없다. 피교사자는 특정되어야 하지만 교사자는 피교사자가 누구인가를 알고 있을 필요는 없다. 따라서 교도소의 옆방에 구금되어 있는 얼굴도 보지 못한 죄수에게 도망을 교사하는 것도 교사가 될 수 있다. 교사자는 정범에 의하여 행하여질 특정한 범죄에 대한 고의가 있어야 한다. 신분범이나 목적범에 대한 교사에 있어서는 교사자에게 정범의 신분이나 목적에 대한 인식도 있어야 한다.

2) 미수의 교사

교사자의 고의는 범죄의 완성, 즉 구성요건적 결과를 실현할 의사여야 한다(기수의 고의). 따라서 교사자가 단순히 미수에 그치게 할 의사를 가졌다면 고의가 있다고 할 수 없다. 즉 교사의 미수는 처벌되지만 **미수의 교사는 처벌할 수 없다.**

미수의 교사란 피교사자의 행위가 미수에 그칠 것을 예견하면서 교사하는 경우를 말한다. 예컨대 甲이 丙의 금고가 텅 비어 있는 줄 알면서 乙에게 그 금고 안에 있는 돈을 훔치라고 교사한 경우, 乙이 丙을 살해하려는 순간 자기가 말려서 살해하지 못하게 할 의사로 甲이 乙에게 丙을 살해할 것을 교사한 경우가 여기에 해당한다.

미수의 교사는 타인을 범인으로 처벌받게 하기 위하여 범죄를 행할 것을 사주하여 기수에 이르기 전에 체포하는 소송법상 함정수사의 형사책임을 인정할 것인가와 관련하여 논의된다. 교사자의 고의는 피교사자의 실행행위로 인한 결과발생에 대한 인식까지도 필요로 하므로 미수의 교사는 정범의 고의가 없기 때문에 교사범이 성립하지 않는다. 따라서 다수설은 교사자를 처벌할 수 없고, **피교사자는 미수범으로 처벌**할 수 있다고 한다.

《대판 2005.10.28. 2005도1247 (콘돔속 히로뽕 은닉·밀수 사건)》 범의를 가진 자에 대하여 단순히 범행의 기회를 제공하거나 범행을 용이하게 하는 것에 불과한 수사방법이 경우에 따라 허용될 수 있음은 별론으로 하고, 본래 범의를 가지지 아니한 자에 대하여 수사기관이 사술이나 계략 등을 써서 범의를 유발케 하여 범죄인을 검거하는 함정수사는 위법함을 면할 수 없고, 이러한 함정수사에 기한 공소제기는 그 절차가 법률의 규정에 위반하여 무효인 때에 해당한다.[66]

《대판 2007.5.31. 2007도1903 (부축빼기 단속사건)》 경찰관이 취객을 상대로 한 이른바 부축빼기 절도범을 단속하기 위하여, 공원 인도에 쓰러져 있는 취객 근처에서 감시하고 있다가, 마침 피고인이 나타나 취객을 부축하여 10m 정도를 끌고 가 지갑을 뒤지자 현장에서 체포하여 기소한 경우, 위법한 함정수사에 기한 공소제기가 아니다.[67]

미수의 교사와 관련하여 교사자는 미수를 교사하였으나 교사자가 기대한 것과는 달리 기수에 이른 경우 어떻게 처리할 것인가가 문제된다. 다수설에 의하면 이 경우 결과발생에 대한 교사자의 과실의 유무에 따라 과실범의 책임을 질 수 있을 뿐이라고 한다.

2. 피교사자의 실행행위

가. 피교사자의 범행결의

피교사자는 교사에 의해 범행실행을 결의해야 한다. 즉 교사자의 교사행위와 피교사자의 범죄결의 사이에는 **인과관계**가 있어야 한다. 따라서 범죄결의를 전제로 하지 않는 과실범에 대한 교사(단, 간접정범은 성립가능)는 있을 수 없고 피교사자가 교사를 받고 있다는 것을 알지 못하는 **편면적 교사도 인정될 수 없다**. 교사를 하였으나 피교사자가 범죄실행의 결의를 하지 아니한 때, 즉 **정범이 범죄실행을 승낙하지 아니한 경우** 교사자는 '실패한 교사'로서 **예비 또는 음모**에 준하여 처벌될 뿐이다(§31③).

이미 범죄의 결의를 하고 있는 자에 대한 교사의 경우는 다음과 같이 유형별로 나누어 살펴봐야 한다. 먼저 보다 경미한 범죄를 교사한 경우, 예컨대 **강도결의자에게 절도를 교사한 경우**에는 이 경우는 위험이 감소되었기 때문에 객관적 귀속이 부정되어 기본범죄(절도죄)에 대한 방조가 될 수 있어도 교사범은 성립하지 않는다(다수설). 보다 중대한 범죄를 교사한 경우, 예컨대 **절도결의자에게 강도를 교사한 경우**에는 피교사자의 결의보다 중한 범죄를 실행하게 한 때에는 원래의 결의와는 다른 불법내용을 가진다고 할 것이므로 전체범죄에 대한 교사범이 성립한다(다수설). **동일한 범죄를 교사한 경우**, 피교사자는 교사에 의하여 범죄실행을 결의한 것이 아니므로 교사범은 성립할 수 없고, 다만 무형의 방법에 의한 방조범 또는 교사의 미수(§31③)가 가능할 뿐이

66) 위법한 함정수사로 인해 공소제기의 절차가 법률의 규정에 위반하여 무효인 때에 해당하므로 형사소송법 제327조 제2호에 따라 공소기각의 판결을 선고하였다.

67) 피고인이 범행 장소인 사당동 까치공원 옆 인도에 옆으로 누워 잠들어 있는 피해자를 발견하고 주변을 살피다가 경찰관들이 잠복근무 중이던 차량 옆까지 다가와 동정을 살핀 후, 피해자를 공원 옆 화단이 있는 으슥한 곳까지 약 10m 정도를 끌고 가, 위 차량 바로 앞(약 1m 정도 떨어진 곳)에서 멈추어 화단 옆에 있는 돌 위에 앉혀 놓고 피해자의 오른쪽 바지주머니에 손을 넣어 지갑을 꺼냈고, 그 직후 경찰관들이 곧바로 잠복 중이던 위 차량 안에서 뛰어나가 피고인을 체포하였다.

다(다수설). 질적 차이가 있는 전혀 다른 범죄를 교사한 경우, 예컨대 **상해를 결심하고 있는 사람을 교사하여 절도를 범하도록 한 경우**, 피교사자가 절도의 결심을 한 바가 없으므로 절도죄의 교사범이 성립한다.

《대판 2013.9.12. 2012도2744 (결국 낙태한 사건)》 [1] 피교사자가 교사자의 교사행위 당시에는 일응 범행을 승낙하지 아니한 것으로 보여진다 하더라도 이후 그 교사행위에 의하여 범행을 결의한 것으로 인정되는 이상 교사범의 성립에는 영향이 없다.

[2] 피고인 甲이 결혼을 전제로 교제하던 여성 乙의 임신 사실을 알고 수회에 걸쳐 낙태를 권유하였다가 거부당하자, 乙에게 출산 여부는 알아서 하되 더 이상 결혼을 진행하지 않겠다고 통보하고, 이후에도 아이에 대한 친권을 행사할 의사가 없다고 하면서 낙태할 병원을 물색해 주기도 하였는데, 그 후 乙이 甲에게 알리지 아니한 채 자신이 알아본 병원에서 낙태시술을 받은 경우, 乙이 당초 아이를 낳을 것처럼 말한 사실이 있다는 사정만으로 甲의 낙태교사행위와 乙의 낙태결의 사이에 인과관계가 단절되는 것은 아니다. 甲에게 낙태교사죄가 인정된다.

나. 피교사자의 실행행위

피교사자가 적어도 실행에 착수할 것을 요한다. 따라서 교사행위와 피교사자(정범)의 결의가 있어도 **피교사자의 실행의 착수가 없으면** 교사범이 되지 아니하고 **효과 없는 교사**로서 교사자와 피교사자 **모두 예비·음모**에 준하여 처벌될 뿐이다(§31②). 교사행위와 실행행위 사이에 인과관계가 없는 경우에도 마찬가지이다. 한편, **피교사자(정범)의 실행행위는 모든 구성요건요소가 충족하고 위법할 것을 요한다.** 따라서 신분범 또는 목적범에 있어서 정범에게 그러한 신분 또는 목적이 있어야 한다. 그러나 정범에게 실행행위에 대하여 책임이 있을 것을 요하는 것은 아니다(제한적 종속형식).

Ⅲ. 교사범의 처벌

교사범은 **정범과 동일한 형**으로 처벌된다(§31①). 다만, 동일한 형은 법정형을 의미하므로 **선고형은 달라질 수 있다**. 경우에 따라서는 교사범의 형이 정범의 형보다 무거울 수도 있다. 또한 공범은 정범에 대하여 성립상의 종속성이 인정될 뿐 처벌상의 종속성을 가지는 것은 아니므로 교사범의 처벌을 위해 정범이 반드시 먼저 처벌되어야 하는 것은 아니다.

자기의 지휘·감독을 받는 자를 교사한 때에는(특수교사) 정범에 정한 형의 장기 또는 다액의 2분의 1까지 가중한다(§34②). 진정신분범에 있어서 비신분자도 진정신분범의 교사범이 될 수 있다(§33본문). 그러나 신분자가 비신분자를 교사한 때에는 진정신분범에 대한 간접정범이 성립할 뿐이다.

Ⅳ. 관련문제

1. 교사의 교사

교사범을 교사한 자의 책임에 관하여 형법은 규정을 두고 있지 않다. 교사의 교사에는 보통 두 가지 경우가 포함된다. 그 하나는 타인에게 제3자를 교사하여 범죄를 실행하게 한 경우이다. 예컨대 甲이 乙에게 丙을 시켜 A를 살해하도록 교사한 경우가 여기에 해당한다. 다음으로 타인을 교사하였는데 피교사자가 직접 실행하지 않고 제3자를 교사하여 실행한 경우가 있다. 예컨대 甲이 乙에게 A를 살해할 것을 교사하였는데 乙은 丙에게 A를 살해하도록 교사한 경우이다. 전자를 간접교사, 후자를 재교사라고 하나 모두 교사의 교사에 해당한다. 통설과 판례는 피교사자가 반드시 정범이어야 하는 것은 아니므로 간접교사나 재교사의 경우에도 교사범의 성립을 인정하고 있다.

한편, 교사가 수인을 거쳐 순차적으로 계속되는 경우를 연쇄교사라고 한다. 통설과 판례는 최초의 교사자와 정범 사이에 몇 명이 개입되었느냐를 불문하고 교사행위로 인한 실행행위가 있었다고 인정되는 이상 연쇄교사의 경우에도 교사범의 성립을 인정한다.

2. 교사의 착오

교사범에 있어서 착오의 문제는 실행행위의 착오와 피교사자의 성질에 대한 착오, 피교사자의 착오의 경우로 나누어 볼 수 있다.

가. 교사자가 피교사자의 실행행위에 대해 착오를 일으킨 경우

교사자의 교사한 내용과 피교사자의 실행행위가 일치하지 않은 경우이다. 구체적 사실의 착오의 경우에는 구성요건적 착오의 일반론에 의해 해결하면 된다. 따라서 이 경우 법정적 부합설에 따라 발생한 사실(실행행위)의 고의의 기수죄를 인정한다. 추상적 사실의 착오의 경우에는 질적 불일치의 경우와 양적 불일치의 경우로 나누어 살펴보아야 한다.

1) 질적 불일치의 경우

교사자가 교사한 내용과 피교사자의 실행행위가 전혀 별개의 구성요건에 속하는 질적 불일치의 경우에는 교사자는 피교사자가 실행한 사실에 대해 교사범으로서의 책임을 지지 않는다. 예컨대 상해를 교사 받은 자가 절도를 실행한 경우나 강도를 교사했는데 강간을 실행한 경우에는 실행된 범죄에 대한 교사범이 성립하지 않고, 다만 교사한 범죄의 예비·음모를 범하는 규정이 있는 경우 교사자는 예비·음모로 처벌받을 수 있다(§31②). 따라서 강도를 교사 받은 자가 강간을 한 경우 교사자는 강도예비죄(§31②)에 대해서만 책임을 진다.

2) 양적 불일치의 경우

가) 교사내용에 미달한 경우

교사자가 교사한 내용과 피교사자의 실행행위가 유사한 구성요건이고, 피교사자의 실행행위가 교사 내용에 미달한 경우, 즉 피교사자가 교사 받은 것보다 적게 실행한 경우 공범의 종속성상 교사자는 피교사자가 실행한 범위 내에서 책임을 진다. 예컨대 특수강도를 교사받은 피교사자가 강도죄를 범한 경우 또는 살인을 교사했지만 살인미수에 그친 경우 교사자는 강도죄 또는 살인미수의 교사범이 성립할 뿐이다. 그러나 실행한 범죄는 예비·음모의 처벌규정이 없지만 교사한 범죄의 예비·음모가 처벌되는 경우에는 달리 취급하여야 한다. 예컨대 강도를 교사받은 피교사자가 절도를 범한 경우 교사자는 절도죄의 교사범이 되는 것은 물론이지만 강도의 교사에 대하여도 예비·음모가 성립한다(§31②). 양죄는 상상적 경합(견해에 따라 실체적 경합)의 관계에 있으므로 형이 중한 강도의 예비·음모에 의하여 처벌된다.

나) 교사내용을 초과한 경우

교사자가 교사한 내용과 피교사자의 실행행위가 구성요건을 달리하나 공통적 요소를 포함하고 있고 피교사자의 실행행위가 교사 내용을 초과한 경우, 즉 피교사자가 교사 받은 것 이상으로 실행한 경우 교사자는 정범의 실행행위가 그의 고의와 일치하는 범위에서만 책임을 지므로, 초과부분에 대해서는 책임을 지지 않는다. 예컨대 절도를 교사받은 자가 강도를 실행한 경우, 피교사자는 강도죄로 처벌받지만, 교사자는 절도죄의 교사범으로서의 책임을 진다. 상해를 교사받은 자가 살인을 실행한 경우, 피교사자는 살인죄의 책임을 지지만, 교사자는 상해죄의 교사범이 되지만, 교사자에게 예견가능성이 있는 경우 다수설과 판례는 결과적 가중범(상해치사죄)의 교사범이 성립한다는 입장이다. 이 경우 과실 내지 예견가능성의 유무는 어디까지나 '교사자'를 기준으로 판단하여야 하며, 피교사자에게 결과에 대한 고의 또는 과실이 있느냐는 전혀 문제되지 않는다.

《대판 2002.10.25. 2002도4089 (병신을 만들라 사건)》 교사자가 피교사자에 대하여 상해 또는 중상해를 교사하였는데 피교사자가 이를 넘어 살인을 실행한 경우에, 일반적으로 교사자는 상해죄 또는 중상해죄의 교사범이 되는 것이지만 이 경우에 교사자에게 피해자의 사망이라는 결과에 대하여 과실 내지 예견가능성이 있는 때에는 상해치사죄의 교사범으로서의 죄책을 지울 수 있다.

《대판 1997.6.24. 97도1075 (정신차릴 정도로 때려주라 사건)》 피고인 甲이 乙에게 "丙을 정신차릴 정도로 때려주라"고 교사하였는데 乙이 丙을 살해한 경우, … 甲이 乙의 사망이라는 결과를 예측하였다거나 또는 피해자의 사망의 결과에 대하여 과실이 있었다고 인정하기 어렵다.

《대판 1993.10.8. 93도1873 (전경호원에 중상해 교사 사건)》 피고인 甲은 자신의 영업에 관하여 사사건건 방해를 하면서 협박을 해 오던 乙을 보복하기 위하여 乙의 경호원으로 있다가 사이가 나빠진 丙을 소개받아 착수금 명목으로 금 5,000,000원을 제공하면서 丙으로 하여금 乙에게 중상해를 가해 활동을 못하도록 교사하였는데, 丙은 乙의 온몸을 칼로 찔러 살해하였고, 그 당시 상황으로 보아 甲은 중상해를 가하면 乙이 죽을 수도 있다는 점을 예견할 가능성이 있었다 할 것이므로, 甲을 상해치사죄의 교사범으로 처단한 조치는 정당하다.

나. 교사자가 피교사자에 대해 착오를 일으킨 경우

피교사자의 책임능력에 대한 인식은 교사자의 고의의 내용에 포함되지 않는다. 그러므로 이에 대한 착오는 교사범의 고의를 조각하지 않는다. 통설은 피교사자에 대한 착오는 행위자의 주관을 표준으로 결정한다고 한다. 따라서 피교사자를 책임능력자로 알고 교사했으나 책임무능력자였던 경우에는 교사범이 성립하고, 책임무능력자로 알았으나 책임능력자인 때에는 간접정범이 성립한다고 한다.

다. 피교사자가 객체의 착오를 일으킨 경우

피교사자가 행위객체에 착오를 일으켜 교사자가 교사한 내용과 다른 결과가 발생한 경우에 교사자의 형사책임이 문제된다. 즉, 교사자 甲이 乙에게 丙을 살해할 것을 교사하였는데 乙이 丁을 丙으로 오인하여 丁을 살해한 경우, 乙의 객체의 착오가 교사자인 甲에게 어떠한 영향을 미치는지에 대해 견해가 대립된다. 이 경우 교사자에게도 객체의 착오라는 견해와 교사자에게는 방법의 착오가 된다는 견해(다수설)의 대립이 있다. 피교사자의 객체의 착오는 교사자의 입장에서 볼 때 피교사자의 범행실수로 볼 수 있기 때문에 방법의 착오에 해당한다고 보아야 한다. 따라서 법정적 부합설에 의할 경우 피교사자는 발생사실에 대한 기수범의 책임을, 교사자는 발생사실에 대한 기수의 교사범의 죄책을 진다.

3. 교사의 미수

협의의 교사의 미수와 기도된 교사를 합하여 교사의 미수라 한다. 기도된 교사에는 실패한 교사와 효과 없는 교사가 있다.

가. 협의의 교사의 미수

교사자의 교사행위가 성공하여 피교사자가 실행에 착수했으나 미수에 그친 경우 미수를 처벌하는 규정이 있으면 정범(피교사자)뿐만 아니라 교사범도 당연히 미수의 책임을 진다.

나. 기도된 교사

교사자가 교사를 하였으나 피교사자가 범죄실행을 승낙하지 않거나 이미 범죄실행의 결의를 하고 있는 경우를 '**실패한 교사**'라 하고, 교사행위에는 성공하였으나 피교사자가 실행에 착수하지 아니한 경우와 실행에 착수하였지만 미수에 그친 경우를 '**효과없는 교사**'라 한다. '실패한 교사'와 '효과 없는 교사'를 합하여 기도된 교사라 한다.

기도된 교사를 교사의 미수로서 미수범으로 처벌할 것이냐는 공범종속성설과 공범독립성설에 따라 결론을 달리한다. **공범종속성설**에 의하면 정범의 범죄가 기수에 달하거나 적어도 실행에 착수하여야 교사범이 성립하므로 피교사자가 실행에 착수하여 범죄를 완성하지 못하였을 때에만 교사의 미수를 인정하고, 기도된 교사는 피교사자의 실행행위가 없기 때문에 교사범으로 처벌할 수 없는 결과가 된다. 이에 반하여 **공범독립성설**은 공범의 가벌성을 정범과 독립하여 교사자 자신의 행위에 의하여 결정한다. 따라서 교사자의 교사행위가 있는 이상 피교사자의 범죄실행이 없어도 교사의 미수가 되며, 기도된 교사는 당연히 교사의 미수로서 교사한 범죄의 미수범으로 처벌받게 된다.

현행 형법은 피교사자가 범죄의 실행을 승낙하고 실행의 착수에 이르지 아니한 때, 즉 **효과 없는 교사의 경우 교사자·피교사자 모두 예비·음모로 처벌**하고(§31②), 피교사자가 범죄의 실행을 승낙하지 아니한 때, 즉 **실패한 교사의 경우 교사자만을 예비·음모로 처벌**하도록 하고 있다(§31③).

《대판 2012.11.15. 2012도7407 (결국 공갈한 사건)》 [1] 교사범이 그 공범관계로부터 이탈하기 위해서는 피교사자가 범죄의 실행행위에 나아가기 전에 교사범에 의하여 형성된 피교사자의 범죄 실행의 결의를 해소하는 것이 필요하고, … 이때 교사범이 … 피교사자의 범죄 실행을 방지하기 위한 진지한 노력을 다하여 당초 피교사자가 범죄를 결의하게 된 사정을 제거하는 등 제반 사정에 비추어 객관적·실질적으로 보아 교사범에게 교사의 고의가 계속 존재한다고 보기 어렵고 당초의 교사행위에 의하여 형성된 피교사자의 범죄 실행의 결의가 더 이상 유지되지 않는 것으로 평가할 수 있다면, 설사 그 후 피교사자가 범죄를 저지르더라도 … 교사자는 형법 제31조 제2항에 의한 죄책을 부담함은 별론으로 하고 형법 제31조 제1항에 의한 교사범으로서의 죄책을 부담하지는 않는다.

[2] 교사범이 성립하기 위해 교사범의 교사가 정범의 범행에 대한 유일한 조건일 필요는 없으므로, 교사행위에 의하여 피교사자가 범죄 실행을 결의하게 된 이상 피교사자에게 다른 원인이 있어 범죄를 실행한 경우에도 교사범의 성립에는 영향이 없다.

교사자	피교사자		피해자	구분	효 과	
교사행위	승낙	실행의 착수	결과 발생		교사자	피교사자
○	×			실패한 교사	예비/음모	처벌×
○	○	×		효과 없는 교사	예비/음모	예비/음모
○	○	○	×	교사의 미수	미수	미수
○	○	○	○	교사의 기수	기수	기수

다. 예비의 교사, 교사의 예비

기수의 고의 없이 예비에 그치게 할 의사로 교사한 경우에는 미수의 교사와 마찬가지로 불가벌이다. 다만, 기수의 고의를 가지고 교사하였으나 정범의 실행행위가 단지 예비에 그친 경우에는 효과 없는 교사로서 교사자·피교사자 모두 예비 · 음모에 준하여 처벌된다(§31②).

제5절 종범

제32조(종범) ① 타인의 범죄를 방조한 자는 종범으로 처벌한다.
② 종범의 형은 정범의 형보다 감경한다.

Ⅰ. 종범의 의의

1. 종범의 개념

종범이란 정범을 방조한 자를 말한다. 방조범이라고도 한다. 여기서 방조란 **정범의 범행결의를 강화하거나 범죄실현을 용이하게 하는 것**을 말한다. 종범은 그 자신이 스스로 범죄를 실행하는 것이 아니라 정범의 실행행위에 가담하는 것이므로 교사범과 함께 협의의 공범에 해당한다.

방조의 방법에 관하여 형법에 규정이 없다. 방조의 방법은 크게 언어방조와 거동방조로 나눌 수 있다. 전자를 정신적 방조, 후자를 물질적 방조라고 한다. 언어방조는 교사범과, 거동방조는 공동정범과 구별해야 한다. 언어방조는 외부적 형태에 있어서는 교사범과 유사하나 종범은 이미 범죄의 결의를 하고 있는 자를 돕는다는 점에서, 특정범죄를 결의하고 있지 않은 자에게 새로운 범죄의 결의를 하게 하는 교사범과 구별된다. 종범은 의사연락을 필요로 하지 않고 기능적 행위지배가 없다는 점에서 상호의사연락에 의하여 분업적 역할분담에 의한 기능적 행위지배를 하고 있는 공동정범과 구별된다. 종범은 또한 정범에 종속된다는 점에서 단독으로 의사지배를 하는 간접정범과 구별된다.

2. 각칙상의 방조

정범의 실행을 방조하는 행위가 각칙상의 특별구성요건으로 규정되어 있는 경우가 있다. **도주원조죄**(§147), **아편흡식 등 장소제공죄**(§201②), **자살방조죄**(§252②), **도박개장죄**(§247), **장물알선죄**(§362②) 등이 여기에 해당한다. 이와 같이 타인의 범죄를 방조하는 행위가 독립된 구성요건으로 규정되어 있는 때에는 형법 제32조의 규정이 적용될 수 없다. 따라서 **이러한 범죄에 대해서는 종범감경**(필요적 감경)**을 할 수 없다.**

《대판 1986.9.23. 86도1429 (미국유학중 포섭된 사건)》 형법 제98조 제1항의 간첩방조죄는 정범인 간첩죄와 대등한 독립죄로서 간첩죄와 동일한 법정형으로 처단하게 되어 있어 형법 총칙 제32조 소정의 감경대상이 되는 종범과는 그 실질이 달라 종범감경을 할 수 없는 것이다.

Ⅱ. 종범의 성립요건

1. 방조자의 방조행위

가. 방조의 방법

방조행위는 정신적 또는 물질적으로 정범의 실행행위를 돕는 것을 말한다. 방조행위의 방법에는 제한이 없다. **정신적 방조**(언어방조)**이든 물질적 방조**(거동방조)**이든 묻지 아니한다.** 물질적 방조는 범행도구의 대여, 범죄장소의 제공 또는 범죄에 필요한 자금을 제공하는 것과 같이 유형적 · 물질적 방법에 의한 방조를 말한다. **정신적 방조란 조언 · 격려**와 같은 무형적·정신적 방조행위를 의미한다. 범죄실행의 방법을 조언하거나 필요한 정보, 예컨대 금고를 열 수 있는 방법을 알려 주거나 살해대상자의 출퇴근 시간이나 생활습관 또는 그가 살고 있는 건물경비원의 근무상황을 알려주는 소위 기술적 조언에 여기에 해당한다. 그러나 정신적 방조는 기술적 조언에 한하지 않고 정범에게 두려움을 없애 주고 안정감을 일으켜서 정범의 결의를 강화하는 경우도 포함된다. 예컨대 훔쳐 온 장물을 팔아주겠다고 약속하거나 범행시의 알리바이를 증명해 주겠다고 한 경우가 여기에 해당한다.

방조행위는 반드시 작위에 한하지 아니하며 **부작위에 의한 방조도 가능하다**(다수설·판례). 다만 부작위에 의한 방조가 인정되기 위해서는 방조자에게 보증인지위가 있어야 한다. 그러므로 교도관이 실행 중인 죄수의 절도행위를 저지하지 않은 경우, 창고의 경비원이 물건이 도난당하는 것을 알면서도 이를 방치한 경우는 부작위에 의한 종범이 된다.

《대판 2000.8.18. 2000도1914 (무면허자에 승용차 제공 사건)》 형법상 방조행위는 정범이 범행을 한다는 정을 알면서 그 실행행위를 용이하게 하는 직접, 간접의 모든 행위를 가리키는 것인바, 자동차운전면허가 없는 자에게 승용차를 제공하여 그로 하여금 무면허운전을 하게 하였다면 이는 도로교통법위반(무면허운전) 범행의 방조행위에 해당한다.

《대판 2006.1.12. 2004도6557 (나이롱환자 입원치료 사건)》 의사인 피고인이 입원치료를 받을 필요가 없는 환자들이 보험금 수령을 위하여 입원치료를 받으려고 하는 사실을 알면서도 입원을 허가하여 형식상으로 입원치료를 받도록 한 후 입원확인서를 발급하여 준 사안에서, 사기방조죄가 성립한다.

《대판 1970.7.28. 70도1218 (채무변제금 도박사용 사건)》 도박하는 자리에서 도금으로 사용되리라는 점을 알면서 채무변제조로 금원을 교부하였다면 도박을 방조한 행위에 해당한다.

《대판 1983.4.12. 82도43 (잘되겠지 몸조심해라 사건)》 이미 스스로 입영기피를 결심하고 집을 나서는 乙에게 피고인 甲이 이별을 안타까와하는 뜻에서 잘 되겠지 몸조심하라 하고 악수를 나눈 행위는 입영기피의 범죄의사를 강화시킨 방조행위에 해당한다고 볼 수 없다.

《대판 2017.3.15. 2016도19659 (건축사에 화장품강매 사건)》 제3자뇌물수수죄에서 제3자란 행위자와 공동정범 이외의 사람을 말하고, 교사자나 방조자도 포함될 수 있다. 그러므로 공무원 또는 중재인이 부정한 청탁을 받고 제3자에게 뇌물을 제공하게 하고 제3자가 그러한 공무원 또는 중재인의 범죄행위를 알면서 방조한 경우에는 그에 대한 별도의 처벌규정이 없더라도 방조범에 관한 형법총칙의 규정이 적용되어 제3자뇌물수수방조죄가 인정될 수 있다.

《대판 2006.4.28. 2003도4128 (음란만화 방치 사건)》 인터넷 포털 사이트 내 오락채널 총괄팀장과 위 오락채널 내 만화사업의 운영 직원인 피고인들이 콘텐츠제공업체들에 의하여 성인만화방에 음란만화들이 지속적으로 게재되고 있다는 사실을 알면서도 이를 그대로 방치한 경우, 피고인들은 음란만화의 삭제를 요구할 조리상의 의무가 있으므로, 전기통신기본법위반죄의 방조범이 성립한다.

나. 방조의 시기

방조행위는 반드시 정범이 실행에 착수한 이후에 그 구성요건을 실현하는 것을 돕는 것임을 요하지 아니한다. 실행 중 또는 실행의 착수 전(예비단계)에도 가능하고, 기수 후에도 종료 이전까지는 가능하다. 다만 정범이 실행에 **착수하기 전**에 그 예비행위를 방조한 때에는 **그 후에 정범이 실행의 착수로 나아가야** 방조범이 성립한다(공범종속성설). 실행행위가 완료되어도 결과가 발생하기 전에는 방조행위가 가능하다. 그러나 범죄의 기수와 종료는 구별되며 기수가 된 후라도 그 종료이전에는 종범의 성립이 가능하다. 따라서 방화에 의하여 건물에 불이 붙은 후에 휘발유를 뿌려 그 건물이 전소하도록 돕는 경우, 이미 감금된 자의 감금상태가 계속되도록 하는 경우 또는 절도범을 추격하는 소유자를 막아서 도주를 도와주는 행위는 모두 방조행위가 될 수 있다. 그러나 **범죄가 종료된 이후에는 방조범이 성립될 수 없고,** 사후종범으로 독립범죄가 성립한다. 예컨대 범죄가 종료된 이후에 범인을 은닉하거나 증거를 인멸하는 것은 방조범이 아니라 어디까지나 독립된 범죄유형이 된다. 장물을 은닉할 장소를 물색하는 정범을 도와 장물을 보관해 준 경우에도, 방조범이 아니라 장물보관죄라는 독립범죄가 성립한다.

《대판 1997.4.17. 96도3377 全合 (전두환·노태우 비자금 사건)》 종범은 정범의 실행행위 중에 이를 방조하는 경우는 물론이고 실행의 착수 전에 장래의 실행행위를 예상하고 이를 용이하게 하는 행위를 하여 방조한 경우에도 정범이 그 실행행위에 나아갔다면 성립한다.

《대판 2009.6.11. 2009도1518 (원광대 박사논문 대행 사건)》 종범은 정범의 실행행위 전이나 실행행위 중에 정범을 방조하여 그 실행행위를 용이하게 하는 것을 말하므로 정범의 범죄종료 후의 이른바 사후방조를 종범이라고 볼 수 없다.

《대판 1982.4.27. 82도122 (간호보조원 진료, 진료부기재 사건)》 진료부는 환자의 계속적인 진료에 참고로 공하여지는 진료상황부이므로 간호보조원의 무면허 진료행위가 있은 후에 이를 의사가 진료부에다 기재하는 행위는 정범의 실행행위 종료 후의 단순한 사후행위에 불과하다고 볼 수 없고 무면허 의료행위의 방조에 해당한다.

《대판 1976.5.25. 75도1549 (강도방조의 예비 사건)》 종범이 처벌되기 위하여는 정범의 실행의 착수가 있는 경우에만 가능하고 정범이 실행의 착수에 이르지 아니한 예비의 단계에 그친 경우에는 이에 가공하는 행위가 예비의 공동정범이 되는 경우를 제외하고는 이를 종범으로 처벌할 수 없다.

2. 방조자의 고의

가. 이중의 고의

종범이 성립하기 위해서는 **정범의 실행을 방조한다는 인식**, 즉 '**방조의 고의**'와 정범이 범죄를 실행함으로써 기수에 이르러 결과가 발생할 것이라는 것을 인식하는 것, 즉 '**정범의 고의**'가 있어야 한다(통설 · 판례). 이런 점에서 종범의 고의는 교사범의 고의와 같이 이중의 고의를 필요로 한다. 종범에게는 방조의 고의가 있어야 하므로 **과실에 의한 방조는 있을 수 없다.** 종범은 또한 정범의 고의를 가져야 한다. 고의의 내용으로는 **특정한 정범에** 대한 인식과 **특정한 범죄**에 대한 인식이 필요하다는 점은 교사의 경우와 같다.

《대판 2005.4.29. 2003도6056》 형법상 방조행위는 정범이 범행을 한다는 정을 알면서 그 실행행위를 용이하게 하는 직접·간접의 행위를 말하므로, 방조범은 정범의 실행을 방조한다는 이른바 방조의 고의와 정범의 행위가 구성요건에 해당하는 행위인 점에 대한 정범의 고의가 있어야 한다. 방조범에 있어서 정범의 고의는 정범에 의하여 실현되는 범죄의 구체적 내용을 인식할 것을 요하는 것은 아니고 미필적 인식 또는 예견으로 족하다.

나. 기수의 방조

방조범의 고의는 교사범의 고의와 같이 범죄의 완성, 즉 구성요건적 결과를 실현할 기수의 고의가 아니면 안된다. 따라서 단순히 미수에 그치게 할 의사로 방조한 '**미수**

의 방조'는 방조행위가 될 수 없다(불가벌). 다만, 피방조자는 당해 범죄의 미수범이 됨은 당연하다. 한편, 방조범의 예상과 달리 정범의 행위가 기수에 이른 경우에는 과실범의 성부가 문제된다.

다. 편면적 방조

종범이 성립하기 위하여는 종범에게 방조의 고의와 정범의 고의가 있으면 족하며, 종범과 정범 사이의 의사의 연락을 요건으로 하는 것은 아니다. 따라서 **정**범이 방조행위를 인식하지 못한 경우, 즉 **편면적 방조도 인정**할 수 있다. 다만 편면적 방조가 인정되기 위해서는 정범의 범죄행위가 존재해야 한다. 이것이 공동정범의 경우 편면적 공동정범이 인정되지 않는 것과 구별된다.

《대판 1974.5.28. 74도509》 원래 방조범은 종범으로서 정범의 존재를 전제로 하는 것이다. 즉 정범의 범죄행위 없이 방조범만이 성립될 수는 없다. 이른바 편면적 종범에 있어서도 그 이론은 같다.

3. 정범의 실행행위

종범도 공범의 종속성으로 인하여 정범이 실행에 착수하여야 성립한다(기수·미수 불문). **방조를 시도하였으나 정범의 실행의 착수가 없는 경우**, 즉 기도된 방조(방조의 미수)는 기도된 교사와 달리 **처벌규정이 없어 불가벌이다**. 기도된 방조는 미수가 될 수 없음은 물론 예비 · 음모로도 처벌할 수 없다. 따라서 정범이 예비의 단계에 그친 경우에 예비의 종범도 있을 수 없다. 정범의 실행행위는 구성요건에 해당하고 위법하면 족하고 유책할 필요는 없다(제한적 종속형식).

정범의 실행행위는 고의행위여야 한다. **과실범에 대한 방조는 방조가 될 수 없고** 경우에 따라 간접정범이 성립될 뿐이다(§34①).

《대판 1979.2.27. 78도3113》 방조죄는 정범의 범죄에 종속하여 성립하는 것으로서 방조의 대상이 되는 정범의 실행행위의 착수가 없는 이상 방조죄만이 독립하여 성립될 수 없다.

《대판 2007.11.29. 2007도8050 (물게임 사이트 사건)》 [1] 종범은 정범의 실행행위 전이나 실행행위 중에 정범을 방조하여 그 실행행위를 용이하게 하는 것을 말하므로 정범의 실행행위가 있어야 성립한다.

[2] 인터넷 게임사이트의 온라인게임에서 통용되는 사이버머니를 구입하고자 하는 사람을 유인하여 돈을 받고 위 게임사이트에 접속하여 일부러 패하는 방법으로 사이버머니를 판매한 사람에 대

하여 정범인 위 게임사이트 개설자의 도박개장행위를 인정할 수 없는 이상, 종범인 도박개장방조죄도 성립하지 않는다.

4. 방조행위와 실행행위 사이의 인과관계

통설은 종범이 성립하기 위해서는 방조행위와 정범의 실행행위 사이에 인과관계가 필요하다고 한다. 그러나 이때의 인과관계란 방조행위에 의해 정범의 실행행위가 용이해질 것을 요한다. 정범의 실행행위와 직접 관련되지 아니한 행위를 도와준 경우 이를 방조행위라고 할 수 없다. 예컨대 간첩이란 정을 알면서 간첩에게 숙식을 제공하였거나, 간첩의 심부름으로 안부편지나 사진을 전달한 것만으로는 간첩죄에 대한 방조행위가 될 수 없다.

Ⅲ. 종범의 처벌

종범의 형은 정범의 형보다 **필요적으로 감경한다**(§32②). 정범이 미수에 그친 때에는 종범은 이중으로 감경될 수 있다. 종범에게 정범과 동일한 형을 과하도록 규정하는 경우도 있다. 간첩방조(§98①), 관세법위반(§271①) 등의 경우가 그것이다. 종범에 대한 필요적 감경의 예외이다. 자기의 지휘·감독을 받는 자를 방조한 때에는 정범의 형으로 처벌된다(특수방조, §34②). 즉 특수방조의 형은 가중된다.

진정신분범에 있어서 비신분자가 신분자를 방조한 경우에는 진정신분범의 방조범이 된다(§33본문). 그러나 부진정신분범에 있어서 비신분자는 보통 범죄의 종범으로 처벌된다. 책임조각사유 또는 형벌조각사유는 그러한 사유가 있는 정범 또는 공범에 대하여만 영향을 미친다(§33단서). 종범은 공동정범 또는 교사범과 보충관계에 있다. 따라서 방조범이 실행행위를 분담하거나 교사까지 한 경우에는 공동정범 또는 교사범만 성립하고 방조범은 별도로 성립하지 않는다.

Ⅳ. 관련문제

1. 종범의 착오

종범의 착오에 관하여는 원칙적으로 교사의 착오에 관한 이론이 그대로 적용된다. 종범에 있어서 착오의 문제도 실행행위의 착오와 피방조자에 대한 착오로 나누어 볼 수 있다.

가. 방조자가 피방조자의 실행행위에 대해 착오를 일으킨 경우

방조자가 방조한 내용과 피방조자의 실행행위가 일치하지 않은 경우이다. 구체적 사실의 착오의 경우에는 구성요건적 착오의 일반론에 의해 해결하면 된다. 따라서 이 경우 법정적 부합설에 따라 발생한 사실(실행행위)의 고의의 기수죄에 대한 방조범이 성립한다. 추상적 사실의 착오의 경우에는 질적 불일치와 양적 불일치의 경우로 나누어 살펴보아야 한다.

1) 질적 불일치의 경우

방조자가 방조한 내용과 피방조자의 실행행위가 전혀 별개의 구성요건에 속하는 질적 불일치의 경우에는 방조자는 피방조자가 실행한 사실에 대해 방조범으로서의 책임을 지지 않는다. 예컨대 상해를 방조했으나 정범이 절도를 실행한 경우나 강도를 교사했으나 정범이 강간을 실행한 경우에는 방조자는 언제나 처벌받지 않는다. 왜냐하면 교사의 경우와 달리 **종범에 있어서는 기도된 방조(효과 없는 방조와 실패한 방조)를 처벌하지 아니하므로** 질적 불일치의 경우에는 교사범의 경우와 결론이 달라진다.

2) 양적 불일치의 경우

가) 방조한 내용에 미달한 경우

방조자가 방조한 내용과 피방조자의 실행행위가 유사한 구성요건이고, 피방조자의 실행행위가 방조한 내용에 미달한 경우, 공범의 종속성상 방조자는 피방조자가 실행한 범위 내에서 책임을 진다. 예컨대 특수강도를 방조했는데 정범이 강도죄를 범한 경우 방조자는 강도죄의 방조범이 성립하고, 강도를 방조했으나 정범이 절도를 실행한 경우 방조자는 절도죄의 교사범이 성립할 뿐이다. 기도된 방조에 대한 처벌규정이 없어 강도예비죄가 성립하지 않는다.

나) 방조한 내용을 초과한 경우

방조자가 방조한 내용과 피방조자의 실행행위가 구성요건을 달리하나 공통적 요소를 포함하고 있고 피방조자의 실행행위가 방조한 내용을 초과한 경우, 즉 피방조자가 방조 받은 것 이상으로 실행한 경우 방조자는 초과부분에 대해서는 책임이 없고 중복된 범위 내에서만 책임을 지므로 방조한 범죄의 종범으로만 처벌된다. 예컨대 절도를 방조했는데 정범이 강도를 실행한 경우에는 방조범은 절도죄의 방조가 되며, 상해를 방조했는데 정범이 살인을 한 경우에도 방조자는 상해죄의 방조범이 될 수 있을 뿐이다. 다만, 방조자에게 예견가능성이 있는 경우 결과적 가중범(상해치사죄)의 방조범이 성립할 수 있다.

《대판 1985.2.26. 84도2987 (관세포탈 사건)》 방조자의 인식과 정범의 실행간에 착오가 있고 양자의 구성요건을 달리한 경우에는 원칙적으로 방조자의 고의는 조각되는 것이나 그 구성요건이 중첩되는 부분이 있는 경우에는 그 중복되는 한도내에서는 방조자의 죄책을 인정하여야 할 것이다.

나. 방조자가 피방조자에 대해 착오를 일으킨 경우

피방조자의 책임능력에 대한 인식은 방조자의 고의의 내용에 포함되지 않는다. 그러므로 이에 대한 착오는 방조범의 고의를 조각하지 않는다. 따라서 정범(피방조자)을 책임능력자로 알고 방조했으나 책임무능력자인 경우나 그 반대의 경우 종범의 성립에 영향이 없다.

2. 방조의 방조

방조의 방조, 즉 종범의 종범이란 간접방조 내지 연쇄방조를 의미하며, 이 경우에도 종범이 성립한다. 판례도 종범의 종범을 간접종범으로 인정하고 있다. 이때 정범이 누구인지 알 필요도 없다.

《대판 1977.9.28. 76도4133》 정범이 범행을 한다는 점을 알면서 그 실행행위를 용이하게 한 이상 그 행위가 간접적이거나 직접적이거나를 가리지 않으며 이 경우 정범이 누구에 의하여 실행되어지는가를 확지할 필요는 없다.

3. 교사의 방조

교사의 방조란 교사범을 방조하는 것을 말한다. 이 경우에도 정범에 대한 방조로서 종범이 된다(다수설). 다만 기도된 방조는 불가벌이므로 정범이 실행의 착수에 나아가야 한다.

4. 방조의 교사

방조의 교사란 종범에 대한 교사를 말한다. 이러한 경우 역시 실질적으로 정범을 방조한 것으로서, 방조범이 정범에 종속하여 성립되는 경우에 한하여 교사자에게 종범이 성립한다(다수설).

제6절 공범과 신분

제33조(공범과 신분) 신분이 있어야 성립되는 범죄에 신분 없는 사람이 가담한 경우에는 그 신분 없는 사람에게도 제30조부터 제32조까지의 규정을 적용한다. 다만, 신분 때문에 형의 경중이 달라지는 경우에 신분이 없는 사람은 무거운 형으로 벌하지 아니한다.

Ⅰ. 서론

1. 형법 제33조 본문과 단서

'공범과 신분'에서는 신분이 범죄의 성립이나 형의 가감에 영향을 미치는 경우에 신분 있는 자와 신분 없는 자가 공범관계에 있을 때에 어떻게 취급해야 하느냐를 규정하고 있다. 형법 제33조는 '신분이 있어야 성립되는 범죄에 신분 없는 사람이 가담한 경우에는 그 신분 없는 사람에게도 제30조부터 제32조까지의 규정을 적용한다. 다만, 신분 때문에 형의 경중이 달라지는 경우에 신분 없는 사람은 무거운 형으로 벌하지 아니한다'고 규정하고 있다. **본문**은 공범종속성설의 입장에서 **공범의 연대성**(신분의 연대작용)을, **단서**는 공범독립성설의 입장에서 신분 또는 **책임의 개별화**를 규정한 것으로 이해할 수 있다.

2. 신분의 의의

통설과 판례에 의하면 신분을 널리 일정한 범죄행위에 대한 범인의 인적 관계인 특수한 지위나 상태로 정의하고 있다. 여기에는 성별·연령·국적·친족관계와 같이 인간의 정신적·육체적·법적 본질요소가 되는 인적 성질, 공무원·의사·약사와 같이 인적 지위, 영업성·상습성과 같은 인적 상태가 포함된다. 신분은 일정 범위의 사람만이 가지고 다른 사람은 갖지 못하는 특수성이 있어야 한다. 모든 사람이 가지고 있는 지위나 상태는 신분이라고 할 수 없다. 예를 들어 성년자, 미성년자는 신분이라고 할 수 있지만, 사람이라는 지위는 신분이라고 할 수 없다. 신분은 '그 사람에게만 인정되는', 즉 일신전속적인 '행위자와 관련된 요소'임을 요하고, 누구에게나 존재할 수 있는 '행위에 관련된 요소'는 신분의 개념에 포함되지 않는다(통설). 따라서 순수한 주관적 요소나 내심의 상태인 고의·불법영득의사·목적·동기 등은 여기의 신분에 해당하지 않는다(통설).

그러나 **판례**는 목적범에 있어서 **목적을 신분으로 보아 제33조가 적용된다는 입장**을 취한 바 있다.

《대판 1994.12.23. 93도1002 (모해위증 사건)》 [1] 형법 제33조 소정의 이른바 신분관계라 함은 남녀의 성별, 내·외국인의 구별, 친족관계, 공무원인 자격과 같은 관계뿐만 아니라 널리 일정한 범죄행위에 관련된 범인의 인적관계인 특수한 지위 또는 상태를 지칭하는 것이다.

[2] 형법 제152조 제1항과 제2항은 위증을 한 범인이 형사사건의 피고인 등을 '모해할 목적'을 가지고 있었는가 아니면 그러한 목적이 없었는가 하는 범인의 특수한 상태의 차이에 따라 범인에게 과할 형의 경중을 구별하고 있으므로, 이는 바로 형법 제33조 단서 소정의 "신분관계로 인하여 형의 경중이 있는 경우"에 해당한다고 봄이 상당하다.

3. 신분의 종류

가. 구성적 신분

행위자에게 일정한 **신분이 있어야** 비로소 **범죄가 성립하는 경우의 신분**을 구성적 신분이라고 한다. 이 경우 신분이 없는 자가 하면 범죄가 되지 않는다. 범죄의 성립에 구성적 신분을 필요로 하는 범죄를 **진정신분범**이라고 한다. 예컨대 수뢰죄(§129)의 공무원, 위증죄(§152)의 선서한 증인, 허위진단서작성죄(§233)의 의사, 업무상 비밀누설죄(§317)의 업무자, 횡령죄(§355①)의 보관자, 배임죄(§355②)의 '타인의 사무처리를 처리하는 자'가 여기에 해당한다.

나. 가감적 신분

신분이 없어도 범죄는 성립하지만 그 **신분이 있으면 형벌이 가중 또는 감경되는 경우의 신분**을 가감적 신분이라고 한다. 이 경우 신분은 범죄의 성립에 영향을 미치지 못하고 형벌의 가중·감경에만 영향을 미친다. 이러한 가감적 신분이 규정된 범죄를 **부진정신분범**이라고 한다. 예를 들어 존속살해죄(§250②)의 직계비속, 업무상 횡령죄(§356)의 업무상 보관자, 상습도박죄(§246②)의 상습성은 가중적 신분, 구형법 제251조 영아살해죄의 직계존속은 감경적 신분을 내용으로 한다.

다. 소극적 신분

형법 제33조는 구성적 신분과 가감적 신분에 대하여만 규정하고 있다. 그러나 **신분으로 인하여 범죄의 성립 또는 형벌이 조각되는 경우**도 있다. 이를 소극적 신분이라고 한다. 소극적 신분은 세 가지 유형으로 나눌 수 있다. 불구성적 신분과 책임조각신분 및 형벌조각신분이 그것이다. 의료법위반에 있어서의 의사, 변호사법위반에 있어서의 변호사는 범죄의 성립을 조각하는 **불구성적 신분**, 형사미성년자나 범인은닉·증거인멸죄에서의 친족은 **책임조각신분**, 친족상도례(§328)에 있어서의 친족의 신분은 **형벌조각신분**이라고 할 수 있다.

Ⅱ. 형법 제33조의 해석

1. 의의

형법 제33조 본문은 '신분이 있어야 성립되는 범죄에 신분 없는 사람이 가담한 경우에는 그 신분 없는 사람에게도 제30조부터 제32조까지의 규정을 적용한다'고 규정하고, 단서는 '신분 때문에 형의 경중이 달라지는 경우에 신분 없는 사람은 무거운 형으로 벌하지 아니한다'고 규정하고 있다. 제33조 본문과 단서의 해석에 대해 공범종속성설과 공범독립성설의 대립이 있다.

2. 제33조 본문과 단서의 관계

가. 공범종속성설

다수설인 공범종속성설에 의하면 부진정신분범에 있어서는 신분이 범죄의 구성에 영향을 미치지 않고 형벌을 가감하는 기능을 가질 뿐이며 별도로 제33조 단서에서 규정하고 있으므로 본문은 진정신분범에 대하여만 적용된다고 한다. 즉 공범종속성설은 제33조 본문은 신분의 연대성을 규정한 원칙규정이고, 단서는 예외규정이라고 한다. 따라서 공범종속성설은 **본문을 진정신분범의 공범성립과 과형에 관한 규정**으로 보고, **단서는 부진정신분범의 공범성립과 과형에 관한 규정**으로 보는 견해이다. 예를 들어 처와 아들이 공모하여 아버지를 살해한 경우 처에게는 보통살인죄가, 아들에게는 존속살인죄가 성립한다고 본다.

나. 공범독립성설

이에 대해 공범독립성설(소수설 · 판례)은 제33조 단서는 부진정신분범의 과형에 대해서만 규정한 것이 명백하다는 전제에서, **본문은 진정신분범과 부진정신분범의 성립에 관한 규정**이고, **단서는 부진정신분범의 과형에 관한 규정**으로 보고 있다. 공범독립성설에 의하면 신분의 개별성을 규정한 단서가 원칙규정이고, 본문은 예외규정이라고 한다. 공범독립성설에 의하면 처와 아들이 공모하여 아버지를 살해한 경우, 처에게도 존속살해죄의 공동정범이 성립하나 과형은 보통살인죄에 정한 형으로 하게 된다.

다. 소결

제33조 본문의 해석상 진정신분범에 있어서 비신분자는 단독으로 신분범의 정범이 될 수는 없지만 그 공범(공동정범, 교사범, 종범)은 될 수 있다는 점에 이견이 없다. 그러나 부진정신분범의 성립과 처벌에 대해서는 위와 같이 공범종속성설과 공범독립성설 간에 견해의 대립이 있지만, 결국 비신분자에게 성립되는 죄명에 차이가 있을 뿐 처벌은 동일하므로 그 견해대립의 실익은 거의 없다. 다만, 죄종에 따라 결정하는 일반사면이나 공소시효의 점에서 실익이 있을 뿐이다.

Ⅲ. 형법 제33조의 구체적 적용

1. 진정신분범의 경우

가. 비신분자와 신분자가 공동으로 가담한 경우

비신분자가 신분자와 공동으로 진정신분범을 범한 경우 형법 제33조 본문에 따라 비신분자도 진정신분범의 공동정범이 성립하고 이에 따라 처벌된다. 즉 **정범적격 없는 비신분자도 신분자와 함께 진정신분범의 공동정범이 될 수 있다.** 예컨대 공무원이 아닌 甲이 공무원인 乙과 공모하여 함께 뇌물을 받은 경우, 甲도 수뢰죄의 공동정범이 된다.

공동정범도 정범이므로 진정신분범의 공동정범이 되기 위해서는 공동정범의 각자에게 정범적격, 즉 구성적 신분이 있음을 요한다. 이러한 의미에서 본문은 교사범과 종범에 대한 관계에서는 당연한 규정이지만, 공동정범에 대하여는 공동정범이 될 수 없는 자를 예외적으로 공동정범이 될 수 있도록 한 특별규정에 해당한다.

《대판 1997.4.22. 95도748 (1994년 전기협 파업 사건)》 쟁의행위에 참가한 일부 조합원(철도공무원)이 병가 중이어서 직무유기죄의 주체로 될 수는 없다 하더라도 직무유기죄의 주체가 되는 다른 조합원들과의 공범관계가 인정되므로, 그 쟁의행위에 참가한 조합원들 모두 직무유기죄로 처단되어야 한다.

《대판 2006.5.11. 2006도1663 (피해조사대장 허위기재 사건)》 공무원이 아닌 자는 형법 제228조의 경우를 제외하고는 허위공문서작성죄의 간접정범으로 처벌할 수 없으나, 공무원이 아닌 자가 공무원과 공동하여 허위공문서작성죄를 범한 때에는 공무원이 아닌 자도 형법 제33조, 제30조에 의하여 허위공문서작성죄의 공동정범이 된다.

《대판 2007.5.11. 2005도6360 (명의차용인 허위신고 사건)》 타인으로부터 명의를 차용하여 수표를 발행한 자라 하더라도 수표의 발행명의인과 공모하여 부정수표단속법 제4조 소정의 허위신고죄의 주체가 될 수 있는 것이다.

《대판 2019.8.29. 2018도13792 全合 (최순실 국정논단 사건)》 공무원이 아닌 사람이 공무원과 공동가공의 의사와 이를 기초로 한 기능적 행위지배를 통하여 공무원의 직무에 관하여 뇌물을 수수하는 범죄를 실행하였다면 공무원이 직접 뇌물을 받은 것과 동일하게 평가할 수 있으므로 공무원과 비공무원에게 형법 제129조 제1항에서 정한 뇌물수수죄의 공동정범이 성립한다.

《대판 2008.3.13. 2007도9507 (부산시의원 생체협 물품기부 사건)》 공직선거법 제257조 제1항 제1호에서 규정하는 각 기부행위제한위반의 죄는 공직선거법 제113조, 제114조, 제115조에 각기 한정적으로 열거되어 규정하고 있는 신분관계가 있어야만 성립하는 범죄이고, 죄형법정주의의 원칙상 유추해석은 할 수 없으므로, 위 각 해당 신분관계가 없는 자의 기부행위는 위 각 해당 법조항 위반의 범죄로는 되지 않는다. …, 각 기부행위의 주체로 인정되지 아니하는 자가 기부행위의 주체자 등과 공모하여 기부행위를 하였다 하더라도 그 신분에 따라 각 해당법조로 처벌하여야지 기부행위 주체자에 해당하는 법조 위반의 공동정범으로 처벌할 수는 없다.

나. 비신분자가 신분자에 가담한 경우

비신분자가 진정신분범을 교사 또는 방조한 경우 제33조 본문을 적용하여 비신분자도 진정신분범의 교사·방조범이 성립하고, 이에 따라 처벌된다. 즉, **제33조 본문은 진정신분범에 가담한 비신분자는 신분이 없더라도 진정신분범의 공범 및 공동정범이 된다**. 이는 진정신분범에 가공한 비신분자에게 구성적 신분의 연대성을 인정한 것이다. 교사범과 종범에 있어서 정범에게 신분이 있는 한 비신분자도 진정신분범의 공범이 될 수 있다. 따라서 예컨대 공무원이 아닌 甲이 공무원인 乙에게 수뢰를 교사 또는 방조한 경우 甲에게는 수뢰죄의 교사범 또는 방조범이 인정된다.

형법은 간접정범을 교사 또는 방조의 예에 의하여 처벌하도록 규정하고 있다(§34①). 여기서 제33조 본문이 간접정범에게도 적용되어 비신분자가 신분자를 이용한 진정신분범의 간접정범이 될 수 있는가가 문제된다. 제33조 본문은 비신분자가 신분자와 함께 진정신분범의 공동정범이 될 수 있다는 의미이지 단독으로 진정신분범의 정범이 될 수 있다는 의미는 아니라고 할 것이므로, 간접정범에는 제33조가 적용되지 않는다고 보아야 한다(통설).

다. 신분자가 비신자에게 가담한 경우

제33조 본문이 진정신분범에 있어서 비신분자가 신분자에게 가공한 경우에 적용됨은 명백하다. 그런데 신분자가 비신분자에게 가공한 경우에도 제33조 본문이 적용될 수 있는지 문제된다. 예컨대 공무원 甲이 공무원이 아닌 乙을 교사하여 뇌물을 수수하게 하거나 의사가 간호사를 교사하여 허위진단서를 작성한 경우에도 제33조 본문이 적용될 수 있는지가 문제된다. 진정신분범에 있어서 신분은 구성요건요소이고 신분 없는 자인 정범의 행위는 구성요건에 해당할 수 없으므로 제한적 종속형식에 의하면 공범이 성립할 수 없다. 또한 형법 제33조는 일단 신분범을 전제로 해놓고 이에 비신분자가 관여하는 경우를 가정하여 마련된 조문이므로, 이 조문을 비신분범을 전제로 해놓고 이에 관여하는 사안에 대해 적용할 수는 없다(통설). 이러한 경우 **신분자는 비신분자를 '신분 없는 고의 있는 도구'를 이용한 경우**이므로 신분자는 진정신분범의 **간접정범이 성립**한다. 따라서 위의 경우 甲에게는 수뢰죄의 간접정범이 된다.

2. 부진정신분범의 경우

가. 비신분자와 신분자가 공동으로 가담한 경우

비신분자가 신분자와 공동으로 부진정신분범을 범한 경우 신분자는 가중·감경되는 부진정신분범이 성립되고 그에 따라 처벌되는 점에는 이견이 없지만, 비신분자의 처리에 대해서는 공범종속성설과 공범독립성설이 견해를 달리한다. 먼저 다수설인 공범종속성설에 의하면 형법 제33조 단서를 부진정신분범의 공범성립과 과형에 관한 규정으로 이해한다. 따라서 부진정신분범에 해당하는 범죄를 비신분자와 신분자가 공동정범으로 범한 경우 신분자는 부진정신분범, 비신분자에 대해 보통범죄의 공동정범이 성립·처벌된다. 예컨대 아들과 아들의 친구가 공모하여 아버지를 살해한 경우 아들의 친구는 보통살인죄가 성립하고 그에 따라 처벌한다.

그러나 판례(공범독립성설)에 의하면 부진정신분범에 있어서 범죄의 성립은 형법 제33조 본문을 적용하고, 과형에 대해서만 단서를 적용하게 되므로, 비신분자는 부진정신분범이 성립하나 보통범죄의 형으로 처벌된다. 위의 사례에서 아들의 친구는 존속살해죄가 성립하지만, 처벌에 있어서는 보통살인죄의 형을 적용한다.

《대판 1961.8.2. 4294형상284 (처자 공동살해 사건)》 처가 실자(實子)와 더불어 그 남편을 살해할 것을 공모하고 자로 하여금 남편을 자빠뜨리고 양수로 두부를 강압하게 한 후 양수로 남편의 생식기 부분을 잡아당겨서 질식사에 이르게 한 경우에 그 처와 실자를 존속살인 범행의 공동정범으로 인정한 것은 정당하다.

《대판 1994.12.23. 93도1002 (모해위증 사건)》 피고인 甲이 丙을 모해할 목적으로 乙에게 위증을 교사한 이상, 가사 정범인 乙에게 모해의 목적이 없었다고 하더라도, 형법 제33조 단서의 규정에 의하여 甲을 모해위증교사죄로 처단할 수 있다.

《대판 2015.2.26. 2014도15182 (수원여대 교비횡령 사건)》 업무상횡령죄는 타인의 재물을 업무상 보관하는 자를 주체로 하는 신분범이므로, 그와 같은 신분관계가 없는 자가 신분관계가 있는 자와 공모하여 업무상횡령죄를 저질렀다면 신분관계가 없는 자에 대하여는 형법 제33조 단서에 의하여 단순횡령죄에 정한 형으로 처단하여야 할 것이다.

《대판 1997.12.26. 97도2609 (한보그룹 비자금 횡령사건)》 상호신용금고법 제39조 제1항 제2호 위반죄는 … 형법상의 배임 내지 업무상배임죄의 가중규정이고, 따라서 형법 제355조 제2항의 배임죄와의 관계에서는 신분관계로 인하여 형의 경중이 있는 경우라고 할 것이다. 그리고 위와 같은 신분관계가 없는 자가 그러한 신분관계에 있는 자와 공모하여 위 상호신용금고법위반죄를 저질렀다면, 그러한 신분관계가 없는 자에 대하여는 형법 제33조 단서에 의하여 형법 제355조 제2항에 따라 처단하여야 할 것인바, 그러한 경우에는 신분관계가 없는 자에게도 일단 업무상배임으로 인한 상호신용금고법 제39조 제1항 제2호 위반죄가 성립한 다음 형법 제33조 단서에 의하여 중한 형이 아닌 형법 제355조 제2항(배임죄)에 정한 형으로 처벌되는 것이다.

《대판 1986.10.28. 86도1517 (상업은행 업무상배임 사건)》 은행원이 아닌 자가 은행원들과 공모하여 업무상 배임죄를 저질렀다 하여도, 이는 업무상 타인의 사무를 처리하는 신분관계로 인하여 형의 경중이 있는 경우이므로, 그러한 신분관계가 없는 자에 대하여서는 형법 제33조 단서에 의하여 형법 제355조 제2항에 따라 처단하여야 한다.

나. 비신분자가 신분자에 가담한 경우

비신분자가 부진정신분범을 교사 또는 방조하여 부진정신분범을 범하게 한 경우에도 앞에서 설명한 공동정범의 경우와 같이 다수설과 판례에 따라 견해를 달리한다. 다수설에 의하면 형법 제33조 단서를 부진정신분범의 공범성립과 과형에 관한 규정으로 이해하기 때문에, 신분자는 부진정신분범의 정범이 되지만, 비신분자는 보통범죄의 교사 또는 방조범이 성립하고, 이에 해당하는 형으로 처벌한다. 예컨대 甲이 乙을 교사하여 乙의 아버지인 丙을 살해한 경우 乙은 존속살해죄의 정범이 되지만, 甲은 보통살인죄의 교사범이 성립하고 그에 따라 처벌된다.

그러나 판례(공범독립성설)에 의하면 부진정신분범에 있어서도 범죄성립의 근거를 형법 제33조 본문에서 찾고, 과형에 대해서만 단서를 적용한다. 따라서 판례에 의한 경우에도 신분자는 부진정신분범의 정범이 된다는 점에서 다수설과 일치하지만, 비신분자는 부진정신분범의 교사 또는 방조범이 성립하지만 보통범죄의 교사 또는 방조범의 형으로 처벌한다는 점에서 차이가 있다. 위의 사례에서 甲에게는 존속살해죄의 교사범이 성립하지만, 제33조 단서에 의해 보통살인죄의 교사범에 해당하는 형으로 처벌한다.

다. 신분자가 비신분자에 가담한 경우

제33조 본문이 비신분자가 신분자의 범죄에 가공한 때에만 적용됨에 반하여, 다수설과 판례는 본문과 달리 단서규정은 비신분자가 신분자의 범죄에 가담한 경우뿐만 아니라 신분자가 비신분자의 범죄에 가담한 때에도 적용된다고 한다. 따라서 부진정신분범(가중적 신분범)이 비신분자에게 교사 또는 방조한 경우에도 제33조 단서를 적용한다. 부진정신분범에 있어서 범죄의 성립과 처벌을 모두 제33조 단서를 적용하는 다수설에 의하면 비신분자는 보통범죄의 정범으로 처벌하지만, 신분자는 단서규정을 적용하여 부진정신분범의 교사 또는 방조범으로 성립·처벌한다. 부진정신분범의 경우 범죄의 성립은 제33조 본문을 적용하고 처벌만 제33조 단서를 적용하는 판례에 의하더라도 신분자는 부진정신분범의 교사 또는 방조범이 성립하고, 그에 따라 처벌하게 된다. 예컨대 甲이 乙을 교사하여 甲의 아버지인 丙을 살해한 경우 乙은 보통살인죄의 정범이지만 甲은 존속살해죄의 교사범이 성립하고 그에 따라 처벌된다.

《대판 1994.12.23. 93도1002 (모해위증 사건)》 [1] 형법 제31조 제1항은 협의의 공범의 일종인 교사범이 그 성립과 처벌에 있어서 정범에 종속한다는 일반적인 원칙을 선언한 것에 불과하고, 신분관계로 인하여 형의 경중이 있는 경우에 신분이 있는 자가 신분이 없는 자를 교사하여 죄를 범하게 한 때에는 형법 제33조 단서가 형법 제31조 제1항에 우선하여 적용됨으로써 신분이 있는 교사범이 신분이 없는 정범보다 중하게 처벌된다.

[2] 피고인이 甲을 모해할 목적으로 乙에게 위증을 교사한 이상, 가사 정범인 乙에게 모해의 목적이 없었다고 하더라도, 형법 제33조 단서의 규정에 의하여 피고인을 모해위증교사죄로 처단할 수 있다.

《대판 1984.4.24. 84도195》 상습도박의 죄나 상습도박방조의 죄에 있어서의 상습성은 행위의 속성이 아니라 행위자의 속성으로서 도박을 반복해서 거듭하는 습벽을 말하는 것인 바, 도박의 습벽이 있는 자가 타인의 도박을 방조하면 상습도박방조의 죄에 해당하는 것이며, 도박의 습벽이 있는 자가 도박을 하고 또 도박방조를 하였을 경우 상습도박방조의 죄는 무거운 상습도박의 죄에 포괄시켜 1죄로서 처단하여야 한다.

Ⅳ. 소극적 신분과 공범

형법 제33조는 구성적 신분과 가감적 신분에 대해서만 규정하고, 신분이 범죄의 성립 또는 가벌성을 조각하는 소극적 신분에 대해서는 아무런 규정이 없다. 따라서 소극적 신분과 공범과의 관계는 공범의 종속성이라는 일반이론에 따라 제한적 종속형식에 기초하여 해결해야 한다.

1. 불구성적(위법성조각적) 신분과 공범

비신분자가 불구성적 신분을 가진 자의 범죄에 가공한 경우 신분자의 적법행위에 관여한 것이므로, 비신분자에게도 범죄가 성립하지 않는다. 반면 불구성적 신분을 가진 자가 비신분자의 범죄에 공동정범, 교사범, 종범으로 가공한 경우에는 정범인 비신분자에게 완전한 범죄가 성립하므로, 신분자에게도 당해 범죄의 공동정범 및 공범이 성립한다.

《대판 1986.7.8. 86도749 (간호보조원 발치사건)》 치과의사가 환자의 대량유치를 위해 치과기공사들에게 내원환자들에게 진료행위를 하도록 지시하여 동인들이 각 단독으로 전항과 같은 진료행위를 하였다면 무면허의료행위의 교사범에 해당한다.

《대판 2001.11.30. 2001도2015 (김포한일의원 사건)》 의료인이 의료인이나 의료법인 아닌 자의 의료기관 개설행위에 공모하여 가공하면 의료법 제66조 제3호, 제30조 제2항 위반죄(불법의료기관개설죄)의 공동정범에 해당된다.

《대판 1986.2.11. 85도448 (무면허진료 공모사건)》 의료인일지라도 의료인 아닌 자의 의료행위에 공모하여 가공하면 의료법 제25조 제1항이 규정하는 무면허의료행위의 공동정범으로서의 책임을 진다.

2. 책임조각적 신분과 공범

비신분자가 책임조각적 신분자에게 가공한 경우에는 신분자(정범)는 책임이 조각되어 범죄가 성립하지 않지만, 비신분자는 책임의 개별화 내지 제한적 종속형식에 따라 정범의 불법에 종속하여 당해 범죄의 공범이 성립하는데 영향이 없다. 다만, 책임조각적 신분자(예컨대 심신상실자, 미성년자)를 교사·방조한 비신분자에게 의사지배가 인정되는 경우에는 간접정범이 성립할 수 있다. 한편, 책임조각적 신분자가 비신분자에게 가공한 경우에도 비신분자의 경우 정범으로서 범죄성립에 영향이 없고, 신분자의 경우에는 책임개별화의 원칙에 따라 공범으로서의 책임이 조각된다.

3. 형벌조각적 신분과 공범

비신분자가 형벌조각적 신분자에게 가공한 경우, 신분자(정범)는 범죄가 성립하지만 형벌이 조각되어 처벌되지 않는 반면, 비신분자는 범죄의 성립에 영향이 없고 형벌이 조각되지 않는다. 반대로 형벌조각적 신분자가 비신분자에게 가공한 경우에도 신분자·비신분자 모두 범죄가 성립하며, 다만 신분자는 형벌이 조각되어 처벌되지 않는 반면 비신분자는 형벌이 조각되지 않는다.

제1절 죄수이론

Ⅰ. 의의

범죄의 수가 1개인가 또는 수개인가의 문제를 죄수론(罪數論)이라고 한다. 공범론이 한 개의 범죄에 대한 수인의 공동을 문제로 함에 반하여, 죄수론은 그 행위자가 범한 범죄의 수를 문제로 한다.

형법은 죄수론에 관하여 총칙 제37조에서 제40조까지 상상적 경합과 경합범을 규정하고 있다. 그러나 죄수론은 행위자가 한 개 또는 수개의 행위로 같은 구성요건을 수회 실현하거나 수 개의 구성요건을 실현한 경우에 어떤 범죄가 성립하는가, 즉 그것이 일죄인가 수죄인가 뿐만 아니라 이 경우에 어떻게 처벌할 것인가도 해결해야 한다.

Ⅱ. 죄수결정의 기준

범죄가 일죄인가 수죄인가를 결정하는 표준에 관하여는 다음과 같은 네 개의 학설이 대립되고 있다.

1. 행위표준설

'범죄는 행위이다'라는 명제를 근거로 자연적 의미의 행위의 수를 기준으로 죄수를 결정하는 견해이다(객관주의 범죄이론). 즉 행위가 1개라면 범죄도 1개, 행위가 수개라면 범죄도 수개라고 한다. 이에 의하면 연속범은 수죄이지만 상상적 경합은 일죄가 된다. 판례는 강간과 추행의 죄, 공갈죄 등에서 이 견해를 취한다.

《대판 1982.12.14. 82도2442》 미성년자의제강간죄 또는 미성년자의제강제추행죄는 행위시마다 1개의 범죄가 성립한다.

《대판 1958.4.11. 4290형상360》 동일인에 대하여 여러 차례에 걸쳐 금전갈취를 위한 협박의 서신이나 전화를 한 경우에 포괄일죄가 아니라 1개의 협박행위마다 1개의 공갈미수죄가 성립한다.

《대판 1997.1.21. 96도2715》 감금행위가 강간죄나 강도죄의 수단이 된 경우에도 감금죄는 강간죄나 강도죄에 흡수되지 아니하고 별죄를 구성한다.

2. 법익표준설

이 학설은 범죄의 본질은 법익의 침해라는 전제에서 범죄행위로 인하여 침해되는 보호법익의 수 또는 결과의 수를 기준으로 하여 결정하려고 한다(객관주의 범죄론). 따라서 1개의 행위에 의하여 수개의 법익을 침해하였거나 수개의 결과를 발생케 한 경우는 수죄이지만, 수개의 행위에 의하여 1개의 법익을 침해하였으면 1죄가 된다. 이에 의하면 상상적 경합은 실질상은 수죄이지만 처벌상 일죄로 취급하는데 불과하다. 법익표준설은 보호법익을 법익과 법익주체와의 관계에 따라 전속적 법익(專屬的 法益)과 비전속적 법익(非專屬的 法益)으로 구별하고, 사람의 생명·신체·자유·명예와 같이 피해자의 인격과 결부된 전속적 법익에 대하여는 법익주체마다 1개의 범죄가 성립하고, 비전속적 법익에 속하는 재산죄에 관하여는 관리의 수에 상응하는 범죄가 성립한다고 한다. 예컨대 총알을 1발 발사하여 수인을 살해하였을 때에는 수죄이나, 동일인에게 수개의 모욕을 하였더라도 일죄이다. 판례는 기본적으로 법익표준설을 취하고 있다. 수개의 법익침해가 1개의 구성요건에 해당하는 경우(예 : 야간주거침입절도죄) 설명하기 곤란하다는 비판을 받는다.

《대판 2004.6.25. 2004도1751 (양도담보 성형사출기 매각사건)》 사기의 수단으로 발행한 수표가 지급거절된 경우 부정수표단속법위반죄와 사기죄는 그 행위의 태양과 보호법익을 달리하므로 실체적 경합범의 관계에 있다.

《대판 1970.7.21. 70도1133 (전축과 팔뚝시계 절취사건)》 단일범의로서 절취한 시간과 장소가 접착되어 있고 같은 관리인의 관리하에 있는 방 안에서 소유자를 달리하는 두 사람의 물건을 절취한 경우에는 1개의 절도죄가 성립한다.[68]

《대판 1997.1.21. 96도2715 (강취 신용카드 사용 사건)》 감금행위가 강간죄나 강도죄의 수단이 된 경우에도 감금죄는 강간죄나 강도죄에 흡수되지 아니하고 별죄를 구성한다.

《대판 1979.7.10. 79도840》 통화위조죄에 관한 규정은 공공의 거래상의 신용 및 안전을 보호하는 공공적인 법익을 보호함을 목적으로 하고 있고, 사기죄는 개인의 재산법익에 대한 죄이어서 양죄는 그 보호법익을 달리하고 있으므로 위조통화를 행사하여 재물을 불법영득한 때에는 위조통화 행사죄와 사기죄의 양죄가 성립된다.

3. 의사표준설(범의표준설)

이 학설은 행위자의 범죄의사의 수를 기준으로 죄수를 결정하는 견해이다(주관주의 범죄론). 즉 범죄의사가 하나이면 법익침해가 여러 개이더라도 일죄이고, 범죄의사가 수개이면 행위나 법익침해가 하나이더라도 수죄가 된다고 한다. 이 때 범죄의사란 고의뿐만 아니라 과실도 포함된다. 이에 의하면 상상적 경합은 물론 연속범도 의사의 단일성이 인정되면 일죄가 된다.

《대판 1982.10.26. 81도1409 (법원공무원 급행료 수수사건)》 등기소 조사계장인 피고인이 1977.4.15 경 사무실에서 원심 공동피고인으로부터 아파트보존등기신청사건을 접수처리함에 있어서 신속히 처리해 달라는 부탁조로 금원을 교부받은 것을 비롯하여 같은 해 9.10경까지 전후 7회에 걸쳐 … 같은 명목으로 도합 금 828,000원을 교부받아 그 직무에 관하여 뇌물을 수수한 것이라면, 이는 피고인이 뇌물수수의 단일한 범의의 계속하에 일정기간 동종행위를 같은 장소에서 반복한 것이 분명하므로 피고인의 수회에 걸친 뇌물수수행위는 포괄일죄를 구성한다.

《대판 1983.4.12. 83도304》 폭행과 강간행위가 불과 1시간 전후에 이루어진 것이기는 하나 강간의 범의를 일으킨 것이 폭행 후의 다른 상해범행의 실행 중이었음이 인정되는 이상 폭행사실은 별개의 독립한 죄를 구성한다.

4. 구성요건표준설

이 학설은 범죄의 구성요건 충족 횟수를 표준으로 하여 죄수를 결정하려는 견해이다. 범죄는 형법상의 구성요건에 해당하는 행위가 있어야 성립하는 것이므로 이를 기준으로 결정해야 한다는 것이다. 이에 의하면 행위가 수개이더라도 구성요건을 1회

68) 甲은 1969.12.27 03:00경 진주시 乙 경영의 ○○가게에 침입하여 그곳 방안 방바닥에 놓여있던 丙소유의 전축 1대와 음판 7장을 절취한 후 그 방벽에 걸려있던 丁소유의 옷 호주머니 속에서 그 사람 소유 팔뚝시계 1개, 현금 350원을 꺼내어 이를 절취하였다.

충족하면 일죄이고 수개의 구성요건에 해당하면 수죄라고 한다. 판례는 조세포탈죄, 관세법상 무신고수입죄 등의 경우에 구성요건충족 횟수를 기준으로 죄수가 결정된다고 판시하고 있다.

《대판 1982.6.22. 82도938》 조세포탈범의 죄수는 위반사실의 구성요건 충족회수를 기준으로 하여 예컨대, 소득세포탈범은 각 과세년도의 소득세마다, 법인세포탈범은 각 사업년도의 법인세마다 그리고 부가가치세의 포탈범은 각 과세기간인 6월의 부가가치세마다 1죄가 성립하는 것이 원칙이나, 특정범죄가중처벌등에 관한 법률 제8조는 년간 포탈세액이 일정액 이상이라는 가중사유를 구성요건화하여 일정액 이상이라는 가중 제1항의 행위와 합쳐서 하나의 범죄유형으로 하고 그에 대한 법정형을 규정한 것이므로 위법조에 해당하는 경우에는 1죄만이 성립한다.

《대판 1992.9.14. 92도1534 (집총거부 사건)》 상관으로부터 집총을 하고 군사교육을 받으라는 명령을 수회 받고도 그때마다 이를 거부한 경우에는 그 명령 횟수 만큼의 항명죄가 즉시 성립하는 것이지, 집총거부의 의사가 단일하고 계속된 것이며 피해법익이 동일하다고 하여 수회의 명령거부 행위에 대하여 하나의 항명죄만 성립한다고 할 수는 없다.

Ⅲ. 수죄의 처벌

수죄를 어떻게 처벌할 것이냐에 대해서도 입법례에 따라 태도가 일치하지 않는다. 수죄의 처벌에 관하여 적용되는 기본원칙에는 다음과 같은 것이 있다.

1. 병과주의

각죄에 정한 형을 병과(竝科)하는 주의이다. 수죄의 처벌에 관한 전통적인 원칙이며, 영미법은 아직도 이 주의에 따르고 있다. 그러나 병과주의에 대하여는 자유형 가운데 유죄형을 병과하는 때에는 실제상 무기형과 같은 효과를 가져오게 되어 형벌의 성질을 바꾸는 결과가 되고, 가산되는 형은 분리된 개개의 형벌보다 심한 고통을 주기 때문에 정당한 형벌이 될 수 없다는 비판이 있다. 형법은 경합범에 있어서 각죄에 정한 형이 무기징역 또는 무기금고 이외의 이종의 형인 때에만 병과주의를 채택하고 있다(§38①3). 다만 과료와 몰수는 동종일 때에도 병과할 수 있다(§38①2단서).

2. 흡수주의

수죄 가운데 가장 중한 죄에 정한 형으로 처단하고 다른 경한 죄에 정한 형은 여기에 흡수(吸收)되는 주의를 말한다. 형법은 상상적 경합(§40)과 경합범 가운데 중한 죄에 정한 형이 사형 또는 무기징역이나 무기금고인 때(§38①1)에 흡수주의를 취하고 있다.

3. 가중주의

수죄에 대하여 하나의 전체형을 선고하는 것이다. 전체형은 통상 수죄 가운데 가장 중한 죄에 정한 형을 가중(加重)하는 방법으로 만들어 진다. 형법은 경합범만 원칙적으로 가중주의에 의하여 벌하고 있다(§38①2). 즉 경합범 중 각죄에 정한 형이 사형 또는 무기징역이나 무기금고 이외의 동종의 형인 때에는 가장 중한 죄에 정한 장기 또는 다액에 2분의 1까지 가중한다.

제2절 일죄

Ⅰ. 일죄의 의의 및 종류

범죄의 수가 한 개인 것을 일죄(一罪)라고 한다. 일죄에 있어서는 1개 또는 수개의 행위가 수개의 구성요건을 충족하지만 구성요건 상호간의 관계에 따라 1개의 구성요건만 적용되는 법조경합이나, 하나하나가 독자적으로 구성요건을 충족하는 수개의 행위가 포괄하여 일죄를 구성하는 포괄일죄의 경우가 죄수론에서 주로 논의되고 있다.

Ⅱ. 법조경합

1. 법조경합의 의의

법조경합(法條競合)이란 일정한 사건에 대해 적용될 수 있는 법조문이 여럿이지만 그 중 하나의 법조문만이 적용되는 것을 말한다. 즉 1개 또는 수개의 행위가 외견상 수개의 형벌법규에 해당하는 것처럼 보이나, 실제로는 한 법규가 다른 법규를 배척하기 때문에 형법상 일죄로 되는 경우이다. 적용되는 구성요건이 배척되는 구성요건을 완전히 포섭하므로, 수개의 구성요건을 적용하는 것은 이중평가라는 부당한 결과를 초래하기 때문이다. 법조경합은 경합되는 수개의 구성요건 가운데 실질적으로는 하나의 구성요건만이 적용된다는 점에서 모든 구성요건상의 범죄가 성립하는 상상적 경합이나 실체적 경합과 구별된다.

《대판 2003.4.8. 2002도6033》 상상적 경합은 1개의 행위가 실질적으로 수개의 구성요건을 충족하는 경우를 말하고, 법조경합은 1개의 행위가 외관상 수개의 죄의 구성요건에 해당하는 것처럼 보이나 실질적으로 1죄만을 구성하는 경우를 말하며, 실질적으로 1죄인가 또는 수죄인가는 구성요건적 평가와 보호법익의 측면에서 고찰하여 판단하여야 한다. 그리고 법조경합의 한 형태인 특별관계란 어느 구성요건이 다른 구성요건의 모든 요소를 포함하는 외에 다른 요소를 구비하여야 성립하는 경우로서, 특별관계에서는 특별법의 구성요건을 충족하는 행위는 일반법의 구성요건을 충족하지만 반대로 일반법의 구성요건을 충족하는 행위는 특별법의 구성요건을 충족하지 못한다.

2. 법조경합의 종류

법조경합에는 특별관계, 보충관계, 흡수관계의 세 가지가 있다.

가. 특별관계

특별관계(特別關係)란 경합하는 구성요건이 서로 일반법 대 특별법의 관계에 있기 때문에 '특별법은 일반법에 우선한다'는 원리에 의하여 특별법적 성격의 구성요건이 적용되면 일반법적 성격의 구성요건은 적용되지 않는 경우를 말한다. 예를 들어 특수폭행죄(§261)에 해당하는 행위는 단순폭행죄(§260)에도 해당되지만 전자만 적용된다.

특별관계의 대표적인 경우는 가감적 구성요건과 기본적 구성요건의 관계이다. 즉 존속살해죄는 살인죄의 특별법이며, 특수절도죄 · 특수강도죄는 절도죄나 강도죄에 우선하여 적용된다. 승낙살인죄도 살인죄에 대하여 특별관계에 있다. 결합범 또는 결과적 가중범과 그 내용인 범죄에 대하여도 같은 이론이 적용된다. 예를 들어 강도죄는 절도죄와 폭행죄 또는 협박죄, 공무집행방해죄는 폭행죄 또는 협박죄, 상해치사죄는 상해죄와 과실치사죄에 대한 특별법이다. 같은 사항에 대하여 일반형법법규와 특별형벌법규가 있는 때에도 특별관계가 성립한다.

《대판 2008.12.11. 2008도9182》 음주로 인한 특정범죄가중처벌 등에 관한 법률 위반(위험운전치사상)죄는, 형법 제268조에서 규정하고 있는 업무상과실치사상죄의 특례를 규정하여 가중처벌함으로써 피해자의 생명·신체의 안전이라는 개인적 법익을 보호하기 위한 것이다. 따라서 그 죄가 성립하는 때에는 차의 운전자가 형법 제268조의 죄를 범한 것을 내용으로 하는 교통사고처리특례법 위반죄는 그 죄에 흡수되어 별죄를 구성하지 아니한다.

《대판 2006.6.15. 2006도1667》 공직선거후보자를 추천하기 위한 정당의 당내 경선과 관련하여 경선운동 또는 교통을 방해하거나 위계·사술 그 밖의 부정한 방법으로 당내 경선의 자유를 방해하는 행위를 처벌하는 공직선거법 제237조 제5항 제2호의 선거의 자유방해죄와 형법 제314조 제1항의 업무방해죄는 그 보호법익과 구성요건을 서로 달리하는 것이므로, 위 양죄의 관계를 위 선거의 자유방해죄가 성립할 경우 업무방해죄가 이에 흡수되는 법조경합관계라고 볼 수는 없다.

《대판 2008.11.27. 2008도7311 (음주단속 경찰관 상해 사건)》 부진정결과적가중범에 있어서, 고의로 중한 결과를 발생하게 한 행위가 별도의 구성요건에 해당하고 그 고의범에 대하여 결과적가중범에 정한 형보다 더 무겁게 처벌하는 규정이 있는 경우에는 그 고의범과 결과적가중범이 상상적 경합관계에 있다고 보아야 할 것이지만, 위와 같이 고의범에 대하여 더 무겁게 처벌하는 규정이 없는 경우에는 결과적가중범이 고의범에 대하여 특별관계에 있다고 해석되므로 결과적가중범만 성립하고 이와 법조경합의 관계에 있는 고의범에 대하여는 별도로 죄를 구성한다고 볼 수 없다.

나. 보충관계

보충관계(補充關係)란 어떤 구성요건이 다른 구성요건의 적용이 없을 때에만 보충적으로 적용되는 경우 두 규정 사이의 관계를 말한다. 전자를 기본규정, 후자를 보충규정이라고 한다. 양자의 관계는 '기본법은 보충법에 우선한다'는 원리에 의하여 기본법이 적용되는 경우에는 보충법은 적용되지 않고 기본법이 적용되지 않는 경우에만 보충법이 적용된다. 예를 들어 일반건조물방화죄는 현주건조물방화죄 및 공용건조물방화죄와 보충관계에 있고 일반물건방화죄는 세 범죄와 보충관계에 있다. 일반이적죄도 모병이적죄, 여적죄와 보충관계에 있다. 이와 같은 관계를 명시적 보충관계라 한다.

묵시적 보충관계에는 형법에 명문규정은 없으나 형벌법규의 상호관련성에 의한 해석을 통하여 인정되는 것으로서, 통설은 경과범죄(불가벌적 사전행위)와 동일법익에 대한 **침해방법의 경중이 있는 경우**(가벼운 침해방법)에 묵시적 보충관계를 인정하고 있다. ㉠ 경과범죄란 예컨대 예비의 미수·기수에 대한 관계, 미수의 기수에 대한 관계처럼 전자가 후자에 대하여 보충관계에 있으므로 처벌의 대상이 되지 않는 경우를 말한다. ㉡ 침해방법의 경중이 있는 경우란 동일한 법익에 대하여 가벼운 침해방법은 무거운 침해방법에 대하여 보충관계에 있다는 것이다. 예컨대 방조범은 교사범과 정범에 대하여, 교사범은 정범에 대하여, 부작위범은 작위범에 대하여, 과실범은 고의범에 대하여 보충관계에 있다.

다. 흡수관계

흡수관계(吸收關係)란 외형상 수개의 구성요건이 충족되어 있지만 하나의 구성요건이 경험칙상 또는 당연히 다른 구성요건의 모든 내용을 포함함으로써 별도의 구성요건의 성립을 논할 필요가 없는 경우를 말한다. 흡수관계는 1개 또는 수개의 행위로 수개의 구성요건을 실현하였지만 '전부법은 부분법을 폐지한다'는 법원리에 의하여 전부법(흡수법)만 적용되는 경우이다. 흡수관계에는 불가벌적 수반행위와 불가벌적 사후행위가 있다.

1) 불가벌적 수반행위

불가벌적 수반행위(不可罰的 隨伴行爲)란 행위자가 특정한 죄를 범하면 일반적·전형적으로 다른 구성요건을 충족하고 이때 그 구성요건의 불법내용이 주된 범죄에 대하여 경미하기 때문에 고려하지 않는 경우를 말한다. 예를 들어 살인에 수반된 상해 또는 의복손괴, 사문서위조와 인장위조죄, 낙태에 수반되는 부녀의 신체의 상해, 감금의 수단으로서의 폭행·협박, 자동차절도와 그 속의 휘발유절도 등을 들 수 있다.

《대판 1982.6.22. 82도705 (망우리까지 태워간 사건)》 감금을 하기 위한 수단으로서 행사된 협박행위는 감금죄에 흡수되어 따로 협박죄를 구성하지 아니한다.

《대판 1996.9.24. 96도2151》 공갈죄의 수단으로서 한 협박은 공갈죄에 흡수될 뿐 별도로 협박죄를 구성하지 않는다.

《대판 2012.10.11. 2012도1895 (택시연합회, 운행방해 사건)》 이른바 '불가벌적 수반행위'란 법조경합의 한 형태인 흡수관계에 속하는 것으로서, 행위자가 특정한 죄를 범하면 비록 논리 필연적인 것은 아니지만 일반적·전형적으로 다른 구성요건을 충족하고 이때 그 구성요건의 불법이나 책임 내용이 주된 범죄에 비하여 경미하기 때문에 처벌이 별도로 고려되지 않는 경우를 말한다.

《대판 1978.9.26. 78도1787 (가등기말소등기신청서 위조 사건)》 행사의 목적으로 타인의 인장을 위조하고 그 위조한 인장을 사용하여 권리의무 또는 사실증명에 관한 타인의 사문서를 위조한 경우에는 인장위조죄는 사문서위조죄에 흡수되고 따로 인장위조죄가 성립하는 것은 아니다.

《대판 1992.6.9. 92도77 (세종회관 술값 사건)》 신용카드 매출표의 서명 및 교부가 별도로 사문서위조 및 동행사의 죄의 구성요건을 충족한다고 하여도 이 사문서위조 및 동행사의 죄는 위 신용카드부정사용죄에 흡수되어 신용카드부정사용죄의 1죄만이 성립하고 별도로 사문서위조 및 동행사의 죄는 성립하지 않는다.

《대판 1990.1.25. 89도1211》 향정신성의약품관리법상 향정신성의약품수수죄가 성립되는 경우에는 그 수수행위의 결과로서 그에 당연히 수반되는 향정신성의약품의 소지행위는 수수죄의 불가벌적 수반행위로서 수수죄에 흡수되고 별도의 범죄를 구성하지 않는다.

《대판 1999.8.20. 99도1744 (히로뽕 투약후 잔량은닉 사건)》 수수한 메스암페타민을 장소를 이동하여 투약하고서 잔량을 은닉하는 방법으로 소지한 행위는 그 소지의 경위나 태양에 비추어 볼 때 당초의 수수행위에 수반되는 필연적 결과로 볼 수는 없고, 사회통념상 수수행위와는 독립한 별개의 행위를 구성한다고 보아야 한다.

2) 불가벌적 사후행위

가) 불가벌적 사후행위의 의의

불가벌적 사후행위(不可罰的 事後行爲)란 주된 범죄행위가 성립한 이후의 행위로서 외형상으로는 범죄행위이지만 주된 범죄행위의 내용 속에 당연히 포함된 것으로 이미 주된 범죄에 의해 완전히 평가된 것이어서 별도의 죄를 구성하지 않는 경우를 말한다. 예를 들어 절도범이 절취한 재물을 손괴하여도 절도죄 이외에 손괴죄를 구성하지 않는 것이 전형적인 예이다.

나) 불가벌적 사후행위의 요건

(1) 사후행위가 범죄구성요건에 해당할 것

사후행위는 범죄의 구성요건에 해당하여야 한다. 어떤 범죄에도 해당하지 않는 행위는 당연히 불가벌이며 불가벌적 사후행위라고 할 필요가 없다.

(2) 주된 범죄와 피해자 및 보호법익을 같이할 것

사후행위가 다른 사람의 새로운 법익을 침해한 때에는 불가벌적 사후행위에 해당하지 않는다. 예를 들어 절도범의 처분행위가 다른 사람에 대한 새로운 법익을 침해한 경우에는 절도죄의 불가벌적 사후행위가 될 수 없고 새로운 범죄를 구성한다. 예컨대 절취한 재물을 손괴한 경우에는 불가벌적 사후행위가 되지만, 절취한 예금통장으로 은행원을 기망하여 현금을 인출한 경우에는 별도로 사기죄를 구성한다(통설 · 판례). 일반적으로 사기 · 공갈 · 횡령한 재물을 처분하는 행위는 불가벌적 사후행위로서 별죄를 구성하지 않으나 절취한 재물을 처분하는 행위는 새로운 법익을 침해하는 경우에 해당하여 불가벌적 사후행위가 되지 않는다(민법 §250).

(3) 사후행위가 주된 범죄의 침해의 양을 초과하지 않을 것

피해자의 법익이 같더라도 사후행위가 주된 범죄에 의하여 침해된 법익의 범위를 초과한 때에는 불가벌적 사후행위가 되지 않는다.

다) 불가벌적 사후행위의 효과

불가벌적 사후행위는 흡수관계로서 주된 범죄에 흡수되어 사후행위는 별죄로 처벌되지 않고, 양형의 참작사유로 될 뿐이다. 공소시효는 선행범행의 종료시부터 진행하고, 선행범행에 인적처벌조각사유가 존재하거나 소송조건이 부존재하는 경우라도 사후행위만을 따로 처벌할 수 없다.

비교판례

불가벌적 사후행위에 해당하지 않는 경우	불가벌적 사후행위에 해당하는 경우
① 절도범인이 그 절취한 장물을 자기 것인양 제3자를 기망하여 금원을 편취한 경우에는 장물에 관하여 소비 또는 손괴하는 경우와는 달리 제3자에 대한 관계에 있어서는 새로운 법익의 침해가 있다고 할 것이므로 절도죄 외에 사기죄가 성립한다(대판 1980.11.25. 80도2310 (절취물담보 금원차용 사건). ② 절취한 전당표를 제3자에게 교부하면서 자기 누님의 것이니 찾아 달라고 거짓말을 하여 이를 믿은 제3자가 전당포에 이르러 그 종업원에게 전당표를 제시하여 기망케 하고 전당물을 교부받게 하여 편취하였다면 이는 사기죄를 구성한다(대판 1980.10.14. 80도2155 (누님 것이니 찾아달라 사건). ③ 편취한 약속어음을 그와 같은 사실을 모르는 제3자에게 편취사실을 숨기고 할인받는 행위는 당초의 어음 편취와는 별개의 새로운 법익을 침해하는 행위로서 기망행위와 할인금의 교부행위 사이에 상당인과관계가 있어 새로운 사기죄를 구성한다 할 것이고, 설령 그 약속어음을 취득한 제3자가 선의이고 약속어음의 발행인이나 배서인이 어음금을 지급할 의사와 능력이 있었다 하더라도 이러한 사정은 사기죄의 성립에 영향이 없다(대판 2005.9.30. 2005도5236 사취약속어음 할인 사건). ④ 사람을 살해한 자가 그 사체를 다른 장소로 옮겨 유기하였을 때에는 별도로 사체유기죄가 성립하고, 이와 같은 사체유기를 불가벌적 사후행위로 볼 수는 없다(대판 1997.7.25. 97도1142 페스카마호 선상살인 사건).	① 절도 범인으로부터 장물보관 의뢰를 받은 자가 그 정을 알면서 이를 인도받아 보관하고 있다가 임의 처분하였다 하여도 장물보관죄가 성립하는 때에는 이미 그 소유자의 소유물 추구권을 침해하였으므로 그 후의 횡령행위는 불가벌적 사후행위에 불과하여 별도로 횡령죄가 성립하지 않는다(대판 2004.4.9. 2003도8219 고려청자 원앙형향로 사건). ② 금융기관 발행의 자기앞수표는 그 액면금을 즉시 지급받을 수 있어 현금에 대신하는 기능을 하고 있으므로 절취한 자기앞수표를 현금 대신으로 교부한 행위는 절도행위에 대한 가벌적 평가에 당연히 포함되는 것으로 봄이 상당하다 할 것이므로 절취한 자기앞수표를 음식대금으로 교부하고 거스름돈을 환불받은 행위는 절도의 불가벌적 사후처분행위로서 사기죄가 되지 아니한다(대판 1987.1.20. 86도1728 자기앞수표 식대 교부 사건). ③ 피고인이 당초부터 피해자를 기망하여 약속어음을 교부받은 경우에는 그 교부받은 즉시 사기죄가 성립하고 그 후 이를 피해자에 대한 피고인의 채권의 변제에 충당하였다 하더라도 불가벌적 사후행위가 됨에 그칠 뿐, 별도로 횡령죄를 구성하지 않는다(대판 1983.4.26. 82도3079 사취어음 채무변제 사건).

불가벌적 사후행위에 해당하지 않는 경우	불가벌적 사후행위에 해당하는 경우
⑤ 자동차를 절취한 후 자동차등록번호판을 떼어내는 행위는 새로운 법익의 침해로 보아야 하므로 위와 같은 번호판을 떼어내는 행위가 절도범행의 불가벌적 사후행위가 되는 것은 아니다(대판 2007.9.6. 2007도4739 훔친 차번호판 떼어낸 사건). ⑥ 신용카드를 절취한 후 이를 사용한 경우 신용카드의 부정사용행위는 새로운 법익의 침해로 보아야 하고 그 법익침해가 절도범행보다 큰 것이 대부분이므로 위와 같은 부정사용행위가 절도범행의 불가벌적 사후행위가 되는 것은 아니다(대판 1996.7.12. 96도1181 절취신용카드 물품구입 사건). ⑦ 피해자 甲종중으로부터 종중 소유의 토지를 명의신탁받아 보관 중이던 피고인 乙이 자신의 개인채무 변제에 사용할 돈을 차용하기 위해 위 토지에 근저당권을 설정하였는데, 그 후 피고인 乙, 丙이 공모하여 위 토지를 丁에게 매도한 사안에서, 피고인들이 토지를 매도한 행위는 선행 근저당권설정행위 이후에 이루어진 것이어서 불가벌적 사후행위에 해당하지 않고 별도의 횡령죄를 구성한다(대판 2013.2.21. 2010도10500 全合 종중땅 저당권설정 후 매도한 사건). ⑧ 부정한 이익을 얻거나 기업에 손해를 가할 목적으로 그 기업에 유용한 영업비밀이 담겨 있는 타인의 재물(영업비밀이 담긴 CD)을 절취한 후 그 영업비밀을 사용하는 경우, 영업비밀의 부정사용행위는 새로운 법익의 침해로 보아야 하므로 불가벌적 사후행위가 되는 것은 아니고, 절도죄와 별도로 부정경쟁방지 및 영업비밀보호에 관한 법률상 영업비밀부정사용죄가 성립한다(대판 2008.9.11. 2008도5364 단가리스트CD 부정사용 사건). ⑨ 대마취급자가 아닌 자가 절취한 대마를 흡입할 목적으로 소지하는 행위는 절도죄의 보호법익과는 다른 새로운 법익을 침해하는 행위이므로 절도죄의 불가벌적 사후행위로서 절도죄에 포괄흡수된다고 할 수 없고 절도죄 외에 별개의 죄를 구성한다고 할 것이며, 절도죄와 무허가대마소지죄는 경합범의 관계에 있다(대판 1999.4.13. 98도3619 대마밭 대마절취 사건).	④ 형법 제98조 제1항의 간첩죄를 범한 자가 그 탐지수집한 기밀을 누설한 경우나 구 국가보안법 제3조 제1호의 국가기밀을 탐지·수집한 자가 그 기밀을 누설한 경우에는 양죄를 포괄하여 1죄를 범한 것으로 보아야 하고, 간첩죄와 군사기밀누설죄 또는 국가기밀탐지수집죄와 국가기밀누설등 두 가지 죄를 범한 것으로 인정할 수 없다(대판 1982.4.27. 82도285 조총련간부 접촉 사건). ⑤ 공동상속인 중 1인이 상속재산인 임야를 보관 중 다른 상속인들로부터 매도후 분배 또는 소유권이전등기를 요구받고도 그 반환을 거부한 경우 이때 이미 횡령죄가 성립하고, 그 후 그 임야에 관하여 다시 제3자 앞으로 근저당권설정등기를 경료해 준 행위는 불가벌적 사후행위로서 별도의 횡령죄를 구성하지 않는다(대판 2010.2.25. 2010도93 상속임야 반환거부 후 저당권설정 사건). ⑥ 전기통신금융사기(이른바 보이스피싱 범죄)의 범인이 피해자를 기망하여 피해자의 돈을 사기이용계좌로 송금·이체받았다면 이로써 편취행위는 기수에 이른다. 따라서 범인이 피해자의 돈을 보유하게 되었더라도 이로 인하여 피해자와 사이에 어떠한 위탁 또는 신임관계가 존재한다고 할 수 없는 이상 피해자의 돈을 보관하는 지위에 있다고 볼 수 없으며, 나아가 그 후에 범인이 사기이용계좌에서 현금을 인출하였더라도 이는 이미 성립한 사기범행의 실행행위에 지나지 아니하여 새로운 법익을 침해한다고 보기도 어려우므로, 위와 같은 인출행위는 사기의 피해자에 대하여 따로 횡령죄를 구성하지 아니한다. 그리고 이러한 법리는 사기범행에 이용되리라는 사정을 알고서도 자신 명의 계좌의 접근매체를 양도함으로써 사기범행을 방조한 종범이 사기이용계좌로 송금된 피해자의 돈을 임의로 인출한 경우에도 마찬가지로 적용된다(대판 2017.5.31. 2017도3045 대포통장 명의인 임의인출 사건).

불가벌적 사후행위에 해당하지 않는 경우	불가벌적 사후행위에 해당하는 경우
⑩ 대표이사가 회사의 상가분양 사업을 수행하면서 수분양자들을 기망하여 편취한 분양대금은 회사의 소유로 귀속되는 것이므로, 대표이사가 그 분양대금을 횡령하는 것은 사기 범행이 침해한 것과는 다른 법익을 침해하는 것이어서 회사를 피해자로 하는 별도의 횡령죄가 성립된다(대판 2005.4.29. 2005도741 굿모닝시티 사건).	⑦ 열차승차권은 그 자체에 권리가 화체되어 있는 무기명증권이므로 이를 곧 사용하여 승차하거나 권면가액으로 양도할 수 있고 매입금액의 환불을 받을 수 있는 것으로서 열차승차권을 절취한 자가 환불을 받음에 있어 비록 기망행위가 수반한다 하더라도 절도죄 외에 따로이 사기죄가 성립하지 아니한다(대판 1975.8.29. 75도1996 절취 열차승차권 환불 사건). ⑧ 공동상속인 중 1인이 상속재산인 임야를 보관 중 다른 상속인들로부터 매도후 분배 또는 소유권이전등기를 요구받고도 그 반환을 거부한 경우 이때 이미 횡령죄가 성립하고, 그 후 그 임야에 관하여 다시 제3자 앞으로 근저당권설정등기를 경료해 준 행위는 불가벌적 사후행위로서 별도의 횡령죄를 구성하지 않는다(대판 2010.2.25. 2010도93 임야 반환거부 후 처분 사건). ⑨ A주식회사 대표이사인 甲이 자신의 채권자 乙에게 차용금에 대한 담보로 A회사 명의 정기예금에 질권을 설정하여 주었는데, 그 후 乙이 甲의 동의하에 정기예금 계좌에 입금되어 있던 A회사 자금을 전액 인출한 경우, 예금인출동의행위는 이미 배임행위로써 이루어진 질권설정행위의 불가벌적 사후행위에 해당하고 별도의 횡령죄가 성립하지 않는다(대판 2012.11.29. 2012도10980 회사 정기예금 질권설정 사건).

3. 법조경합의 효과

법조경합은 경합하는 수개의 법규정상의 범죄들 중 하나의 범죄만이 성립하고 경합하는 다른 법규정상의 범죄는 성립하지 않는다. 이 점에서 모든 경합하는 법규정상의 범죄들이 성립하는 상상적 경합이나 실체적 경합과 구별된다.

Ⅳ. 포괄일죄

1. 포괄일죄의 의의

수개의 행위가 포괄적으로 1개의 구성요건에 해당하여 일죄를 구성하는 경우를 포괄일죄(包括一罪)라고 한다. 즉 여러 개의 행위가 피해법익이나 죄질 및 행위 등의 연관성에 비추어 포괄하여 일죄로 취급되는 경우이다. 포괄일죄는 수개의 행위가 있음에도 불구하고 하나의 범죄만이 성립한다는 점에서 외견상 수개의 죄로 보이는 법조경합과 구별된다. 포괄일죄는 수개의 행위가 있다는 점에서 하나의 행위만이 존재하는 상상적 경합과 구별된다. 포괄일죄에는 협의의 포괄일죄, 결합범, 계속범, 접속범, 연속범, 집합범이 있다.

2. 포괄일죄의 종류

가. 협의의 포괄일죄

협의의 포괄일죄란 1개의 구성요건에 수개의 행위태양이 규정되어 있는 경우 수개의 태양에 해당하는 행위를 하더라도 일죄만 성립하는 경우를 말한다. 예컨대 피해자를 체포한 후 감금하더라도 감금(§276①)의 일죄만 성립하고, 같은 사람으로부터 뇌물을 요구·약속한 후 수수하더라도 뇌물수수죄(§129①)의 일죄만 성립하며, 범죄단체를 조직하거나 가입한 사람이 구성원으로 활동한 경우 범죄단체활동죄(§114)의 일죄만 성립하는 경우 등을 들 수 있다.

《대판 2015.9.10. 2015도7081》 범죄단체를 구성하거나 이에 가입한 자가 더 나아가 구성원으로 활동하는 경우, 이는 포괄일죄의 관계에 있다.

나. 결합범

결합범(結合犯)이란 수개의 독립된 범죄를 결합하여 1개의 범죄구성요건으로 규정한 경우 그 수개의 독립된 범죄를 하더라도 일죄만 구성하는 경우를 말한다. 예를 들어 강도죄는 폭행죄 또는 협박죄와 절도죄, 준강도죄는 절도죄와 폭행 또는 협박죄, 강도살인죄는 강도죄와 살인죄, 강도강간죄는 강도죄와 강간죄의 결합범이다. 결합범과 결합을 이루는 범죄 사이는 특별관계이지만 결합범 자체는 포괄일죄가 된다. 따라서 강도가 사람을 살해한 때에는 강도살인죄만 성립한다. 결합범은 포괄일죄이므로 그 일부분에 대한 실행의 착수는 원칙적으로 전체에 대한 실행의 착수가 되며, 일부분에 대한 방조도 전체에 대한 방조가 된다.

다. 계속범

계속범(繼續犯)이란 범죄가 기수에 이른 이후 법익침해 행위를 계속하더라도 일죄만 성립하는 범죄를 말한다. 감금죄, 주거침입죄, 퇴거불응죄, 미성년자약취·유인죄 등이 이에 해당한다. 계속범에서는 상당기간 범죄행위가 계속되므로 수개의 행위가 있다 하더라도 수개의 범죄가 성립하는 것이 아니라 포괄하여 일죄가 된다. 예를 들어 피해자를 1년 동안 감금하더라도 하나의 감금죄만 성립한다. 계속범에서는 기수시기와 범죄의 종료시기가 일치하지 않는다. 따라서 기수 이후에도 범죄행위가 계속되기 때문에 공동정범이나 종범의 성립이 가능하고, 공소시효의 기산점도 기수시점이 아니라 종료시점이다.

라. 접속범

접속범(接續犯)이란 수개의 행위가 단일한 범죄의사에 의하여 시간적·장소적으로 접속되고 피해법익이 동일한 경우 전체를 포괄하여 하나의 범죄만이 성립하는 경우를 말한다. 예를 들어 절도범이 문앞에 차를 대기시켜 놓고 수회에 걸쳐 재물을 반출하여 자동차에 싣는 방법으로 절취한 경우, 하룻밤 사이에 창고에서 쌀가마를 여러 번 훔치는 경우를 들 수 있다. 접속범을 인정하는 이유는 구성요건을 충족하는 행위가 여러 번 있다 하더라도 그 행위들이 하나의 사회적 의미를 가진 행위이기 때문이다.

접속범은 수개의 법익침해행위가 있음에도 불구하고 예외적으로 하나의 범죄만을 인정하는 것이므로 ① 반복된 행위가 시간적·장소적으로 접속되어 있어야 하고, ② 범죄의사가 단일해야 하고, ③ 동종의 법익을 침해할 것 등의 요건을 갖추어야 한다.

《대판 2001.8.21. 2001도3447 (베스타 공구함 뒤지던 사건)》 절도범이 체포를 면탈할 목적으로 체포하려는 여러 명의 피해자에게 같은 기회에 폭행을 가하여 그 중 1인에게만 상해를 가하였다면 이러한 행위는 포괄하여 하나의 강도상해죄만 성립한다.

《대판 1989.8.8. 89도664 (주인방 셋방 훔친 사건)》 절도범이 甲의 집에 침입하여 그 집의 방안에서 그 소유의 재물을 절취하고 그 무렵 그 집에 세들어 사는 乙의 방에 침입하여 재물을 절취하려다 미수에 그쳤다면 위 두 범죄는 그 범행장소와 물품의 관리자를 달리하고 있어서 별개의 범죄(경합범)를 구성한다.

《대판 1988.2.9. 87도58》 포괄1죄라 함은 각기 따로 존재하는 수개의 행위가 한개의 구성요건을 한번 충족하는 경우를 말하므로 구성요건을 달리하고 있는 횡령, 배임 등의 행위와 사기의 행위는 포괄1죄를 구성할 수 없다.

《대판 1979.10.10. 79도2093》 특수강도의 소위가 동일한 장소에서 동일한 방법에 의하여 시간적으로 접착된 상황에서 이루어진 경우에는 피해자가 여러 사람이더라도 단순일죄가 성립한다.

《대판 1991.6.25. 91도643 (홍은동 여관강도 사건)》 피고인이 여관에 들어가 1층 안내실에 있던 여관의 관리인을 칼로 찔러 상해를 가하고, 그로부터 금품을 강취한 다음, 각 객실에 들어가 각 투숙객들로부터 금품을 강취하였다면, 피고인의 위와 같은 각 행위는 비록 시간적으로 접착된 상황에서 동일한 방법으로 이루어지기는 하였으나, 포괄하여 1개의 강도상해죄만을 구성하는 것이 아니라 실체적 경합범의 관계에 있는 것이라고 할 것이다.

마. 연속범

1) 연속범의 의의

연속범(連續犯)은 수개의 행위가 단일한 범죄의사에 의하여 일정 기간 동안 연속하여 행하여지고 피해법익이 동일한 경우를 말한다. 예컨대 절도범이 수일에 걸쳐 매일 밤 쌀 한 가마씩을 훔친 경우를 들 수 있다. 연속범은 연속된 수개의 행위가 반드시 구성요건적으로 완전히 일치할 것을 요하지 않고, 시간적·장소적 접속도 요건으로 하지 아니하여 그 사이의 연관성도 긴밀하지 않다는 점에서 접속범과 구별된다. 연속범은 수죄로서 경합범이 되어야 한다는 견해도 있으나 통설과 판례는 동일한 방법과 동일한 의사로 동일한 법익을 침해하는 계속적인 행위이므로 포괄일죄에 해당한다고 한다.

《대판 1979.8.14. 79도1393》 약 4개월여 사이에 10회에 걸쳐 A주식회사 대표이사 甲 및 동 상무이사로서 공사현장 소장인 乙로부터 그 판시 뇌물을 받은 것을 포괄일죄에 해당한다.

《대판 2007.3.15. 2006도9463》 하나의 사건에 관하여 한 번 선서한 증인이 같은 기일에 여러 가지 사실에 관하여 기억에 반하는 허위의 진술을 한 경우 이는 하나의 범죄의사에 의하여 계속하여 허위의 진술을 한 것으로서 포괄하여 1개의 위증죄를 구성하는 것이고 각 진술마다 수 개의 위증죄를 구성하는 것이 아니다.

2) 연속범의 성립요건

연속범이 성립하기 위해서는 연속된 수개의 행위가 각각 독립하여 범죄의 성립요건을 모두 갖추어야 한다. 즉 구성요건에 해당하고 위법·유책해야 한다. 구성요건에도 해당하지 않는 행위는 고려할 필요가 없다. 연속범이 되기 위하여는 이외에도 객관적 요건으로 ① 피해법익의 동일성, ② 침해방법의 동종성, ③ 시간적·장소적 계속성이 필요하고, 주관적 요건으로 범의의 단일성을 있어야 한다.

《대판 2013.11.28. 2013도10467 (사설 HTS 개설사건)》 동일 죄명에 해당하는 수 개의 행위를 단일하고 계속된 범의로 일정기간 계속하여 행하고 그 피해법익도 동일한 경우에는 이들 각 행위를 통틀어 포괄일죄로 처단하여야 할 것이나, 수 개의 범행에서 범의의 단일성과 계속성이 인정되지 아니하거나 범행방법이 동일하지 않다면 각 범행은 실체적 경합범에 해당한다.

첫째, 개개의 행위가 같은 법익을 침해해야 한다. 따라서 절도죄와 주거침입죄, 감금죄와 상해죄 사이에는 연속범이 될 수 없다. 같은 법익을 침해한 경우에도 전속적

법익에 있어서 법익의 주체가 다를 때에는 연속범이 되지 않는다. 개개의 행위는 원칙적으로 같은 구성요건에 해당해야 한다.

둘째, 개개의 행위는 범죄실행의 형태가 유사해야 한다. 따라서 고의범과 과실범, 작위범과 부작위범, 정범과 공범 사이의 연속범은 있을 수 없다.

셋째, 개개의 행위는 시간적·장소적 계속성이 있어야 한다. 즉 그것은 동일한 관계를 이용했다고 볼 수 있어야 한다. 예컨대 범죄 사이의 기간이 4개월 이상이 되거나 다른 도시에서 이루어진 무전취식행위는 연속범이 될 수 없다.

《대판 2008.12.11. 2008도6987 (골프장 주말부킹권 판매사건)》 타인의 사무를 처리하는 자가 동일인으로부터 그 직무에 관하여 부정한 청탁을 받고 여러 차례에 걸쳐 금품을 수수한 경우, 그것이 단일하고도 계속된 범의 아래 일정기간 반복하여 이루어진 것이고 그 피해법익도 동일한 때에는 이를 포괄일죄로 보아야 한다. 다만, 여러 사람으로부터 각각 부정한 청탁을 받고 그들로부터 각각 금품을 수수한 경우에는 비록 그 청탁이 동종의 것이라고 하더라도 단일하고 계속된 범의 아래 이루어진 범행으로 보기 어려워 그 전체를 포괄일죄로 볼 수 없다.

《대판 2005.9.15. 2005도1952 (중앙부처익산유치 사건)》 수개의 범죄행위를 포괄하여 하나의 죄로 인정하기 위하여는 범의의 단일성 외에도 각 범죄행위 사이에 시간적·장소적 연관성이 있고 범행의 방법 간에도 동일성이 인정되는 등 수개의 범죄행위를 하나의 범죄로 평가할 수 있는 경우에 해당하여야 한다.

《대판 2017.5.30. 2016도21713 (선거비용 허위기재 사건)》 피고인이 수개의 선거비용 항목을 허위기재한 하나의 선거비용 보전청구서를 제출하여 대한민국으로부터 선거비용을 과다 보전받아 이를 편취하였다면 이는 일죄로 평가되어야 하고, 각 선거비용 항목에 따라 별개의 사기죄가 성립하는 것은 아니다.

《대판 2015.9.10. 2015도7081 (부천 OO파 사건》 범죄단체의 구성이나 가입은 범죄행위의 실행 여부와 관계없이 범죄단체 구성원으로서의 활동을 예정하는 것이고, 범죄단체 구성원으로서의 활동은 범죄단체의 구성이나 가입을 당연히 전제로 하는 것이므로, 양자는 모두 범죄단체의 생성 및 존속·유지를 도모하는, 범죄행위에 대한 일련의 예비·음모 과정에 해당한다는 점에서 범의의 단일성과 계속성을 인정할 수 있을 뿐만 아니라 피해법익도 다르지 않다. 따라서 범죄단체를 구성하거나 이에 가입한 자가 더 나아가 구성원으로 활동하는 경우, 이는 포괄일죄의 관계에 있다.

《대판 1975.5.27. 75도1184》 3번의 특수절도사실, 2번의 특수절도미수사실, 1번의 야간주거침입절도사실, 1번의 절도사실들이 상습적으로 반복된 것으로 볼 수 있다면 이러한 경우에는 그중 법정형이 가장 중한 상습특수절도의 죄에 나머지의 행위를 포괄시켜 하나의 죄만이 성립된다.

넷째, 주관적 요건으로 범의의 단일성이 인정되어야 한다. 범의의 단일성을 인정하기 위하여 전체고의가 필요하다는 견해가 있으나, 개개의 행위가 앞의 행위와 계속적인 심리적 관련을 가지면 충분하다.

《대판 1978.12.13. 78도2545》 뇌물을 준 장소와 기간이 일정하지 아니하고 또한 그 전체의 기간이 길다 할지라도 그 범의의 계속성이나 시간적 접속성을 인정하는데 지장이 되지 아니하는 경우에는 포괄적 1죄로 다스림이 정당하다.

《대판 1997.9.26. 97도1469》 수개의 업무상 배임행위가 포괄하여 1개의 죄에 해당하기 위하여는 피해법익이 단일하고 범죄의 태양이 동일할 뿐만 아니라, 그 수개의 배임행위가 단일한 범의에 기한 일련의 행위라고 볼 수 있어야 하므로, 신용협동조합의 전무가 수개의 거래처로부터 각기 다른 일시에 조합정관상의 1인당 대출한도를 초과하여 대출을 하여 달라는 부탁을 받고 이에 응하여 각기 다른 범의 하에 부당대출을 하여 줌으로써 수개의 업무상 배임행위를 범한 경우, 그것은 포괄일죄에 해당하지 않는다.

《대판 2008.12.11. 2008도6987》 타인의 사무를 처리하는 자가 동일인으로부터 그 직무에 관하여 부정한 청탁을 받고 여러 차례에 걸쳐 금품을 수수한 경우, 그것이 단일하고도 계속된 범의 아래 일정기간 반복하여 이루어진 것이고 그 피해법익도 동일한 때에는 이를 포괄일죄로 보아야 한다. 다만, 여러 사람으로부터 각각 부정한 청탁을 받고 그들로부터 각각 금품을 수수한 경우에는 비록 그 청탁이 동종의 것이라고 하더라도 단일하고 계속된 범의 아래 이루어진 범행으로 보기 어려워 그 전체를 포괄일죄로 볼 수 없다.

《대판 2002.7.23. 2001도6281》 무면허운전으로 인한 도로교통법위반죄 … 사회통념상 운전한 날을 기준으로 운전한 날마다 1개의 운전행위가 있다고 보는 것이 상당하므로 운전한 날마다 무면허운전으로 인한 도로교통법위반의 1죄가 성립한다고 보아야 할 것이고, 비록 계속적으로 무면허운전을 할 의사를 가지고 여러 날에 걸쳐 무면허운전행위를 반복하였다 하더라도 이를 포괄하여 일죄로 볼 수는 없다.

《대판 2013.7.25. 2011도12482》 수개의 등록상표에 대하여 상표법 제93조 소정의 상표권침해행위가 계속하여 행하여진 경우에는 각 등록상표 1개마다 포괄하여 1개의 범죄가 성립하므로, 특별한 사정이 없는 한 상표권자 및 표장이 동일하다는 이유로 등록상표를 달리하는 수개의 상표권 침해 행위를 포괄하여 하나의 죄가 성립하는 것으로 볼 수 없다.

3) 연속범의 효과

연속범은 실체법상으로 포괄하여 일죄가 된다. 다만, 구성요건이 다른 때에는 가장 중한 죄로 처벌받는다. 예컨대 절도와 특수절도가 연속된 때에는 특수절도만 성립하며, 같은 죄의 기수와 미수가 연속되면 기수로만 처벌받게 된다. 연속범은 소송법상으로도 일죄가 된다. 따라서 그 공소시효는 최종의 범죄행위가 종료한 때로부터 진행한다(판례). 기판력은 판결 이전의 포괄일죄 관계에 있는 모든 범행에 미치므로, 다시 공소가 제기되면 면소판결을 해야 한다(판례).

바. 집합범

집합범(集合犯)이란 다수의 동종의 행위가 동일한 의사에 의하여 반복되지만 일괄하여 일죄를 구성하는 경우를 말한다. 영업범(직업범)과 상습범이 여기에 속한다. 영업범은 음화반포죄처럼 행위자가 행위의 반복으로 수입원을 삼는 것을 말하며, 상습범은 상습도박죄처럼 행위자가 반복한 행위로 얻어진 경향으로 인하여 죄를 범한 것을 말한다. 집합범은 범죄의 요소가 되는 영업성 및 상습성이 개별적인 행위를 하나의 통일하는 기능을 가진다는 이유로 포괄일죄라는 것이 지배적 견해이며, 대법원도 영업범과 상습범을 일관하여 포괄일죄라고 판시하고 있다(다수설 · 판례).

《대판 2003.2.28. 2002도7335》 직계존속인 피해자를 폭행하고, 상해를 가한 것이 존속에 대한 동일한 폭력습벽의 발현에 의한 것으로 인정되는 경우, 그중 법정형이 더 중한 상습존속상해죄에 나머지 행위들을 포괄시켜 하나의 죄만이 성립한다.

《대판 1990.4.10. 90감도8》 상습범은 같은 유형의 범행을 반복수행하는 습벽을 말하는 것인 바, 절도와 강도는 유형을 달리하는 범행이므로 각 별로 상습성의 유무를 가려야 하며, 사회보호법 제6조 제2항 제2호에서 절도와 강도를 형법 각칙의 같은 장에 규정된 죄로서 동종 또는 유사한 죄로 규정하고 있다고 하여 상습성 인정의 기초가 되는 같은 유형의 범죄라고 말할 수 없다.

《대판 2012.5.10. 2011도12131 (파일공유 웹스토리지 사건)》 상습성이 있는 자가 같은 종류의 죄를 반복하여 저질렀다 하더라도 상습범을 별도의 범죄유형으로 처벌하는 규정이 없는 한 각 죄는 원칙적으로 별개의 범죄로서 경합범으로 처단할 것이다. 저작권법은 상습으로 제136조 제1항의 죄를 저지른 경우를 가중처벌한다는 규정은 따로 두고 있지 않다. 따라서 수회에 걸쳐 저작권법 제136조 제1항의 죄를 범한 것이 상습성의 발현에 따른 것이라고 하더라도, 이는 원칙적으로 경합범으로 보아야 하는 것이지 하나의 죄로 처단되는 상습범으로 볼 것은 아니다.

3. 포괄일죄의 효과

포괄일죄는 실체법상 일죄이므로 하나의 죄로 처벌된다. 구성요건을 달리하는 포괄일죄의 경우 가장 중한 죄로 처벌받는다. 포괄일죄는 하나의 죄이므로 부분적 행위가 진행되는 사이에 형의 변경이 있으면 최후의 부분에 해당하는 행위시의 법이 행위시법으로 된다(신법우선의 원칙). 또한 포괄일죄 일부분에 대한 공범성립도 가능하다(통설 · 판례).

포괄일죄는 소송법상으로도 일죄이다. 따라서 공소시효는 최종의 범죄행위가 종료한 때로부터 진행되며, 확정판결의 기판력은 그와 포괄일죄의 관계에 있는 항소심(사실심) 판결선고시까지의 다른 범죄에도 미치므로 이에 대하여 공소가 제기되면 면소판결을 해야 한다(통설 · 판례).

《대판 2002.7.12. 2002도2029 (남자 소개시켜 주겠다 사건)》 사기죄에 있어서 동일한 피해자에 대하여 수회에 걸쳐 기망행위를 하여 금원을 편취한 경우, 그 범의가 단일하고 범행 방법이 동일하다면 사기죄의 포괄일죄만이 성립한다 할 것이고, 포괄일죄는 그 중간에 별종의 범죄에 대한 확정판결이 끼어 있어도 그 때문에 포괄적 범죄가 둘로 나뉘는 것은 아니라 할 것이고, 또 이 경우에는 그 확정판결 후의 범죄로서 다루어야 한다.

제3절 수죄

형법이 인정하는 수죄에는 실체적 경합범과 상상적 경합범이 있다. 실체적 경합범은 형법뿐만 아니라 소송법적으로도 수개로 취급되는 형태의 범죄를 말한다. 상상적 경합범은 실체법상으로는 수죄이지만 소송법상으로는 단일한 범죄로 다루어지는 범죄형태로서 과형상 일죄(科刑上 一罪)라고도 한다.

Ⅰ. 상상적 경합

제40조(상상적 경합) 한 개의 행위가 여러 개의 죄에 해당하는 경우에는 가장 무거운 죄에 대하여 정한 형으로 처벌한다.

1. 상상적 경합의 의의

1개의 행위가 수개의 죄에 해당하는 경우를 상상적 경합(想像的 競合)이라고 한다. 예컨대 1개의 폭탄을 던져 수명을 살해하거나, 한 사람을 살해하고 다른 사람에게 상해를 가하고 물건을 손괴한 경우를 말한다. 폭탄을 던진다는 1개의 행위가 수개의 살인죄 또는 살인죄와 상해죄와 손괴죄에 해당하기 때문이다. 1개의 행위가 수개의 죄에 해당하는 경우이므로 1개의 행위에 대한 수개의 법적 평가가 바로 상상적 경합이라고 할 수 있다.

통설과 판례에 의하면 **상상적 경합은 실질적으로는 수죄이지만 과형상의 일죄에 해당한다.** 상상적 경합은 행위가 1개인 점에서 법조경합과 같으나 실질적으로 수죄에 해당하여 수개의 구성요건이 적용된다는 점에서 법조경합과 다르다. 행위가 1개임을 요하는 점에서 수개의 행위를 요건으로 하는 실체적 경합과 다르다.

2. 상상적 경합의 요건

상상적 경합은 1개의 행위가 수개의 죄에 해당할 때에 성립한다. 따라서 상상적 경합의 성립요건으로 행위의 단일성과 수개의 죄라는 두 가지 요건이 필요하다.

가. 1개의 행위가 있을 것

1개의 행위가 있을 것을 요한다. 즉 행위자는 1개의 행위에 의하여 수개의 죄를 범해야 한다. 1개의 행위의 의미에 대해서 판례는 자연적 관찰이나 사회통념상 하나의 행위인 경우를 의미(자연적 행위단일)한다고 하나, 다수설은 행위는 어디까지나 법적 개념이므로 구성요건적 행위가 하나임을 의미한다고 한다.

실행행위가 완전히 같을 때에는 언제나 1개의 행위가 된다. 예컨대 폭탄 하나를 던져서 수인을 사망케 한 경우처럼 실행행위가 완전히 동일한 경우에는 1개의 행위가 있을 뿐이다. 실행행위가 같은 이상 고의범과 과실범도 1개의 행위가 될 수 있다. 따라서 폭탄을 던져 고의로 재물을 손괴하고 과실로 사람을 살해한 때에도 1개의 행위이다. 수개의 부작위범 간에도 상상적 경합이 성립할 수 있다. 예컨대 교통사고를 내고 도주한 경우 도로교통법상의 구조의무위반죄와 신고불이행죄는 상상적 경합의 관계에 있다. 그러나 작위범과 부작위범 간에는 실행행위의 동일성을 인정할 수 없어 상상적 경합이 불가능하다.

주거침입죄, 감금죄, 도로교통법 위반(음주운전)과 같은 계속범과 그중에 범한 죄에 대하여 상상적 경합을 인정할 수 있느냐가 문제된다. 그러나 주거침입의 기회에 범한 강도나 강간, 강도강간 또는 절도를 범하기 위하여 주거침입한 경우에는 실행행위의 동일성이 없으므로 1개의 행위로 볼 수 없어 실체적 경합이 된다. 또한 감금죄와 감금 중에 행한 강도, 강간, 살인 등의 죄도 실체적 경합범이 된다. 그러나 감금죄가 동시에 강간의 수단이 되는 경우에는 실행행위의 부분적 동일성이 인정되어 상상적 경합이 성립한다(다수설·판례). 무면허운전죄, 음주운전죄와 업무상과실치사상죄의 관계는 실체적 경합이 된다.

《대판 1983.4.26. 83도323 (조개트럭 사건)》 강간죄의 성립에 언제나 직접적으로 또 필요한 수단으로서 감금행위를 수반하는 것은 아니므로 감금행위가 강간미수죄의 수단이 되었다 하여 감금행위는 강간미수죄에 흡수되어 범죄를 구성하지 않는다고 할 수는 없는 것이고, 그때에는 감금죄와 강간미수죄는 일개의 행위에 의하여 실현된 경우로서 형법 제40조의 상상적 경합관계에 있다.

《대판 1972.10.31. 72도2001 (부산 무면허 사망사고)》 운전면허 없이 운전을 하다가 두 사람이 한꺼번에 치어 사상케 한 경우에 이 업무상과실치사상의 소위는 상상적 경합에 해당하고 이와 무면허운전에 대한 도로교통법위반죄와는 실체적 경합관계에 있다.

나. 수개의 죄에 해당할 것

상상적 경합이 되기 위해서는 1개의 행위가 수개의 죄에 해당하여야 한다. 수개의 죄에 해당하는 경우란 수개의 구성요건에 해당하는 범죄가 성립하는 것을 말한다. 여기에는 서로 다른 수개의 구성요건에 해당하는 경우와 같은 구성요건에 수회 해당하는 경우가 있다. 전자를 이종(異種)의 상상적 경합, 후자를 동종(同種)의 상상적 경합이라고 한다.

《대판 2013.10.31. 2013도10020 (렌탈 · 리스 컴퓨터 동시처분 사건)》 여러 개의 위탁관계에 의하여 보관하던 여러 개의 재물을 1개의 행위에 의하여 횡령한 경우 위탁관계별로 수개의 횡령죄가 성립하고, 그 사이에는 상상적 경합의 관계가 있는 것으로 보아야 한다.

3. 상상적 경합의 법적 효과

가. 실체법적 효과

상상적 경합은 제40조에 의해 법정형이 가장 중한 형으로 처벌한다. 상상적 경합은 실질상은 수죄이지만 과형상의 일죄이므로 1개의 형으로 처벌하되, 가장 중한 죄에 정한 형으로 처벌하도록 규정한 것이다. 형의 경중을 비교할 때 상상적 경합의 본질을 실질상 수죄로 이해하는 이상 두 개 이상의 주형의 전체에 대하여 비교 대조할 것을 요한다는 전체적 대조주의가 타당하다(통설 · 판례). 따라서 수죄의 법정형 가운데 상한과 하한을 비교하여 모두 중한 형에 의하여 처단하여야 하고, 경한 죄에 병과형 또는 부가형이 있을 때에는 이를 병과 하여야 한다. 예를 들어 A, B죄가 상상적 경합이고 A죄의 법정형이 10년 이하의 징역, B죄의 법정형이 1년 이상 5년 이하의 징역이라고 가정할 경우, 상한은 A죄, 하한은 B죄로 하여 1년 이상 10년 이하의 징역으로 처단하여야 한다.

《대판 1984.2.28. 83도3160》 형법 제40조가 규정하는 1개의 행위가 수개의 죄에 해당하는 경우에는 「가장 중한 죄에 정한 형으로 처벌한다」함은 그 수개의 죄명 중 가장 중한 형을 규정한 법조에 의하여 처단한다는 취지와 함께 다른 법조의 최하한의 형보다 가볍게 처단할 수는 없다는 취지 즉, 각 법조의 상한과 하한을 모두 중한 형의 범위내에서 처단한다는 것을 포함하는 것으로 새겨야 할 것이다.

나. 소송법적 효과

상상적 경합은 과형상 일죄이다. 따라서 상상적 경합관계에 있는 수개의 죄 중에서 어느 죄에 관하여 공소가 제기되면 나머지 범죄에 대해서도 공소제기의 효력이 미치고 법원의 심판범위도 전체 범죄에 미치게 되고, 일부에 대해 확정판결이 있는 경우 나머지 범죄에 대해서도 일사부재리(기판력)의 효력이 미친다.

상상적 경합은 실질적으로는 수죄이다. 따라서 판결이유에서 상상적 경합관계에 있는 모든 범죄의 범죄사실과 적용법조를 기재해야 하고, 일부분이 무죄이면 그 이유를 설시해야 한다. 친고죄에 있어서 고소와 공소시효도 각 죄별로 따로 논해야 한다. 따라서 상상적 경합관계에 있는 죄 중 한 죄만이 친고죄인 경우, 친고죄에 대하여 고소가 없거나 고소가 취소된 때에는 비친고죄인 다른 범죄의 처벌에는 영향을 미치지 않는다(통설 · 판례).

Ⅱ. 경합범

제37조(경합범) 판결이 확정되지 아니한 수개의 죄 또는 금고 이상의 형에 처한 판결이 확정된 죄와 그 판결확정 전에 범한 죄를 경합범으로 한다.

1. 경합범의 의의

실체적 경합(實體的 競合) 또는 경합범(競合犯)이란 '판결이 확정되지 않은 수개의 죄' 또는 '금고 이상의 형에 처한 판결이 확정된 죄와 그 판결확정 전에 범한 죄'를 말한다(§37). 경합범에 있어서는 수개의 행위가 있어야 하므로, 1개의 행위가 수개의 죄에 해당하는 상상적 경합과 대조된다. 예컨대 1개의 폭탄으로 수인을 살해한 때에는 상상적 경합이 되지만, 같은 장소에서 같은 방법으로 순차로 수인을 살해하거나 상해한 때에는 경합범이 된다. 그러나 수개의 행위가 있다는 것만으로 경합범이 되는 것은 아니다. 수개의 행위가 법조경합 또는 포괄일죄의 관계에 있는 때에는 1죄에 해당하기 때문이다.

경합범이 성립하기 위하여는 수개의 행위로 수개의 죄를 범하였다는 실체법상의 요건 이외에 수죄가 하나의 재판에서 판결될 가능성이 있어야 한다는 소송법적 요건이 충족되어야 한다. 형법 제37조는 경합범을 '판결이 확정되지 아니한 수개의 죄' 또는 '금고 이상의 형에 처한 판결이 확정된 죄와 그 전에 범한 죄'로 구분하고 있다. 전자는 동시에 심판할 수 있는 경우로 동시적 경합범(同時的 競合犯), 후자는 동시에 심판받을 가능성이 있었던 경우로 사후적 경합범(事後的 競合犯)이라 한다.

경합범은 실현된 수개의 구성요건이 동종인가 이종인가에 따라 동종의 경합범과 이종의 경합범으로 구분된다. 예컨대 수차의 행위에 의하여 수인을 살해한 경우는 동종의 경합범(수개의 살인죄의 경합범)이고, 살인 후 범죄사실을 은폐하기 위하여 시체를 은닉한 경우는 이종의 경합범(살인죄와 사체유기죄의 경합범)이다.

《대판 2005.9.30. 2005도4051 (서버압수 후 야동제공 사건)》 동일 죄명에 해당하는 수개의 행위 혹은 연속된 행위를 단일하고 계속된 범의하에 일정기간 계속하여 행하고 그 피해법익도 동일한 경우에는 이들 각 행위를 포괄일죄로 처단하여야 할 것이나, 범의의 단일성과 계속성이 인정되지 아니하거나 범행방법이 동일하지 않은 경우에는 각 범행은 실체적 경합범에 해당한다.

3. 경합범의 요건

가. 동시적 경합범의 요건

1) 수개의 행위로 수개의 죄를 범할 것

동시적 경합범이 되기 위해서는 수개의 행위로 수개의 죄를 범하였어야 한다. 수죄를 범하였더라도 1개의 행위에 의한 것이면 상상적 경합이 된다. 이때 수개의 행위란 자연적인 의미 또는 법적인 의미의 수개의 행위가 아니라 사회통념상 수개의 행위여야 한다. 수개의 행위가 있더라도 그것이 포괄하여 일죄가 될 경우에는 동시적 경합범이 성립할 수 없고, 수개의 죄에 해당하여야 동시적 경합범이 성립할 수 있다. 예컨대 간첩이 사람을 살해한 경우, 예금통장을 절취하고 예금청구서를 위조한 다음 이를 은행원에게 제출·행사하고 돈을 교부받은 경우, 횡령을 교사하고 재물을 취득한 경우, 주거에 침입하여 강간한 경우 또는 사람을 살해하고 사체를 유기한 경우 등이 여기에 해당한다.

2) 수개의 죄는 모두 판결이 '금고이상에 처할 판결'이 확정되지 않았을 것

판결의 확정이란 판결이 상소 등 통상의 불복방법에 의하여 다툴 수 없는 상태를 말한다. 유죄·무죄 등의 확정판결 이외에도 그것과 동일한 효력을 가진 경우를 포함한다. 판결이 확정되지 아니할 것을 요하므로 동시적 경합범의 관계에 있었으나 검사가 일죄만을 먼저 기소하여 판결이 확정된 때에는 물론 경합범 중 일죄에 관한 부분만 파기환송된 때에도 다른 죄가 이미 확정된 때에는 제37조 전단의 경합범이 되지 아니한다.

《대판 1974.10.8. 74도1301》 피고인에 대한 병역법위반죄와 하천법위반죄의 경합범에 대하여 항소심이 전자에 대해서는 유죄, 후자에 대해서는 무죄를 선고하자 검사만이 후자에 대해서 상고하여 상고심이 후자 부분만을 파기환송하였으면 항소심은 후자에 대해서만 심판해야 한다.

3) 수개의 죄는 동시에 판결될 가능성이 있을 것

수개의 죄가 모두 판결이 확정되지 아니한 죄일지라도 그것이 판결될 상태에 있지 않으면 동시적 경합범이 될 수 없다. 즉 수개의 죄는 모두 같은 심판의 대상이 되어야 한다. 그러므로 판결이 확정되지 아니한 수개의 죄 가운데 일부가 기소되지 않은 경우에는 경합범이 될 수 없다. 그 죄가 추가로 기소된 때에도 병합심리된 때에만 동시적 경합범이 될 수 있다.

《대판 1972.5.9. 72도597》 두 개의 공소사실들이 형법 제37조 전단 소정의 경합범 관계에 있는 경우 그 사실들에 대하여 병합심리를 하고 한 판결로서 처단하는 이상 형법 제38조 제1항 소정의 예에 따라 경합 가중한 형기 범위 내에서 피고인을 단일한 선고형으로 처단하여야 한다.

나. 사후적 경합범의 요건

1) 금고 이상에 처한 판결이 확정된 죄와 그 판결확정 전에 범한 죄일 것

'금고 이상'에 처한 판결이 확정된 죄와 그 판결확정 전(前)에 범한 죄만이 사후적 경합범이 될 수 있다. 예를 들어 A, B, C, D, E죄를 순차로 범한 후 C죄에 대하여 금고 이상의 형에 처한 판결이 확정된 때에는 A, B, D, E죄와 C죄는 사후적 경합범이 된다. 모두 C죄에 대한 확정판결이 있기 전에 범한 죄이기 때문이다. 그러나 A, B, C죄를 순차로 범하고 C죄에 대한 확정판결 후 D, E죄를 범한 경우 C죄와 D, E죄는 사후적 경합범이 아니다. A, B죄와 D, E죄도 사후적 경합범이 아니다. D, E죄는 A, B, C죄와 무관하게 동시적 경합범이 된다.

제37조 후단의 사후적 경합범을 인정하는 이유는 판결확정 전에 범한 죄는 그것이 공소 제기되었다면 마땅히 경합범의 예에 의하여 처벌되었을 것이므로 법원에 공소가 제기되지 않았다는 이유만으로 유리하게도 불리하게도 취급되어서는 안된다는 데에 있다.

2) 확정판결의 범위

현행 형법에 의하면 확정된 판결은 '금고 이상의 형에 처하는 것'이어야 한다. 따라서 징역형·금고형 외에 벌금형과 같이 가벼운 형, 특히 법정에 서보지도 않고 판결이

이루어지는 약식명령에 의한 벌금형, 즉결심판에 의한 구류나 과료형의 선고가 확정된 경우에는 여기에서의 판결이 확정된 죄라고 할 수 없다. 따라서 예컨대 A, B, C죄를 범한 후 C죄에 대하여 벌금형에 처한 확정판결을 받은 후 다시 D, E죄를 범한 경우에는 A, B, D, E는 동시적 경합범이 된다. 여기서 판결이 확정된 죄라 함은 수개의 독립된 죄 중 어느 죄에 대하여 확정판결이 있었던 사실 자체를 의미한다고 해석해야 한다(판례).

《대판 1992.11.24. 92도1417》 금고 이상의 형에 처하는 판결이 확정된 이상 그 집행유예나 선고유예가 확정된 경우도 판결이 확정된 죄에 포함된다고 해석해야 하고, 나아가 집행유예나 선고유예판결의 유예기간이 경과하여 형의 선고가 실효되었거나 면소된 것으로 간주되는 경우에도 확정판결이 있는 것이라고 할 수 있다.

《대판 1996.3.8. 95도2114》 형법 제37조 후단의 경합범에 있어서 '판결이 확정된 죄'라 함은 수개의 독립된 죄 중의 어느 죄에 대하여 확정판결이 있었던 사실 자체를 의미하고 일반사면으로 형의 선고의 효력이 상실된 여부는 묻지 않는다.

《대판 2014.3.27. 2014도469》 형법 제37조 후단 및 제39조 제1항의 문언, 입법 취지 등에 비추어 보면, 아직 판결을 받지 아니한 죄가 이미 판결이 확정된 죄와 동시에 판결할 수 없었던 경우에는 형법 제37조 후단의 경합범 관계가 성립할 수 없고 형법 제39조 제1항에 따라 동시에 판결할 경우와 형평을 고려하여 형을 선고하거나 그 형을 감경 또는 면제할 수도 없다고 해석함이 타당하다.

3) 판결확정 전에 범한 죄의 의미

판결이 확정된 죄와 그 판결의 확정 전에 범한 죄가 사후적 경합범이 된다. '판결확정 전'이란 상소 등 통상의 불복절차에 의하여 다툴 수 없게 되는 시점, 즉 판결확정 시점을 기준으로 그 이전에 범한 죄를 의미한다(다수설 · 판례). 따라서 판결이 선고되어도 확정되기까지는 그 판결이 확정된 것이 아니다.

4) 죄를 범한 시기

죄를 범한 시기의 기준은 범죄의 기수시점이 아니라 '종료시점'을 기준으로 한다(통설). 따라서 계속범의 행위종료 이전에 또는 포괄일죄의 중간에 다른 종류의 확정판결이 있은 경우에는 아직 종료하지 않았으므로 두 죄로 분리되지 않고 판결확정 '후'에 범한 죄에 해당한다.

《대판 2001.8.21. 2001도3312》 포괄일죄로 되는 개개의 범죄행위가 다른 종류의 죄의 확정판결의 전후에 걸쳐서 행하여진 경우에는 그 죄는 2죄로 분리되지 않고 확정판결 후인 최종의 범죄행위시에 완성되는 것이다.

4. 경합범의 효과

가. 동시적 경합범의 처벌

제38조(경합범과 처벌례) ① 경합범을 동시에 판결할 때에는 다음 각 호의 구분에 따라 처벌한다.
1. 가장 무거운 죄에 대하여 정한 형이 사형, 무기징역, 무기금고인 경우에는 가장 무거운 죄에 대하여 정한 형으로 처벌한다.
2. 각 죄에 대하여 정한 형이 사형, 무기징역, 무기금고 외의 같은 종류의 형인 경우에는 가장 무거운 죄에 대하여 정한 형의 장기 또는 다액(多額)에 그 2분의 1까지 가중하되 각 죄에 대하여 정한 형의 장기 또는 다액을 합산한 형기 또는 액수를 초과할 수 없다. 다만, 과료와 과료, 몰수와 몰수는 병과(併科)할 수 있다.
3. 각 죄에 대하여 정한 형이 무기징역, 무기금고 외의 다른 종류의 형인 경우에는 병과한다.
② 제1항 각 호의 경우에 징역과 금고는 같은 종류의 형으로 보아 징역형으로 처벌한다.

1) 흡수주의

가장 무거운 죄에 대하여 정한 형이 사형, 무기징역, 무기금고인 경우에는 가장 무거운 죄에 대하여 정한 형으로 처벌한다(§38①1).

2) 가중주의

각 죄에 대하여 정한 형이 사형, 무기징역, 무기금고 외의 같은 종류(同種)의 형인 경우에는 가장 무거운 죄에 대하여 정한 형의 장기 또는 다액(多額)에 그 2분의 1까지 가중하되 각 죄에 대하여 정한 형의 장기 또는 다액을 합산한 형기 또는 액수를 초과할 수 없고(§38①2), 유기의 자유형을 가중할 때에는 50년을 초과할 수 없다(§42①단서). 이 경우 징역과 금고는 같은 종류의 형으로 보아 징역형으로 처벌한다(§42②). 과료와 과료, 몰수와 몰수는 병과(併科)할 수 있다(§38①2단서).

3) 병과주의

각 죄에 대하여 정한 형이 무기징역, 무기금고 외의 다른 종류의 형인 경우에는 병과한다(§38①3). 다른 종류(異種)의 형이라 함은 유기의 자유형과 벌금 또는 과료, 자격정지와 구류와 같은 다른 종류의 형을 말한다. 형법은 다른 종류의 형에 대하여만 예외적으로 병과주의를 취하고 있다.

《대판 1955.6.10. 4287형상210》 경합범에 대한 형법 제38조에 제1항 제2호에서 규정은 경합범 중 일죄의 형에 병과의 규정이 있는 경우에도 적용되는 것임으로 이러한 경합범에 대하여 단일형에 가중한 형을 선고하고 타형을 병과하지 아니함은 위법이라 아니할 수 없다.

나. 사후적 경합범의 처벌

제39조(판결을 받지 아니한 경합범, 수개의 판결과 경합범, 형의 집행과 경합범) ① 경합범 중 판결을 받지 아니한 죄가 있는 때에는 그 죄와 판결이 확정된 죄를 동시에 판결할 경우와 형평을 고려하여 그 죄에 대하여 형을 선고한다. 이 경우 그 형을 감경 또는 면제할 수 있다.

1) 형의 선고

경합범 중 판결을 받지 아니한 죄가 있는 때에는 그 죄와 판결이 확정된 죄를 동시에 판결할 경우와 형평을 고려하여 그 죄에 대하여 형을 선고한다. 이 경우 그 형을 감경 또는 면제할 수 있다(§39①). 형법이 사후적 경합범에 관하여 확정판결을 받지 아니한 죄에 대하여만 형을 선고하도록 한 것은 이미 확정판결이 내려진 죄에 대하여 다시 판결을 하는 것은 일사부재리의 원칙에 위배된다는 점을 고려한 것이며, 동시에 판결할 경우와 형평을 고려하여 형을 선고하도록 한 것은 원래 판결확정 전에 범한 죄가 공소제기 된 경우에는 당연히 경합범의 예에 의하여 처벌받았을 것이므로 사후적 경합범이 동시적 경합범에 비하여 무겁게 처벌되는 불합리를 피하기 위한 것이다.

《대판 1969.3.15. 69도169》 경합범이라 하더라도 따로 공소제기되어 동시에 판결할 수 없을 때에는 각각 판결할 수밖에 없다.

2) 선고형의 범위

판결을 받지 아니한 죄에 대하여 형을 선고하는 경우에 그 선고형의 범위와 관련하여 형법은 제39조 제1항에서 판결을 받지 아니한 죄와 판결이 확정된 죄를 동시에 판결할 경우와 형평을 고려하여 판결을 받지 아니한 죄에 대하여 형을 선고하고 이 경우 그 형을 감경 또는 면제할 수 있다고 규정하고 있다.

따라서 ① 이미 판결이 확정된 죄에 대하여 사형 또는 무기형이 선고된 경우에는 흡수주의를 규정한 제38조 제1항 제1호와의 균형을 고려하여 판결을 받지 아니한 죄에 대하여 형면제판결을 해야 한다고 생각된다. 그러나 판례는 이 경우에도 공소제기된 후단 경합범에 대한 형을 필요적으로 면제하여야 하는 것은 아니라고 한다.

《대판 2008.9.11. 2006도8376》 무기징역에 처하는 판결이 확정된 죄와 형법 제37조의 후단 경합범의 관계에 있는 죄에 대하여 공소가 제기된 경우, 법원은 두 죄를 동시에 판결할 경우와 형평을 고려하여 후단 경합범에 대한 처단형의 범위 내에서 후단 경합범에 대한 선고형을 정할 수 있고, 형법 제38조 제1항 제1호가 형법 제37조의 전단 경합범 중 가장 중한 죄에 정한 처단형이 무기징역인 때에는 흡수주의를 취하였다고 하여 뒤에 공소제기된 후단 경합범에 대한 형을 필요적으로 면제하여야 하는 것은 아니다.

② 이미 판결이 확정된 죄의 형과 판결할 죄의 형이 사형 또는 무기징역이나 무기금고 이외의 '동종'의 형을 선고할 경우에는 두 형의 합계가 중한 죄에 정한 장기 또는 다액의 2분의 1을 초과한 형을 선고할 수 없다고 해야 한다. 그러나 판례는 이 경우에도 선고형의 범위를 제한할 필요가 없으며 법원이 재량에 따라 판단할 수 있다는 입장이다.

《대판 2008.9.11. 2006도8376》 형법 제37조의 후단 경합범에 대하여 심판하는 법원은 판결이 확정된 죄와 후단 경합범의 죄를 동시에 판결할 경우와 형평을 고려하여 후단 경합범의 처단형의 범위 내에서 후단 경합범의 선고형을 정할 수 있는 것이고, 그 죄와 판결이 확정된 죄에 대한 선고형의 총합이 두 죄에 대하여 형법 제38조를 적용하여 산출한 처단형의 범위 내에 속하도록 후단 경합범에 대한 형을 정하여야 하는 제한을 받는 것은 아니며, 후단 경합범에 대한 형을 감경 또는 면제할 것인지는 원칙적으로 그 죄에 대하여 심판하는 법원이 재량에 따라 판단할 수 있다.

③ 한편, 이미 판결이 확정된 죄에 대한 형과 반드시 동종의 형을 선택할 필요는 없으므로, 이미 판결이 확정된 죄의 형과 '이종'의 형을 선고할 경우에는 병과주의에 따라 판결을 받지 아니한 죄의 독자적인 책임의 범위 내에서 형을 선고하면 된다.

《대판 1984.11.27. 84도1371》 형법 제39조 제1항에 의하여 경합범중 판결을 받지 아니한 죄에 대하여 형을 선고하는 경우에 이미 판결을 받은 죄에 대한 형과 반드시 동종의 형을 선택하여야 되는 것은 아니다.

3) 확정판결 전후에 범한 죄

금고 이상의 형에 처한 확정판결의 전후에 범한 죄는 경합범이 아니므로 이 경우에는 두 개의 주문에 의하여 형을 선고한다. 예컨대 A, B, C를 범한 후 C죄에 대해 확정판결이 있은 다음 D, E죄를 범한 경우, A, B죄와 C죄는 사후적 경합범이고 D, E죄는 동시적 경합범이 되지만 A, B, C죄와 D, E죄는 경합범이 아니므로, 법원은 A, B죄와 D, E죄에 대해 각 별개의 주문으로 판결을 선고해야 한다. 이때에는 경합범에 대한 규정이 적용될 여지가 없고 두 형이 병과되는 것이므로 두 형의 합계가 어떤가는 전혀 문제되지 않는다.

다. 형의 집행과 경합범

제39조(판결을 받지 아니한 경합범, 수개의 판결과 경합범, 형의 집행과 경합범) ③ 경합범에 의한 판결의 선고를 받은 자가 경합범 중의 어떤 죄에 대하여 사면 또는 형의 집행이 면제된 때에는 다른 죄에 대하여 다시 형을 정한다.
④ 전 3항의 형의 집행에 있어서는 이미 집행한 형기를 통산한다.

경합범으로 판결선고를 받은 자가 경합범 중의 어떤 죄에 대하여 사면 또는 형집행이 면제된 때에는 다른 죄에 대해 다시 형을 정한다(§39③). 이것은 경합범에 대해 한 개의 형이 선고되었을 때 적용된다. 여기서 '다시 형을 정한다'는 말은 다시 심판한다는 의미가 아니고 형기만을 다시 정한다는 말이다. 이때 이미 집행한 형기는 통산한다(§39④).

비교판례

실체적 경합에 해당하는 경우	상상적 경합에 해당하는 경우
① 차의 운전자가 업무상과실 또는 중과실에 의하여 사람을 상해에 이르게 하거나 재물을 손괴하고 같은 법 제50조 제1항 소정의 구호조치 등 필요한 조치를 취하지 아니한 경우에는 업무상과실, 중과실치상죄 또는 같은 법 제108조의 죄 외에 같은 법 제106조의 죄가 성립하고 이는 실체적 경합범이라고 보아야 한다(대판 1991.6.14. 91도253 홍성 금호여관앞 교통사고).	① 여러 사람이 함께 공무를 집행하는 경우에 이에 대하여 폭행을 하고 공무집행을 방해하는 경우에는 피해자의 수에 따라 여러 죄가 성립하는 것이 아니고 하나의 행위로서 여러 죄명에 해당하는 소위 상상적 경합관계에 있게 되는 것이다(대판 1961.9.28. 4294형상415 영장을 보여달라 사건).

실체적 경합에 해당하는 경우	상상적 경합에 해당하는 경우
② 절도범인이 체포를 면탈할 목적으로 경찰관에게 폭행 협박을 가한 때에는 준강도죄와 공무집행방해죄를 구성하고 양죄는 상상적 경합관계에 있으나, 강도범인이 체포를 면탈할 목적으로 경찰관에게 폭행을 가한 때에는 강도죄와 공무집행방해죄는 실체적 경합관계에 있고 상상적 경합관계에 있는 것이 아니다(대판 1992.7.28. 92도917 시아버지 헛기침 사건). ③ 감금행위가 단순히 강도상해범행의 수단이 되는데 그치지 아니하고 강도상해의 범행이 끝난 뒤에도 계속된 경우에는 1개의 행위가 감금죄와 강도상해죄에 해당하는 경우라고 볼 수 없고, 형법 제37조의 경합범관계에 있다고 보아야 한다(대판 2003.1.10. 2002도4380 월드컵경기장까지 운행 사건). ④ 건물관리인이 건물주로부터 월세임대차계약 체결업무를 위임받고도 임차인들을 속여 전세임대차계약을 체결하고 그 보증금을 편취한 경우, 사기죄와 별도로 업무상배임죄가 성립하고 두 죄가 실체적 경합범의 관계에 있다(대판 2010.11.11. 2010도10690 월세위임받고 전세놓은 사건). ⑤ 피고인이 예금통장을 강취하고 예금자 명의의 예금청구서를 위조한 다음 이를 은행원에게 제출행사하여 예금인출금 명목의 금원을 교부받았다면 강도, 사문서위조, 동행사, 사기의 각 범죄가 성립하고 이들은 실체적 경합관계에 있다 할 것이다(대판 1991.9.10. 91도1722 예금통장 강도 사기 사건). ⑥ 다수의 계(契)를 조직하여 수인의 계원들을 개별적으로 기망하여 계불입금을 편취한 사안에서, 각 피해자별로 독립하여 사기죄가 성립하고 그 사기죄 상호간은 실체적 경합범 관계에 있다(대판 2010.4.29. 2010도2810).	② 범죄 피해 신고를 받고 출동한 두 명의 경찰관에게 욕설을 하면서 차례로 폭행을 하여 신고 처리 및 수사 업무에 관한 정당한 직무집행을 방해한 사안에서, 동일한 장소에서 동일한 기회에 이루어진 폭행 행위는 사회관념상 1개의 행위로 평가하는 것이 상당하다는 이유로, 위 공무집행방해죄는 형법 제40조에 정한 상상적 경합의 관계에 있다(대판 2009.6.25. 2009도3505 두명의 경찰관 폭행 사건). ③ 甲은 1980.7.10.10:22경 화물차동차에 조개를 싣고 홍성군 금마면으로 운행 도중에 乙(17세)이 신래원까지 태워달라고 부탁하여 乙을 운전석 옆에 태우고 가다가 乙을 강간할 마음이 생겨 목적지로 데려다주지 아니하고 하차 요구를 거절한 채 계속 운행하면서 다음 날 00:50경 강제로 추행하고, 01:00경에는 강간하려다 뜻을 이루지 못한 채 강간할 의사를 버리지 않고 乙을 강제로 공주군 산성동 소재 동진장 여관 앞길까지 50Km를 운행하여 여관 방실에서 강간하려 하였으나 乙이 화장실에 들어가 문을 잠그고 소리 질러 그 목적을 이루지 못한 경우, 협박은 감금죄의 실행의 착수임과 동시에 강간미수죄의 실행의 착수가 된다(대판 1983.4.26. 83도323 조개트럭 사건). ④ 감금행위가 강간죄나 강도죄의 수단이 된 경우에도 감금죄는 강간죄나 강도죄에 흡수되지 아니하고 별죄를 구성한다(대판 1997.1.21. 96도2715 강취 신용카드 술집결제 사건). ⑤ 음주 또는 약물의 영향으로 정상적인 운전이 곤란한 상태에서 자동차를 운전하여 사람을 상해에 이르게 함과 동시에 다른 사람의 재물을 손괴한 때에는 특정범죄가중처벌 등에 관한 법률 위반(위험운전치사상)죄 외에 업무상과실 재물손괴로 인한 도로교통법 위반죄가 성립하고, 위 두 죄는 1개의 운전행위로 인한 것으로서 상상적 경합관계에 있다(대판 2010.1.14. 2009도10845 영주 휴천동 추돌사고). ⑥ 1개의 행위에 관하여 사기죄와 업무상배임죄의 각 구성요건이 모두 구비된 때에는 양 죄를 법조경합 관계로 볼 것이 아니라 상상적 경합관계로 봄이 상당하다 할 것이고, 나아가 업무상배임죄가 아닌 단순배임죄라고 하여 양 죄의 관계를 달리 보아야 할 이유도 없다(대판 2002.7.18. 2002도669 金合신협전무 부외대출 사건).

실체적 경합에 해당하는 경우	상상적 경합에 해당하는 경우
⑦ 피고인이 단일한 범의로 동일한 장소에서 동일한 방법으로 시간적으로 접착된 상황에서 처와 자식들을 살해하였다고 하더라도 휴대하고 있던 권총에 실탄 6발을 장전하여 처와 자식들의 머리에 각기 1발씩 순차로 발사하여 살해하였다면, 피해자들의 수에 따라 수개의 살인죄를 구성한다(대판 1991.8.27. 91도1637 처자식 사살 사건). ⑧ 미성년자를 유인한 자가 계속하여 미성년자를 불법하게 감금하였을 때에는 미성년자유인죄 이외에 감금죄가 별도로 성립한다(대판 1998.5.26. 98도1036 경찰이 붙잡아 소년원 보낸다 사건). ⑨ 특수절도에 있어서 주거침입은 그 구성요건이 아니므로, 절도범인이 그 범행수단으로 주거침입을 한 경우에 그 주거침입행위는 절도죄에 흡수되지 아니하고 별개로 주거침입죄를 구성하여 절도죄와는 실체적 경합의 관계에 있다(대판 2009.12.24. 2009도9667 육각렌치 출입문 손괴 사건). ⑩ 절도범이 甲의 집에 침입하여 그 집의 방안에서 그 소유의 재물을 절취한 후 그 집에 세들어 사는 乙의 방에 침입하여 재물을 절취하려다 미수에 그친 경우, 두 범죄는 그 범행장소와 물품의 관리자를 달리하고 있어서 별개의 범죄를 구성한다(대판 1989.8.8. 89도664 주인방 셋방 절도 사건). ⑪ 피고인이 여관에 들어가 1층 안내실에 있던 여관의 관리인을 칼로 1회 찔러 상해를 가하고, 그로부터 금품과 방실의 열쇠를 강취한 다음, 2층으로 올라가서 객실문을 열고 투숙객들로부터 금품을 강취한 경우, 포괄하여 1개의 강도상해죄만을 구성하는 것이 아니라 실체적경합범의 관계에 있다(대판 1991.6.25. 91도643 홍은동 이태원 여관강도 사건). ⑫ 법원을 기망하여 승소판결을 받고 그 확정판결에 의하여 소유권이전등기를 경료한 경우에는 사기죄와 별도로 공정증서원본 불실기재죄가 성립하고 양죄는 실체적 경합범 관계에 있다(대판 1983.4.26. 83도188 사기승소 후 등기 사건).	⑦ 피고인은 A회사와 사이에 렌탈(임대차)계약을 체결하고 그로부터 컴퓨터 본체 24대, 모니터 1대를 받아 보관하였고, B회사와 사이에 리스(임대차)계약을 체결하고 그로부터 컴퓨터 본체 13대, 모니터 41대, 그래픽카드 13개, 마우스 11개를 보관하다가 2011.2.22.경 성명불상의 업체에 이를 한꺼번에 처분하여 횡령하였으므로, 이러한 횡령행위는 사회관념상 1개의 행위로 평가함이 상당하고, 피해자들에 대한 각 횡령죄는 상상적 경합의 관계에 있다(대판 2013.10.31. 2013도10020 렌탈·리스 컴퓨터 동시처분 사건). ⑧ 강도가 재물강취의 뜻을 재물의 부재로 이루지 못한 채 미수에 그쳤으나 그 자리에서 항거불능의 상태에 빠진 피해자를 간음할 것을 결의하고 실행에 착수했으나 역시 미수에 그쳤더라도 반항을 억압하기 위한 폭행으로 피해자에게 상해를 입힌 경우에는 강도강간미수죄와 강도치상죄가 성립되고 이는 1개의 행위가 2개의 죄명에 해당되어 상상적 경합관계가 성립된다(대판 1988.6.28. 88도820 강도도 강간도 실패한 사건). ⑨ 1개의 기망행위에 의하여 여러 피해자로부터 각각 재물을 편취한 경우에는 피해자별로 수개의 사기죄가 성립하고, 그 사이에는 상상적 경합의 관계에 있는 것으로 보아야 한다(대판 2011.1.13. 2010도9330 보령 모텔방 사기도박 사건). ⑩ 채권자들에 의한 복수의 강제집행이 예상되는 경우 재산을 은닉 또는 허위양도함으로써 채권자들을 해하였다면 채권자별로 각각 강제집행면탈죄가 성립하고, 상호 상상적 경합범의 관계에 있다(대판 2011.12.8. 2010도4129 유한회사 설립 허위양도 사건). ⑪ 피고인들이 피해자들의 재물을 강취한 후 그들을 살해할 목적으로 현주건조물에 방화하여 사망에 이르게 한 경우, 피고인들의 행위는 강도살인죄와 현주건조물방화치사죄에 모두 해당하고 그 두 죄는 상상적 경합범관계에 있다(대판 1998.12.8. 98도3416 강취 후 방화살인 사건). ⑫ 뇌물을 수수함에 있어서 공여자를 기망한 점이 있다 하여도 뇌물수수죄, 뇌물공여죄의 성립에는 영향이 없고, 이 경우 뇌물을 수수한 공무원에 대하여는 한 개의 행위가 뇌물죄와 사기죄의 각 구성요건에 해당하므로 형법 제40조에 의하여 상상적 경합으로 처단하여야 한다(대판 2015.10.29. 2015도12838 2천만원 빌려달라 사건).

실체적 경합에 해당하는 경우	상상적 경합에 해당하는 경우
⑬ 횡령 교사를 한 후 그 횡령한 물건을 취득한 때에는 횡령교사죄와 장물취득죄의 경합범이 성립된다(대판 1969.6.24. 69도692). ⑭ 무면허운전죄에 있어서는 사회통념상 운전한 날을 기준으로 운전한 날마다 1개의 운전행위가 있다고 보는 것이 상당하므로 운전한 날마다 무면허운전으로 인한 도로교통법위반의 1죄가 성립한다고 보아야 한다(대판 2002.7.23. 2001도6281). ⑮ 저작재산권 침해행위는 저작권자가 같더라도 저작물별로 침해되는 법익이 다르므로, 각각의 저작물에 대한 침해행위는 원칙적으로 각 별개의 죄를 구성한다. 다만 단일하고도 계속된 범의 아래 동일한 저작물에 대한 침해행위가 일정기간 반복하여 행하여진 경우에는 포괄하여 하나의 범죄가 성립한다고 볼 수 있다(대판 2012.5.10. 2011도12131 파일공유 웹스토리지 사건). ⑯ 2개의 인터넷 파일공유 웹스토리지 사이트를 운영하는 피고인들이 이를 통해 저작재산권 대상인 디지털 콘텐츠가 불법 유통되고 있음을 알면서도 다수의 회원들로 하여금 수만 건에 이르는 불법 디지털 콘텐츠를 업로드하게 한 후 이를 수십만 회에 걸쳐 다운로드하게 함으로써 저작재산권 침해를 방조한 경우, 피고인들의 각 방조행위는 원칙적으로 서로 경합범 관계에 있고, 다만 동일한 저작물에 대한 수회의 침해행위에 대한 각 방조행위가 포괄하여 하나의 범죄가 성립할 여지가 있을 뿐이다. 이와 달리 위 사이트를 통해 유통된 다수 저작권자의 다수 저작물에 대한 피고인들의 범행 전체가 하나의 포괄일죄를 구성하는 것은 아니다(대판 2012.5.10. 2011도12131 파일공유 웹스토리지 사건). ⑰ 수개의 등록상표에 대하여 상표권침해 행위가 계속하여 행하여진 경우에는 각 등록상표 1개마다 포괄하여 1개의 범죄가 성립하므로, 특별한 사정이 없는 한 상표권자 및 표장이 동일하다는 이유로 등록상표를 달리하는 수개의 상표권침해 행위를 포괄하여 하나의 죄가 성립하는 것으로 볼 수 없다(대판 2013.7.25. 2011도12482 A&F, 1892 사건).	⑬ 수뢰후부정처사죄에 있어서 공무원이 수뢰후 행한 부정행위가 공도화변조 및 동행사죄와 같이 보호법익을 달리하는 별개 범죄의 구성요건을 충족하는 경우에는 수뢰후부정처사죄 외에 별도로 공도화변조 및 동행사죄가 성립하고 이들 죄와 수뢰후부정처사죄는 각각 상상적 경합 관계에 있다(대판 2001.2.9. 2000도1216 도시계획도 변조사건). ⑭ 공무원이 직무관련자에게 제3자와 계약을 체결하도록 요구하여 계약 체결을 하게 한 행위가 제3자뇌물수수죄의 구성요건과 직권남용권리행사방해죄의 구성요건에 모두 해당하는 경우, 제3자뇌물수수죄와 직권남용권리행사방해죄가 각각 성립하고, 두 죄는 형법 제40조의 상상적 경합관계에 있다(대판 2017.3.15. 2016도19659 건축과 공무원 화장품 강매 사건). ⑮ 공무원이 취급하는 사건에 관하여 청탁 또는 알선을 할 의사와 능력이 없음에도 청탁 또는 알선을 한다고 기망하고 금품을 교부받은 경우, 사기죄와 변호사법 위반죄가 상상적 경합의 관계에 있다(대판 2006.1.27. 2005도8704 로비자금이 필요하다 사건).

제3편

형벌과 보안처분

제1장

형벌론

제1절 형벌의 종류

I. 형벌의 의의와 목적

1. 형벌의 의의

범죄에 대한 법률효과 또는 제재에는 형벌과 보안처분이 있다. 형벌이란 범죄에 대한 법률상의 효과로서 국가가 범죄자에 대하여 그의 책임을 전제로 부과하는 법익의 박탈을 말한다. 형벌의 주체는 국가이다. 따라서 사인(私人)은 어떤 경우에도 형벌을 과할 수 없다. 형벌은 범죄에 대한 법률효과이므로, 형벌은 범죄를 전제로 하며, 범죄가 없으면 형벌도 없다. 범죄에 대한 법률효과라 할지라도 형벌은 범죄인에 대하여 그의 책임을 기초로 하는 과거의 행위에 대한 제재이다. 여기서 범죄인의 위험성을 기초로 미래에 대해 제재를 가하는 보안처분과 구별된다. 형벌은 일정한 법익의 박탈을 내용으로 한다. 형벌은 박탈되는 법익의 종류에 따라 생명형(사형), 자유형(징역, 금고, 구류), 명예형(자격상실, 자격정지), 재산형(벌금, 과료, 몰수)으로 구분한다.

제41조(형의 종류) 형의 종류는 다음과 같다.
1.사형 2.징역 3.금고 4.자격상실 5.자격정지 6.벌금 7.구류 8.과료 9.몰수

2. 형벌의 목적

형벌의 목적으로 응보, 일반예방, 특별예방의 3가지가 제시되고 있다.

가. 응보

응보(應報)란 범죄인이 피해자나 사회에 초래한 고통에 상응하는 고통을 범죄인에게 가하는 것을 말한다. 근대의 응보형에서는 감정적인 보복을 억제하고 합리적인 범위 내에서 응보가 이루어져야 한다는 것이 강조되었다.

나. 일반예방

일반예방이란 범죄인을 처벌함으로써 일반인들이 범죄로 나아가는 것을 방지한다는 사고를 말한다. 전통적인 일반예방론에서는 소극적인 일반예방을 강조한다. 소극적인 일반예방이란 범죄인을 처벌함으로써 일반인의 심리를 강제하여 범죄를 예방한다는 것이다. 최근에는 적극적 일반예방이 강조되고 있는데, 적극적 일반예방이란 범죄인의 처벌을 통해 규범을 확증하고 국민들의 준법의식을 고양하여 범죄를 예방하도록 한다는 것이다.

다. 특별예방

특별예방이란 범죄인을 개선, 교육하여 정상인으로서 사회복귀시킴으로써 더 이상 범죄를 저지르지 않도록 하는 것을 말한다. 개선이 불가능한 범죄인에 대해서는 제거, 격리, 무력화(incapacitation)시킴으로써 재범을 방지하는 것도 특별예방에 속하는 것이라고 할 수 있으나, 특별예방의 핵심은 범죄인의 개선, 교육, 사회복귀를 통한 재범방지에 있다.

Ⅱ. 생명형

제66조(사형) 사형은 교정시설 안에서 교수(絞首)하여 집행한다.

1. 생명형의 의의

생명형(生命刑)이란 범죄자의 생명을 박탈하는 형벌, 즉 사형(死刑)이 여기에 해당한다.

형법이 규정하고 있는 형벌 가운데 가장 중한 형벌이라는 의미에서 극형(極刑)이라고도 한다.

사형을 집행하는 방법은 교수형, 총살형, 참수, 전기살, 가스살, 주사살 등의 방법이 있다. 형법은 사형은 교정시설 안에서 교수하여 집행한다고 규정(§66)하여 교수형을 채택하고 있으며, 군형법은 총살형을 인정하고 있다(군형법 §3).

2. 사형이 규정되어 있는 범죄

형법이 법정형으로 사형을 규정하고 있는 범죄에는 내란죄(§87), 내란목적살인죄(§88), 외환유치죄(§92), 여적죄(§93), 모병이적죄(§94), 시설파괴이적죄(§96), 간첩죄(§98), 폭발물사용죄(§119), 현주건조물방화치사죄(§164②), 살인죄(§250), 강간살인죄(§301-2), 인질살해죄(§324-4), 강도살인죄(§338), 해상강도살인죄(§340)가 있다. 그러나 이 이외에도 특별법에 의하여 사형범죄의 범위는 확장되어 있다.

3. 사형존폐론

1764년 Beccaria가 '범죄와 형벌'이라는 저서에서 사형폐지론을 주장한 이래 아직까지도 사형의 존폐에 대해 심도있게 논의되고 있다. 사형존폐론의 주요 논거는 다음과 같다.

가. 사형폐지론

㉠ 사형은 야만적이고 잔혹한 형벌이며, 인간의 존엄과 가치의 전제가 되는 생명권을 침해하는 것이므로 헌법에 반하는 형벌로 허용될 수 없다.

㉡ 사형은 무고한 시민에 대하여 집행된 경우에도 회복할 수 없는 형벌이다. 모든 재판에는 오판이 있을 수 있다. 오판에 의하여 사형이 집행된 때에는 그 잘못을 회복할 길이 없다.

㉢ 사형은 일반인이 기대하는 것처럼 위하적 효과를 가지지 못한다. 사형이 위하력(威嚇力)을 가졌다면 사형을 폐지한 국가에서 사형을 존치하고 있는 국가에 비하여 범죄가 많이 발생할 것임에도 불구하고 독일이나 스위스 등 사형을 폐지한 국가에서 이러한 현상은 나타나지 않는다.

㉣ 형벌의 목적을 개선과 교육에 있다고 볼 때에는 사형은 전혀 이러한 목적을 달성할 수 없는 원시적이고 무의미한 형벌에 지나지 않는다.

나. 사형존치론

㉠ 사형이 위하적 효과를 가지는 것은 부정할 수는 없다. 생명은 인간이 가장 애착을 느끼는 것이므로 사형의 예고는 범죄에 대한 강력한 억제력을 가진다.

㉡ 사형은 인류 역사상 가장 오랜 역사를 가진 형벌의 하나로서 범죄에 대한 근원적인 응보방법이며 또한 가장 효과적인 일반예방 수단으로 인식되어 왔다.

㉢ 사형의 폐지가 이상론으로는 바람직할지라도 사회의 법의식이 이를 요구할 때에는 사형은 적정하고 필요한 형벌이 된다. 사형을 찬성하는 국민들의 법감정을 무시할 수 없다.

㉣ 우리의 범죄상황을 비롯한 사회상황을 종합적으로 고려하여 볼 때 사형을 폐지하는 것은 시기상조이다.

《대판 1996.11.28. 95헌바1》 인간의 생명을 부정하는 등의 범죄행위에 대한 불법적 효과로서 지극히 한정적인 경우에만 부과되는 사형은 죽음에 대한 인간의 본능적 공포심과 범죄에 대한 응보욕구가 서로 맞물려 고안된 "필요악"으로서 불가피하게 선택된 것이며 지금도 여전히 제 기능을 하고 있다는 점에서 정당화될 수 있다. 따라서 사형은 이러한 측면에서 헌법상의 비례의 원칙에 반하지 아니한다 할 것이고, 적어도 우리의 현행 헌법이 스스로 예상하고 있는 형벌의 한 종류이기도 하므로 아직은 우리의 헌법질서에 반하는 것으로 판단되지 아니한다.

Ⅲ. 자유형

자유형(自由刑)은 범죄자의 신체의 자유를 박탈하는 형벌을 말한다. 자유형은 범죄인의 자유를 박탈하여 이를 개과천선(改過遷善)하게 하는 교육적 내용을 주된 목적으로 한다. 자유형의 집행에 의하여 범죄인은 안정과 자기반성의 기회를 가지고 새로운 인격구조를 형성할 수 있게 한다. 형법은 징역·금고·구류라는 3종의 자유형을 인정하고 있다.

제42조(징역 또는 금고의 기간) 징역 또는 금고는 무기 또는 유기로 하고 유기는 1개월 이상 30년 이하로 한다. 단, 유기징역 또는 유기금고에 대하여 형을 가중하는 때에는 50년까지로 한다.
제46조(구류) 구류는 1일 이상 30일 미만으로 한다.
제67조(징역) 징역은 교정시설에 수용하여 집행하며, 정해진 노역(勞役)에 복무하게 한다.
제68조(금고와 구류) 금고와 구류는 교정시설에 수용하여 집행한다.

가. 징역

징역(懲役)이란 범죄자를 교도소 내에 구치하여 정해진 노역에 복무하게 하는 자유형 가운데 가장 무거운 형벌이다(§67). 징역에는 유기와 무기의 2종이 있다. 무기는 종신형이지만, 20년이 경과한 후에는 가석방이 가능하다(§72①)는 점에서 자유형의 사회복귀적 기능이 유지되고 있다. 유기징역은 1월 이상 30년 이하이나 형을 가중하는 때에는 50년까지로 한다(§42).

나. 금고

금고(禁錮)도 범죄자를 교도소 내에 구치하여 자유를 박탈하는 형벌이다. 정해진 노역에 복무하지 않는 점에서 징역과 구별된다. 다만, 금고의 경우에도 수형자의 신청이 있으면 노역을 부과할 수 있고, 현실적으로 90% 이상의 금고형 수형자가 신청에 의한 노역복무를 하고 있다. 금고에도 무기와 유기가 있으며, 그 형기도 징역의 경우와 같다. 주로 과실범이나 정치범과 같이 다소 명예를 존중할 필요가 있는 자들에게 과하는 자유형이다.

다. 구류

구류(拘留)도 범죄자를 교도소 내에 구치하는 자유형이다. 다만, 그 기간이 1일 이상 30일 미만인 점에서 징역이나 금고와 구별된다(§46). 구류는 주로 경범죄처벌법, 도로교통법 등에 규정되어 있다.

구류는 형사소송법상의 구금이나 환형처분으로서의 노역장유치와 구별하여야 한다. 구류가 자유형임에 대하여 구금(拘禁)은 형사절차의 진행과 증거물을 확보하기 위한 강제처분에 불과하며, 노역장유치(勞役場留置)는 수형자가 벌금 또는 과료를 납부하지 않을 때에 일정한 기간동안 수형자를 노역장에 유치하는 대체자유형이다. 유치기간이 벌금인 경우에는 1일 이상 3년 이하, 과료인 경우에는 1일 이상 30일 미만이다(§69②).

Ⅳ. 재산형

재산형이란 범죄자로부터 일정한 재산을 박탈하는 형벌을 말한다. 형법은 벌금과 과료 및 몰수의 3종을 인정하고 있다.

제45조(벌금) 벌금은 5만 원 이상으로 한다. 다만, 감경하는 경우에는 5만원 미만으로 할 수 있다.
제69조(벌금과 과료) ① 벌금과 과료는 판결확정일로부터 30일내에 납입하여야 한다. 단, 벌금을 선고할 때에는 동시에 그 금액을 완납할 때까지 노역장에 유치할 것을 명할 수 있다.
② 벌금을 납입하지 아니한 자는 1일 이상 3년 이하, 과료를 납입하지 아니한 자는 1일 이상 30일 미만의 기간 노역장에 유치하여 작업에 복무하게 한다.

1. 벌금

벌금(罰金)은 범죄자로 하여금 일정한 금액의 지불의무를 강제적으로 부담하게 하는 것을 내용으로 하는 재산형 중에서 가장 무거운 형벌이다. 벌금은 일신전속적 성질을 가지므로 제3자의 대납이나 국가에 대한 채권과의 상계, 상속 등이 원칙적으로 인정되지 않는다. 단기자유형의 제한으로 인하여 벌금형은 실제 가장 많이 적용되는 형벌이다.

벌금은 5만원 이상(감경하는 경우에는 5만원 미만으로 할 수 있다)을 대상으로 하며(§45), 상한에는 제한이 없다. 벌금은 판결확정일로부터 30일 이내에 납입하여야 하며, 벌금을 납입하지 아니한 자는 1일 이상 3년 이하의 기간 노역장에 유치하여 작업에 복무하게 한다(§69). 벌금이나 과료를 선고할 때에는 이를 납입하지 아니하는 경우의 노역장 유치기간을 정하여 동시에 선고하여야 한다. 선고하는 벌금이 1억 원 이상 5억원 미만인 경우에는 300일 이상, 5억 원 이상 50억원 미만인 경우에는 500일 이상, 50억 원 이상인 경우에는 1천일 이상의 유치기간을 정하여야 한다(§70).

벌금은 몰수와 유사하나 몰수는 부가형으로 재산권을 일방적으로 국가에 귀속시키나, 벌금은 독립된 형벌로 금액지불의무만 진다는 점에서 차이가 있다. 2016년에 형법을 개정하여 '500만 원 이하의 벌금형'에 대한 집행유예 제도를 도입하였다.

2. 과료

과료(科料)도 재산형의 일종으로 범죄인에게 일정한 금액의 지불의무를 강제적으로 부담하게 한다는 점에서 벌금형과 동일하다. 다만 경미한 범죄에 대하여 부과되며, 금액이 적다는 점에서 차이가 있다. 과료는 과태료(過怠料)와 구별하여야 한다. 과료는 재산형의 일종이지만 과태료는 형법상의 형벌이 아니며 행정상의 제재에 불과하다. 과료는 2천 원 이상 5만원 미만으로 한다(§47). 과료를 납입하지 아니한 자는 1일 이상 30일 미만의 기간 노역장에 유치하여 작업에 복무하게 한다(§69).

3. 몰수

제48조(몰수의 대상과 추징) ① 범인 외의 자의 소유에 속하지 아니하거나 범죄 후 범인 외의 자가 사정을 알면서 취득한 다음 각 호의 물건은 전부 또는 일부를 몰수할 수 있다.
1. 범죄행위에 제공하였거나 제공하려고 한 물건
2. 범죄행위로 인하여 생겼거나 취득한 물건
3. 제1호 또는 제2호의 대가로 취득한 물건
② 제1항 각 호의 물건을 몰수할 수 없을 때에는 그 가액(價額)을 추징한다.
③ 문서, 도화(圖畵), 전자기록(電磁記錄) 등 특수매체기록 또는 유가증권의 일부가 몰수의 대상이 된 경우에는 그 부분을 폐기한다.

제49조(몰수의 부가성) 몰수는 타형에 부가하여 과한다. 단, 행위자에게 유죄의 재판을 아니할 때에도 몰수의 요건이 있는 때에는 몰수만을 선고할 수 있다.

가. 몰수의 의의

몰수(沒收)란 범죄와 관련된 물건이나 문서 등을 국가가 강제로 취득하거나 폐기시키는 재산형이다. 몰수는 원칙적으로 타형에 부가하여 과하는 부가형이지만, 예외적으로 행위자에게 유죄의 재판을 하지 아니할 때에도 몰수의 요건이 있는 때에는 몰수만을 선고할 수 있다(§49).

몰수에는 필요적 몰수와 임의적 몰수가 있다. 형법총칙상의 몰수규정인 제48조는 임의적 몰수를 규정하고 있으므로 몰수할 것인지의 여부는 법원의 재량에 맡겨져 있다. 그러나 각칙상의 배임수재죄의 취득한 재물, 뇌물죄의 뇌물, 아편에 관한 죄의 아편·아편흡식기 등은 필요적 몰수에 해당한다.

몰수의 법적 성질에 관하여 통설은 형법이 이를 재산형으로 규정하고 있으므로 형식적으로는 일종의 형벌이지만, 실질적으로는 범죄반복의 위험성을 예방하고 범인에게 불법이득을 금지하겠다는 일종의 대물적 보안처분에 속한다고 해석하고 있다.

《대판 2006.4.7. 2005도9858》 몰수대상이 되는지 여부나 추징액의 인정 등 몰수·추징의 사유는 범죄구성요건 사실에 관한 것이 아니어서 엄격한 증명은 필요 없지만 역시 증거에 의하여 인정되어야 한다.

나. 몰수의 대물적 요건(대상)

1) 범죄행위에 제공하였거나 제공하려고 한 물건

범죄행위의 도구 또는 수단을 말한다. 예컨대 살인에 사용한 권총 또는 살인에 사용하려고 준비한 흉기, 도박자금으로 대여한 금원 등이 여기에 해당한다. **물건은 유체물에 한하지 않고 권리나 이익도 포함한다.** 몰수대상으로 몰수요건을 구비한 것이라면 반드시 압수된 것에 한하지 않는다. 그러나 범죄행위와 관련이 없는 물건은 몰수할 수 없다(판례). 여기서 '범죄행위'란 유죄로 인정되는 당해 범죄행위를 말한다.

《대판 2006.9.14. 2006도4075 (이마트 계산완료스티커 사건)》 [1] 형법 제48조 제1항 제1호의 "범죄행위에 제공한 물건"은, 가령 살인행위에 사용한 칼 등 범죄의 실행행위 자체에 사용한 물건에만 한정되는 것이 아니며, 실행행위의 착수 전의 행위 또는 실행행위의 종료 후의 행위에 사용한 물건이더라도 그것이 범죄행위의 수행에 실질적으로 기여하였다고 인정되는 한 위 법조 소정의 제공한 물건에 포함된다.

[2] 대형할인매장에서 수회 상품을 절취하여 자신의 승용차에 싣고 간 경우, 위 승용차는 형법 제48조 제1항 제1호에 정한 범죄행위에 제공한 물건으로 보아 몰수할 수 있다.69)

《대판 2002.9.24. 2002도3589 (수표제시 도박참가 사건)》 피해자로 하여금 사기도박에 참여하도록 유인하기 위하여 고액의 수표를 제시해 보인 경우, 형법 제48조 소정의 몰수가 임의적 몰수에 불과하여 법관의 자유재량에 맡겨져 있고, 위 수표가 직접적으로 도박자금으로 사용되지 아니하였다 할지라도, 위 수표가 피해자로 하여금 사기도박에 참여하도록 만들기 위한 수단으로 사용된 이상, 이를 몰수할 수 있고, 그렇다고 하여 피고인에게 극히 가혹한 결과가 된다고 볼 수는 없다.

《대판 2008.2.14. 2007도10034 (미처 송금하지 못한 수표 사건)》 체포될 당시에 미처 송금하지 못하고 소지하고 있던 자기앞수표나 현금은 장차 실행하려고 한 외국환거래법 위반의 범행에 제공하려는 물건일 뿐, 그 이전에 범해진 외국환거래법 위반의 '범죄행위에 제공하려고 한 물건'으로는 볼 수 없으므로 몰수할 수 없다.

《대판 2003.5.30. 2003도705 (압수영장 2번 집행 사건)》 몰수는 반드시 압수되어 있는 물건에 대하여서만 하는 것이 아니므로, 몰수대상물건이 압수되어 있는가 하는 점 및 적법한 절차에 의하

---

69) 피고인 甲은 전국의 대형할인매장에서 구입한 물건을 들고 다시 같은 매장 안으로 들어갈 경우 이중계산을 방지하기 위하여 붙이는 계산완료스티커를 할인매장 측에서 회수하지 않는다는 점과 그 스티커의 탈착이 용이하다는 점에 착안하여 甲이 구입한 물건과 동종의 물건에 스티커를 붙여 환불을 받기로 마음먹고, 2005.7.1. 서울 구로구 구로동 소재 ㈜ 신세계 이마트 구로점에서 그곳에 진열된 보쉬충전드릴 1대 시가 133,000원 상당을 계산하여 위 매장 밖으로 나온 다음 위 드릴을 가지고 다시 매장 안으로 들어가 물건을 구입하려는 것처럼 행세하여 그곳 계산대 직원으로 하여금 위 드릴에 계산완료스티커를 부착하게 한 후 다시 매장 밖으로 나와 위 스티커만을 떼어낸 다음 위 매장 안으로 다시 들어가 그곳 직원들의 감시가 소홀한 틈을 타서 그곳에 진열중이던 위 드릴과 동종인 위 회사 소유의 드릴 1대 시가 133,000원 상당에 위 스티커를 붙인 후 계산대 직원에게 정상적으로 구입한 물건인 것처럼 가장하여 매장을 빠져나오는 방법으로 위 드릴을 절취한 것을 비롯하여 같은 해 10.23.까지 별지 범죄일람표 기재와 같이 모두 60회에 걸쳐 위와 같은 방법으로 피해자 이마트, 홈플러스, 롯데쇼핑 소유의 물품 시가 합계 17,327,860원 상당을 절취하였다.

여 압수되었는가 하는 점은 몰수의 요건이 아니다.

2) 범죄행위로 인하여 생겼거나 취득한 물건

범행으로 인한 산출물을 의미한다. 예컨대 문서위조행위에 의하여 작성한 위조문서, 도박에 의하여 취득한 금품, 불법으로 벌채한 목재 등을 말한다.

《대판 1982.3.9. 81도2930》 미화를 휴대하여 우리나라에 입국한 후 외국환관리법 제18조, 동법 시행령 제28조 제1항의 규정에 따라 등록하지 아니한 경우에 있어서는 그 행위자체에 의하여 취득한 미화는 있을 수 없는 것이므로 동법 제36조의 2에 정하는 바에 따라 이 사건 미화를 몰수할 수 없다.

3) 위의 대가로 취득한 물건

예컨대 장물을 매각하여 취득한 금전, 인신매매에 의한 매득금 등이 여기에 해당한다. 다만, 장물의 대가로 취득한 금전도 장물 피해자가 있을 때에는 범인 이외의 자의 소유에 속하는 물건이 되기 때문에 몰수하여서는 안 되고, 피해자의 교부청구가 있을 때 환부해야 한다(판례).

《대판 1966.9.6. 66도853》 장물을 매각하여 얻은 금전으로서 피해자에게 반환하여야 할 물건과 범인 이외의 자의 소유에 속하지 아니하는 것이라고는 볼 수 없는 물건을 몰수한 것은 위법이다.

《대판 1969.1.21. 68도1672》 장물을 처분하여 그 대가로 취득한 압수물은 몰수할 것이 아니라 피해자에게 교부하여야 할 것이다.

다. 몰수의 대인적 요건

몰수를 하기 위해서는 몰수의 대상이 범인 외의 자의 소유에 속하지 아니하거나 범죄 후 범인 외의 자가 사정을 알면서 취득한 물건임을 요한다. 몰수는 타형에 부가하여 과하는 부가형이지만 행위자에게 유죄의 재판을 아니할 때에도 몰수의 요건이 있는 때에는 몰수만을 선고할 수 있다(§49). 다만 공소시효가 완성되어 유죄선고를 할 수 없는 경우에는 몰수나 추징도 할 수 없다(판례).

《대판 1992.7.28. 92도700 (과르네리 바이올린 밀반입 사건)》 공소가 제기되지 아니한 범죄사실을 법원이 인정하여 그에 관하여 몰수나 추징을 선고하는 것은 불고불리의 원칙에 위반되어 불가능하며, 몰수나 추징이 공소사실과 관련이 있다 하더라도 그 공소사실에 관하여 이미 공소시효가 완성되어 유죄의 선고를 할 수 없는 경우에는 몰수나 추징도 할 수 없다.

1) 범인 외의 자의 소유에 속하지 않을 것

범인 이외의 자의 소유에 속하는 물건은 몰수할 수 없다. 따라서 부실기재된 등기부, 허위기재 부분이 있는 공문서, 국고에 환부하여야 할 국고수표, 매각위탁을 받은 엽총 등은 공무소의 소유이므로 몰수할 수 없다(판례). 범인에는 공범자(공동정범 · 교사범 · 종범 · 필요적 공범)도 포함된다고 해석되므로 범인 자신의 소유물은 물론 공범의 소유물에 대해서도 몰수할 수 있다. 이때 공범의 소추여부는 불문한다(판례). 범인이외의 자의 소유에 속하지 않는 물건이란 범인의 소유에 속하는 물건 이외에 무주물이나 소유불명의 물건, 금제품(禁制品)도 포함된다.

《대판 2006.11.23. 2006도5586 (실권주 인수청탁 사건)》 [1] 형법 제48조 제1항의 '범인'에는 공범자도 포함되므로 피고인의 소유물은 물론 공범자의 소유물도 그 공범자의 소추 여부를 불문하고 몰수할 수 있고, 여기에서의 공범자에는 공동정범, 교사범, 방조범에 해당하는 자는 물론 필요적 공범관계에 있는 자도 포함된다.

[2] 형법 제48조 제1항의 '범인'에 해당하는 공범자는 반드시 유죄의 죄책을 지는 자에 국한된다고 볼 수 없고 공범에 해당하는 행위를 한 자이면 족하므로 이러한 자의 소유물도 형법 제48조 제1항의 '범인 이외의 자의 소유에 속하지 아니하는 물건'으로서 이를 피고인으로부터 몰수할 수 있다.

《대판 1999.12.10. 99도3478》 밀수전용의 선박·자동차 기타 운반기구가 관세법 제183조에 의하여 몰수대상이 되는지의 여부를 판단함에 있어 당해 운반기구가 누구의 소유에 속하는가 하는 것은 그 공부상의 명의 여하에 불구하고 권리의 실질적인 귀속관계에 따라 판단하여야 한다.

《대판 1983.6.14. 83도808 (PX 판매실적보고서 사건)》 군 P.X.에서 공무원인 군인이 그 권한에 의하여 작성한 월간판매실적보고서의 내용에 일부 허위기재된 부분이 있더라도 이는 공무소인 소관 육군부대의 소유에 속하는 것이므로 이를 허위공문서 작성의 범행으로 인하여 생긴 물건으로 누구의 소유도 불허하는 것이라 하여 형법 제48조 제1항 제1호를 적용, 몰수하였음은 부당하다.

2) 범죄 후 범인 외의 자가 사정을 알면서 취득한 물건

범인 외의 자의 소유에 속하는 물건은 몰수할 수 없으나 범죄 후 그가 그 사정을 알면서 취득한 물건은 몰수할 수 있다. 사정을 알면서 취득한다고 함은 취득 당시에 그 물건이 형법 제48조 제1항 각호에 해당하고 있는 사실을 알면서 취득하는 것을 말한다.

라. 몰수의 효과

재산권을 범인에게서 박탈하여 일방적으로 국가에 귀속시키는 효과가 있다. 한편,

몰수판결의 효력은 유죄판결을 받은 피고인에 대해서만 발생하고 피고인 이외의 자에게는 미치지 않는다(몰수판결의 상대적 효력).

마. 추징

1) 추징의 의의 및 법적 성질

몰수의 대상인 물건을 몰수하기 불가능한 때에는 그 가액을 추징하고(§48②), 문서·도화·전자기록 등 특수매체기록 또는 유가증권의 일부가 몰수에 해당하는 때에는 그 부분을 폐기한다(§48③).

추징(追徵)은 몰수의 대상물의 전부 또는 일부를 몰수하기 불가능할 경우 몰수대상인 물건의 가액을 납부하도록 강제하는 사법처분으로서의 성질을 가지나, 실질적으로는 몰수에 갈음하는 부가형으로서의 성질을 가진다. 가액을 납부하지 않는 경우에도 노역장유치를 할 수 없다.

2) 추징의 요건

몰수하기 불가능할 때에 추징을 한다. 몰수하기 불가능할 때라 함은 소비·혼동·분실·양도 등으로 판결 당시에 사실상 또는 법률상 몰수할 수 없는 경우를 말한다. 따라서 처음부터 몰수가 허용되지 않는 경우는 추징할 수 없으며, 뇌물로 제공된 금품이 특정되지 않았던 것 역시 몰수할 수 없고 그 가액을 추징할 수도 없다(판례). 예를 들어 뇌물로 받은 금원이나 자기앞수표를 소비한 후에 동액 상당을 반환한 경우는 물론, 뇌물인 수표를 예금한 후 액면상당금원을 반환한 때에도 몰수할 수 없는 경우이므로 그 가액을 추징하여야 한다(판례).

추징가액을 정하는 기준에 관하여는 범행 당시의 가액을 기준으로 정해야 한다는 견해도 있으나, 판결시를 기준으로 정하는 것이 타당하다(다수설·판례).

《대판 1999.1.29. 98도3584》 수뢰자가 자기앞수표를 뇌물로 받아 이를 소비한 후 자기앞수표 상당액을 증뢰자에게 반환하였다 하더라도 뇌물 그 자체를 반환한 것은 아니므로 이를 몰수할 수 없고 수뢰자로부터 그 가액을 추징하여야 할 것이다.

《대판 1996.10.25. 96도2022》 뇌물로 받은 돈을 은행에 예금한 경우 그 예금행위는 뇌물의 처분행위에 해당하므로 그 후 수뢰자가 같은 액수의 돈을 증뢰자에게 반환하였다 하더라도 이를 뇌물 그 자체의 반환으로 볼 수 없으니 이러한 경우에는 수뢰자로부터 그 가액을 추징하여야 한다.

《대판 1984.2.28. 83도2783》 수뢰자가 뇌물을 그대로 보관하였다가 증뢰자에게 반환한 때에는 증뢰자로 부터 몰수·추징할 것이므로 수뢰자로 부터 추징함은 위법하다.

《대판 1996.5.8. 96도221》 형법 제134조는 뇌물에 공할 금품을 필요적으로 몰수하고 이를 몰수하기 불가능한 때에는 그 가액을 추징하도록 규정하고 있는바, 몰수는 특정된 물건에 대한 것이고 추징은 본래 몰수할 수 있었음을 전제로 하는 것임에 비추어 뇌물에 공할 금품이 특정되지 않았던 것은 몰수할 수 없고 그 가액을 추징할 수도 없다.

《대판 2011.11.24. 2011도9585》 뇌물을 수수한 자가 공동수수자가 아닌 교사범 또는 종범에게 뇌물 중 일부를 사례금 등의 명목으로 교부하였다면 이는 뇌물을 수수하는 데 따르는 부수적 비용의 지출 또는 뇌물의 소비행위에 지나지 아니하므로, 뇌물수수자에게서 수뢰액 전부를 추징하여야 한다.

《대판 2008.10.9. 2008도6944》 몰수할 수 없는 때에 추징하여야 할 가액은 범인이 그 물건을 보유하고 있다가 몰수의 선고를 받았더라면 잃었을 이득상당액을 의미하므로, 다른 특별한 사정이 없는 한 그 가액산정은 재판선고시의 가격을 기준으로 하여야 한다.

《대판 2001.11.27. 2001도4829》 외국환을 몰수할 수 없게 되어 그 가액을 추징하면서 외국환에 대한 판결 선고 당시의 가액 상당으로 추징액을 산정한 원심의 조치를 정당하다.

3) 추징방법

수인이 공모하여 뇌물을 수수한 경우에 몰수가 불가능하여 가액을 추징할 때에는 개별적으로 추징하여야 하며 개별적으로 알 수 없을 때에는 평등하게 분할한 액을 추징하여야 한다(판례). 판례는 공범자가 실제로 얻은 이익에 대해서만 추징하는 것이 아니라 각자에게 가액 전부를 추징하는 공동연대의 추징(징벌적 추징)을 인정하고 있다.

《대판 1993.10.12. 93도2056》 수인이 공동하여 수수한 뇌물을 분배한 경우에는 각자로부터 실제로 분배받은 금품만을 개별적으로 몰수하거나 그 가액을 추징하여야 한다.

《대판 1975.4.22. 73도1963》 수인이 공모하여 뇌물을 수수한 경우에 몰수불능으로 그 가액을 추징하려면 개별적으로 추징하여야 하고 수수금품을 개별적으로 알 수 없을 때에는 평등하게 추징하여야 한다.

《대판 2001.3.9. 2000도794》 수인이 공동으로 수재한 경우에는 그 분배받은 금원, 즉 실질적으로 귀속된 이익금만을 개별적으로 몰수·추징하여야 하고, 그 분배받은 금원을 확정할 수 없을 때에는 이를 평등하게 분할한 금원을 몰수·추징하여야 한다. 그리고 여기서의 범인에는 공동정범자뿐만 아니라 종범 또는 교사범도 포함되고 소추 여부도 불문한다.

《대판 2007.3.30. 2006도7241》 금품의 무상대여를 통하여 위법한 정치자금을 기부받은 경우 범인이 받은 부정한 이익은 무상 대여금에 대한 금융이익 상당액이라 할 것이므로, 여기서 몰수 또는 추징의 대상이 되는 것은 무상으로 대여받은 금품 그 자체가 아니라 위 금융이익 상당액이다.

《대판 1999.10.8. 99도1638》 공무원이 뇌물을 받음에 있어서 그 취득을 위하여 상대방에게 뇌물의 가액에 상당하는 금원의 일부를 비용의 명목으로 출연하거나 그 밖에 경제적 이익을 제공한 경우, 공무원이 받은 뇌물이 그 뇌물의 가액에서 위와 같은 지출액을 공제한 나머지 가액에 상당한 이익에 한정되는 것이라고 볼 수는 없으므로, 그 공무원으로부터 뇌물죄로 얻은 이익을 몰수·추징함에 있어서는 그 받은 뇌물 자체를 몰수하여야 하고, 그 뇌물의 가액에서 위와 같은 지출을 공제한 나머지 가액에 상당한 이익만을 몰수·추징할 것은 아니다.

《대판 2000.9.8. 2000도546》 히로뽕을 수수하여 그중 일부를 직접 투약한 경우에는 수수한 히로뽕의 가액만을 추징할 수 있고 직접 투약한 부분에 대한 가액을 별도로 추징할 수 없다.

《대판 1998.5.21. 95도2002》 외국환관리법상의 몰수와 추징은 일반 형사법의 경우와 달리 범죄사실에 대한 징벌적 제재의 성격을 띠고 있다고 할 것이므로, 여러 사람이 공모하여 범칙행위를 한 경우 몰수대상인 외국환 등을 몰수할 수 없을 때에는 각 범칙자 전원에 대하여 그 취득한 외국환 등의 가액 전부의 추징을 명하여야 하고, 그 중 한 사람이 추징금 전액을 납부하였을 때에는 다른 사람은 추징의 집행을 면할 것이나, 그 일부라도 납부되지 아니하였을 때에는 그 범위 내에서 각 범칙자는 추징의 집행을 면할 수 없다.

V. 명예형

명예형(名譽刑)이란 범인의 명예 또는 자격을 박탈하는 형벌을 말한다. 자격형이라고도 한다. 형법이 인정하고 있는 자격형으로는 자격상실과 자격정지가 있다.

1. 자격상실(당연상실)

제43조(형의 선고와 자격상실, 자격정지) ①사형, 무기징역 또는 무기금고의 판결을 받은 자는 다음에 기재한 자격을 상실한다.
1. 공무원이 되는 자격
2. 공법상의 선거권과 피선거권
3. 법률로 요건을 정한 공법상의 업무에 관한 자격
4. 법인의 이사, 감사 또는 지배인 기타 법인의 업무에 관한 검사역이나 재산관리인이 되는 자격

자격상실(資格喪失)이란 일정한 형의 선고가 있으면 그 형의 효력으로서 당연히 일정한 자격이 상실되는 것을 말한다. 형법상 이에 해당하는 경우는 사형·무기징역 또는 무기금고의 판결을 받은 경우이며, 상실되는 자격은 ① 공무원이 되는 자격, ② 공법상의 선거권과 피선거권, ③ 법률로 요건을 정한 공법상의 업무에 관한 자격, ④ 법인의 이사, 감사 또는 지배인 기타 법인의 업무에 관한 검사역이나 재산관리인이 되는 자격이다(§43①).

2. 자격정지

제43조(형의 선고와 자격상실, 자격정지) ② 유기징역 또는 유기금고의 판결을 받은 자는 그 형의 집행이 종료하거나 면제될 때까지 전항 제1호 내지 제3호에 기재된 자격이 정지된다. 다만, 다른 법률에 특별한 규정이 있는 경우에는 그 법률에 따른다.
제44조(자격정지) ① 전조에 기재한 자격의 전부 또는 일부에 대한 정지는 1년 이상 15년 이하로 한다.
② 유기징역 또는 유기금고에 자격정지를 병과한 때에는 징역 또는 금고의 집행을 종료하거나 면제된 날로부터 정지기간을 기산한다.

자격정지(資格停止)란 일정한 기간 동안 일정한 자격의 전부 또는 일부를 정지시키는 것을 말한다. 자격정지에는 일정한 형벌을 선고받은 경우 그에 의해 자격이 정지되는 당연정지와 판결의 선고에 의하여 자격이 정지되는 경우가 있다.

가. 당연정지

유기징역 또는 유기금고의 판결을 받은 자는 그 형의 집행이 종료하거나 면제될 때까지 ① 공무원이 되는 자격, ② 공법상의 선거권과 피선거권, ③ 법률로 요건을 정한 공법상의 업무에 관한 자격이 정지된다. 다만, 다른 법률에 특별한 규정이 있는 경우에는 그 법률에 따른다(§43②).

나. 선고정지

판결의 선고에 의해 일정한 자격의 전부 또는 일부를 정지하는 경우를 말한다. 이를 판결선고에 의한 자격정지라고 한다. 자격정지기간은 1년 이상 15년 이하이다(§44①). 판결선고에 의한 자격정지는 자격정지의 형이 다른 형과 선택형으로 되어 있는 경우에는 단독으로 과할 수 있고, 다른 형에 병과할 수 있는 경우에는 병과형으로 과할 수 있다. 자격정지 기간은 자격정지가 선택형인 때에는 판결이 확정된 날로부터 기산하며, 유기징역 또는 유기금고에 병과한 때에는 징역 또는 금고의 집행을 종료하거나 면제된 날로부터 기산한다(§44②).

제2절 형의 양정

Ⅰ. 양형의 의의

법관이 구체적인 행위자에 대하여 선고할 형을 정하는 것을 형의 양정(量定) 또는 형의 적용이라고 한다. 형의 양정, 즉 양형(量刑)에는 광의와 협의의 두 가지 의미로 사용되고 있다. 협의의 양형은 구체적인 사건에 적용될 형의 종류와 양을 결정하는 것임에 반하여, 광의의 양형은 법정형에서 처단형을 정하고 구체적인 선고형을 정하며, 그 형의 선고와 집행여부를 결정하는 것을 모두 포함한다.

Ⅱ. 양형의 과정(단계)

양형은 법정형에서 형벌의 종류를 선택하여 이를 가중하거나 감경하여 처단형을 정하고, 이를 기초로 하여 구체적 선고형을 정하는 과정으로 이루어진다.

1. 법정형

법정형(法定刑)이란 개개의 구성요건에 규정되어 있는 형벌을 말한다. 법정형은 구체적인 형의 선택을 위한 일차적 기준이 된다는 의미에서 양형이론의 출발점이고, 형의 양정에 있어서 가장 중요한 의미를 가진다.

2. 처단형

처단형(處斷刑)이란 법정형에서 형벌의 종류를 선택한 후 이를 법률상 및 재판상 가중·감경한 형을 말한다. 즉, 법정형에 선택할 형종이 있는 경우에는 먼저 형종을 선택하고 그 형에 필요한 가중·감경을 한 형이 처단형이다. 예컨대 강도죄의 법정형은 단기 3년에서 장기 30년까지의 징역이다. 그런데 법률상 감경사유가 있는 경우에는 그 형이 법정형의 2분의 1, 즉 단기 1년 6월에서 장기 15년까지의 징역으로 감경된다. 이것이 바로 처단형이다. 처단형은 선고형의 최종적 기준이 된다.

3. 선고형

선고형(宣告刑)이란 법원이 처단형의 범위 내에서 구체적으로 형을 양정하여 피고인에게 선고하는 형을 말한다. 형의 가중·감경이 없을 때에는 법정형을 기준으로 선고형이 정하여짐이 당연하다. 법정형과 처단형의 범위에서 선고형을 정하는 것이 바로 형의 양정이다. 예컨대 피고인에게 강도죄로 징역 3년을 선고한 경우에 그것이 선고형이다.

자유형의 선고형에는 정기형(定期刑)과 부정기형(不定期刑)이 있다. 부정기형에는 다시 절대적 부정기형과 상대적 부정기형이 있다. 전혀 형기를 정하지 않고 선고하는 절대적 부정기형은 죄형법정주의에 반하므로 인정되지 않는다. 형법은 정기형에 의하며, 다만 소년법에 의한 소년범에 대해 상대적 부정기형을 인정하고 있다(소년법 §60).

Ⅲ. 형의 가중·감경

1. 형의 가중·감경·면제

법정형에 대하여 필요한 가중 · 감경을 함에 의하여 처단형이 정해진다. 선고형의 최종적 기준이 되는 형이 처단형이므로 형의 양정을 위하여는 처단형을 정하는데 필요한 형의가중·감경을 먼저 검토하여야 한다.

가. 형의 가중

형법은 형의 가중에 대하여 법률상의 가중만을 인정하고, 재판상의 가중은 허용하지 않고 있다. 법률상의 가중사유에는 일반적 가중사유와 특수한 가중사유가 있다.

1) 일반적 가중사유

형법이 모든 범죄에 대하여 일반적으로 형을 가중하는 사유를 말한다. 형법총칙은 일반적 가중사유로 ① 특수교사 · 방조(§34②), ② 누범가중(§35), ③ 경합범 가중(§38)의 세 가지 경우를 규정하고 있다.

2) 특수한 가중사유

형법각칙의 특별구성요건에 의한 가중사유를 특수한 가중사유라고 한다. 여기에는 상습범 가중(§203, §264, §279, §285, §332, §351)과 특수범죄의 가중(§144, §278)이 있다.

나. 형의 감경

형의 감경에는 법률상의 감경과 재판상의 감경(정상참작감경)이 있다.

1) 법률상 감경

법률상의 감경은 법률의 특별규정에 의하여 형이 감경되는 경우를 말한다. 이에는 일정한 사유가 있으면 당연히 감경해야 하는 필요적 감경(必要的 減輕)과 법원의 재량에 의하여 감경할 수 있는 임의적 감경(任意的 減輕)이 있다. 형법총칙이 규정하고 있는 법률상 감경에는 다음과 같은 사유가 있다.

가) 필요적 감경사유

필요적 감경사유에는 ① 청각 및 언어장애인(§11), ② 중지미수(§26), ③ 종범(§32②)의 세 가지가 있다.

나) 임의적 감경사유

임의적 감경사유에는 심신미약(§10②), 과잉방위(§21②), 과잉피난(§22③), 과잉자구행위(§23②), 장애미수(§25②), 불능미수(§27단서), 자수·자복(§52), 해방감경(§295-2, §324-6) 등이 있다.

2) 재판상 감경(정상참작감경)

법률상의 특별한 감경사유가 없는 경우에도 법원은 정상에 특별히 참작할 만한 사유가 있는 때에는 그 형을 감경할 수 있다(§35). 이를 정상참작감경이라고 한다. 법률상 형을 가중·감경한 경우에도 정상참작감경(작량감경)을 할 수 있다(§56.6). 참작할 만한 사유는 형법 제51조의 양형사유가 적용된다. 다만, 정상참작감경의 경우에는 정상참작감경사유가 수개 있는 경우에도 거듭 감경할 수는 없다.

다. 형의 면제

형의 면제라 함은 범죄가 성립하지만 어떤 사유로 인하여 형벌을 과하지 아니하는 경우를 말한다. 따라서 형의 면제판결은 유죄판결의 일종이다. 형의 면제는 형의 집행의 면제와 구별되어야 한다. 전자는 확정재판 전의 사유로 인하여 형이 면제되는 경우임에 반하여, 후자는 확정재판 후의 사유로 인하여 형의 집행이 면제되는 경우를 말한다.

형의 면제는 필요적 면제와 임의적 면제가 있으나 다 같이 법률상의 면제에 해당하고 재판상의 면제는 인정되지 않는다. 법률상의 면제에도 일반적으로 각 범죄에 공통적인 것, 즉 일반적 면제사유와 어떠한 범죄에만 특수한 것, 즉 특수한 면제사유가 있다. 특수한 면제사유는 형법각칙에서 다루게 된다.

법률상의 일반적 면제사유는 과잉방위(§21②), 과잉피난(§22③), 과잉자구행위(§23②), 중지미수(§26), 불능미수(§27단서), 자수 · 자복(§52) 등이 있다. 면제사유는 모두 형의 감경과 택일적으로 규정되어 있고, 또 중지미수만이 필요적 면제이며 그 이외는 모두 임의적 면제이다.

라. 자수·자복

제52조(자수, 자복) ① 죄를 지은 후 수사기관에 자수한 경우에는 형을 감경하거나 면제할 수 있다.
② 피해자의 의사에 반하여 처벌할 수 없는 범죄의 경우에는 피해자에게 죄를 자복(自服)하였을 때에도 형을 감경하거나 면제할 수 있다.

자수(自首)란 범인이 자발적으로 자신의 범죄사실을 수사기관에 신고하여 그 소추를 구하는 의사표시를 말한다. 수사기관이 아닌 자에게 자수의사를 전한 것만으로는 자수라 할 수 없다. 자복(自服)이란 반의사불벌죄에서 피해자에게 범죄사실을 고백하는 것을 말한다. 자수와 자복은 '자신'의 범죄사실을 신고한다는 점에서 타인의 범죄사실을 신고하는 고소·고발과 구별되고, 또한 자수 · 자복은 '자발적'이라는 점에서 수사기관의 신문에 응하여 범죄사실을 인정하는 자백과 구별된다. 자수와 자복을 한 경우 형을 감경 또는 면제할 수 있다(§52). 반의사불벌죄가 아닌 범죄에서 피해자에게 범죄를 고백하는 것은 양형참작사유는 될 수 있지만 형을 감경하거나 면제할 수 있는 자복의 효과는 인정되지 않는다.

《대판 2004.6.24. 2004도2003》 형법 제52조 제1항 소정의 자수란 범인이 자발적으로 자신의 범죄사실을 수사기관에 신고하여 그 소추를 구하는 의사표시를 함으로써 성립하는 것이고, 여기서 신고의 내용이 되는 '자신의 범죄사실'이란 자기의 범행으로서 범죄성립요건을 갖춘 객관적 사실을 의미하는 것으로서, … 수사기관에의 신고가 자발적이라고 하더라도 그 신고의 내용이 자기의 범행을 부인하는 등의 내용으로 자기의 범행으로서 범죄성립요건을 갖추지 아니한 사실일 경우에는 자수는 성립하지 아니하며, 수사기관의 직무상의 질문 또는 조사에 응하여 범죄사실을 진술하는 것은 자백일 뿐 자수로는 되지 않는다.

《대판 2011.12.22. 2011도12041》 피고인이 수사기관에 자진 출석하여 처음 조사를 받으면서는 돈을 차용하였을 뿐이라며 범죄사실을 부인하다가 제2회 조사를 받으면서 비로소 업무와 관련하여 돈을 수수하였다고 자백한 행위를 자수라고 할 수 없다.

《대판 2004.6.24. 2004도2003》 수사기관에 뇌물수수의 범죄사실을 자발적으로 신고하였으나 그 수뢰액을 실제보다 적게 신고함으로써 적용법조와 법정형이 달라지게 된 경우, 자수가 성립하지 않는다.

2. 형의 가감례(加減例)

제53조(정상참작감경) 범죄의 정상(情狀)에 참작할 만한 사유가 있는 경우에는 그 형을 감경할 수 있다.

제54조(선택형과 정상참작감경) 한 개의 죄에 정한 형이 여러 종류인 때에는 먼저 적용할 형을 정하고 그 형을 감경한다.

제55조(법률상의 감경) ① 법률상의 감경은 다음과 같다.
1. 사형을 감경할 때에는 무기 또는 20년 이상 50년 이하의 징역 또는 금고로 한다.
2. 무기징역 또는 무기금고를 감경할 때에는 10년 이상 50년 이하의 징역 또는 금고로 한다.
3. 유기징역 또는 유기금고를 감경할 때에는 그 형기의 2분의 1로 한다.
4. 자격상실을 감경할 때에는 7년 이상의 자격정지로 한다.
5. 자격정지를 감경할 때에는 그 형기의 2분의 1로 한다.
6. 벌금을 감경할 때에는 그 다액의 2분의 1로 한다.
7. 구류를 감경할 때에는 그 장기의 2분의 1로 한다.
8. 과료를 감경할 때에는 그 다액의 2분의 1로 한다.
②법률상 감경할 사유가 수개 있는 때에는 거듭 감경할 수 있다.

제56조(가중 · 감경의 순서) 형을 가중 · 감경할 사유가 경합하는 경우에는 다음 각 호의 순서에 따른다.
1. 각칙 조문에 따른 가중
2. 제34조제2항에 따른 가중
3. 누범 가중
4. 법률상 감경
5. 경합범 가중
6. 정상참작감경

형의 가중·감경의 방법과 정도 및 순서에 관한 준칙을 형의 가감례라고 한다.

가. 형의 가중·감경의 순서

한 개의 범죄에 대하여 여러 종류의 형벌이 선택형으로 규정되어 있는 경우에는 먼저 형벌의 종류를 선택한 후 그 형을 감경한다(§54). 가중할 경우에 대해서는 규정이 없으나 마찬가지 요령에 의해야 한다. 결국 형벌의 종류를 먼저 선택한 후 가중·감경해야 한다. 가중·감경사유가 경합된 때에는 ① 각칙 조문에 따른 가중 → ② 제34조 제2항(특수 교사·방조)에 따른 가중 → ③ 누범가중 → ④ 법률상 감경 → ⑤ 경합범 가중 → ⑥ 정상참작감경의 순서에 의해 가중·감경한다(§56).

나. 형의 가중·감경의 정도와 방법

1) 형 가중의 정도와 방법

유기징역이나 유기금고를 가중하는 경우에는 50년까지로 한다(§42단서). 누범·경합범 및 특수교사·방조와 같은 일반적 가중사유의 가중정도와 방법은 총칙의 규정에 따른다(§35, §38, §34②). 예컨대 누범가중은 장기의 2배까지, 경합범가중은 중한 죄의 장기의 2분의 1까지이다. 상습범가중은 형기의 2분의 1까지의 가중이 대부분이다.

2) 형 감경의 정도와 방법

가) 법률상 감경의 정도와 방법

법률상의 감경은 형법 제55조 제1항의 규정을 따른다. 즉 ① 형을 감경할 때에는 무기 또는 20년 이상 50년 이하의 징역 또는 금고로 한다. ② 무기징역 또는 무기금고를 감경할 때에는 10년 이상 50년 이하의 징역 또는 금고로 한다. ③ 유기징역 또는 유기금고를 감경할 때에는 그 형기의 2분의 1로 한다. ④ 자격상실을 감경할 때에는 7년 이상의 자격정지로 한다. ⑤ 자격정지를 감경할 때에는 그 형기의 2분의 1로 한다. ⑥ 벌금이나 과료를 감경할 때에는 그 다액의 2분의 1로 한다. ⑦ 구류를 감경할 때에는 그 장기의 2분의 1로 한다. 법률상 감경사유가 수개 있는 때에는 거듭 감경할 수 있다(§55②).

나) 정상참작감경의 정도와 방법

정상참작감경(작량감경)의 정도와 방법에 대해서는 명문규정이 없으나 법률상 감경례에 준해야 한다(통설·판례). 다만 정상참작감경의 경우에는 정상참작감경사유가 수개 있는 경우에도 거듭 감경할 수는 없다. 그러나 법률상 감경을 한 후에 다시 정상참작감경을 할 수는 있다.

《대판 1964.10.28. 64도454》 본조에 의한 작량감경에 있어서도 일정한 범위를 정하여 그 범위 내에서만 각 범죄사정에 적합한 양형을 하여야 하고 작량감경의 방법도 본법 제55조 소정 방법에 따라야 한다.

《대판 1978.4.25. 78도246 全合》 형법 제55조 제1항 제6호의 벌금을 감경할 때의 「다액」의 2분의 1이라는 문구는 「금액」의 2분의 1이라고 해석하여 그 상한과 함께 하한도 2분의 1로 내려가는 것으로 해석하여야 한다.

Ⅳ. 양형의 기준과 조건

1. 의의

양형은 법관에게 광범위한 재량이 인정되지만, 이러한 법관의 재량은 자유재량이 아니라 형법의 기초가 되고 있는 형사정책적 양형기준에 따라 합리적으로 판단해야 하는 법적으로 구속된 재량이다. 따라서 양형부당은 형사소송법상 항소이유가 된다(동법 §361-5).

2. 양형의 기준

양형은 형벌의 목적에 따라 결정되어야 한다. 그러므로 양형에 있어서 행위자의 책임뿐만 아니라 예방의 목적을 고려하지 않으면 안된다. 그러나 형벌을 지배하는 최고의 원리는 책임주의이므로 양형의 기초와 한계는 행위자의 책임이 되어야 한다. 즉 예방의 목적은 행위자의 책임과 일치하는 범위에서만 고려될 수 있으며, 특별예방과 일반예방을 위하여 책임의 범위를 벗어나는 형을 양정하는 것은 허용되지 않는다.

3. 양형의 조건

제51조(양형의 조건) 형을 정함에 있어서는 다음 사항을 참작하여야 한다.
1. 범인의 연령, 성행, 지능과 환경
2. 피해자에 대한 관계
3. 범행의 동기, 수단과 결과
4. 범행후의 정황

형을 정함에 있어서는 ① 범인의 연령, 지능과 환경, ② 피해자에 대한 관계, ③ 범행의 동기, 수단과 결과, ④ 범행 후의 정황 등의 사항을 참작하여야 한다(§51). 제51조에 규정되어 있는 사항들은 열거적인 것이 아니라 예시적인 것이므로 제51조에 규정되어 있지 않은 사항도 양형을 할 때 참작할 수 있다.

V. 미결구금일수 통산과 판결의 공시

제57조(판결선고전구금일수의 통산) ① 판결선고전의 구금일수는 그 전부를 유기징역, 유기금고, 벌금이나 과료에 관한 유치 또는 구류에 산입한다.
② 전항의 경우에는 구금일수의 1일은 징역, 금고, 벌금이나 과료에 관한 유치 또는 구류의 기간의 1일로 계산한다.

1. 미결구금일수의 통산

판결선고 전 구금(拘禁)이란 범죄의 혐의를 받는 자를 재판이 확정될 때까지 구금하는 것을 말한다. 즉 구속영장에 의해 구금된 경우를 말하며, 미결구금(未決拘禁)이라고도 한다. 미결구금은 형은 아니지만 자유를 구속한다는 점에서 자유형과 차이가 없다. 따라서 형법은 판결선고 전의 구금일수는 그 전부를 유기징역, 유기금고, 벌금이나 과료에 관한 유치 또는 구류에 산입하고(§57①), 죄를 지어 외국에서 형의 전부 또는 일부가 집행된 경우 그 집행된 형의 전부 또는 일부를 선고하는 형에 산입하도록 규정하고 있다(§7). 미결구금일수는 그 전부를 반드시 산입하여야 하고, 외국에서 집행된 형은 일부라도 산입하여야 한다. 법원의 재량으로 미결구금일수의 일부만을 산입하거나 외국에서 집행된 형을 통산하지 않는 것은 허용될 수 없다. 무기형에 대해서는 미결구금일수를 산입할 수 없다.

《헌결 2009.6.25. 2007헌바25》 헌법상 무죄추정의 원칙에 따라 유죄판결이 확정되기 전에 피의자 또는 피고인을 죄 있는 자에 준하여 취급함으로써 법률적·사실적 측면에서 유형·무형의 불이익을 주어서는 아니되고, 특히 미결구금은 신체의 자유를 침해받는 피의자 또는 피고인의 입장에서 보면 실질적으로 자유형의 집행과 다를 바 없으므로, 인권보호 및 공평의 원칙상 형기에 전부 산입되어야 한다. 따라서 형법 제57조 제1항 중 "또는 일부 부분"은 헌법상 무죄추정의 원칙 및 적법절차의 원칙 등을 위배하여 합리성과 정당성 없이 신체의 자유를 침해한다.

2. 판결의 공시

제58조(판결의 공시) ① 피해자의 이익을 위하여 필요하다고 인정할 때에는 피해자의 청구가 있는 경우에 한하여 피고인의 부담으로 판결공시의 취지를 선고할 수 있다.
② 피고사건에 대하여 무죄의 판결을 선고하는 경우에는 무죄판결공시의 취지를 선고하여야 한다. 다만, 무죄판결을 받은 피고인이 무죄판결공시 취지의 선고에 동의하지 아니하거나 피고인의 동의를 받을 수 없는 경우에는 그러하지 아니하다.
③ 피고사건에 대하여 면소의 판결을 선고하는 경우에는 면소판결공시의 취지를 선고할 수 있다.

판결의 공시란 피해자의 이익이나 피고인의 명예회복을 위하여 판결의 선고와 함께 관보 또는 일간신문 등을 이용하여 판결의 전부 또는 일부를 공적으로 주지시키는 제도를 말한다. 형법은 다음의 두 가지의 경우에 판결의 공시를 인정하고 있다.

① 피해자의 이익을 위하여 필요하다고 인정할 때에는 피해자의 청구가 있는 경우에 한하여 피고인의 부담으로 판결공시의 취지를 선고할 수 있다(§58①).

② 피고사건에 대하여 무죄 판결을 선고할 때에는 피고인이 무죄판결을 공시하는 취지의 선고에 동의하지 아니하거나 피고인의 동의를 받을 수 없는 경우를 제외하고는 판결공시의 취지를 선고하여야 한다(§58②). 피고사건에 대하여 면소의 판결을 선고하는 경우에는 면소판결공시의 취지를 선고할 수 있다. 무죄판결과 면소판결 공시제도는 피고인의 명예회복을 위한 제도이다.

제3절 누범

제35조(누범) ① 금고(禁錮) 이상의 형을 선고받아 그 집행이 종료되거나 면제된 후 3년 내에 금고 이상에 해당하는 죄를 지은 사람은 누범(累犯)으로 처벌한다.
② 누범의 형은 그 죄에 대하여 정한 형의 장기(長期)의 2배까지 가중한다.

Ⅰ. 누범의 의의

누범(累犯)이란 금고 이상의 형을 받아 그 집행을 종료하거나 면제받은 후 3년 내에 금고 이상에 해당하는 죄를 범한 것을 말한다(§35). 이 경우 전자를 전범(前犯), 후자를 후범(後犯)이라고 한다. 이와 같이 형법은 누범을 수개의 범죄가 누적적 관계에 있는 경우 형을 가중하는 사유로 규정하고 있다. 누범은 수개의 범죄가 누적적 관계인 점에서, 병립적 관계인 경합범과 구별된다.

누범은 범죄를 누적적으로 반복하여 범한다는 의미에서 상습범과 유사하다. 그러나 엄격한 의미에서 누범과 상습범은 전혀 다른 개념이다. 누범은 전과를 요건으로 함에 반하여 상습범은 전과가 있을 것을 요하지 않고 동일 죄명 또는 동일 죄질의 범죄의 반복을 요건으로 한다. 뿐만 아니라 누범과 상습범은 그 처벌의 근거에 있어서도 차이가 있다. 누범은 행위책임의 측면에서 초범자보다 책임이 가중된다는 면에 중점이 놓여 있음에 반하여, 상습범에 있어서는 행위자의 상습성이라는 행위자책임의 사상을 기초로 한다. 형법이 누범의 가중을 제35조에서 규정하면서 상습범에 대하여는 각칙에서 개별적인 규정을 두고 있는 이유도 여기에 있다. 따라서 상습범가중과 누범가중 사유가 경합하는 경우에는 양자를 병과하여 적용할 수 있다(판례).

《대판 2007.8.23. 2007도4913》 상습범과 누범은 서로 다른 개념으로서 누범에 해당한다고 하여 반드시 상습범이 되는 것이 아니며, 반대로 상습범에 해당한다고 하여 반드시 누범이 되는 것도 아니다. 또한, 행위자책임에 형벌가중의 본질이 있는 상습범과 행위책임에 형벌가중의 본질이 있는 누범을 단지 평면적으로 비교하여 그 경중을 가릴 수는 없다.

《대판 1989.12.12. 89도2097》 상습성을 인정하는 자료에는 아무런 제한이 없으므로 피고인이 과거에 소년법에 의한 보호처분을 받은 사실도 상습성 인정의 자료로 삼을 수 있다.

II. 누범가중의 요건

형법 제35조 제1항은 누범가중의 요건을 규정하고 있다. 이에 의하면 '금고 이상의 형을 받아 그 집행을 종료하거나 면제를 받은 후 3년 내에 금고 이상에 해당하는 죄를 범한 때'에 누범으로 처벌된다.

1. 금고 이상의 형을 받았을 것(전범)

전범의 형은 금고 이상의 형이어야 한다. 금고 이상의 형은 선고형을 의미한다(다수설·판례). 따라서 금고보다 가벼운 형인 자격상실·자격정지·벌금·구류·과료 또는 몰수에 해당하는 형을 선고받은 때에는 처음부터 누범관계가 성립하지 않는다. 금고 이상의 형이란 유기징역과 유기금고를 말한다. 사형과 무기징역 또는 무기금고도 금고 이상의 형에 속하지만 이런 형을 선고받은 자가 누범이 될 여지는 없다. 다만, 사형이나 무기형을 선고받은 자가 유기형으로 감형되거나 특별사면 또는 형의 시효로 인하여 형의 집행이 면제된 때에도 누범이 될 수 있다.

금고 이상의 형을 선고받은 이상 그 적용되는 법률은 형법인가 특별법인가는 불문한다. 따라서 군사법원에서 처벌을 받은 전과도 누범요건을 구비하면 이를 누범가중한다(대판 1956.12.21. 4289형상296). 전범이 고의범인가 과실범인가도 불문한다.

금고 이상의 형의 선고는 유효하여야 한다. 따라서 일반사면에 의하여 형선고의 효력이 상실된 때에는 그 범죄는 누범의 전과가 될 수 없다(판례). 집행유예기간을 경과한 때에도 형 선고는 효력을 잃으므로 집행유예의 기간이 경과한 경우에 다시 죄를 범하여도 누범이 될 수는 없다(판례). 또한 형의 선고유예판결을 받은 경우에는 형선고 자체가 없으므로 누범이 될 수 없다. 그러나 복권(復權)은 형의 선고로 인하여 상실 또는 정지된 자격을 회복시킴에 불과하므로 그 전과사실은 누범가중사유에 해당한다(판례). 금고 이상의 형을 선고받아야 하므로 벌금형을 선고받은 때에는 이로 인하여 대체자유형인 노역장유치가 집행되었다고 하여도 누범가중사유가 되지 않는다.

> 《대판 1986.11.11. 86도2004》 형의 선고를 받은 자가 특별사면을 받아 형의 집행을 면제받고 또 후에 복권이 되었다 하더라도 형의 선고의 효력이 상실되는 것은 아니므로 실형을 선고받아 복역타가 특별사면으로 출소한 후 3년 이내에 다시 범죄를 저지른 자에 대한 누범가중은 정당하다.

2. 형의 집행이 종료 또는 면제될 것(전범)

선고된 금고 이상의 형은 집행이 종료되었거나 집행을 면제받았을 것을 요한다. 형이 집행을 종료하였다고 함은 형기가 만료된 경우를 말하며, 형의 집행을 면제받은 경우로는 형의 시효가 완성된 때(§77), 특별사면에 의하여 형의 집행이 면제된 때(사면법 §5), 재판확정 후 범죄 구성요건이 없어진 때(§1③) 등을 들 수 있다.

전범의 형은 집행이 종료 또는 면제되었을 것을 요하므로 전범의 형이 집행되기 전이나 집행 중에 다시 죄를 범하여도 누범이 될 수는 없다. 따라서 금고 이상의 형에 대한 집행유예판결을 선고받아 그 유예기간 중에 죄를 범하였다고 하여 누범이 될 수 없다. 가석방된 자가 가석방기간 중에 다시 죄를 범한 경우에도 형집행종료 후의 범죄가 아니므로 누범이 될 수 없다. 그러나 집행유예가 취소되어 징역형의 집행이 종료된 후 죄를 범한 경우, 또는 가석방의 처분을 받은 후 그 처분이 실효 또는 취소되지 않고 가석방기간을 경과한 후에 죄를 범한 때에는 누범이 될 수 있다.

《대판 1983.8.23. 83도1600》 금고이상의 형을 받고 그 형의 집행유예기간 중에 금고 이상에 해당하는 죄를 범하였다 하더라도 이는 누범가중의 요건을 충족시킨 것이라 할 수 없다.

《대판 1976.9.14. 76도2071》 잔형기간 경과 전인 가석방 기간중에 본건 범행을 저질렀다면 이를 형법 35조에서 말하는 형집행종료 후에 죄를 범한 경우에 해당한다고 볼 수 없으므로 여기에 누범가중을 할 수 없는 이치라 할 것이다.

3. 3년 이내에 후범이 행해질 것

전범의 형의 집행을 종료하거나 면제를 받은 후 3년 이내에 후범이 행하여져야 한다. 이때 3년을 누범시효라고도 한다. 누범시효가 경과한 후, 즉 형집행종료 후 3년이 경과된 후에 다시 죄를 범한 경우는 누범에 해당한다고 할 수 없다. 누범시효의 기산점은 전범의 형의 집행을 종료한 날 또는 형집행의 면제를 받은 날이며, 금고 이상에 해당하는 죄를 범한 시기는 실행의 착수시를 기준으로 결정한다. 다만, 예비·음모를 처벌하는 범죄에 있어서 3년 내에 예비·음모가 있었을 때에는 누범의 요건을 충족한다. 후범에 관하여는 죄를 범한 시기가 기준이 되므로 후범이 언제 처벌받는가는 문제되지 않는다.

《대판 1982.5.25. 82도600》 상습범 중 일부 소위가 누범기간 내에 이루어진 이상 나머지 소위가 누범기간 경과 후에 행하여 졌더라도 그 행위 전부가 누범관계에 있는 것이다.

《대판 2012.3.29. 2011도14135》 포괄일죄의 일부 범행이 누범기간 내에 이루어진 이상 나머지 범행이 누범기간 경과 후에 이루어졌더라도 그 범행 전부가 누범에 해당한다고 보아야 한다.

4. 후범은 금고 이상에 해당하는 죄일 것

누범으로서 판결의 대상이 되는 범죄는 금고 이상의 형에 해당하는 죄일 것을 요한다. 자격형 이하의 경미한 범죄에 대하여는 누범가중이 적용되지 않는다. '금고 이상에 해당하는 죄'의 의미에 관하여는 법정형이 아니라 선고형을 의미한다(다수설 · 판례). 따라서 법정형으로 금고 이상의 형이 규정되어 있는 경우에도 벌금형을 선택한 경우에는 누범가중을 할 수 없다(판례). 후범은 전범과 같은 죄명이거나 죄질을 같이 하는 동종의 범죄일 것을 요하지 않는다. 후범이 고의범인가 과실범인가도 문제되지 않는다.

《대판 1982.9.14. 82도1702》 형법 제35조 제1항에 규정된 "금고 이상에 해당하는 죄" 라 함은 유기금고형이나 유기징역형으로 처단할 경우에 해당하는 죄를 의미하는 것으로서 법정형 중 벌금형을 선택한 경우에는 누범가중을 할 수 없다.

Ⅲ. 누범의 효과

1. 누범의 처벌

누범의 형은 그 죄에 정한 형의 장기의 2배까지 가중한다(§35②). 따라서 누범의 처단형은 그 죄에 정한 장기의 2배 이하가 된다. 다만 형법 제42조 단서에 의하여 장기는 50년을 초과할 수 없다. 형법은 누범의 형에 대하여 장기만을 가중하고 있으므로 누범이라 하여 형의 단기까지 가중되는 것은 아니다. 따라서 누범은 그 죄에 정한 형의 단기와 장기의 2배까지의 범위에서 처단된다. 누범으로 인하여 가중되는 형은 법정형을 의미하며 선고형을 의미하는 것은 아니다. 누범에 대하여도 법률상 또는 재판상의 감경을 할 수 있다. 누범이 수죄인 경우에는 각죄에 대하여 먼저 누범가중을 한 후 경합범으로 처벌하여야 한다.

2. 소송법상 효과

누범가중의 사유가 되는 전과사실은 형벌권의 범위에 관한 중요사실이므로 엄격한 증명을 요한다. 대법원은 누범가중에 있어서 누범의 시기를 명시할 것을 요한다고 판시하고 있다(대판 1946.4.26. 4279형상13). 또한 누범가중사유인 전과사실은 범죄사실이 아니므로 불고불리(不告不理)의 원칙이 적용되지 않는다. 따라서 전과사실이 공소장에 기재되어 있을 것을 요하지 않는다(판례).

《대판 1971.12.21. 71도2004》 누범가중의 사유가 되는 전과사실은 범죄사실이 아니므로 공소장에 기재된 바 없다하더라도 이를 심리 처단할 수 있다할 것이다.

Ⅳ. 판결선고 후의 누범발각

제36조(판결선고후의 누범발각) 판결선고 후 누범인 것이 발각된 때에는 그 선고한 형을 통산하여 다시 형을 정할 수 있다. 단, 선고한 형의 집행을 종료하거나 그 집행이 면제된 후에는 예외로 한다.

판결선고 후 누범인 것이 발각된 때에는 그 선고한 형을 통산하여 다시 형을 정할 수 있다(§36). 피고인이 재판시에 그 인적사항을 사칭하거나 기타 사술에 의하여 전과사실을 은폐하여 누범가중을 면하고 재판확정 후에 누범인 것이 발각된 경우에도 누범가중의 원칙에 따라 이미 선고한 형을 가중할 수 있도록 한 것이다. 다만 이미 선고한 형의 집행을 종료하거나 그 집행이 면제된 후에 누범인 것이 발각된 때에는 다시 형을 정할 수 없다(§36단서). 이미 자유를 회복하여 사회에 복귀되어 있는 범죄인에게 다시 형을 가중하여 집행하는 것은 지나치게 가혹하다는데 의의가 있다.

제4절 선고유예

Ⅰ. 선고유예의 의의

선고유예(宣告猶豫)란 범정(犯情)이 경미한 범죄인에 대해 일정한 기간 동안 형의 선고를 유예하고 그 유예기간이 경과하면 면소된 것으로 간주하는 제도를 말한다(§59). 형의 선고를 유예하여 피고인에게 처벌을 받았다는 인상을 주지 않는 것이 사회복귀에 도움이 된다는 특별예방적 목적을 달성하기 위한 제도이다.

Ⅱ. 선고유예의 요건

제59조(선고유예의 요건) ① 1년 이하의 징역이나 금고, 자격정지 또는 벌금의 형을 선고할 경우에 제51조의 사항을 고려하여 뉘우치는 정상이 뚜렷할 때에는 그 형의 선고를 유예할 수 있다. 다만, 자격정지 이상의 형을 받은 전과가 있는 사람에 대해서는 예외로 한다.
② 형을 병과할 경우에도 형의 전부 또는 일부에 대하여 선고를 유예할 수 있다.

1. 1년 이하의 징역이나 금고, 자격정지 또는 벌금의 형을 선고할 경우

선고유예는 1년 이하의 징역이나 금고, 자격정지 또는 벌금의 형을 선고하는 경우에만 할 수 있다. 따라서 1년이 넘는 징역에 처하는 경우에는 선고유예를 할 수 없다. 선고유예를 할 수 있는 형이란 주형과 부가형을 포함한 처단형 전체를 의미한다. 따라서 주형을 선고유예하는 경우에 부가형인 몰수나 추징도 선고유예할 수 있다. 그러나 주형에 대해 선고유예를 하지 않으면서 부가형에만 선고유예를 할 수는 없다. 형을 병과하는 경우에는 그 일부에 대하여도 선고유예할 수 있다(§59②). 따라서 징역형과 벌금형을 병과하는 경우에 어느 한 쪽만 선고유예하거나 징역형은 집행유예를 하고 벌금형은 선고유예할 수도 있다(대판 1976.6.8. 74도1266).

《대판 1988.6.21. 88도551》 형법 제59조에 의하더라도 몰수는 선고유예의 대상으로 규정되어 있지 아니하고 다만 몰수 또는 이에 갈음하는 추징은 부가형적 성질을 띠고 있어 그 주형에 대하여 선고를 유예하는 경우에는 그 부가할 몰수 추징에 대하여도 선고를 유예할 수 있으나, 그 주형에 대하여 선고를 유예하지 아니하면서 이에 부가할 몰수 추징에 대하여서만 선고를 유예할 수는 없다.

《대판 1990.4.27. 89도2291》 주형인 징역형의 선고를 유예할 경우에도 추징을 선고할 수 있다.

2. 뉘우치는 정상이 뚜렷할 것

죄를 깊이 뉘우치고 있어 형을 선고하지 않더라도 재범의 위험성이 없다고 인정되는 경우를 말한다. 이에 대한 판단은 형법 제51조의 양형조건을 기준으로 법관의 자유로운 평가에 맡겨져 있다. 판단의 기준시기는 판결선고시이다.

3. 자격정지 이상의 형을 받은 전과가 없을 것

선고유예는 재범의 위험성이 없는 자, 특히 초범에 대해서만 인정할 수 있음을 명백히 한 것이다. 자격정지 이상의 형을 받은 전과가 없어야 하므로, 벌금·구류·과료 등의 전과가 있는 자에 대해서는 선고유예를 할 수 있다.

《대판 2003.12.26. 2003도3768》 형법 제59조 제1항 단행에서 정한 "자격정지 이상의 형을 받은 전과"라 함은 자격정지 이상의 형을 선고받은 범죄경력 자체를 의미하는 것이고, 그 형의 효력이 상실된 여부는 묻지 않는 것으로 해석함이 상당하다고 할 것이고, 따라서 형의 집행유예를 선고받은 자는 형법 제65조에 의하여 그 선고가 실효 또는 취소됨이 없이 정해진 유예기간을 무사히 경과하여 형의 선고가 효력을 잃게 되었다고 하더라도 형의 선고의 법률적 효과가 없어진다는 것일 뿐, 형의 선고가 있었다는 기왕의 사실 자체까지 없어지는 것은 아니므로, 형법 제59조 제1항 단행에서 정한 선고유예 결격사유인 "자격정지 이상의 형을 받은 전과가 있는 자"에 해당한다고 보아야 한다.

Ⅲ. 선고유예의 효과

제59조의2(보호관찰) ① 형의 선고를 유예하는 경우에 재범방지를 위하여 지도 및 원호가 필요한 때에는 보호관찰을 받을 것을 명할 수 있다.
② 제1항의 규정에 의한 보호관찰의 기간은 1년으로 한다.
제60조(선고유예의 효과) 형의 선고유예를 받은 날로부터 2년을 경과한 때에는 면소된 것으로 간주한다.

선고유예의 판결을 할 것인가는 법원의 재량이다. 그러나 선고유예의 판결을 하는 경우에는 선고할 형의 종류와 양을 정하여야 한다. 따라서 선고유예의 판결 또한 유죄판결에 해당한다. 선고유예를 하는 경우에 재범방지를 위하여 지도와 원호가 필요한 때에는 1년의 기간동안 보호관찰을 명할 수 있다(§59-2).

형의 선고유예를 받은 날로부터 2년을 경과한 때에는 면소(免訴)된 것으로 간주한다(§60). 유예기간은 언제나 2년이다. '면소'는 무죄와 구별된다. 무죄는 공소사실이 범죄로 되지 아니하거나 범죄사실의 증명이 없는 때에 선고되는 판결임에 반하여, 면소판결은 소송수행의 이익이 없음을 이유로 소송을 종결시키는 형식재판이다.

Ⅳ. 선고유예의 실효

제61조(선고유예의 실효) ① 형의 선고유예를 받은 자가 유예기간 중 자격정지 이상의 형에 처한 판결이 확정되거나 자격정지 이상의 형에 처한 전과가 발견된 때에는 유예한 형을 선고한다.
② 제59조의2의 규정에 의하여 보호관찰을 명한 선고유예를 받은 자가 보호관찰기간 중에 준수사항을 위반하고 그 정도가 무거운 때에는 유예한 형을 선고할 수 있다.

형의 선고유예를 받은 자가 유예기간 중 자격정지 이상의 형에 처한 판결이 확정되거나 자격정지 이상의 형에 처한 전과가 발견된 때에는 유예한 형을 선고한다(§61①). 이 경우 검사의 청구에 의하여 최종판결을 한 법원이 판결이유에 선고유예를 해제하는 이유를 명시하여 유예한 형을 선고한다(형사소송법 §336①). 선고유예와 함께 보호관찰 명령도 받은 경우 그 보호관찰의 기간 중에 준수사항을 위반하고 그 정도가 무거운 때에도 유예한 형을 선고할 수 있다(§61②).

제5절 집행유예

Ⅰ. 집행유예의 의의

집행유예(執行猶豫)란 형을 선고함에 있어서 일정한 기간 동안 형의 집행을 유예하고 그 유예기간이 경과한 때 형선고의 효력을 잃게 하는 제도를 말한다(§62). 형사정책상 무의미하고 해로운 경우에 까지 형벌을 반드시 집행해야 하는 것은 아니다. 이와 같이 단기자유형의 집행으로 인한 폐해를 방지하고 피고인에게 형의 집행을 받지 않으면서 스스로 사회에 복귀할 수 있는 길을 열어 주는 제도가 바로 집행유예이다.

Ⅱ. 집행유예의 요건

제62조(집행유예의 요건) ① 3년 이하의 징역이나 금고 또는 500만원 이하의 벌금의 형을 선고할 경우에 제51조의 사항을 참작하여 그 정상에 참작할 만한 사유가 있는 때에는 1년 이상 5년 이하의 기간 형의 집행을 유예할 수 있다. 다만, 금고 이상의 형을 선고한 판결이 확정된 때부터 그 집행을 종료하거나 면제된 후 3년까지의 기간에 범한 죄에 대하여 형을 선고하는 경우에는 그러하지 아니하다.
② 형을 병과할 경우에는 그 형의 일부에 대하여 집행을 유예할 수 있다.

1. 3년 이하의 징역이나 금고 또는 500만 원 이하의 벌금의 형을 선고할 경우일 것

자유형이나 벌금형을 선고할 때에만 집행유예를 할 수 있다. 선고할 자유형은 3년 이하의 징역이나 금고일 것을 요하고, 선고할 벌금형은 500만 원 이하일 것을 요한다. 이때 '3년 이하의 징역 또는 금고'나 '500만 원 이하의 벌금'의 형은 법정형이 아닌 선고형을 의미한다(판례).

《대판 1989.11.28. 89도780》 집행유예의 요건을 규정하고 있는 형법 제62조 소정의 "3년 이하의 징역 또는 금고의 형"이라 함은 법정형이 아닌 선고형을 의미하는 것이다.

2. 정상에 참작할 만한 사유가 있을 것

집행유예를 하기 위해서는 정상(情狀)에 참작할 만한 사유가 있어야 한다. 정상에 참작할 만한 사유란 형의 선고 그 자체만으로도 위하적 기능을 다하여 이를 집행하지 않아도 장래에 재범의 위험성이 없다고 생각되는 경우를 말한다. 판단의 기준은 형법 제51조의 사항이며, 판단의 시기는 판결선고시이다.

3. 금고 이상의 형을 선고받아 집행을 종료하거나 면제된 후 3년이 경과할 것

금고 이상의 형을 선고받아 집행을 종료한 후 또는 면제된 후 3년이 경과하지 아니한 때에는 집행유예를 할 수 없다(§62① 단서). 즉 '죄를 범한 시기'가 '금고 이상의 형을 선고한 판결이 확정된 때부터 그 집행을 종료하거나 면제된 후 3년까지의 기간'인 경우 법원은 집행유예를 선고할 수 없다.

'금고 이상의 형을 선고한 판결'이 실형의 선고만을 의미하는지 아니면 형의 집행유예를 선고받은 때도 포함되는지, 즉 집행유예기간 중의 범죄행위에 대한 집행유예가 가능한지에 대해서는 견해가 대립되고 있다. 대법원은 '금고 이상의 형을 선고한 판결이 확정된 때'에서 말하는 '형'에는 실형뿐만 아니라 형의 집행유예를 선고한 판결이 확정된 경우도 포함된다고 보면서도, 집행유예기간 중에 범한 죄에 대해 판결선고 시점이 집행유예기간 중인 경우에는 재차 집행유예를 선고할 수 없지만, 판결선고 시점이 집행유예기간을 이미 도과한 후라면 재차 집행유예를 선고할 수 있다고 한다.

《대판 2007.7.27. 2007도768》 집행유예기간 중에 범한 죄에 대하여 형을 선고할 때에, 집행유예의 결격사유를 정하는 현행 형법 제62조 제1항 단서 소정의 요건에 해당하는 경우란, 이미 집행유예가 실효 또는 취소된 경우와 그 선고 시점에 미처 유예기간이 경과하지 아니하여 형 선고의 효력이 실효되지 아니한 채로 남아 있는 경우로 국한되고, 집행유예가 실효 또는 취소됨이 없이 유예기간을 경과한 때에는 위 단서 소정의 요건에 해당하지 않으므로, 집행유예기간 중에 범한 범죄라고 할지라도 집행유예가 실효 또는 취소됨이 없이 그 유예기간이 경과한 경우에는 이에 대해 다시 집행유예의 선고가 가능하다.

Ⅲ. 집행유예의 효과

1. 집행유예의 선고

집행유예의 요건이 1년 이상 5년 이하의 기간 형의 집행을 유예할 수 있다(§62①). 유예기간은 보통 판결서의 주문에 선고된 형의 기간보다 긴 기간으로 1년 이상 5년 이하의 범위에서 법원의 재량에 의하여 정하여진다. 하나의 형의 일부에 대한 집행유예는 허용되지 않는다. 그러나 형을 병과할 경우에는 그 일부에 대해서도 집행유예를 할 수 있다(§62②). 따라서 징역형과 벌금형을 병과하면서 그 징역형에 대하여 집행을 유예하고 그 벌금형에 대하여 형을 선고할 수 있다(대판 1976.6.8. 74도1266). 그러나 2년의 징역형 중 1년 6개월만을 집행유예하고 6개월은 집행하는 것과 같이 하나의 형의 일부에 대한 집행유예는 허용되지 않는다.

《대판 2007.2.22. 2006도8555》 집행유예의 요건에 관한 형법 제62조 … 제2항이 그 형의 '일부'에 대하여 집행을 유예할 수 있는 때를 형을 '병과'할 경우로 한정하고 있는 점에 비추어 보면, 조문의 체계적 해석상 하나의 형의 전부에 대한 집행유예에 관한 규정이라 할 것이고, … 하나의 자유형 중 일부에 대해서는 실형을, 나머지에 대해서는 집행유예를 선고하는 것은 허용되지 않는다.

2. 보호관찰, 사회봉사 및 수강명령

제62조의2(보호관찰, 사회봉사·수강명령) ① 형의 집행을 유예하는 경우에는 보호관찰을 받을 것을 명하거나 사회봉사 또는 수강을 명할 수 있다.
② 제1항의 규정에 의한 보호관찰의 기간은 집행을 유예한 기간으로 한다. 다만, 법원은 유예기간의 범위내에서 보호관찰기간을 정할 수 있다.
③ 사회봉사명령 또는 수강명령은 집행유예기간내에 이를 집행한다.

형의 집행을 유예하는 경우에는 보호관찰을 명하거나 사회봉사 또는 수강을 명할 수 있다(§62-2①). 보호관찰의 기간은 법원이 유예기간의 범위내에서 정할 수 있다(§62-2②). 보호관찰은 재범방지와 사회복귀를 촉진하기 위하여 교정시설에 수용하지 않은 자유상태에 있는 범죄인을 지도·감독하는 제도를 말한다. 사회봉사명령 또는 수강명령은 집행유예기간 내에 이를 집행한다(§62-2③). 사회봉사명령은 유죄가 인정된 범죄자를 일정한 기간 내에 지정된 시간 동안 무보수로 근로에 종사하도록 하는 제도이며, 수강명령은 일정한 시간 동안 지정된 장소에 출석하여 강의, 훈련 또는 상담 등을 받도록 하는 제도이다.

《대판 1998.4.24. 98도98》 형법 제62조의2 제1항은 …, 보호관찰과 사회봉사는 각각 독립하여 명할 수 있다는 것이지, 반드시 그 양자를 동시에 명할 수 없다는 취지로 해석되지는 아니할 뿐더러, …, 형법 제62조에 의하여 집행유예를 선고할 경우에는 같은 법 제62조의2 제1항에 규정된 보호관찰과 사회봉사 또는 수강을 동시에 명할 수 있다고 해석함이 상당하다.

《대판 2008.4.11. 2007도8373》 [1] 법원이 피고인에게 유죄로 인정된 범죄행위를 뉘우치거나 그 범죄행위를 공개하는 취지의 말이나 글을 발표하도록 하는 내용의 사회봉사를 명하고 이를 위반할 경우 형법 제64조 제2항에 의하여 집행유예의 선고를 취소할 수 있도록 함으로써 그 이행을 강제하는 것은, 헌법이 보호하는 피고인의 양심의 자유, 명예 및 인격에 대한 심각하고 중대한 침해에 해당하므로 허용될 수 없다.

[2] 재벌그룹 회장의 횡령행위 등에 대하여 집행유예를 선고하면서 사회봉사명령으로서 일정액의 금전출연을 주된 내용으로 하는 사회공헌계획의 성실한 이행을 명하는 것은 …, 준법경영을 주제로 하는 강연과 기고를 명하는 것은 … 허용될 수 없다.

3. 집행유예기간 경과의 효과

제65조(집행유예의 효과) 집행유예의 선고를 받은 후 그 선고의 실효 또는 취소됨이 없이 유예기간을 경과한 때에는 형의 선고는 효력을 잃는다.

집행유예의 선고를 받은 후 그 선고의 실효 또는 취소됨이 없이 유예기간을 경과한 때에는 형의 선고는 효력을 잃는다(§65). 형선고가 효력을 잃게 되므로, 형집행이 면제될 뿐만 아니라 처음부터 형선고가 없었던 상태로 돌아가게 된다. 다만 형선고가 효력을 잃는다는 것은 형선고의 법률적 효과가 없어진다는 뜻일 뿐, 형선고가 있었다는 기왕의 사실까지 없어지는 것은 아니다(판례). 따라서 형선고에 의하여 이미 발생한 법률효과에는 영향을 미치지 않는다.

《대판 2003.12.26. 2003도3768》 형법 제59조 제1항 단행에서 정한 "자격정지 이상의 형을 받은 전과"라 함은 자격정지 이상의 형을 선고받은 범죄경력 자체를 의미하는 것이고, 그 형의 효력이 상실된 여부는 묻지 않는 것으로 해석함이 상당하다고 할 것이고, 따라서 형의 집행유예를 선고받은 자는 형법 제65조에 의하여 그 선고가 실효 또는 취소됨이 없이 정해진 유예기간을 무사히 경과하여 형의 선고가 효력을 잃게 되었다고 하더라도 형의 선고의 법률적 효과가 없어진다는 것일 뿐, 형의 선고가 있었다는 기왕의 사실 자체까지 없어지는 것은 아니므로, 형법 제59조 제1항 단행에서 정한 선고유예 결격사유인 "자격정지 이상의 형을 받은 전과가 있는 자"에 해당한다고 보아야 한다.

Ⅳ. 집행유예의 실효와 취소

1. 집행유예의 실효

第63條(집행유예의 실효) 집행유예의 선고를 받은 자가 유예기간 중 고의로 범한 죄로 금고 이상의 실형을 선고받아 그 판결이 확정된 때에는 집행유예의 선고는 효력을 잃는다.

집행유예의 선고를 받은 자가 유예기간 중 '고의로 범한 죄로' 금고 이상의 '실형'을 선고받아 그 판결이 확정된 때에는 집행유예의 선고는 효력을 잃는다(§63). '실형'을 선고받을 것을 요하므로 '실형'이 아니라 '집행유예'가 확정된 경우에는 이전의 집행유예의 선고가 실효되지 않는다. 또한 유예기간 중의 범죄가 '고의범'이 아닌 '과실범'인 경우에도 이전의 집행유예의 선고가 실효되지 않는다. 판결이 확정되더라도 그 범죄가 '집행유예기간 중'이 아닌 '집행유예 선고 이전에 범한 것'이라면 이전의 집행유예의 선고는 실효되지 않는다. 집행유예가 실효되면 집행유예는 효력을 잃고 선고된 형이 집행된다.

2. 집행유예의 취소

第64條(집행유예의 취소) ① 집행유예의 선고를 받은 후 제62조 단행의 사유가 발각된 때에는 집행유예의 선고를 취소한다.
② 제62조의2의 규정에 의하여 보호관찰이나 사회봉사 또는 수강을 명한 집행유예를 받은 자가 준수사항이나 명령을 위반하고 그 정도가 무거운 때에는 집행유예의 선고를 취소할 수 있다.

집행유예의 선고를 받은 후 제62조 제1항 단서의 사유, 즉 금고 이상의 형을 받아 집행을 종료한 후 또는 집행이 면제된 후부터 3년을 경과하지 아니한 자라는 것이 발각된 때에는 집행유예의 선고를 취소한다(§64①). 보호관찰이나 사회봉사 또는 수강을 명한 집행유예를 받은 자가 준수사항이나 명령을 위반하고 그 정도가 무거운 때에는 집행유예의 선고를 취소할 수 있다(§64②).

제6절 가석방

Ⅰ. 가석방의 의의

가석방(假釋放)이란 자유형을 집행받고 있는 자에 대해서 형기만료 전에 뉘우침이 뚜렷하다고 인정되는 경우 조건부로 수형자를 석방하고 일정한 기간을 경과한 때에는 형의 집행이 종료된 것으로 간주하는 제도를 말한다(§72, §76). 가석방은 불필요한 형집행기간을 단축함에 의하여 수형자의 사회복귀를 용이하게 하고, 형집행에 있어서 수형자의 사회복귀를 위한 자발적이고 적극적인 노력을 촉진한다는 특별예방사상을 실현하기 위한 제도이다. 가석방은 법무부장관의 행정처분에 의하여 시행되므로 형집행작용으로서의 성질을 가지고 있다.

Ⅱ. 가석방의 요건

제72조(가석방의 요건) ① 징역이나 금고의 집행 중에 있는 사람이 행상(行狀)이 양호하여 뉘우침이 뚜렷한 때에는 무기형은 20년, 유기형은 형기의 3분의 1이 지난 후 행정처분으로 가석방을 할 수 있다.
② 제1항의 경우에 벌금이나 과료가 병과되어 있는 때에는 그 금액을 완납하여야 한다.

1. 20년(무기) 또는 형기의 1/3(유기)을 경과할 것

가석방은 징역 또는 금고의 집행 중에 있는 자에 대하여만 인정되고 사형이나 구류에 대해서는 인정되지 않는다. 자유형 이외의 형벌에 대하여는 가석방을 인정할 여지가 없다. 벌금형을 납입하지 않은 경우의 노역장유치에 대한 가석방의 허부에 대해 논의가 있으나 다수설은 노역장유치에 대한 가석방을 인정한다.

무기에 있어서는 20년, 유기에 있어서는 형기의 1/3을 경과하여야 한다. 여기서 형기는 선고형을 의미한다. 다만 사면 등에 의하여 감형된 때에는 감형된 형이 기준이 된다. 이 경우 형기에 산입된 판결선고 전 구금일수는 가석방을 하는 경우 집행한 기간에 산입한다(§73①). 수개의 독립된 자유형이 선고되어 있는 경우에 형기의 1/3을 경과하였는가를 판단함에 있어서 다수설은 가석방 제도의 취지를 고려하여 수개의 형을 종합하여 가석방의 요건을 판단해야 한다는 입장이나, 헌법재판소는 각형의 형기가 모두 1/3 이상 경과해야 한다고 한다.

《헌결 1995.3.23. 93헌마12》 형법 제72조 제1항에서의 "형기"라 함은 1개의 판결로 수개의 형이 확정된 수형자의 경우에도 "각형의 형기를 합산한 형기"나 "최종적으로 집행되는 형의 형기"를 의미하는 것이 아니라 언제나 "각형의 형기"를 의미하고, 그 당연한 귀결로서 수개의 형이 확정된 수형자에 대하여는 각형의 형기를 모두 3분의 1 이상씩 경과한 후가 아니면 가석방이 불가능하게 되는 것이다.

2. 행상이 양호하여 뉘우침이 뚜렷할 것

수형자가 규율을 준수하고 자신의 죄를 깊이 뉘우치고 있음을 인정할 만한 정상이 있음을 말하며, 결국 수형자에게 남은 형기를 집행하지 않더라도 재범의 위험성이 없다는 판단이 내려짐을 의미한다.

3. 벌금 또는 과료의 병과가 있으면 금액을 완납할 것

자유형에 벌금 또는 과료가 병과된 경우 가석방되더라도 벌금 또는 과료를 미납하면 노역장에 유치되어 다시 구금되어야 하기 때문에 벌금 또는 과료 금액을 완납할 것을 요구한다. 다만, 벌금이나 과료에 관한 노역장 유치기간에 산입된 판결선고 전 구금일수는 그에 해당하는 금액이 납입된 것으로 본다(§73②).

Ⅲ. 가석방의 효과

1. 가석방 처분

가석방은 법관이 결정하는 재판이 아니라 가석방심사위원회의 신청에 의하여 법무부장관이 결정하는 행정처분이다(§72①). 가석방심사위원회는 가석방 적격결정을 하면 5일 이내에 법무부장관에게 가석방 허가를 신청하여야 하고, 법무부장관은 가석방 허가신청이 적정하다고 인정하면 가석방을 허가할 수 있다.[70]

70) 형의 집행 및 수용자의 처우에 관한 법률 §122

2. 가석방의 기간과 보호관찰

제73조의2(가석방의 기간 및 보호관찰) ① 가석방의 기간은 무기형에 있어서는 10년으로 하고, 유기형에 있어서는 남은 형기로 하되, 그 기간은 10년을 초과할 수 없다.
② 가석방된 자는 가석방 기간 중 보호관찰을 받는다. 다만, 가석방을 허가한 행정관청이 필요가 없다고 인정한 때에는 그러하지 아니하다.

가석방의 기간은 무기형에 있어서는 10년, 유기형에 있어서는 남은 형기로 하되 그 기간은 10년을 초과할 수 없다(§73-2①). 가석방된 자는 가석방 기간 중 보호관찰을 받는다. 다만, 가석방을 허가한 행정관청이 필요가 없다고 인정한 때에는 그러하지 아니하다(§73-2②).

3. 잔형기 경과의 효과

제76조(가석방의 효과) ① 가석방의 처분을 받은 후 그 처분이 실효 또는 취소되지 아니하고 가석방 기간을 경과한 때에는 형의 집행을 종료한 것으로 본다.
② 전 2조의 경우에는 가석방 중의 일수는 형기에 산입하지 아니한다.

가석방기간 중에는 아직 형의 집행이 종료된 것이 아니다. 따라서 가석방기간 중에 다시 죄를 범하여도 누범에 해당하지 않는다. 그러나 가석방의 처분을 받은 후 그 처분이 실효 또는 취소되지 아니하고 가석방 기간을 경과한 때에는 형집행을 종료한 것으로 본다(§76①). 형집행을 종료한 효과만이 있고 집행유예의 경우와 같이 형선고의 효력이 없어지는 것은 아니다.

Ⅳ. 가석방의 실효와 취소

1. 가석방의 실효

제74조(가석방의 실효) 가석방 기간 중 고의로 지은 죄로 금고 이상의 형을 선고받아 그 판결이 확정된 경우에 가석방 처분은 효력을 잃는다.

가석방의 실효란 일정한 사유가 있는 경우 별도의 조치없이 가석방의 효력이 상실되는 것을 말한다. 별도의 조치가 없이 가석방의 효력이 상실되는 점에서 가석방의 취소와 구별된다. 가석방 중 금고 이상의 형의 선고를 받아 그 판결이 확정된 때에는 가석방 처분은 효력을 잃는다. 다만 과실로 인한 죄로 형의 선고를 받았을 때에는 실효되지 않는다(§74).

2. 가석방의 취소

第75조(가석방의 취소) 가석방의 처분을 받은 자가 감시에 관한 규칙을 위배하거나, 보호관찰의 준수사항을 위반하고 그 정도가 무거운 때에는 가석방 처분을 취소할 수 있다.

가석방의 취소란 일정한 사유가 있는 경우 가석방 취소처분을 통해 가석방의 효력을 소급적으로 상실시키는 것을 말한다. 가석방의 처분을 받은 자가 감시에 관한 규칙을 위배하거나, 보호관찰의 준수사항을 위반하고 그 정도가 무거운 때에는 가석방처분을 취소할 수 있다(§75).

3. 가석방 실효와 취소의 효과

가석방이 실효되거나 취소되면 가석방 중의 일수는 형기에 산입하지 아니한다(§76②). 따라서 가석방이 실효 또는 취소되면 가석방 처분을 받았던 자는 가석방 당시의 잔형기에 해당하는 형의 집행을 받아야 한다. 가석방 중의 일수란 가석방된 다음 날부터 가석방이 실효 또는 취소되어 구금된 전날까지의 일수를 말한다.

제7절 형의 시효·소멸·기간

I. 형의 시효

1. 형의 시효의 의의

형의 시효(時效)란 형의 선고를 받은 자가 재판이 확정된 후 형집행을 받지 않고 일정한 기간을 경과한 경우에 그 집행이 면제되는 것을 말한다. 형사시효에는 공소시효와 형의 시효가 있다. 형의 시효는 일정한 기간이 경과한 때에 확정된 형벌의 집행권을 소멸시키는 제도임에 반하여, 공소시효는 미확정의 형벌권인 공소권을 소멸시키는 점에서 차이가 있다. 공소시효는 형사소송법에 규정되어 있다(형사소송법 §249). 형의 시효제도를 인정한 근거는 시간의 경과로 인하여 형의 선고와 집행에 대한 사회의식이 감소되고, 일정한 기간 동안 계속된 평온한 상태를 유지·존중할 필요가 있다는 점에 있다.

2. 시효기간

제78조(시효의 기간) 시효는 형을 선고하는 재판이 확정된 후 그 집행을 받지 아니하고 다음 각 호의 구분에 따른 기간이 지나면 완성된다.
1. 삭제 〈2023.8.8.〉
2. 무기의 징역 또는 금고 : 20년
3. 10년 이상의 징역 또는 금고 : 15년
4. 3년 이상의 징역이나 금고 또는 10년 이상의 자격정지 : 10년
5. 3년 미만의 징역이나 금고 또는 5년 이상의 자격정지 : 7년
6. 5년 미만의 자격정지, 벌금, 몰수 또는 추징 : 5년
7. 구류 또는 과료 : 1년

형의 시효는 형을 선고하는 재판이 확정된 후 그 집행을 받음이 없이 일정한 기간을 경과함으로써 완성된다. 그 기간은 ① 무기의 징역 또는 금고는 20년, ② 10년 이상의 징역 또는 금고는 15년, ③ 3년 이상의 징역이나 금고 또는 10년 이상의 자격정지는 10년, ④ 3년 미만의 징역이나 금고 또는 5년 이상의 자격정지는 7년, ⑤ 5년 미만의 자격정지·벌금·몰수 또는 추징은 5년, ⑥ 구류 또는 과료는 1년이다(§78). 종래 사형이 확정된 이후 그 집행을 받지 않고 30년이 지나면 형의 시효가 완성돼 집

행이 면제되도록 규정하고 있었으나, 2023년 형법개정으로 사형에 대해서는 형의 시효가 폐지되었다.

3. 형의 시효의 효과

제77조(형의 시효의 효과) 형(사형은 제외한다)을 선고받은 자에 대해서는 시효가 완성되면 그 집행이 면제된다.

형의 선고를 받은 자라 하더라도 시효가 완성되면 그 집행이 면제된다(§77). 이경우 형의 선고 자체가 실효되는 것은 아니다. 시효의 완성으로 당연히 집행면제의 효과가 발생하며, 별도의 재판이 필요한 것도 아니다.

4. 시효의 정지와 중단

가. 시효의 정지

제79조(시효의 정지) ① 시효는 형의 집행의 유예나 정지 또는 가석방 기타 집행할 수 없는 기간은 진행되지 아니한다.
② 시효는 형이 확정된 후 그 형의 집행을 받지 아니한 사람이 형의 집행을 면할 목적으로 국외에 있는 기간 동안은 진행되지 아니한다.

시효는 형의 집행의 유예나 정지 또는 가석방 기타 집행할 수 없는 기간은 진행되지 않는다(§79①). '기타 집행할 수 없는 기간'이란 천재지변 등의 어쩔 수 없는 사유로 인하여 형을 집행할 수 없는 기간을 말한다. 도주하거나 소재불명인 기간은 이에 해당되지 않는다. 시효는 형이 확정된 후 집행을 받지 아니한 자가 형의 집행을 면할 목적으로 국외에 있는 기간 동안은 진행되지 아니한다(§79②). 시효의 정지란 일정한 정지사유가 소멸하면 남아 있는 시효기간이 진행한다는 점에서 중단과 차이가 있다.

나. 시효의 중단

제80조(시효의 중단) 시효는 징역, 금고 및 구류의 경우에는 수형자를 체포한 때, 벌금, 과료, 몰수 및 추징의 경우에는 강제처분을 개시한 때에 중단된다.

시효는 징역·금고와 구류에 있어서는 수형자를 체포한 때, 벌금·과료·몰수와 추징에 있어서는 강제처분을 개시한 때에 중단된다. 시효가 중단된 때에는 다시 시효의 전체 기간이 경과되어야 시효가 완성된다. 이 점에서 시효의 정지와 차이가 있다.

Ⅱ. 형의 소멸

1. 형의 소멸

형의 소멸(消滅)이란 유죄판결의 확정에 의하여 발생한 형의 집행권을 소멸시키는 것을 말한다. 유죄판결이 확정된 후 형의 집행권을 소멸시킨다는 점에서 판결이 확정되기 전에 검사의 형벌청구권을 소멸시키는 공소권의 소멸과 구별된다. 형집행의 종료 또는 면제, 형의 선고유예 또는 집행유예 기간의 경과, 가석방 기간의 만료, 형의 시효의 완성, 범인의 사망, 사면 등으로 형의 집행권이 소멸된다.

2. 형의 실효와 복권

형법은 형벌집행권의 소멸 이외에도 형의 실효와 복권제도를 규정하고 있다. 형의 실효(失效)와 복권(復權)은 형이 소멸되어도 전과사실은 그대로 남아 형선고의 법률상 효과는 소멸되지 않으므로, 이로 인하여 여러가지 자격의 제한이나 사회생활상의 불이익을 받게 되는 점을 고려하여 전과사실을 말소시키고 자격을 회복시켜 범죄인의 사회복귀를 용이하게 하는 제도이다.

가. 형의 실효

제81조(형의 실효) 징역 또는 금고의 집행을 종료하거나 집행이 면제된 자가 피해자의 손해를 보상하고 자격정지 이상의 형을 받음이 없이 7년을 경과한 때에는 본인 또는 검사의 신청에 의하여 그 재판의 실효를 선고할 수 있다.

형의 실효에는 법률상 실효와 재판상 실효가 있다. 법률상 실효는 일정한 기간이 경과하면 '형의 실효 등에 관한 법률'에 의하여 자동적으로 형이 실효되도록 하는 제도이다. 당연실효라고 한다. '형의 실효 등에 관한 법률'에 의하면 수형인이 자격정지 이상의 형을 받지 아니하고 형의 집행을 종료하거나 그 집행이 면제된 날부터 ① 3년을 초과하는 징역 · 금고는 10년, ② 3년 이하의 징역·금고는 5년, ③ 벌금은 2년을 경과한 때에 형이 실효된다. 다만, 구류와 과료는 형의 집행을 종료하거나 그 집행이 면제된 때에 그 형이 실효된다(동법 §7①).

재판상의 실효는 기간의 경과로 인하여 자동적으로 실효되는 것이 아니라 재판에 의하여만 실효될 수 있다. '재판상 실효'는 본인 또는 검사의 신청으로 법원의 재판에 의하여 형을 실효시킨다. 실효의 대상은 징역 또는 금고형에 한하며, 피해를 보상하고 자격정지 이상의 형을 받음이 없이 7년을 경과하였을 것을 요한다(§81). 법률상 실효와 재판상 실효에 의해 형이 실효되면 전과기록을 말소하게 된다. 한편, 형이 실효되면 형선고에 의한 법적 효과는 장래를 향하여 소멸된다(판례).

나. 복권

제82조(복권) 자격정지의 선고를 받은 자가 피해자의 손해를 보상하고 자격정지 이상의 형을 받음이 없이 정지기간의 2분의 1을 경과한 때에는 본인 또는 검사의 신청에 의하여 자격의 회복을 선고할 수 있다.

복권이란 자격정지의 선고를 받은 사람에 대해 일정한 사유가 있는 경우 법원의 재판에 의해 자격을 회복시키는 것을 말한다. 법원의 재판에 의하고 장래에 대해서만 효력이 있다는 점에서 형선고가 소급적으로 실효되는 집행유예와 다르다. 자격정지의 선고를 받은 자가 피해자의 손해를 보상하고 자격정지 이상의 형을 받음이 없이 정지기간의 1/2을 경과한 경우 본인 또는 검사의 신청에 의하여 자격의 회복을 선고할 수 있다(§82). 형의 집행이 종료되지 않거나 집행이 면제되지 않은 경우 복권이 제한된다(사면법 §6).

Ⅲ. 사면

1. 사면의 의의

사면(赦免)이란 국가원수의 특권에 의하여 형벌권을 소멸시키거나 그 효력을 감경시키는 제도이다. 사면에는 일반사면과 특별사면이 있다. 사면의 효력은 장래를 향하여 발생하므로 형의 선고에 의한 기성(旣成)의 효과는 일반사면이나 특별사면으로 인하여 변경되지 아니한다(사면법 §5②).

2. 일반사면

일반사면(一般赦免)은 죄를 범한 자에 대하여 미리 죄의 종류를 정하여 국회의 동의를 얻어 대통령령으로 행한다(헌법 §79②, 사면법 §8). 형의 선고를 받은 자는 그 선고의 효력을 상실시키고, 형의 선고를 받지 않은 자는 공소권을 상실시킨다(사면법 §5①1).

3. 특별사면

특별사면(特別赦免)은 형의 선고를 받은 특정인에 대하여 대통령이 행한다(사면법 §9). 특별사면은 형집행을 면제하지만, 특별한 사정이 있는 경우 이후 형선고의 효력을 상실시킬 수 있다(사면법 §5①2).

Ⅳ. 형의 기간

시효나 형기 등 형법상 기간을 계산할 때에는 다음과 같은 방법으로 한다.

1. 기간의 계산

제83조(기간의 계산) 연(年) 또는 월(月)로 정한 기간은 연 또는 월 단위로 계산한다.

년 또는 월로 정한 기간은 역수(曆數)에 따라 계산한다(§83). 중간의 일·시·분·초를 정산하지 않고 역수에 따라 연·월을 단위로 계산하는 역법적 계산방법에 의하도록 하고 있다.

2. 형기의 기산

제84조(형기의 기산) ① 형기는 판결이 확정된 날로부터 기산한다.
② 징역, 금고, 구류와 유치에 있어서는 구속되지 아니한 일수는 형기에 산입하지 아니한다.
제85조(형의 집행과 시효기간의 초일) 형의 집행과 시효기간의 초일은 시간을 계산함이 없이 1일로 산정한다.
제86조(석방일) 석방은 형기종료일에 하여야 한다.

형기(자유형의 기간)는 판결이 확정된 날로부터 기산한다(§84①). 징역·금고·구류와 유치에 있어서는 구속되지 아니한 일수는 형기에 산입하지 않는다(§84②). 형의 집행과 시효기간의 초일은 시간을 계산함이 없이 1일로 산정한다(§85). 석방은 형기종료일에 하여야 한다(§86).

I. 보안처분의 의의

보안처분(保安處分)이란 장래에 범죄를 저지를 위험성이 있는 범죄인의 재범을 방지하고 이를 통해 일반인의 안전을 확보하기 위한 형사제재를 말한다. 형벌이 과거의 범죄행위를 이유로 한 제재임에 비해 보안처분은 장래 재범위험성을 이유로 한 제재이다. 따라서 형벌에서는 책임주의원칙이 강조되지만, 보안처분에서는 재범가능성의 예측과 범죄와 보안처분 사이의 비례의 원칙이 강조된다.

형벌과 구별하여 보안처분의 필요성을 주장한 최초의 학자는 18세기 말 독일의 Klein이다. 이후 보안처분의 제도를 처음으로 체계적으로 도입한 것은 1893년 Stooß가 기초한 스위스의 형법초안이다. Stooß안을 계기로 하여 각국은 보안처분을 도입하게 되었고, 현재 형법전에 명확히 보안처분을 규정하여 실시하는 국가도 적지 아니하다. 우리나라에 보안처분제도가 본격적으로 도입된 것은 1980년 사회보호법에 의해서였다. 신군부가 1980년 12월 이른바 삼청교육대 이수자 2,400여명을 수용한 것을 시작으로 제정된 사회보호법은 이후 줄곧 인권침해 시비의 대상이 되어 오다가 결국 2005년 폐지되었다. 그러나 치료감호와 보호관찰의 필요성은 여전히 인정되어 치료감호법으로 대체되어 존치되고 있다.

II. 보안처분의 법적 성격

1. 보안처분과 형벌과의 관계

보안처분의 법적 성격에 대해서는 주로 보안처분과 형벌의 관계가 문제된다. 즉 보안처분은 형벌과 본질적으로 구별될 수 있는가가 논의된다. 이에 관하여는 형법의 기초이론에 따라 그 견해를 달리한다.

가. 일원주의

근대학파 또는 목적형주의의 입장에서는 형벌이든 보안처분이든 범죄인의 재범방지와 이를 통한 사회일반인의 보호에 목적이 있다는 점에서 같으므로 내용, 범위, 한계, 절차 등에서 양자를 구별할 필요가 없다는 입장이다.

나. 이원주의

고전학파 또는 응보형주의의 입장에서도 보안처분의 필요성은 인정하고 있으나 보안처분과 형벌은 다음과 같은 점에서 본질적으로 차이가 있다고 한다.

① 형벌은 범죄행위에 대한 응보나 일반예방에 목적이 있는데 비해, 보안처분은 범죄자에 대한 교정 · 교육(특별예방)과 이를 통한 사회방위에 목적이 있다.

② 형벌은 행위자의 비난가능성을 전제로 하고 책임주의원칙에 구속되므로 책임무능력자에게는 형벌을 과할 수 없으나, 보안처분은 그러하지 아니하다.

③ 형벌은 범죄인에 대해 고통을 가하는 것을 내용으로 하는데 비해, 보안처분은 고통 내지 해악을 내용으로 할 필요가 없다.

④ 형벌부과에는 재범위험성이 있음을 요하지 않으나, 행위자의 사회적 위험성을 전제로 하는 보안처분은 재범위험성이 있어야 부과할 수 있다.

⑤ 형벌은 과거의 범죄에 대한 사법처분(형사처분)임에 비해, 보안처분은 장래의 위험에 대한 행정처분이다.

⑥ 형벌은 법적안정성이 강조되나 보안처분은 합목적성이 강조된다.

2. 보안처분과 형벌의 집행방법

보안처분과 형벌의 집행방법에 관한 입법례로는 다음과 같은 것이 있다.

첫째, 택일주의로서 형벌과 보안처분 중 어느 하나만을 집행하는 것이다.

둘째, 대체주의로서 형벌과 보안처분을 모두 선고하되 보안처분의 집행기간을 형기에 산입하는 방식이다. 주로 형벌보다 보안처분을 우선집행하고, 보안처분의 집행기간을 형기에 산입하고, 보안처분집행 후 형벌집행의 유예여부를 심사하는 방식으로 사용된다. 치료감호가 이에 해당한다.

셋째, 병과주의로서 형벌과 보안처분을 모두 선고·집행하는 방식이다. 보통 형벌을 먼저 집행하고 이어 보안처분을 집행하는 방식이 많이 사용된다. 구 사회보호법상의 보호감호가 이에 해당한다.

Ⅲ. 보안처분의 종류

보안처분은 형식적 기준에 의하여 대인적 보안처분과 대물적 보안처분으로 분류될 수 있다.

1. 대인적 보안처분

대인적 보안처분은 사람에 의한 장래의 범죄행위를 방지하기 위하여 특정인에게 선고되는 보안처분을 말한다. 대인적 보안처분을 자유침해의 정도에 따라 실질적으로 분류한 때에는 자유박탈적 보안처분과 자유제한적 보안처분으로 나눌 수 있다. 자유박탈적 보안처분에는 치료감호, 소년법상의 보호처분, 구 사회보호법상의 보호감호가 대표적이다. 자유제한적 보안처분으로는 보호관찰, 보안관찰, 치료명령, 사회봉사명령, 수강명령, 위치추적전자장치 부착, 성충동 약물치료(화학적 거세), 국외추방(강제퇴거), 운전면허 박탈(면허취소), 직업금지 등이 있다.

2. 대물적 보안처분

대물적 보안처분이란 범죄와 법익침해의 방지를 목적으로 하는 물건에 대한 국가적 예방수단을 의미한다. 이에는 몰수, 영업소의 폐쇄처분, 법익의 해산처분 등이 있다.

Ⅳ. 치료감호

1. 치료감호의 의의

치료감호(治療監護)란 금고 이상의 죄를 범한 심신장애자나 마약중독자 등에 대하여 치료감호의 필요성이 있고 장차 재범할 위험성이 있는 경우 치료감호시설에 수용하여 치료를 위한 조치를 하는 보안처분을 말한다.[71] 치료감호시설에 수용한다는 점에서 자유박탈적 보안처분에 해당한다.

---

71) 치료감호 등에 관한 법률 §2, §16

2. 치료감호의 요건

가. 치료감호대상자

치료감호의 대상자는 ① 형법상의 심신상실 또는 심신미약자로서 금고 이상의 형에 해당하는 죄를 범한 자, ② 마약 · 향정신성의약품·대마 그밖에 남용되거나 해독작용을 일으킬 우려가 있는 물질이나 알코올을 식음 · 섭취 · 흡입 · 흡연 또는 주입받는 습벽이 있거나 그에 중독된 자로서 금고 이상의 형에 해당하는 죄를 범한 자, ③ 소아성기호증, 성적가학증 등 성적 성벽이 있는 정신성적 장애인으로서 금고 이상의 형에 해당하는 성폭력범죄를 지은 자이어야 한다(치료감호법 §2①).

나. 치료감호의 필요성

재범위험성이 있더라도 치료감호의 필요성이 없으면 치료감호를 선고할 수 없다.

다. 재범위험성

재범의 위험성이란 피감호청구인이 심신장애인이나 마약 등 습벽 · 중독 상태에서 범죄를 저지를 상당한 개연성을 말한다.

3. 치료감호의 절차

치료감호의 청구는 검사의 재량에 의한다. 즉, 검사는 치료감호대상자가 치료감호를 받을 필요가 있는 경우 법원에 치료감호를 청구할 수 있다(치료감호법 §4①). 검사가 치료감호를 청구함에는 정신과 등의 전문의의 진단 또는 감정을 참고하여야 한다(치료감호법 §4②). 법원은 감호청구된 사건을 심리하여 그 청구가 이유있다고 인정할 때에는 판결로서 감호를 선고하여야 한다.

4. 치료감호의 내용

치료감호의 선고를 받은 자에 대하여는 치료감호시설에 수용하여 치료를 위한 조치를 한다(치료감호법 §16①). 치료감호시설에의 수용은 15년을 초과할 수 없다. 다만, 알코올 등 중독에 이한 피치료감호자를 치료감호시설에 수용하는 때에는 2년을 초과할 수 없다(치료감호법 §16②). 형벌과 치료감호가 동시에 선고된 때에는 치료감호를 먼저 집행하고, 치료감호의 집행기간은 형기에 산입한다(치료감호법 §18). 치료감호는 치료감호심의위원회의 종료결정에 의해서 종료되며, 치료감호심의위원회는 피치료감호자에 대하여 그 집행개시 후 매 6개월 종료 또는 가종료 여부를, 가종료 또는 치료위탁된 피치료감호자에 대하여는 가종료 또는 치료위탁 후 매 6월 종료 여부를 심사·결정한다(치료감호법 §22).

V. 보호관찰

1. 보호관찰의 의의

보호관찰(保護觀察)이란 범인에 대하여 형벌을 집행하지 아니하고 범인으로 하여금 일반적 사회생활을 영위하게 하면서 그 지도·감독을 행하는 보안처분이다. 보호관찰은 선고유예·집행유예·가석방처분을 받은 자, 치료감호가 가종료된 자, 치료위탁된 자 등에 대해 시설수용을 하지 않고 사회 내에서 지도·감독한다는 점에서 자유제한적 보안처분에 속한다. 여기서는 치료감호법에 의한 보호관찰에 대해 설명하기로 한다.

2. 보호관찰의 요건

보호관찰은 피치료감호자에 대한 치료감호가 가종료된 때, 피치료감호자가 치료감호시설 외에서의 치료를 위하여 법정대리인 등에게 위탁된 때에 개시된다(치료감호법 §32①).

3. 보호관찰의 내용

보호관찰의 기간은 3년이다(치료감호법 §32②). 보호관찰은 보호관찰기간이 만료된 때, 보호관찰기간 만료 전이라도 치료감호심의위원회의 치료감호의 종료결정이 있는 때, 보호관찰기간 만료 전이라도 피보호관찰자가 다시 치료감호의 집행을 받게 되어 재수용되거나 새로운 범죄로 금고 이상의 형의 집행을 받게 된 때에는 종료된다(치료감호법 §32③). 보호관찰기간이 만료된 때에는 피보호관찰자에 대하여 치료감호가 종료된다(치료감호법 제35①). 치료감호심의위원회는 피보호관찰자의 관찰성적 및 치료경과가 양호하면 보호관찰기간이 끝나기 전에 보호관찰의 종료를 결정할 수 있다(치료감호법 §35②).

Ⅵ. 보안관찰

1. 보안관찰의 의의

보안관찰(保安觀察)이란 보안관찰법 제2조의 범죄 또는 이와 경합된 범죄로 금고 이상의 형의 선고를 받고 그 형기합계가 3년 이상인 자로서 형의 전부 또는 일부의 집행을 받은 사실이 있고 재범위험성이 있는 자를 사회 내에서 감독·지도·원호하는 보안처분을 말한다. 보안관찰은 보안관찰처분심의위원회에 의한 행정처분이고 경찰서장이 보안관찰업무를 담당한다.

2. 보안관찰의 내용

보안관찰처분은 검사가 청구한다(보안관찰법 §7). 검사의 청구가 있는 경우 법무부장관의 심사를 거쳐(보안관찰법 §10), 보안관찰처분심의위원회가 보안관찰처분 또는 기각의 결정을 한다(보안관찰법 §12⑨). 보안관찰처분을 받은 자는 법이 정하는 바에 따라 소정의 사항을 주거지 관할 경찰서장에게 신고하고, 재범방지에 필요한 범위 안에서 그 지시에 따라 보안관찰을 받아야 한다(보안관찰법 §4②).

보안관찰처분의 기간은 2년이다. 법무부장관은 검사의 청구가 있는 때에는 보안관찰처분심의위원회의 의결을 거쳐 그 기간을 갱신할 수 있다(보안관찰법 §5).

저자 약력

세종사이버대학교 경찰학과 교수
국립경찰대학 졸업
연세대학교 행정대학원 법학석사
동국대학교 대학원 경찰학박사

[경력]

연성대학교, 경찰교육원, 중앙경찰학교 전임교수
성균관대 · 경희대 등 법학전문대학원 겸임교수
용인대 · 순천향대 외래교수
공무원재해보상심의회 위원
경기남부경찰청 자치경찰 성과평가위원
경기광명경찰서 경미범죄심사위원
경찰법학회 이사
한국범죄심리학회 이사
한국공안행정학회 이사

[저서]

형법각론(2024), 진영사
경찰실무법전(2022), 진영사
범죄예방론(2021), 대영문화사
경찰과 법(2015), 경찰대학출판부
경찰실무문제집(1999), 경찰청